·北京师范大学史学探索丛书·

U0574151

ZhongGuo XianDaiShi TanSuo

中国现代史探索

郭大钧 著

北京师范大学出版集团
BEIJING NORMAL UNIVERSITY PUBLISHING GROUP
北京师范大学出版社

图书在版编目(CIP)数据

中国现代史探索／郭大钧著.—北京：北京师范大学出版社，
2015.10

（北京师范大学史学探索丛书）

ISBN 978-7-303-17378-5

Ⅰ．①中… Ⅱ．①郭… Ⅲ．①中国历史－现代史－研究
Ⅳ．① K270.7

中国版本图书馆 CIP 数据核字（2015）第 299984 号

营 销 中 心 电 话　010-58805072 58807651
北师大出版社学术著作与大众读物分社　http://xueda.bnup.com

出版发行：北京师范大学出版社 www.bnup.com
　　　　　北京市海淀区新街口外大街 19 号
　　　　　邮政编码：100875

印　　刷：北京京师印务有限公司
经　　销：全国新华书店
开　　本：787mm×1092mm　1/16
印　　张：30
字　　数：472 千字
版　　次：2015 年 10 月第 1 版
印　　次：2015 年 10 月第 1 次印刷
定　　价：98.00 元

策划编辑：刘松弢　　　　　责任编辑：王 强　刘松弢
美术编辑：王齐云　　　　　装帧设计：王齐云
责任校对：陈 民　　　　　责任印制：马 洁

北京师范大学史学探索丛书
编辑委员会

出版说明

在北京师范大学的百余年发展历程中，历史学科始终占有重要地位。经过几代人的不懈努力，今天的北师大历史学院业已成为史学研究的重要基地，是国家"211"和"985"工程重点建设单位，首批博士学位一级学科授予权单位。拥有国家重点学科、博士后流动站、教育部人文社会科学重点研究基地等一系列学术平台。科研实力颇为雄厚，在学术界声誉卓著。

近年来，北师大历史学院的教师们潜心学术，以探索精神攻关，陆续完成了众多具有原创性的成果，在历史学各分支学科的研究上连创佳绩，始终处于学科前沿。特别是崭露头角的部分中青年学者的作品，已在学术界引起较大反响。为了集中展示北师大历史学院的这些探索性成果，也为了给中青年学者的后续发展创造更好条件，我们组编了这套"北京师范大学史学探索丛书"，希冀在促进北师大历史学科更好发展的同时，为学术界和全社会贡献一批真正立得住的学术力作。这些作品或为专题著作，或为论文结集，但内在的探索精神始终如一。

当然，作为探索丛书，特别是以中青年学者作品为主的学术丛书，不成熟乃至疏漏之处在所难免，还望学界同仁不吝赐教。

北京师范大学历史学院

北京师范大学史学理论与史学史研究中心

北京师范大学史学探索丛书编辑委员会

2014 年 3 月

目 录

上 篇

下 篇

北京师范大学史学探索丛书

上　篇

简论 1927—1931 年的中日关系

本文试图探讨 1927—1931 年中日关系演变的轨迹，发现其内在的联系和规律性，揭示"九一八"事变发生的历史必然性。

一

从 1894 年中日甲午战争起，日本的侵略魔爪就伸进了我国东北。第一次世界大战期间，日本乘机将其势力伸张至整个中国，形成独霸中国的局面。大战结束后，建立了"凡尔赛—华盛顿体系"的新的世界格局。华盛顿会议上九国公约的签订，打破了大战期间日本在中国的独占状态，使中国又回复到几个主要帝国主义国家共同支配的局面。日、美、英等帝国主义国家在中国又开始了新的争夺。在各帝国主义的操纵和支持下，中国各派军阀势力争权夺利，混战不已，最后形成吴佩孚、孙传芳、张作霖三大势力统治中国，分踞各主要省区的局面。1926 年 7 月从广东出发的北伐战争，以摧枯拉朽之势迅速消灭了吴、孙两大军阀的主力部队，向长江流域推进。长江中下游是英国在华势力范围的中心区域，英国受到的冲击最大。因此，英国准备采取大规模武装干涉的行动，这是硬的一手。1927 年 3 月 24 日，英、美军舰炮击南京城，制造了南京惨案。而日本主要是支持奉系军阀张作霖，它在华的权益主要在东北三省，因此它的对华政策更多地采取软的一手。

1924 年，币原喜重郎出任日本外相。为适应华盛顿体系的新格局，币原主张"国际协调主义"，推行"协商外交"，与英、美等国"保持协调"，"对华政策贯彻不干涉内政"。维护日本帝国主义的权益是币原外交的出发点和根本目的，而同英、美"保持协调"和所谓"不干涉中国内政"，则是为了更有效地达到这种目的的手段。币原标榜"不干涉中国内政"，是由于日本当时处在资本主义经济相对稳定时期，在与各国经济竞争中又处于优势地位，同时也因为前一时期采取露骨的干涉政策引起了中国人民的强烈反对。币原认为"不干涉政策"是一种维护日本"正当权益"的"最好政策"，而且这种"不干涉政策"是有限度的，如果日本在"满蒙"的所谓"权力和利益"，受到"侵犯"，他就要诉诸一切"正当手段"加以维护。这就是币原外交对华政策的本质特征。1926年年底，币原派佐分利贞男到汉口、南昌，分别会晤陈友仁和蒋介石。币原得知中国革命统一战线内部正在分裂，"革命军内部蒋派与共产派之间存在着尖锐的对立"。币原认定蒋介石是"稳健派"，随即向若槻内阁建议拉住蒋介石，利用他去压制共产党。

蒋介石于1927年1月由武汉回到南昌后，即积极寻求日本对他的支持。他向日本驻九江领事江户千太郎表示：要尽可能地尊重现有条约；承认外国借款，并且如期偿还；保护外国人投资的企业。① 他还在庐山向日本海相派来的小室敬二郎表示：他没有受苏俄的利用和指导；没有想过用武力收回上海租界。他也认为"满洲问题"必须特殊考虑。他欣赏币原外相的演说（指币原1927年1月18日在日本第52届国会上发表的对华政策演说），并"愿意同日本握手"。② 为了争取日本政府的支持，蒋派戴季陶去日本，向日本朝野说明蒋的态度。蒋又派黄郛去武汉访问日本领事高尾亨。2月初，黄郛在汉口会见了日本军部派来的铃木贞一。随后铃木向蒋介石转达了日本陆相宇垣一成的意见，即军部希望蒋介石"与共产党分手"，搞"纯正的国民运动"。蒋当即表示："为了保全东亚，中日两国的合作是必要的"，他"打算用三民主义统一中国"，"一到南京就正式表明态度"。③英、美军舰炮击南京城时，日本军舰没有开炮。惨案发生当晚，蒋介石由安庆到达芜湖。他派员到日本驻芜湖领事馆向代理领事藤村表示：南京事件由他负责处理，希望日本出面调停，并转告英、美当局停止炮击。当他得知有日本驻南京领事馆馆员逗留在芜湖时，又于深夜派人转告说："蒋

---

　　① 见日本外务省亚洲局：《最近中国诸问题概要》，卷2，1927。

　　② 《英驻日大使蒂雷向外交大臣张伯伦通报蒋介石与小室的谈话记录》，见英国外交部《中国机密通讯》，F2664/2/10。

　　③ 见铃木贞一等：《土肥原贤二秘录》，196页。

介石决定亲自前往南京以解决事件"。① 3 月 25 日午，蒋介石乘楚同舰到达南京下关。第六军第十七师师长杨杰秉承蒋的旨意到日本驻南京领事馆向领事森冈正平表示：对这次事件感到遗憾，善后问题愿以真心诚意谈判解决。希望日本方面务必以宽大态度处理这一事件。杨杰随后派兵护送135 名日侨登上日舰。森冈即将这些情况电告币原。币原判断中国"稳健派"与"过激派"的分裂即在眼前，目前最好的策略就是利用蒋介石打击共产党，以扑灭中国革命。蒋介石 26 日到达上海。币原令驻沪总领事矢田七太郎迅速与蒋建立联系。27 日矢田会见黄郛，要求为与蒋之会见做出安排。30 日蒋接见矢田，对日本没有参与炮击南京表示感谢，并说这使人看出"日本对华外交是与英美的压迫政策相分离而独立的，相信会有好影响"。矢田告以英、美、法都在谋划对中国增兵，"当前实处在千钧一发的严重关头，可以说危机四伏，些微细故便会激成大事件"。蒋当即表示充分了解矢田的意思，"必当采取严厉制裁措施"。② 31 日，蒋向报界宣布：关于南京事件，"对外国人一定有相当满意的办法"。至于收回租界，"我不主张用武力及暴动出之"，"各友邦侨民可以放心"。③ 但这时英、美、法三国仍坚持实行武力制裁。币原得悉英、美、法提出的武力制裁措施后，立即约见英、美驻日大使，向他们提出：目前"蒋介石处境十分困难"，"如果采取强硬的态度，企图诉诸武力"，就可能使蒋介石"像武汉共产党所期待的那样垮台"，可能使他"更难以维持长江以南的秩序，无政府状态也将更为严重"。而诱使蒋介石主动迅速解决南京事件，"就可以避免蒋介石和列强都落入共产党阴谋的圈套"。④ 币原还告诉英使蒂雷：黄郛向矢田透露了蒋介石的抱负是效法土耳其总统凯末尔，他也将驱逐苏联顾问鲍罗廷。币原并训令驻华公使芳泽，要他反对在抗议通牒上使用"限时答复"的

---

① 《藤村代领事致币原外务大臣》，71 号（1927-3-25，芜湖），见《日本外务省档案》，PVM26。

② 《矢田致币原》，398 号（1927-3-30，上海），见《日本外务省档案》，PVM27。

③ 《蒋介石关于外交方针的谈话》（1927-3-31），见《蒋介石言论集》，1927。

④ 见《美国对外关系文件》，第 2 卷，171，1927。

字样。① 在此情况下，英、美才赞同日本政府的看法。蒋介石在摸准了帝国主义各国的"底"后，下定决心发动了"四一二"反革命政变，建立了南京"国民政府"。

币原所谓"不干涉中国内政"的方针，与币原"维护正当权益"的原则是自相矛盾的。币原无法使"不干涉中国内政"的政策与维护日本权益的原则并行不悖。币原既以维护日本权益优先一切，"不干涉中国内政"事实上是不可能的。币原根本无法提出合理的办法以解决所谓"满蒙"问题。随着时间的推移，币原外交的有效性受到内外的严厉责难而陷入困境。1927 年 3 月，日本爆发了金融危机。日本军部和在野党抓住时机攻击现任内阁，指责"今日之危机乃现内阁内政外交失败之结果"。南京事件后，批判币原外交的舆论迅速高涨。4 月 17 日，若槻内阁总辞职，币原外交暂告结束，代之而起的是田中"积极对华外交"。

二

1927 年 4 月 20 日，日本政友会总裁田中义一登台组阁。为确立和推行"积极对华政策"，田中亲自兼任外相，并配以政友会对华强硬论者森恪为外务政务次官，掌握外交实权。田中"积极对华外交"的形成有其深刻的国内外背景。田中本人就是个"将满洲与中国本土分离"论者。在倒阁过程中的 4 月 16 日，田中作为政友会总裁在该党总务会上演说，批判币原对第二次直奉战争和郭松龄事件的对策，对"发生在我帝国特殊地区满洲的动乱"，态度"极为冷淡"。他认为"满洲"是日本具有特殊利害关系的地区。4 月 22 日，田中发表施政方针，已表明他要改变币原外交，担负起全面更新对华外交的使命。

南京"国民政府"成立后，于 5 月 1 日分三路渡江"北伐"。16 日占领徐州。在对外方面继续亲日外交，蒋介石派蒋方震去东京活动。蒋方震声称"此来使命为在日本政府与宁政府间获得一种谅解，即希望日本政府对蒋

北京师范大学史学探索丛书

---

① 《币原大臣致芳泽公使》，154 号（1927-3-28），见《日本外务省档案》，PVM27。

介石反抗武汉共产分子活动，与以精神上助力"。① 田中指示坂西利八郎根据他的旨意与蒋方震联络。田中的想法是：要求张作霖同意他们之间成为悬案的"满蒙"问题以条约形式予以保障，如果"国民革命"波及"满蒙"，则使蒋介石照样承认这个条约。日本承认中国"统一"，"国民政府"则须承认张作霖在东三省的统治。接着日本参谋本部第二（情报）部长松井石根也来中国"视察"，并会晤蒋介石，探知底细。田中意在促成"蒋张合作"，以排挤英美势力，独霸中国。但是，张作霖在军事上节节失利，动摇了他在北方的统治。为了阻止南军进入华北，日本驻奉天总领事吉田建议："张作霖如被打败，则东北便失去安定。因此，在日本而言，宜和列强共同占领津浦、京汉、胶济等铁路，对南北两军加以干涉，促成停战"。② 田中采纳了这个建议。5月24日，田中内阁做出出兵山东的决定，公开撕下了"不干涉中国内政"的虚伪面具。

1927年6月27日至7月7日，田中在东京召开了所谓"东方会议"。这次会议是要宣示田中内阁新的"积极对华"政策，策划把"满蒙"从中国"分离"出去。会议最后一天由田中作《对中国政策纲领》（以下称《纲领》）的训示。田中说：对华基本方针"鉴于日本在远东的特殊地位，对于中国本土与满蒙两者，自不得不各异其趣，分别对待"。本此基本方针，田中提出当前的政策纲领主要内容八点。这个"训示"可以说是会议的结论。《纲领》的要害是把所谓"满蒙"与"中国本土""分别对待"。对于"北伐"，《纲领》提出排斥共产主义，支持国民党"稳健分子"，对"稳健分子""采取同情之立场，而协助其达成其要求与愿望"，"建立统一政府"，暗示对蒋介石和南京"国民政府"采取"欢迎之态度"，但这个"统一政府"的范围仅限于"中国本土"（指关内）。而对所谓"满蒙"，日本"不能不加以特殊的考虑"，"亦不能不痛感负有特殊的责任"，"万一动乱波及满蒙，治安陷于紊乱，致使我国在该地区之特殊地位与权益有遭侵害之虞时，不问其来自何方，均坚决加以防护"，即使诉诸武力也在所不惜。③ 以东方会议为标志，日本

① 转引自《蒋总统秘录》，第6册，1505页。
② 《晨报》，1927-5-12。
③ 《东方会议内幕》，见《北洋军阀（1912—1928）》，第5卷。

将"满蒙"从中国肢解出去作为国策最终确定下来,并提上了行动日程。森恪后来赤裸裸地说出了东方会议的罪恶企图。他说:那次会议目的就是"使满洲脱离中国本土,置于日本势力之下……如果这样露骨地说,可能招致麻烦,所以给它包上了'东方会议'的糖衣。"①

东方会议后,日本一面继续出兵山东,阻止蒋介石"北伐";另一面趁张作霖还掌握北京政权,抓紧时机向张索取"满蒙"权益。田中内阁把推行《满蒙铁路计划》作为实施东方会议决定的突破口。10月15日,张被迫与"满铁"总裁山本条太郎达成密约,即"满蒙新五路协约"。密约议定后,日方又要求改为政府间的正式协定,对张紧追不放,日张冲突日重,矛盾激化。

8月13日,蒋介石宣布"下野"。9月28日赴日寻求支持。11月5日,与田中的会见是最重要的事情。从会见时记录来看,蒋是把田中看做是"自己的前辈","以师长相待",向田中"讨教",并指望得到田中的支持。田中对蒋表示"当此之际,从大局着眼,应以先行整顿江南为当务之急",蒋"如能巩固南方,这对日本来说乃是最大的期望",而整顿江南,除蒋"以外不复再有他人可当此任","日本对此必将给予最大限度的援助"。且田中对蒋"统一"的支持是有条件的,即限于"统一南方"。田中表白"日本绝对没有支持过张作霖","日本的希望,只在于满洲的治安得到维持,便已安心"。对此蒋说:"两国的利害是一致的","中国之所以排日,乃是认为日本帮助张作霖才引起的"。所以日本有必要帮助他"早日完成革命","如果真能如此,满蒙问题也便容易解决,排日行动当可绝迹"。田中对蒋的许诺没有首肯。② 田中企望中国出现南北划江而治的局面,因此他一再提醒蒋"不必过分急于北伐",要"专心致力于南方一带的统一",而蒋如果抛弃"北伐"、"统一中国"的旗帜,他将失去国内的支持,也会失去英、美的支持。蒋介石"北伐""统一中国"的决心与日本侵华"分离满蒙"的野心有不可调和的矛盾,这对蒋的亲日外交是一个致命的打击。蒋访日回国后,

8

---

① 转引自常城等:《现代东北史》,114 页。
② 《田中义一与蒋介石会谈记录》,见《日本外交年表并主要文书》下卷。

与宋美龄结婚，开始调整他的外交政策。

1928 年 1 月，蒋介石复职，重新掌握了国民党的党政军大权。17 日蒋发表宣言，重申废除不平等条约"应以和平的方法"，与缔约各国"分别进行缔结新约之谈判"。① 2 日 10 日，"国民政府"特任黄郛为外交部长。22 日黄郛宣布外交方针六点，"切盼于最短期内与各友邦开始商订新约"，"对于重要悬案国民政府准备适当时期以公平及互谅之精神设法解决。"② 3 月和 8 月，南京"国民政府"先后与美、英达成解决"宁案"的协议。"宁案"的解决标志着蒋介石南京政权已经和英、美"和解"，调整了关系。7 月 25 日，中美又签订《整理两国关税关系之条约》。11 月 3 日，美国正式承认南京"国民政府"。12 月英、法也先后承认南京"国民政府"，随之"国民政府"在国联也取得合法地位。

国民党二届四中全会后，蒋、冯、阎、桂四派新军阀取得暂时妥协，开始"二次北伐"。蒋介石在从日本回到上海与新闻记者会见时说："我们不能忽视日本在满洲的政治的、经济的利益……并保证对日本在满洲的特殊地位加以考虑。"③3 月 5 日黄郛谈外交方针，表示希望日本"一改从前策略"，不要援助奉张，不出兵，勿阻碍北伐军事行动。④ 6 日蒋介石在南京设宴招待日本新闻记者代表团并发表长篇演讲。他说：这次北伐，作战区域仅限于黄河流域，非东三省。⑤ 4 月 17 日，田中内阁决定再次出兵山东。5 月 1 日，"北伐军"第一集团军攻克济南。2 日蒋介石抵济南。3 日日本军队制造了济南惨案。济南惨案是日本帝国主义以护侨为名阻止蒋介石军队向关外发展而敲起的一次警钟。当蒋介石接到中日冲突的报告后，立即命令"北伐军"各师长"各自约束部队，无令不许外出，避免与日本军队冲突"。摆在蒋介石面前有两条路：一是与日本决裂，"对抗应战"；一是"忍耐一时，避免冲突"。除此之外，别无选择。蒋经过一番权衡后，决心

---

① 《民国日报》，1928-1-26。

② 《民国日报》，1928-2-23。

③ 转引自《中国近代对外关系史资料选辑》下卷，第 1 分册，148 页。

④ 《民国日报》，1928-3-6。

⑤ 见《革命文献》，第 18 辑，23 页。

选择后一条路。4 日晚蒋密令部队绕道济南,渡过黄河,继续"北伐"。

田中内阁在制造济南惨案阻蒋"北伐"的同时,又逼迫张作霖正式签署"满蒙新五路协约"。日本出兵阻蒋,给奉张以幻想,张作霖对此"大为快意",仍想"借日武力,留在北京"。因此,在 5 月 7 日张表示同意正式签署"协约"。奉张认为,他如此屈从日本,定能取得日本支持。因此决定留在关内,在京津一带与"北伐军"决战。但日本担心战火波及东北。田中内阁连日开会研究对策。16 日日本内阁会议决定了《关于维持满洲地方治安的处置案》。17 日晚,日使芳泽访张作霖,劝其撤到关外,张作霖听后不悦。18 日,日本政府又以"觉书"分致北京军政府和南京"国民政府",声称"当战乱发展至京津地区,其祸乱将及于满洲之际,帝国政府为维持满洲治安起见,不得不采取适当而有效之措施。"①与发出上项警告的同时,田中内阁还向驻旅顺的关东军司令部发出了进驻奉天的命令。事实上在日本出兵山东制造济南惨案后,蒋介石已在谋划用政治手段"和平接收"京津地区。最终议定奉军撤离北京,退往榆关,"由其将领自行整理","国民革命军"不进行追击。在此情况下,张作霖决定离京返奉。6 月 4 日,日本关东军制造了皇姑屯事件,企图挑起军事冲突,乘机占领东北,实现东方会议"分离满蒙"的计划。6 月 8 日、12 日,国民革命军进入北京、天津。

皇姑屯事件后,东北政局一片混乱,处于风雨飘摇之中。6 月 18 日,张学良抵达沈阳,控制住了东北的局面。但张临危受命,形势十分复杂,东北面临多种势力的争夺。张首先需要解决的问题:一是如何确定与南京"国民政府"的关系;二是如何处理与日本的未来关系。当时有多种方案供张学良选择。张学良不想步其父后尘,与日本合作,充当日本的玩偶。他原则上赞同实现国内统一。但他所选择的统一道路不是无条件地接受收编,而是有条件的妥协。他还想以南京"国民政府"做靠山,与日本抗衡。7 月 1 日,张电蒋、冯、阎等表示:"学良爱乡爱国,不甘后人,决无妨害统一之意"。随即派代表与南京"国民政府"会淡。7 月中旬,双方商定"易帜"于 7 月 22 日实行,"易帜"条件是确保张学良在东北的统治,任命张学

---

① 见《日本外交年表并主要文书》下卷,116 页。

良为东北政务委员会主席，热河划归东北，"国民政府"不干预张学良在东北的人事任免，国民党军队不得驻扎在东北等。消息传出，日本大为恐慌，对张提出警告，施加压力，反对东北"易帜"。张遂与南京"国民政府"磋商，要求延缓实行东北"易帜"，并派代表到日本"疏通"。东北"易帜"难产，除日本进行种种威胁和利诱，甚至散布"出兵满洲"的消息外，也因奉系一些上层人物的阻挠。在东北"易帜"问题上，除张日、蒋日间的斗争外，其背后还有日美之间的斗争。经过半年的曲折斗争，张学良终于摆脱了日本的干涉，于1928年12月29日，正式宣布东北"易帜"。张学良东北"易帜"的历史作用，就在于他反对了日本侵略者的控制和干涉，反对日本帝国主义肢解中国。东北的"易帜"，南京"国民政府"在形式上实现了中国的"统一"。但这种"统一"不是"人民大众的民主的统一"，而是"独裁者专制的统一"。东北实现"易帜"是日本帝国主义"分离满蒙"侵华阴谋的一次失败，对极力鼓吹"积极侵华政策"的田中内阁也是一次打击。但东北"易帜"没有能够清除日本在东北的侵略势力，日本也未放弃"东方会议"确定的"分离满蒙"的侵略野心，中日在东北的矛盾依然尖锐存在。同时，东北"易帜"后，张学良在政治上追随蒋介石，而蒋介石对日又是一贯的容忍退让，这对张学良的政治走向不能不有重大影响。

三

在张学良正式宣布东北"易帜"前，美、英、法等国都已相继承认了南京"国民政府"。在济南惨案发生后，南京"国民政府"于6月6日任命亲美的王正廷为外交部长，以替代黄郛。日本政府鉴于美、英、法各国都已承认了南京"国民政府"，为避免在华权益受到美、英的排挤，对解决济南惨案和承认"国民政府"不得不采取较现实的态度。中国为谋求日本从山东撤兵并建交，采取了宽容和让步的方针，但是两国的交涉进展缓慢，到1929年3月28日，才达成"解决"济南事件的协议。6月3日，日本正式承认了南京"国民政府"。7月2日，因在皇姑屯炸车案中"处置失当"，引起日本国内责难的田中内阁总辞职，由浜口雄幸组成新内阁，币原重任外相。浜口内阁提出"刷新对华外交"的主张。币原重任外相后，为摆脱"田中外交"造成中日关系恶化的困境，即着手与中国修复关系。但"币原外交"与"田中外交"在对华政策上并没有实质性的区别。而且第二次币原外交在"保护及开拓"日本在华权益上，较之以往更为强硬，在此前提下开展的币原对华"亲善睦邻外交"是不可能取得多大成效的。1929 年后蒋介石忙于内争，新军阀混战连年不断，对外采取反苏亲美的路线，对日本采取敷衍的对策。

东北"易帜"后，中日关系矛盾的焦点还是在东北。张学良在 1929 年 1 月 10 日果断地处决了杨（宇霆）、常（荫槐）。东北"易帜"和"枪毙杨、常"，是张学良力图摆脱日本控制的一个转折点。日本则以解决东北悬案为由，向张学良施加压力，反复纠缠，力求控制张学良，扩大日本在东北的势力。日本提出的主要问题一是铁路；二是商租权。张学良和东北地方当局在"收回国权"运动的口号下，以各种方法反抗和抵制日本侵略势力。对"满蒙新五路协约"张学良不予承认，采取置之不理的态度。当日本要求谈判时，东北当局用各种办法来推脱，拖延谈判，使日本非常恼火又无可奈何，这个"满蒙新五路协约"终于成了泡影。为反抗日本的控制，东北当局继 1927 年 9 月修通奉海路（奉天至海龙）之后，于 1929 年 5 月又修通了吉海路（吉林至海龙）；同时在打通路（打虎山至通辽）竣工之后，又将该路与洮昂路（洮南至昂昂溪）、四洮路（四平至洮南）联结起来。这样，就从东西两面包围了"满铁"，使"满铁"大受打击。关于商租权问题，1915 年 5 月，日本强迫袁世凯接受"二十一条"，与其签订了《关于南满洲及东部内蒙古之条约》，其中第二条规定，日本可以在南满商租其需用地亩。日本即根据此项规定攫得商租权。日本利用这种特权，不断地以南满铁路为骨干，向四周掠夺大片土地。张学良主持东北政务后，于 1929 年 7 月秘密颁布了《惩治盗卖国土暂行条例》，1931 年 6 月又颁布了《国土盗卖惩办罚则》，严禁将土地、房屋及其他场所转让、抵押、出售或租与日本人，违者严加惩办，以抵制日本蚕食土地，非法扩大"满铁"区域的行径。日本对此深为不满，屡次向东北地方当局提出所谓交涉与"抗议"，反诬中国"侵害"商租权。张学良和东北当局为抵制日本资本在东北的独霸局面，还引进美国资

北京师范大学史学探索丛书

本。东北当局还采取了一系列办法，如在"满铁"沿线设立"税卡"，以限制和抵制日货；禁止与日本人合办各项事业；禁止日本人到东北内地旅行等。还组织"东北国民外交协会"，发起"收回国权"运动，在学校进行反日爱国教育。东北当局所推行的反日政策，是对日本长期侵略东北的反击。张学良还倡导东北的开发，这一切都为日本所不能容忍。

1930 年爆发中原大战，起初张学良犹豫不决，采取中立观望的立场。经过长时间的观望与考虑，张学良终于在 9 月 18 日向全国发表拥蒋通电，十多万东北精锐之师浩浩荡荡开进关内，占据平津。中原大战以蒋介石的胜利而结束。中原大战对中国时局产生了重大影响。十余万东北军开进关内，使东三省军事力量减半，防务空虚，给日本帝国主义侵占东北以可乘之机。中原大战结束后，张赴南京与蒋会谈，同意将东北的外交、交通、财政移交南京"国民政府"，北宁、四洮、长春三铁路改为国有；葫芦岛港归交通部指导。蒋介石决定由张学良主持华北政务，将东北边防军改为中央国防军。1931 年 3 月 26 日，东北国民党党部在沈阳成立。

1929 年资本主义世界爆发了经济危机。1930 年日本遭到了世界性经济危机的冲击，国内阶级矛盾激剧增长，国民的不满和反抗斗争空前高涨。随着资本主义世界相对稳定的破坏，日本向华盛顿体系的格局挑战，币原外交很快失去了存在的条件。1930 年 1 月，美、英、日、法、意五国裁军会议在伦敦召开。由于英、美两国间业已达成协议，所以会议的焦点集中在日本对美国的比率上。最后日美妥协达成协议。日本政府同意这个妥协方案，并向谈判代表团下达了批示。但军令部对此强烈反对，认为内阁未经军令部同意就下达有关海军编制的批示是侵犯统帅权。军令部利用这个问题，煽动法西斯分子向政府施加压力。11 月 14 日，浜口首相被右翼恐怖势力暗害。因浜口病情恶化，内阁遂于 1931 年 4 月 13 日总辞职。这是币原外交破产的前兆。14 日即由新当选为民政党总裁的若槻礼次郎再次出马组阁。币原留任外相，第二次币原外交得以苟延残喘。但在对中国问题特别是"满蒙"问题，币原外交已是穷途末路。1931 年春，南京"国民政府"正准备召开"国民会议"，制定训政时期约法。外交部长王正廷发表所谓"革命外交"的实行方案，把收回国家主权分为五个阶段，要迅速实现收回关税自主权，撤销治外法权，收回租界和租借地、铁路权利、内河航行权和沿岸贸易权等。王正廷只是说说，币原却神经紧张立即训令重光葵赴南京，于4月14日会见王正廷，提出质问，收回租借地是否包括旅顺、大连，收回铁路是否包括南满铁路。王正廷的答复是肯定的。币原外交再次遭到抨击。日本报刊连篇累牍地发表文章，叫喊"满蒙危机加深了"，中国"收回国权"运动已经动摇了"日本在满蒙的特殊权益"，日本的"生命线"已经岌岌可危了。

日本帝国主义在以外交手段肢解中国"分离满蒙"的计谋屡遭挫败之后，即积极策划以武力侵占东北，实现东方会议把"满蒙"从中国"分离"出来的计划。事实上日本军国主义者早已在酝酿制定武力侵占中国东北的方案。其代表人物是关东军高级参谋板垣征四郎大佐和作战主任参谋石原莞尔中佐。1929年5月，关东军在旅顺召开"情报会议"，在板垣、石原的参与下，会议做出张作霖死后，日本解决"满洲"问题，除行使武力之外，别无选择的结论。因此，有必要彻底研究"全面的军事行动"。同年7月，关东军组织了所谓"参谋实习旅行"，对"北满"进行"考察"。石原提出以"世界最终战争论"为前提和以"武力占领满蒙"为核心的"石原构想"。石原还提出了《关东军占领满蒙计划》。1930年9月，在石原主持下又提出了一份以《关于统治满蒙地区的研究》为题的实施计划，它具体丰富了石原的构想。"石原构想"就实质而言，是田中"分离满蒙"政策在新的历史条件下提出的又一个具体方案。1931年日本的经济危机达到顶点，板垣、石原到处鼓吹"占领满蒙先行论"，占有"满蒙"地区是日本"摆脱经济危机的唯一方法"。以武力解决"满蒙"问题不仅是关东军参谋部的计划，而且是日本中央军部政策的核心内容。在参谋本部情报部长建川美次主持下，1931年6月，日本陆军省和参谋本部联合制订了《解决满洲问题方策大纲》。大纲规定日本对于中国东北"终于不得不采取军事行动"，但"为争取国内外谅解"，"约以一年为期，即到明春为止"进行准备。① 这个文件是日本帝国主义武装侵略中国东北的行动纲领。但是关东军认为还要等一年，时间太长

① 见《日本帝国主义对外侵略史料选编(1931—1945)》，12页。

了，主张"立即、断然采取行动"。于是关东军作了一系列准备，并从日本运来了攻城重炮。7月挑起了万宝山事件。8月又利用中村事件煽动战争狂热。同月，本庄繁就任关东军司令官，并对关东军兵力部署作了相应的调整。日本帝国主义发动侵略我国东北的战争已迫在眉睫。对日本准备以武力吞并东北的野心和关东军已完成临战准备的情况，蒋介石不是不知道。但他正忙于内争和"剿共"。他指示张学良"此非对日作战之时"，嘱张克制，"力避冲突"。他还让于右任告诉张学良："中央现在以平定内乱为第一，东北同志宜加体会"，严令张不可动摇他的"剿共"大计。① 8月19日，蒋介石直接向张学良发电称："无论日军此后如何在东北寻衅，我方应不予抵抗，力避冲突，吾兄万勿逞一时之愤，置国家民族于不顾"。张接电后，心情十分矛盾。9月6日，张电参谋长荣臻："现在日方外交渐趋吃紧，应付一切，亟宜力求稳健。对于日人，无论其如何寻事，我方务当万分容忍，不可与之反抗致酿事端。即希迅速密令各属切实遵照为要。"1931年9月18日晚，日本帝国主义制造了柳条湖事件，"九一八"事变爆发。由于蒋介石错误估计形势，幻想依靠国联，采取不抵抗主义，终于导致中国东北迅速沦亡的历史悲剧。

综观1927—1931年中日关系的变化发展，我们可以看出，第一次世界大战后建立的华盛顿体系的新格局，随着资本主义世界相对稳定时期的结束，1929年又爆发了世界范围的资本主义经济危机，日本为摆脱世界经济危机的沉重打击，急于打破华盛顿体系的格局，重新分割殖民地，吞并中国东北并进而侵略全中国。"币原外交"和"田中外交"交替出现、交替使用是这时期日本对华外交的主要特征。日本的侵华政策与中华民族的生存存在不可调和的矛盾，存在根本的利害冲突。蒋介石为"统一中国"、建立和巩固他在全国的统治地位与日本力图维护它在"满蒙"的特殊地位、"分离满蒙"，并进一步扩大它在全中国的权益之间也存在着尖锐的矛盾，这一矛盾随着蒋日双方各自利益的变化发展而呈现时缓时紧的现象。由于蒋介石的反共反人民立场，又决定了他与日本帝国主义存在互相协调和容忍、

---

① 见吴相湘：《第二次中日战争史》，84页。

让步、妥协的一面。"九一八"事变的发生不是偶然的，它的根子是东方会议确定的把"满蒙"从中国"分离"出去的侵华政策。中日矛盾的错综复杂的变化发展，决定了日本帝国主义最终以武装进攻的方式侵占了我国东北。蒋介石之所以采取不抵抗政策，是由他反共反人民的本质决定的，也由于他有严重的"恐日症"，又对当时形势做了错误的判断。这一历史教训是深刻的。总之，"九一八"事变是中日之间诸种国际、国内矛盾错综复杂发展的结果，是日本帝国主义侵略本性的表现。"九一八"事变的结果，中国的东北沦为日本的殖民地，华盛顿体系的格局已被打破，日本成为新的世界战争的策源地。

北京师范大学历史系编：《史学论衡》，第 2 辑，

北京，北京师范大学出版社，1992。

从"九一八"到"八一三"
国民党政府对日政策的演变

从"九一八"事变到"八一三"事变期间，国民党政府对日政策有哪些变化，为什么会发生这种变化，这种变化的结果是什么？这是中国近现代史和民国史研究中的一个重要课题。弄清这个问题对我们掌握"九一八"后历史发展的脉络，认识"九一八"后国内政治形势和阶级关系的变化，以及理解国共两党双方政策的转变和第二次国共合作形成都是很必要的。本文试就这一问题作一粗浅的探讨。

一

"九一八"事变前，日军即不断挑起事端，制造武装侵略我国东北的借口。1931年7月制造了万宝山事件。8月利用中村事件把侵华战争的狂热推向高峰。当东北危亡在即之时，蒋介石却忙于内争和内战。1931年5月，蒋介石在南京召开"国民会议"，制定训政时期约法，对广东派发动了猛烈的攻击；还通过了"剿灭赤匪"的决议。蒋介石根据会议决议于7月至9月，调集了三十万军队向中央苏区发动了第三次"围剿"。因此，对日军的挑衅，蒋介石电令张学良，"无论日本军队此后如何在东北寻衅，我方应予不抵抗，力避冲突"。① 结果，日本帝国主义于9月18日夜制造了柳条湖事件（原误称为柳条沟），大举进攻沈阳，发动了侵略中国东北的战争。

"九一八"事变发生时，蒋介石在江西"督剿"红军。19日消息传到南京，当晚国民党中央召开常务会议，决定"急电南昌"，要蒋"即日返京"，

---

① 转引自洪钫：《"九一八"事变当时的张学良》，见《文史资料选辑》，第6辑，24页。

"共议内外应付之方策"。① 蒋介石于21日回到南京，立即召集国民党党政军要人"商讨对日方略"，决定"对外避免扩大战争，经由向国际联盟的申诉，获得公平的处断"，并设立特种外交委员会，为对日外交的决策机构。② 22日，蒋介石在国民党南京市党部党员大会上发表政策性演说。他说："此刻必须上下一致，先以公理对强权，以和平对野蛮，忍痛含愤，暂取逆来顺受态度，以待国际公理之判断"。③ 23日，"国民政府"发表告全国国民书说，"政府现时既以此次案件诉之于国联行政会，以待公理之解决，故已严格命令全国军队，对日军避免冲突，对于国民亦一致告诫，务必维持严肃镇静之态度"。④ 上述事实说明，"九一八"事变后国民党政府决定的对日方针就是不抵抗，而幻想依靠国联的力量压迫日本从东北撤兵。蒋介石之所以采取这一方针，他的传记作者董显光曾作如下的解释："当此之时，中国只有两条路可走。一是立即以武力对付日本的挑衅，这自然是极度艰险之路；二是采取延缓的措施，借外力压迫日本从东北撤退。"蒋介石决计走第二条路，即"利用国际的干涉"，"压迫日本从东北撤退"。蒋介石认为"日本在东北之举动出于关东军之自发，显然未与其东京之日本首相协商者"，所以"采取第二途径，未必完全无望。"⑤根据这个方针，国民党政府把一切希望寄托于国联。国民党政府和出席国联会议的代表虽然多次向国联控告日军侵略中国东北领土，请国联主持公道。国联和列强从各自利益出发，采取所谓不偏不倚的态度。国联虽然做出限期日本撤兵的决议，但日本置若罔闻，国联束手无策。

在依赖国联的希望破灭后，蒋介石仍死抱住外交方式解决的方针，并试图与日本直接交涉。11月28日，"国民政府"任命顾维钧为外交部长。蒋介石在顾维钧宣誓就职时发表演讲说："有形战争只限于军事，无形战

北京师范大学史学探索丛书

---

① 转引自李云汉：《"九一八"事变前后蒋总统的对日政策》，见《中国现代史论和史料》，283页，台北，台湾"商务印书馆"，1979。

② 转引自李云汉：《"九一八"事变前后蒋总统的对日政策》，见《中国现代史论和史料》，284页。

③ 上海《民国日报》，1931-9-23、24。

④ 上海《民国日报》，1931-9-23、24。

⑤ 《蒋总统传》中册，216页，台北，中华文化出版事业委员会，1952。

争则包括一切，无时不在进行中"，"外交之折冲樽俎，其致力之远，收效之大，有远胜于军事十百千倍者"，希望顾维钧"布展其抱负，发挥其长才"，"俾我国外交，得以转败为胜，转危为安，庶不负政府与国民期望之殷也。"①蒋介石起用顾维钧的原因，据《顾维钧回忆录》说："委员长是个现实主义的政治家，他觉得必须对日谈判。另一方面，作为一个精明的政治家，他不愿意公开明言直接谈判的政策。我猜想那就是我被任命为外交部长的缘故，要我首当其冲。"②但是，由于各方面的反对，对日直接谈判未能实现。国民党政府的对日政策陷入不抵抗、不交涉或者说无抵抗、无交涉的状态。

　　蒋介石的不抵抗政策遭到全国人民的强烈反对，国民党内部的反蒋派也乘机猛烈抨击，以此逼迫蒋介石下野。蒋介石在各方面的逼迫下，11月19日在南京的国民党四全大会上表示"决心北上效命党国"。大会通过"请蒋速北上，恢复失地"紧急动议案。全国掀起"送蒋北上抗日运动"。但蒋自食其言，全国舆论纷起抨击。12月初，日军准备一举侵占锦州，各地学生纷纷组织示威团奔赴南京示威，形成了声势浩大的抗日反蒋浪潮。在广州召开的国民党四全大会上倒蒋气氛愈加浓厚，非逼蒋下野不可。蒋介石考虑形势对他不利，决定采取以退为进的策略，于12月15日辞去"国民政府"主席兼行政院长职务，在12月22日出席国民党四届一中全会开幕式后即离南京返回故里，行前致函于右任等说："此次须入山静养，请勿有函电来往，即有函电，弟也不拆阅也"。③ 实际上蒋介石是躲到幕后继续操纵南京"国民政府"，国民党内各派继续进行争权夺利的斗争，国民党反动统治陷入严重的危机之中。

　　① 《外交为无形之战争》，见《蒋总统集》，第1册，577页，1960。

　　② 《顾维钧回忆录》，中国社会科学院近代史研究所译，第1分册，425页，北京，中华书局，1983。

　　③ 上海《民国日报》，1931-12-23。

二

蒋介石下野后，经国民党四届一中全会决定，由孙科任行政院长，宁粤双方组成所谓"统一政府"。但蒋（介石）、汪（精卫）、胡（汉民）互不合作，继续进行争权夺利的斗争。孙科上台后一筹莫展。1932年1月1日，孙科等通电就职。同日，日军对锦州发起总攻。孙科为博取舆论的支持，一面鼓动"死守锦州"，一面主张对日"和平绝交"。但没有任何准备和实际行动。1月3日，日军几乎在兵不血刃的情况下占领锦州。全国舆论纷起，要求孙科采取措施。5日孙科对记者说，"现政府最困难者即对日问题，也即对东三省如何处理问题。数月来国民渴望政府集中力量，对日宣战或积极抵抗。不以宣战方式收回领土主权，并请国联主持公道，前中政会曾决定此项方针，现应否变更如何变更，权在中政会，而不在行政院"，经四届一中全会决定中政会以蒋汪胡为常委，而蒋汪胡躲在浙、沪、粤均不来京，中政会无人主持，"一切内政外交大计，行政院无所秉承，新政府决不能发生任何力量。"①国民党政府的对日政策仍然是无抵抗、无交涉、无办法。国民党反动统治已经陷入一片混乱之中。

蒋介石看到时机已到，决定重新出山。1932年1月11日，他在奉化武岭学校纪念周作了《东北问题与对日方针》的重要演讲，为国民党政府的不抵抗政策辩解说：从"九一八"以来，"政府对于外交本有一定之方针，即一方坚持不屈服，不订损失国权之约，并尽力抵抗自卫；一方则诉之国联，请其根据国联盟约为公道正义之处置，以保障世界之和平，循此方针，庶乎不致错误"，但"国人"认为"国联无制裁强暴之能力"，"要求政府退出国联"，又"反对政府与日本直接交涉"，而"要求政府对日宣战绝交"。他说，"寇深至此，国人尚群言庞杂，莫所折中，余意政府必须明定外交方针，负责执行，以求此问题之解决，断不能因循坐误"。他坚决反对对日绝交宣战，因为他认为中国没有"国防实力"，如果对日绝交宣战，"则

---

① 北平《晨报》，1932-1-6。

以我国海陆空军备之不能咄嗟充实，必至沿海各地及长江流域，在三日内悉为敌人所蹂躏，虽欲不屈服而不可得"，而且日本是采取"战而不宣"的方式，其目的是"欲避免宣战之责任"，"以减轻国际之责难"，"今我明明尚无可战之实力"，而"昧然"对日绝交宣战，这不仅给日本"加责任于我之机会"和"恣行无忌之口实"，并且"自失其国联盟约非战公约与九国公约之权利"，"与中国似破坏公约破坏和平之责任"。据此他得出结论，绝交与宣战是"绝路"，是"自取灭亡"。他说，我"政府"之外交方针，除对日绝交及对日宣战二者之外，其他方法"皆可择而行之"，"国民唯有信任今日之政府，协助政府而且拥护政府之外交政策，无论其用何种方式与行动，无论解决对日外交问题之迟速，皆应与政府以斟酌情势自由运用之余地，而我国民对政府唯一之要求，则在绝对不订丧权割地之条约。"这篇讲演提出了处理"九一八"事变的所谓"不绝交，不宣战、不讲和、不订约"的对日外交方针。蒋介石在这个时候提出对日外交的"四不"方针，究其原因，一是由于国民党政府的不抵抗政策已经遭到全国人民的强烈反对，全国舆论纷纷要求对日绝交宣战，不抵抗政策已经声名狼藉，无法再继续下去，而如果全国动员，对日宣战绝交，人民力量发展起来，势必危及国民党的统治。所以，不抵抗不行，真抵抗又不敢，鉴于此，蒋介石提出对日本帝国主义的侵略，只"抵抗自卫"，但"不绝交、不宣战"。二是由于蒋介石希图依赖国联迫使日军从东北撤退已无望，日军占领了整个东北后，正在策划建立伪"满洲国"，如果公开承认日军占领东北，与日本签订丧权割地的条约，则国民党的统治必将在全国人民的反对中倾覆。蒋介石还估计日本占领东北后，与英美的矛盾会扩大，日军不会南下而可能北上进攻苏联，因此，蒋介石决定默认日军占领东北的现状，但不与日本讲和订约。总之，蒋介石认为他当时的主要敌人是共产党和反蒋派，还不是日本帝国主义，因此，他决心与日本妥协。蒋介石是从巩固国民党的统治这个基本点来决定方针的。

　　蒋介石在发表这个演讲后，决定拉汪排胡，于是飞杭州与汪精卫会晤，经过几天的密商，达成了权力分赃的协议。1月21日，蒋汪分别入京。1月23日，国民党中央召开紧急会议，责难孙科政府，逼孙科下台。

会后孙科辞职。1月28日，国民党召开临时中政会，决定由汪精卫任行政院长，宋子文任行政院副院长，并决定成立军事委员会，指定蒋介石等为常委，统管全国军事(蒋于3月6日正式出任军事委员会委员长)。

同天，日军进攻上海，十九路军奋起抵抗，全国声援。"一·二八"事变后，汪精卫提出对日一面抵抗；一面交涉的方针，并解释说：现在"国民政府""军事上抵抗，外交上交涉"。"政府今后的措置，应严格规定最低限度的标准"。"最低限度以上，我们忍受，即是交涉，最低限度以下，我们拒绝，即是抵抗"。"现在不能听其不和不战，而应该和，应该战。若在最低限度以上而得忍受者，此即应和。若在最低限度以下而不能忍受者，则仅有毅然拒绝，出之一战。"①蒋介石也在1月29日制定了对日"一面预备交涉，一面积极抵抗"的方针，并说："交涉必须定一最后防线与最大限度，此限度至少要不妨碍行政与领土完整"，"如果超此限度，退让至不能忍受之防线时，即与之决战，虽至战败而亡，亦所不惜。"②可见蒋汪的对日方针是一致的。从实质上看，都主张对日妥协。有点不同的是，蒋从策略上考虑，认为"抵抗"不可把调子唱得太高，更不可对日绝交宣战，"抵抗"只是表示地方是日本用"兵力强占的"，而不是国民党政府"自己放弃"的，表示国民党"不屈服"的"精神"，而"交涉"应以不订"割地之约"为限度，避免承担签订卖国条约的罪名。蒋介石后来也说，"这种政策并不是彻底的"，"比较是无法之法"。③因此，"一·二八"事变后，蒋汪都表示要"抵抗"，宣布中央党部和"国民政府"迁洛阳，召开军事会议，制定"全国防卫计划"，决定划分全国为四个防卫区。1月30日，蒋介石还发表"告全国将士电"，声称"中正与诸同志久共患难，今虽在野，犹愿与诸将士誓同生死，尽我天职"，"抱宁为玉碎毋为瓦全之决心，以与破坏和平蔑弃信义

---

① 转引自雷鸣：《汪精卫先生传》，229页，政治月刊社出版。

② 《蒋委员中正手定对日交涉之原则与方法》(录自总统府机要档案)，见《中华民国重要史料初编——对日抗战时期》绪编(一)，431页，台北，中国国民党中央党史委员会，1981。

③ 蒋介石：《敌乎？友乎？——中日关系的检讨》，见《外交评论》，第3卷，第11、12期合刊。

之暴日相周旋"。① 2月14日，国民党政府还将张治中统率之第五军调赴上海前线增援。但蒋汪并非真要抵抗，更非全力援助上海军民的抗战，只是做做样子。因此"当军事会议开会讨论派援兵时，大多数赞成派援，蒋介石与何应钦反对最力，谓不宜使战争扩大"，"汪精卫虽在二中全会演词中说政府已派了许多援军，实际上我们所见的是什么？全是一套欺骗民众的话！"②蒋介石不但反对派兵援助十九路军的抗战，而且让何应钦通令各部队说，"各军将士非得军政部命令而自由行动者，虽意出爱国，亦须受抗命处分"。③ 蒋汪所谓的"抵抗"，正如当时舆论所揭露的，"如今的中央政府则嘴巴上尽量抵抗，行为上尽量不抵抗"，"'嘴巴上尽量抵抗'的表现，说得最好听的是蒋介石氏之'北上收回失地'及'置身最前线'以及为国效死的无数宣言与谈话"。④ 上海军民的抗战，使日本侵略军遭受到沉重打击，死伤万余人，但因国民党政府坐视不援，伤亡日重，而难以持久。3月2日，十九路军撤出上海。在蒋汪密谋下，中日双方于3月24日开始谈判，5月5日签订了《中日停战协定》。这是一个丧权辱国的协定。正如当时报纸评论所指出的："敌军入寇，未能逐出国门，停止战争，犹待妥协条件，彼虽曲，我虽直，而彼则驻兵有地，撤军无期，我则人民徒遭绝大蹂躏，军警俱有明文束缚，如此协定，谓未屈服不可得也，谓未辱国丧权不可得也"，"误国祸国，政府尤为罪魁"。⑤

三

上海停战协定一签订，蒋介石马上宣布把"攘外必先安内"的反动政策，作为国民党处理对外对内关系的基本准则。后来蒋介石谈到这段历史

---

① 北平《晨报》，1932-1-31。

② 韬奋：《愤懑哀痛中的民意》，载《生活周刊》，第7卷，第10期。

③ 蒋光鼐、蔡廷锴、戴戟：《十九路军淞沪抗战回忆》，见《文史资料选辑》，第37辑，12页。

④ 韬奋：《愤懑哀痛中的民意》。

⑤ 《时事新报》，1932-5-6。

时，曾自供："一·二八"淞沪抗战时，看到共产党在南方七省燃起的"燎原之火，有不可收拾之势"，国民党面临"两个战争"，于是，"于淞沪停战之后，宣布攘外必先安内的政策"，"随即于 6 月 18 日，在牯岭召开豫鄂皖湘赣五省清剿会议，确定第四次围剿计划"。① 在此以后，蒋介石发表了一系列"攘外必先安内"的言论，一再宣称，第一是"剿匪来安内"，第二"才是抗日来攘外"。② 并一再强调"安内是攘外的前提"，"安内"的重点是消灭共产党和红军，"同时也要消灭一般违抗中央的叛逆军阀"。③

正是依据"攘外必先安内"的反动方针，1932 年 6 月下旬在武汉成立了"剿匪"总部，蒋介石自任总司令，调集六十多万兵力向各革命根据地发动第四次军事"围剿"。正当蒋介石集中主力部队三四十万人向中央苏区发动进攻时，日军侵占了山海关并向热河进犯。1933 年 3 月 4 日，日军先头部队 128 人不费一弹占领承德。接着，日军又进犯长城线上的军事要地喜峰口、冷口和古北口，平津危急。6 日，蒋介石被迫离开江西"剿共"前线北上，决定张学良引咎辞职，由何应钦兼代北平军分会委员长职，并调中央军三个师北上，以稳住华北战局和应付全国要求抵抗的舆论，在全国抗日热潮的推动下，驻长城各口的中国军队进行了奋勇的抵抗，给进犯的日军以很大的打击。但蒋介石顽固地坚持"攘外必先安内"的反动方针，他北上后一直没有去抗日前线，只是于 24 日以"部署抗日"为名跑到北平，说什么"要以现有兵力竭力抵抗，不能希望再增加援军"。④ 25 日就匆忙回到南京，与 26 日从国外回来的汪精卫会晤。汪精卫仍旧鼓吹他的"一面抵抗，一面交涉"。蒋介石则鼓吹所谓"长期抵抗"。他说："现在对于日本，只有一个法子——就是作长期不断的抵抗"，"若是能抵抗得三年、五年，我预料国际上总有新的发展，敌人自己国内也一定将有新的变化，这样我们的国家和民族才有死中求生的一线希望。"⑤蒋介石嘴上说"长期抵抗"，而行

① 《苏俄在中国》，见《蒋总统集》，第 1 册，280 页。

② 《革命军的责任是安内与攘外》，见《蒋总统集》，第 1 册，622 页。

③ 《爱民的精义与教民的宗旨》，见《蒋总统集》，第 1 册，710 页。

④ 转引自《中华民国史史料长编》，第 81 册。

⑤ 转引自《蒋总统秘录》，第 9 册，90 页，台北，台湾"中央日报社"，1975。

动上还是"不绝交、不宣战、不讲和、不订约"。他让汪精卫复任行政院长，自己却在 4 月 4 日乘舰赴赣"督剿"红军去了。他在南昌国民党省党部对各将领训话说："中正来赣督剿，实本有匪无我，有我无匪之决心，凡我剿匪将领，嗣后若再以北上抗日请命，而无决心剿匪者，当视为贪生怕死之辈，立斩无赦。"①

　　蒋介石一心"剿共"，日本则步步进逼。军事进攻和收买汉奸从内部策反交替进行。5 月初，日本因策反一时难以奏效，决定用武力强压中国政府屈服，向滦东地区再次发动进攻，迅速控制了长城各要口和冀东。国民党政府在日军新的进攻面前，十分惊慌，他们以妥协退让乃至放弃抵抗来达到求和的目的。5 月 3 日，国民党政府明令设立行政院北平政务整理委员会，任命黄郛为委员长，负责对日交涉停战问题。5 月 15 日黄郛渡江北上，到北平时声明"和外剿共，始为救时救世上策"。② 在蒋汪的直接掌握下，黄郛与日军交涉停战。5 月 22 日汪电黄郛说："除签字于承认伪国，割让四省之条约外，其他条件皆可答应。"22 日深夜黄郛与日方达成停战的原则性协议。黄郛与日军直接交涉遭到国民党政府外交部的反对。蒋介石也顾虑签订书面协定而涉及承认伪国问题，提出接受日军的停战条件但不"形诸文字"。不签订书面协定，日方不同意，于是便派兵进逼平津。25 日何应钦派军使往日军阵前求和，签订了停战"觉书"（即备忘录），当日北平军分会即电令前线各部队按日方所规定之撤退线撤兵。26 日冯玉祥在张家口通电成立察哈尔民众抗日同盟军，抗击日军。28 日汪精卫等即匆匆跑到庐山牯岭与蒋介石会商。蒋汪决定接受日军的要求。汪电何应钦、黄郛坚决进行谈判，"倘因此而招致国人之不谅，反对者之乘间抵隙，弟必奋身以当其冲，绝不令兄为难"。又电，"弟无论如何，必与两兄共进退，决不致使两兄有后顾之忧，乞坚决进行为荷"。蒋也电何应钦、黄郛，指示谈判"照常进行，放手办理"，并特电黄郛："共尝艰苦之宿约，必始终不渝，诸事弟必负责"。③ 在蒋汪的共同支持和负责下，5 月 31 日由何应钦派熊

　　① 蒋介石 1933 年 4 月 10 日在南昌国民党省党部对各将领的训话。
　　② 转引自韬奋：《由抵抗而失败了吗？》，载《生活周刊》，第 8 卷，第 21 期。
　　③ 李云汉：《抗战前华北政局史料》，249～266 页，台北，正中书局，1982。

斌与日军代表冈村宁次签订丧权辱国的《塘沽协定》。这个协定实际上默认了日本帝国主义侵占东北三省和热河的合法性，并承认冀东为"非武装区"。

《塘沽协定》签订后，蒋介石又集中力量"剿共"。1933年6月在南昌行营召开赣粤闽湘鄂五省"剿匪"军事会议。9月调集了一百万军队向革命根据地发动第五次"围剿"，而对日则继续采取妥协让步的政策。1933年9月，日本外相内田辞职，由广田继任。广田标榜"和协外交"，其如意算盘是把伪"满洲国"的存在作为既成事实迫使中国承队，在这个前提下，谋求改善日中关系。因此，自广田的"和协外交"替代内田的"焦土外交"后，中日矛盾表面上暂时缓和。但1934年4月，日本外务省情报部部长天羽发表了一个狂妄的声明，把中国看作是日本的保护国，日本反对"中国采取利用其他国家排斥日本或者采取以夷制夷的排外政策，日本也反对其他国家在任何方面以任何方式援助中国"。对于天羽声明，国民党政府外交部在4月19日发表声明表示："中国与他国之合作……常限于不属政治之事项"，至于军事项目"大都为维持本国之秩序与安宁"，"他国对中国苟无野心"，日本"殊不必有所过虑也"。[1] 1934年7月以海军大将冈田为首的内阁成立，广田留任外相，但军部干预政治更加露骨，双重外交的现象越发明显。中日关系又趋紧张。为了继续推行对日的妥协外交，由蒋介石口授，陈布雷执笔，写成《敌乎？友乎？——中日关系的检讨》一篇长文，于1934年12月以徐道邻的名字发表在《外交评论》上。该文是蒋介石处理内外关系准则和对日基本政策的全面阐述。蒋介石向正在侵略中国的日本帝国主义表示，"日本人终究不能作我们的敌人，我们中国亦究竟须有与日本携手之必要"。他要中日两国当局对中日关系作一番"检讨"，打开"僵局"，"免得愈走愈趋绝路"，以致弄得双方"同归于尽"。他向日本帝国主义反复说明国民党的敌人是共产党。国民党在1927年以后已"明白放弃容共政策"，"没有使日本害怕的理由"。日本以为"国民党是发动排日势力的"，"非打

---

① 复旦大学历史系中国近代史教研组：《中国近代对外关系史资料选辑(1840—1949)》下卷，第1分册，264~265页，上海，上海人民出版社，1977。

北京师范大学史学探索丛书

倒中国国民党，则中日问题无法解决，日本不能安枕"，这是"根本的错误"。他说日本应该"明悉窥伺于中国国民党之后者为何种势力，此种势力之抬头与东亚将生如何之影响"。如果"国民党的统治不胜外力之压迫而崩溃"，"日本亦不难想象其结果如何"。这就是说国民党统治如果"不胜外力之压迫而崩溃"，共产党势力就要"抬头"，结果日本也要"同归于绝灭"。他又说现在中国民族意识高涨，已绝不容国民党不抵抗而屈服。不抵抗，国民党政权就会被人民唾弃，为抗日浪潮所倾覆。因此，今后国民党"力量所在之地，不能无代价的放弃，日本欲以垂手而得沈阳为先例，应用到全中国，到底为不可能"，希望日本当局"不要为感情而牺牲理智"。这就是说，如果日本无休止地以武力侵占中国领土，国民党在抗日救亡运动压迫之下，不能不抵抗，相持下去，日本不能灭亡中国，反而会被拖垮，而国民党统治也会因为"内外交侵"而崩溃，这样日本帝国主义和国民党统治就会在相争中"同归于尽"，而得利的是中国共产党。他还说"日本人对蒋氏实在没有认识清楚"，日本把"蒋氏与中国过去的人物袁世凯、李鸿章等相提并论，这真是拟于不伦"，如"欲以从前施于帝制时代遗留人物的方法，施之于现在，而希望得到同样的效果，这是不言而知其不可能的"。他说蒋氏的对日外交政策是"不绝交、不宣战、不讲和、不订约"。这个外交政策与"他对日战略之所谓节节抵抗的消耗战术""是完全相应一贯，始终不变的"。这就是说，在日本以武力侵略中国的时候，他不能不作消极抵抗，但不和日本绝交宣战，留有妥协的余地，但也不能同日本正式的公开的订立卖国条约。他说中国"只可用这个政策和战略与之相周旋"，"相持不下的结果，也必使日本同归于尽"。总之，避免"同归于尽"，是蒋介石处理对日关系的基本指导思想。① 这篇文章发表后反响很大。1935 年 1月，日本外相广田在议会发表外交政策演说，表示要实行"日中亲善、经济提携"的新的对华方针。日本政府要和国民党政府互派高级官员，进行"访问"，以"调和感情"和"增进邦交"。蒋介石立即于 1 月 27 日、28 日会

① 蒋介石：《敌乎？友乎？——中日关系的检讨》，载《外交评论》，第 3 卷，第11、12 期合刊。

见日本公使有吉明，对他说："中日应该亲善，是我的信念"，"中日关系如何调整？我不断加以考虑，我认为今日时机已到。"① 2 月 1 日，蒋介石对中央社记者说，"此次日本广田外相在议会所发表对我中国之演词，吾人认为亦具诚意"。② 2 月 14 日又对日本记者说："此次广田对华政策之演说虽极抽象，但吾人对之感想颇深，至少可说是中日关系好转之起点。"③ 蒋汪经过商议，决定由行政院长汪精卫在中央政治会议上作中日关系的报告，正式表明态度。2 月 20 日，汪精卫在中央政治会议上报告说："读了这次广田的演说，认为和我们素来的主张精神上是大致吻合，中日两国间既有如此的共鸣，加以相互的努力，中日关系，从此可以得到改善的机会，而复归于常轨"，"我现在坦白的郑重的声明，我们愿以满腔的诚意，以和平的方法和正常的步调，来解决中日间之一切纠纷，务使互相猜忌之心理，与夫互相排挤，互相妨害之言论及行动等，一天一天的消除"，"中日两国间之根本问题，必可得到合理之解决。"④ 3 月 2 日，蒋致电汪，称汪的报告"灼见鸿猷，至深钦佩，与弟在京时对中央社记者所谈各节，实属同一见解，中央同人既有所决定，弟能力所及，自当本此方针，共策进行也"。⑤ 与此同时，国民党政府还派王宠惠去日本交换"亲善"意见，宣布取消抵制日货法令，改变对日问题的宣传政策。5 月，中日公使同时升格为大使，以表示"调整邦交"的诚意。但是国民党政府的媚日外交并没有使日本帝国主义停止侵略中国的步伐。

四

　　1935 年年底，国民党政府对日政策开始发生若干变化，发生这种变化的根本原因是 1935 年国内的政治形势和阶级关系发生了新的变动。1935

---

① 《民族》，第 4 卷，第 10 期。
② 天津《大公报》，1935-2-2。
③ 《正风》，第 1 卷，第 6 期。
④ 《正风》，第 1 卷，第 6 期。
⑤ 天津《大公报》，1935-3-3。

北京师范大学史学探索丛书

年日本帝国主义制造了华北事变，它采取的第一个步骤是迫使国民党中央的势力退出华北，随后它就积极策动华北五省(河北、山东、山西、察哈尔、绥远)自治，要把华北五省"分离"出去，成为第二个"满洲国"，这就从根本上威胁了国民党在华北的统治地位。同时，日本帝国主义又加紧在华北的经济侵略和扩张，而其猖獗的走私活动更给国民党政府的财政收入造成严重损失，经济利害的严重冲突，加剧了国民党政府和日本帝国主义的矛盾。日本帝国主义的无止境的侵略欲望已非蒋介石的妥协政策所能满足。日本帝国主义加紧在华北的侵略和扩张，也损害了英美的利益，扩大了与英美帝国主义的矛盾，英美对华北事变表示"深为焦虑"，"正为深切之注意"。① 国民党和国民政府及其军队进一步发生分化，愈来愈多的人不满意蒋介石"攘外必先安内"的政策，反对蒋介石对日妥协，要求抵抗日本侵略，南京国民党左派开始在形成，英美派的势力和影响在扩大，亲日派受到抨击；同时中国共产党抗日民族统一战线政策的提出，全国抗日救亡运动的重新高涨，也不允许蒋介石继续推行对日妥协的政策。这一切推动和迫使国民党政府不得不开始逐渐改变其对日政策。

国民党政府对日政策的若干变化开始于华北事变的处理过程。1935年上半年，日本侵略者先后制造了"察东事件"、"河北事件"、"张北事件"，并通过《何梅协定》《秦土协定》攫取了冀察两省大部主权，迫使国民党中央的势力退出平、津、河北。接着，日本帝国主义就积极策动华北五省自治。1935年4月，日本关东军司令官南次郎与华北驻屯军司令官梅津美治郎商定在"华北地区制造自治政权"，使华北五省"脱离南京政府"。② 这个计划经日本东京批准并由土肥原具体执行。10月，日本内阁会议正式通过了"鼓励华北自主案"。11月6日，土肥原带了所谓"华北高度自治方案"到达天津，压迫宋哲元于11月20日宣布"自治"。为了阻止华北五省"自治"，国民党政府采取了一些对策。1935年9月，蒋介石在日本《经济往来》杂志发表"如何改善中日关系"的论文，其中说："中国对于日本的妥协让步，

---

① 南开大学：《华北事变资料选编》，388、389页，郑州，河南人民出版社，1983。

② 《中国近代对外关系史资料选辑》下卷，第1分册，283～284页。

毕竟有一定的限度。"①11 月 3 日，国民党政府行政院代院长兼财长孔祥熙，在英美支持下宣布实行币制改革，日本认为这是国民党南京政府的"以夷制夷政策"，声明"断然反对"。国民党政府没有因此而动摇改革币制的决心。当日本压迫宋哲元宣布"自治"时，蒋介石亲自飞到太原说服阎锡山，并派参谋次长熊斌北上对宋哲元、韩复榘进行工作。同时调动部队，在南京附近进行特别演习，并且把其中的一部分沿陇海线北上佯动，向日本表示他不能接受华北"自治"的要求。11 月 19 日，蒋介石在国民党第五次代表大会上发表对外关系演词。他说："和平未到完全绝望时期，决不放弃和平，牺牲未到最后关头，也不轻言牺牲"，"以抱定最后牺牲之决心，而为和平最大之努力，期达奠定国家复兴民族之目的。"同时又表示"和平到完全绝望时期"，"牺牲到最后关头"，他即"听命党国，下最后之决心"。② 20 日又与日本驻华大使有吉明会谈。有吉明表示，最近华北之"自治运动"，如国民党中央"采取压迫或武力镇压等方法，势必引起纠纷事态和破坏治安，进而还会严重影响与该地有密切关系之日本及满洲国。特别是作为负责满洲国安全之关东军，决不会对此默视不问"。蒋介石表示，"作为中国，对引起违反国家主权完整，破坏行政统一等之自治制度，绝对不能容许。不过根据连日来华北当局及各团体报告，并无一人希望自治和独立"，"即使引起某些动荡，中央亦无使用武力或出兵之意图。同时，我相信当地军人也会服从本人命令，希望放心"。③ 蒋介石要求日方停止策动华北自治，作为交换条件，表示同意实行广田三原则。宋哲元一方面不敢冒天下之大不韪，宣布"自治"，充当汉奸，但也没有断然拒绝。他借口内部部署尚未就绪，要求延期；另一方面为保持自己在华北的地位，扩大自己在华北的权力，11 月 19 日他试探蒋介石："彼方要求，必须华北脱离中央，另成局面，迭经拒绝，相逼益紧，不得已拟在拥护中央系统之下，与之研商，以①不干涉内政，②不侵犯领土主权，③平等互惠为限度，作第一步亲善表示，此外并无任何接洽，各方谣言，万不可听，惟形

① 《中央周报》，第 378 期。

② 《国闻周报》，第 12 卷，第 46 期。

③ 《华北事变资料选编》，320 页。

势迫促，稍纵即逝，究应如何应付，伏乞密示方针"。① 20 日蒋介石复电宋哲元说："来电所称，拟在拥护中央系统之下，以不干涉内政，不侵犯领土主权及平等互惠为限度，与之磋商"，是中了日本"诱陷之毒计"，"因不干涉内政等三语，乃国家与国家之交涉，如据此语与之磋商，即与拥护中央系统之原则相抵触，一经开谈，兄等即已超越地方官吏之地位"，并说他与日本政府"为整个之磋商，已在开始进行中"，要宋哲元"仍本初旨，坚定应付，以浸其谋，或告彼方径与中央解决，万一彼方因此不满，对兄等为局部之压迫，中央必当以实力为兄等后盾，决不令兄部独为其难，而与兄等为共同之牺牲也"。② 同日，蒋介石还表示，"如平津自由行动降敌求全，则中央决无迁就依违之可能，当下最后之决心"③。由于国民党政府的反对，日本未能迫使宋哲元在 11 月 20 日宣布"自治"。

但是，日本帝国主义并没有放弃其计划，继续向宋哲元施加压力，迫其在 11 月 30 日宣布"自治"。11 月 23 日，国民党"五大"宣布结束。第二天，在日本侵略者唆使下，滦榆区行政督察专员殷汝耕在通县宣布"脱离中央自治"，25 日成立"冀东防共自治委员会"（后改称"自治政府"）。26日，国民党政府行政院召开紧急会议，决议撤销北平军分会，其职务由军委会直接处理，特派何应钦为行政院驻平办事长官，特派宋哲元为冀察绥靖主任，殷汝耕免职拿办。这几项决定，一方面，是通过通缉殷汝耕，表示反对华北"自治"，也是对充当汉奸的人的警告，同时任命宋哲元为冀察绥靖主任，保证宋的地位，使其不致完全脱离中央而听命于日本。宋哲元虽不愿步殷逆之后尘，却又要利用自己举足轻重的地位，向蒋介石索取独揽华北的权力。他一方面向日本表示："倘立即撤销殷汝耕的'冀东防共自治政府'，并按我的步调行事，则我将改变单纯倾向南京方面的态度，一

① 《总统府机要档案》，见《中华民国重要史料初编——对日抗战时期》绪编（一），714 页。

② 《总统府机要档案》，见《中华民国重要史料初编——对日抗战时期》绪编（一），714~715 页。

③ 《总统府机要档案》，见《中华民国重要史料初编——对日抗战时期》绪编（一），715 页。

定也要倾向满洲方面"。① 另一方面在 27 日、29 日两次向国民党中央请辞绥靖主任新职。30 日又致电蒋介石，以平津危机向南京施加压力。电报说："刻下民情愈益愤昂，城乡市镇议论纷纭，倡导自治者有之，主张自决者有之，一一遏抑，既有所不能，徒欲苦撑，亦绝非空言所能奏效，哲元德薄能鲜，抚驭无方，综衡情势，似非因势利导，别有以慰民望定民心之有效办法，纵外患不计，亦内忧堪虞"。② 这实际上是向蒋介石要求在华北也成立类似西南政务委员会的政权机关。蒋介石既不允许华北脱离国民党中央政府管辖而宣布"自治"，又摄于日本的武力威胁，于是在 30 日派何应钦北上，与宋哲元等各方面商议解决华北危机办法。12 月 11 日，国民党政府明令设置冀察政务委员会，由宋哲元任委员长。冀察政务委员会名义上虽然还隶属于南京中央政府，但实际上具有相当大的独立性，日本帝国主义和亲日汉奸势力对它具有很大影响和控制力。至此，国民党政府对华北问题再没有退路了。但日本帝国主义并没有停止继续策动华北五省的"自治"。1936 年 1 月 13 日，日本政府发出《第一次处理华北纲要》，明确指示"自治的区域，以华北五省为目标"，"先求逐步完成冀察两省及平津两市的自治，进而使其他三省自然地与之合流"，"对冀察政务委员会的指导，目前通过宋哲元来进行……逐步实现实质性的自治，确立华北五省自治的基础"，"在冀察政务委员会的自治机能还未充分发挥时，支持冀东自治政府的独立性，如果冀察的自治到达大体上可以信任的时候，尽快使之合流"，并决定"处理华北由中国驻屯军司令官负责"。③ 冀察政务委员会的成立并没有能够解决也没有能够缓和中日之间的矛盾。

因此，在华北事变后，国民党政府的对日政策继续发生若干变化。1936 年 1 月 21 日，日本外相广田在第 68 次议会上发表演说，对所谓"对华三原则"作了解释，即：一、中国取缔一切排日运动和放弃以夷制夷政策，进行积极合作；二、中国承认"满洲国"，完全调整日"满"华三国的关系；三、中日合作防止赤化。并宣称中国政府"对以上三原则表示了赞成

① 《土肥原秘录》，44 页。

② 《国闻周报》，第 12 卷，第 48 期。

③ 《中国近代对外关系史资料选辑》下卷，第 1 分册，288～289 页。

的意思"。① 国民党政府外交部则于次日发表声明,指出:"广田外相演说,谓中国业已同意,殊非事实。"②1936 年 3 月 16 日至 19 日,国民党政府外交部长张群和日本驻华大使有田就调整中日关系举行了四次会谈。中方提出,调整中日邦交,最正当之办法,应自东北问题谈起,第一步至少限度,也须先行设法消除妨碍冀察内蒙行政完整之状态。1936 年 4 月,日本决定强化华北驻屯军。国民党政府外交部于 4 月 17 日向日驻华大使馆表示"事实上无此必要"。6 月,日本大量增兵华北,国民党政府外交部于 5 月15 日电令驻日大使向日本外务省交涉制止。同时,对侵华日军在华北包庇走私浪人,破坏海关缉私曾多次向日本外务省提出抗议,要求日本政府迅速予以制止。1936 年 7 月,国民党召开五届二中全会,决定成立国防会议,以蒋介石为议长。会上蒋介石对国民党五中全会确定的外交方针做了如下解释:"中央对外交所抱的最低限度,就是保持领土主权的完整,任何国家要来侵扰我们领土主权,我们绝对不能容忍,我们绝对不订立任何侵害我们领土主权的协定,并绝对不容忍任何侵害我们领土主权的事实。再明白些说,假如有人强迫我们签订承认伪国等损害领土主权的时候,就是我们不能容忍的时候,就是我们最后牺牲的时候。……其次,从去年十一月全国代表大会以后,我们如遇有领土主权再被人侵害,如果用尽政治外交方法而仍不能排除这个侵害,就是要危害到我们国家民族之根本的生存,这就是为我们不能容忍的时候,到这时候,我们一定作最后之牺牲。"③这里,蒋介石明确地表示了决不签订承认"伪国"的协定,并对"牺牲的最后关头"做了解释。1936 年 8 月至 9 月间,相继发生了"成都事件"和"北海事件"等。9 月 15 日、16 日、23 日,国民党政府外交部长张群与日本驻华大使川越举行三次会谈。日方不仅要求解决上述事件,而且要求国民党政府"解散一切抗日团体","杜绝一切排日运动",实行"共同防共","华北经济提携"和"减低关税"等,以此作为"对调整邦交具体表示诚意之

---

① 复旦大学历史系日本史组编译:《日本帝国主义对外侵略史料选编》,198 页,上海,上海人民出版社,1975。

② 周开庆:《一九三六年之中日关系》,38 页,南京,正中书局,1937。

③ 《国闻周报》,第 13 卷,第 28 期。

确实证据"。对此，国民党政府也提出了五条关于调整邦交的希望条款，其中包括取消上海、塘沽两个停战协定，取消冀东伪政权和停止走私等。10月19日、21日、26日和11月10日，张群与川越又举行四次会谈，均以"防共问题"为中心。日方提出"一般防共"和"华北共同防共"两大问题。关于"一般防共问题"要求"由两国订一协定"。关于"华北共同防共问题"要求"扩大防共地域"，组织"共同防共委员会"等。国民党政府则提出取消上海、塘沽两协定和冀东伪政权。双方距离很大。日方声称"冀东问题与防共无关不能并提讨论"，"如中国坚持此项主张谈判只有破裂"。国民党政府则坚持"华北防共区域限于内蒙一带"，不能扩大，"延至雁门关一层决作不到"，"一般防共问题""无此必要"，"以勿谈为妥"，并表示"数年来中日关系欠佳，故反政府者皆欲借反日问题造成人民阵线，现在若强作此事则徒刺激中国人民之情绪于日本亦无甚益处"。由于张群一再表示"蒋院长对中日邦交之调整颇具决心，但日方必须顾到我方立场，否则即生困难"。最后川越表示"一般防共问题日本甚谅解中国之困难"，答应"将来有机会再行缓谈"，并说"此乃日本之大让步"，要求"中国方面也须相当让步"。张群说，现在"取消塘沽停战协定、上海停战协定两问题都不谈，此可谓已经大让步矣"，并表示冀东伪政权必须取消，"华北共同防共问题"，"想来想去尚以勿谈为上策"，"想来想去仍以留待将来再谈为妥"。四次会谈最后仍无结果。11月10日蒋介石指示张群"应以完整华北行政主权为今日调整国交最低之限度"。① 日本驻南京总领事表示，解决中日间悬案的谈判，欲求实际上之进步已不可能。他向日本外务省报告说：近来中国政府对于日本提案之态度已因其国内外形势转趋强硬。12月3日，又举行第八次会谈。川越朗读其携来之所谓备忘录。张群表示，"川越所朗诵之文件，其内容与历次会议情形显有不符之处，不特有为我方向未谈及之记载，且对我方重要意见，遗留甚多，其中更有贵大使从未提及之事项，无论如何，不能接受此种文件"。并表示"双方须顾到彼此立场，如塘沽、上海两

---

① 《总统府机要档案》，见《中华民国重要史料初编——对日抗战时期》绪编（三），680页。

协定之取消，冀东伪组织之取消，华北非法飞行之终止，察绥伪匪军之消灭，以及走私之停止等问题，系我方最低限度之要求，均应同时解决"。由于张群拒绝接受日方提出的备忘录，会谈不欢而散，中日交涉停顿。①蒋介石在12月5日指示张群对川越备忘录"非立即用正式公函退还不可，万不可随意迁就"。② 1936年12月，伪匪军在日军配合下，向绥远大举进犯，驻绥远的傅作义部奋起还击，全国人民积极援绥。国民党政府对绥远抗战采取比较积极的态度。国民党政府外交部为此向日驻华大使馆提出交涉。国民党中央宣传部发表谈话，表示"今日绥察之问题极简单明了，来犯者不论其为伪为匪或其他任何势力，同为国家民族不共戴天之大敌，于此应付之方，惟有迎头痛击，惟有根本剿灭，地方疆吏于此有显明之表示，中央当局，更有明切之指导，态度显明，毫无犹豫研究之余地。"国民党政府也于11月28日发表声明，说"此次蒙伪匪军大举犯绥，政府负有保卫疆土戡乱安民之责，不问其背景与作用如何，自应予以痛剿，此为任何主权国家应有之行为，第三者无可得而非议"，"中国领土主权之完整"，"不容任何第三者以任何口实加以侵犯或干涉，万一不幸而发生此种非法之侵犯或干涉，必竭全力防卫，以尽国家之职责也"。③

宋哲元在日蒋之间左右逢迎巩固了自己在华北的地位。他既不愿完全受国民党中央的控制，也不愿完全受日本操纵当汉奸傀儡。因此在冀察政务委员会成立后，宋哲元在各方的压力下，特别是在全国抗日救亡热潮和中国共产党抗日民族统一战线政策推动下，对日态度也发生了某些变化。根据《第一次处理华北纲要》的要求，日方多次派人会晤宋哲元，要求宋哲元扩大冀察"自治程度"，逐步实现"华北五省自治"。宋为此亲到天津与日本华北驻屯军会谈。他在某些问题上向日方妥协让步，但又要求取消冀东伪政权，日军拒绝，会谈没有达成协议。3月，日方迫使宋哲元与其秘密订立"华北防共协定"。对此外国通讯社有过透露，但宋不敢承认。5月，

---

① 以上见于中华民国国民政府外交部档案。

② 《总统府机要档案》，见《中华民国重要史料初编——对日抗战时期》绪编（三），688页。

③ 周开庆：《一九三六年之中日关系》，90～94页。

日本借口"共同防共"，大量增兵华北，并压迫宋哲元于 5 月 30 日前宣布与南京脱离，外电盛传宋将屈服①。天津学生和工人举行示威，抗议日本增兵，保卫华北主权。日方要求宋哲元取缔抗日爱国运动。30 日宋哲元发表"力保主权"的谈话。宋说："华北外交刻所争者，为保全我国主权问题。凡不损我国主权者，方可本平等互惠原则向前做去。余对交涉事，非所经手者，不愿过问，个人所能负责所应负责者，绝对负责"，"津市学生游行事件，日方表示颇认为严重，实则学生尚无轨外行动。"②30 日夜，宋哲元召集冀察军政负责人会议，讨论结果，"对当前环境下之时局，一切事项均应下最大决心，以彻底保全我国主权为前提，向前努力奋斗，在平等互惠之原则下，方能与日方谈合作，以事实辟外传之谣言，保障地方治安，谋人心之安定"。③ 自此之后，冀察当局对日态度逐渐强硬。从 6 月起，二十九军与日军冲突迭起。10 月，日军举行秋季演习，二十九军在一周后也举行演习，宋哲元亲临指挥。9 月 20 日，宋哲元已表示"丧权辱国之事，决不去做"。④ 与此同时，日本帝国主义加紧在华北的经济侵略，要求宋哲元答应建筑津石铁路，开采龙烟煤矿，修改海关税则，开辟航空路线、收购华北棉花，输出长芦余盐等。对于日方的要求，宋哲元能敷衍的就敷衍，推诿不了的就托词得由南京批准，拖着不办。最后压力不断增加，宋哲元无法，就借口"扫墓"躲到山东乐陵老家去了。对宋哲元的变化，1936 年 8 月 14 日毛泽东致书宋哲元给予肯定和支持："况今日寇得寸进尺，军事政治经济同时进攻，先生独立支撑，不为强寇与汉奸之环迫而丧所守。对华北民众运动，亦不复继续去冬之政策。"⑤

　　上述事实说明在国民党五全大会后，国民党政府对日政策已经开始发生若干变化。1936 年毛泽东致王以哲信说："蒋氏政策之开始若干的转变，南京国民党左派之开始形成，实为近可喜之现象"，"目前蒋氏及其一派亦

---

① 《中国现代史论和史料》，504 页。
② 《国闻周报》，第 13 卷，第 22 期。
③ 《国闻周报》，第 13 卷，第 22 期。
④ 《抗战前华北政局史料》，767 页。
⑤ 《毛泽东书信选集》，40 页，北京，人民出版社，1983。

正在开始进行联俄联共政策。"①10月25日致傅作义信指出："南京当局亦有转向抗日趋势。"②但是在民族危机空前严重，全国一致要求抗日救亡的情势下，蒋介石仍死抱住他的"攘外必先安内"政策不放。中国共产党已于8月25日致书国民党，对国民党二中全会对日政策所作解释和若干进步表示欢迎，并于9月1日向全党发出"逼蒋抗日"的指示，但南京当局和蒋介石仍"因循于对外退让对内苛求之错误政策而不变"③。南京当局和蒋介石虽在秘密与共产党谈判，但其用意则在用"和平方法""根绝赤祸"，因此仍在西北集中大量兵力准备向红军进攻。这种情况正如毛泽东1936年8月14日致宋子文信中所说："希望南京当局改变其对外对内方针，目前虽有若干端倪，然大端仍旧不变。"④由于蒋介石顽固地坚持"剿共"，结果发生了西安事变。西安事变的发生及其和平解决，说明抗日是大势所趋，人心所向，蒋介石"攘外必先安内"的政策终于破产了。

西安事变的和平解决，成为时局转换的枢纽。从此内战基本结束，给国共两党重新合作提供了必要的前提。1937年2月，国民党召开了五届三中全会，确定了对外维护领土主权、对内进行和平统一的方针。⑤并发表宣言说，这次全会的对外方针，仍继承二中全会的方针不变，且努力以策其进行。并表示"超过忍耐之限度"，"决然出于抗战"。⑥对内方针是"和平统一"。全会还专门通过了一个《关于根绝赤祸之决议案》。从决议案看国民党"根绝赤祸"的根本立场没有变，但方法已由武力"剿共"改变为"和平统一"。⑦这是国民党政策上的重大变化。

---

① 《毛泽东书信选集》，49~50页。

② 《毛泽东书信选集》，82页。

③ 《毛泽东书信选集》，70页。

④ 《毛泽东书信选集》，45页。

⑤ 《国闻周报》，第14卷，第8期。

⑥ 《国闻周报》，第14卷，第8期。

⑦ 《国闻周报》，第14卷，第8期。

五

1937年7月7日深夜，日军发动了卢沟桥事变。驻守卢沟桥的中国军队奋起抵抗，这是中国全国性抗战的开始。

卢沟桥事变是日本帝国主义阴谋把华北从中国分离出去、策划华北五省"自治"失败之后，采取武力的办法，也即战争的办法，为把华北从中国分割出去建立伪"华北国"而策划的。

卢沟桥事变发生后，国民党政府采取"不屈服、不扩大"的方针，妄想局部解决。7月12日，蒋介石致电宋哲元，命令他"就地抵抗"，并令"中央军集中在保定"。① 同日，何应钦召开七七事变第二次汇报会，会上决定派熊斌北上向宋哲元传达国民党中央旨意，即本着蒋介石"不挑战，必抗战"的意见办事。如果宋哲元由于环境的关系，认为需要忍耐以求和平时，只可在不丧失领土主权原则下与日本谈判，以求援兵，但仍须作全盘之准备。卢沟桥，宛平城不可放弃。如二十九军需要子弹和军械，中央可以源源补充。② 同时，蒋介石令宋哲元移驻保定，免受日方之包围和压迫。12日，外交部正式致牒日驻华大使馆，声明"无论任何条件，非经中央核准概不承认"。③ 13日，蒋介石再电宋哲元，要求宋"绝对与中央一致"，"勿受敌欺"，"无论和战，万勿单独进行"，请宋哲元"坚持到底，处处固守，时时严防，毫无退让余地"。④ 日本一方面继续向华北大量增兵，完成对平津的包围和大规模作战准备；另一方面，继续向宋哲元施加压力，逼迫宋哲元接受日方提出的七项要求。15日，日本制定了中国驻屯军之作战计划，规定"军事行动开始时速以武力膺惩中国第二十九军，第一期应先将

---

① 转引自吴相湘：《第二次中日战争史》上册，368～369页，台北，综合月刊社，1973。

② 《中国现代政治史资料汇编》，第3辑，第29册。

③ 《申报》，每周增刊，第2卷，第28期。

④ 转引自吴相湘：《第二次中日战争史》上册，368～369页，台北，综合月刊社，1973。

北平郊外之敌(第二十九军)扫荡至永定河以西","以影响其放弃依靠中央军加入战斗之意志"。① 宋哲元为保存自己在华北的实力和地位,违背二十九军广大将士的抗战意愿,一面要求中央军停止北上,一面继续与日军谈判,实际上宋哲元已坠入日本的圈套,15日宋哲元竟发通电,称卢沟桥事变"仅系局部冲突,伤亡亦系少数",谢绝海内外同胞的捐款。② 但16日又表示"决不丧权辱国,订秘密条约"。③ 同一日,国民党政府以卢沟桥事件的备忘录送交九国公约签字国及苏、德等国,促请各国注意,并宣布"中国政府已通告各国政府,凡日本强令华北地方当局所缔结之协定,非经中央政府核准者,中国概不加承认"。④ 16日,外交部特请英国驻日大使许阁森向东京试探,并转告日本外务省,蒋介石准备自7月17日起停止调动军队,希望日本也采取同样行动,中国政府并准备预作安排,以使双方卷入冲突的军队各回原防,但日本外务相表示"解决卢沟桥事件完全是华北地方当局的职权,日本政府不能接受蒋的提议"。⑤ 在这种情况下,蒋介石才于7月17日在庐山发表谈话:一、重申中国政府的外交政策,即他在国民党"五大"的外交演词和五届二中全会对"最后关头"的解释,并说,"最后关头一到,我们只有牺牲到底,抗战到底"。二、"卢沟桥事变的推演,是关系中国国家整个的问题,此事能否结束,就是最后关头的境界"。三、"万一真到了无可避免的最后关头,我们当然只有牺牲,只有抗战,但我们的态度,只是应战,而不是求战,战是应付最后关头必不得已的办法"。四、"在和平根本绝望之前一秒钟,我们还是希望和平的,希望由和平的外交方法,求得卢事的解决",并提出解决卢事的四条原则。"这四点立场,是弱国外交最底限度","我们希望和平而不求苟安,准备应战而决不求战","如果战端一开,那就是地无分南北,年无分老幼,无论何人,皆

---

① 转引自吴相湘:《第二次中日战争史》上册,366页,台北,综合月刊,1973。

② 《中央日报》,1937-7-16。

③ 《申报》,每周增刊,第2卷,第29期。

④ 《东方杂志》,第34卷,第16、17期。

⑤ 转引自吴相湘:《第二次中日战争史》上册,368~369页,台北,综合月刊社,1973。

有守土抗战之责任，皆应抱定牺牲一切之决心。所以政府必特别谨慎，以临此大事，全国国民亦必须严肃沉着，准备自卫，在此安危绝续之交，唯赖举国一致，服从纪律，严守秩序"。① 蒋介石"这个谈话，确定了准备抗战的方针，为国民党多年以来在对外问题上第一次正确的宣言"，因此受到了"全国同胞的欢迎"。② 19日，蒋介石庐山谈话正式发表。同日，外交部以备忘录送日本驻华大使馆，"重申中国政府不扩大事态与和平解决卢沟桥事件之意"，"提议双方约定一确定之日期，同时停止军事调动，并将已派之武装队伍撤回原地"。并表示"本事件解决之道，中国政府愿经由外交途径，与日本政府立即商议，俾得适当之解决。倘有地方性质，可就地解决者，亦必经我国中央政府之许可"。③ 同日，日本驻华陆军武官喜多诚一赴军政部访何应钦，声称"中日局势已到最后阶段，希望撤退中央北上的军队，否则局势有扩大之虞"。何应钦答："目前紧张情形全系日方派遣大量陆军空军所造成，我方自始希望和平解决，并无扩大之意，但鉴于日方调派大军于河北省，不能不有所准备，此种准备，全系出于自卫，并无挑战之意。中国军队均是国军，无所谓中央军与其他军，中国政府在中国领土内必要调动军队，系属当然之事，但如日本能将新增之军队撤退，中国方面也可考虑作同样之行动"④。从而拒绝了日方提出的撤退北上的中央军，不干涉冀察当局的谈判两项无理要求。

蒋介石庐山谈话态度比较强硬，但蒋介石仍"希望由和平的外交方法，求得卢事的解决"，因此，他先后会见了英、美、法、德等国驻华大使，希望外国出面调停。同时，再派熊斌到北平向宋哲元说明"中央方针"。但是，这一局部解决的和平努力都被日本侵略军所蛮横拒绝。日军在28日黎明发动进攻，二十九军仓促应战。29日北平失陷，30日天津也被日军侵占。于是，蒋介石才被迫放弃了局部解决的想法。29日蒋介石两次召开特别会议，商讨平津局势骤变以后政府的方针，并于当晚对记者说，他7月

---

① 《申报》，每周增刊，第2卷，第29期。
② 《毛泽东选集》，第2卷，316页。
③ 《外交部致日使馆备忘录》，见《抗战文献》，3页。
④ 《申报》，每周增刊，第2卷，第29期。

17日庐山谈话四点立场"绝无可以更变","今既临此最后关头,岂能复视平津之事为局部问题,任听日军之宰割,或更制造傀儡组织? 政府有保卫领土主权与人民之责,惟有发动整个之计划,领导全国一致奋斗,为捍卫国家而牺牲到底! 此后决无局部解决之可能。国人须知我前次所举之四点立场,实为守此则存逾此则亡之界限! 无论现时我军并未如何失败,即使失败,必存与国同尽之决心,决无妥协与屈服之理。总之,我政府对日之限度始终一贯,毫不变更,即不能丧失任何领土与主权是也","余已决定对于此事之一切必要措置"。①

8月13日,日军对上海发动进攻,中国军队奋起抗战,淞沪抗战开始。14日,国民党政府发表《自卫抗战声明书》,表示:"中国为日本无止境之侵略所逼迫,兹已不得不实行自卫,抵抗暴力","中国决不放弃领土之任何部分,遇有侵略,惟有实行天赋之自卫权以应之"。② 20日,国民党政府军事委员会将南北战场划分为五个战区,上海属第三战区,蒋介石自兼第三战区司令长官。同时制定了作战方针:"国军一部集中华北持久抵抗,特别注意确保山西之天然堡垒;国军主力集中华东,攻击上海之敌,力保淞沪要地,巩固首都;另以最少限兵力守备华南各港口。"国民党政府在淞沪战场投入了四十万兵力,与日军进行激烈战争。9月22日,国民党中央通讯社发表了《中共中央为公布国共合作宣言》。23日,蒋介石发表谈话,实际上承认了中国共产党的合法地位。至此,国共第二次合作宣告开始,抗日民族统一战线正式形成。

从"九一八"到"八一三",国民党政府对日政策由不抵抗到被迫抵抗,这一过程说明国民党蒋介石对日本帝国主义的态度有两面性,它的对日政策是一种两面政策。它一方面,和日本帝国主义有矛盾,日本帝国主义贪得无厌的本性和无止境的侵略欲望,最终必将危及它的统治,甚至"同归于尽";另一方面,它和人民大众有矛盾,它的政权是在反共反人民的血泊中建立起来的,它仇视人民革命力量,它把人民革命力量视作"心腹之

---

① 《申报》,每周增刊,第2卷,第31期。
② 《中国全面抗战大事记》,8月份,23~26页,美商华美出版公司发行,1938。

患"，它更惧怕人民革命力量在抗日浪潮中发展壮大起来，从而威胁到它的统治。前者决定了它有对日抵抗的一面，后者决定了它对日妥协的一面。因此，当它感觉人民革命力量威胁它的统治时，它对日本帝国主义侵略采取不抵抗政策，而当它感到日本帝国主义侵略已危及它的统治，再坚持不抵抗政策它的统治就会被全民愤恨的浪潮所淹没，它又被迫采取抵抗政策。但是，它的本质决定它的抵抗是动摇的。这就是国民党蒋介石对日政策由不抵抗到被迫抵抗的内在因素，也是国民党对日政策始终动摇不定的根本原因。这是我党由"反蒋抗日"政策转变为"逼蒋抗日"政策的依据，也是我党在抗日战争时期对蒋介石国民党采取又联合又斗争策略的依据。国共两党双方政策的转变，使第二次国共合作得以形成，抗日民族统一战线得以建立。但是国民党蒋介石这种内外政策的转变是被迫的，它决定一切内外政策(包括对日政策)的根本出发点就是如何维护国民党的反动统治和蒋介石的独裁地位，这是我们研究国民党政府对日政策演变时切莫忘记的一点。

原载《历史研究》，1984 年第 6 期，总第 172 期

抗日民族统一战线的建立

今天讲的题目是《抗日民族统一战线的建立》。我想按你们"中国现代史讲座"的要求，更多地从现代史方面讲些情况，以供参考，请批评指正。

（一）"九一八"事变后的形势和阶级关系

1931 年，日本帝国主义发动了"九一八"事变，占领沈阳。9 月底侵占了辽宁（除辽西）、吉林两省。11 月底侵占了黑龙江省。1932 年 1 月 3 日，日军又侵占了锦州，国民党军队全部撤入关内。至此，仅 107 天，日本帝国主义就侵占了我国东北的全部领土。1932 年 1 月 28 日，日本帝国主义又在上海点起战火。日本帝国主义发动"一·二八"事变的目的，是企图变上海为它将来进攻中国内地的基地，并借此转移国际上对它侵占我国东北的注视和迫使国民党政府承认它占领东北的既成事实。1932 年 3 月，在日本帝国主义一手策划下，宣布成立伪"满洲国"。1932 年 5 月签订了上海停战协定。1933 年 1 月，日军占领山海关。3 月，日军侵占了热河省省会承德。接着又进犯长城线上的军事要地喜峰口、冷口和古北口，一直把战火烧到平津附近。1933 年 5 月签订了《塘沽协定》。从此，整个东北给日本帝国主义侵占了，成了日本独占的殖民地。整个华北则是门户洞开。

"九一八"后的形势，从国际上看，日本帝国主义的侵略，威胁苏联的安全，加剧了与英美的矛盾。1933 年《塘沽协定》后，日本对华的侵略活动暂时告一段落。当时，国际上，对日本此后的侵略动向有种种猜测和分析。英美是鼓动日本向北进攻苏联，而日本却以高喊向北进攻苏联作为烟幕、积极准备向南侵占我国华北。当时（1933 年）日本驻华武官声称不出明年（1934 年）3 月，他们一定对俄国开战①。但这完全是一种烟幕。当时的报纸估计苏联集中在黑龙江边上的军队有 25 万人，飞机四五百架，日本没有

---

① 见周鲠生：《美俄复交后之远东局势》，载《外交评论》，第 3 卷，第 1 期，1933-12-24。

力量也没有必要冒险对苏联发动全面战争。由于日本侵占中国东北后又向中国华北进逼，损害了英美在华利益，与英美的矛盾发展和加剧起来了。1932年1月7日，美国国务卿史汀生发出所谓"不承认主义"照会，照会中日两国政府："美国政府不能认许任何事实上的情势的合法性，也不拟承认中日政府或其代理人间所缔订的有损于美国或其在华国民的条约权利——包括关于中华民国的主权、独立或领土及行政完整，或关于通称为门户开放政策的对华国际政策在内的任何条约或协定。"①英国政府也发表了宣言，声称英国政府的政策在满洲境内拥护九国公约所保障之门户开放原则。1933年春，英美法操纵的"国际联盟"准备召开大会讨论李顿调查团②关于中国东北问题的报告书，要求对中国东北地区实行"国际共管"。3月27日，日本政府宣告"在处理日华事件方面"，日本"与国联的见解完全不同"，"已无再与国联合作的余地"而退出国际联盟③。1934年4月17日，日本外务省情报部长天羽发表讲话，把中国看作日本的"保护国"，反对各国"采取共同行动"援助中国，也反对"中国利用其他国家排斥日本"，日本要排挤英美在华的势力，独占中国④。英美政府先后照会日本政府，反对天羽声明，以"九国公约"的门户开放与机会均等政策抵制日本的独占政策，反对日本以"东方太上政府地位"自居⑤。这三件事说明"九一八"以后，日本与英美的矛盾日渐加剧了。

从国内看，"九一八"后，中日民族矛盾开始上升为主要矛盾，国内各阶级的关系发生了新的变动。工人、农民、学生、城市小资产阶级一致要求抗日，掀起了抗日反蒋斗争的高潮。全国各城市的爱国工商业者也起来实行对日经济绝交，掀起了又一次大规模的抵制日货运动。在全国抗日反

① 《中美关系资料汇编》，第1辑，476页。

② 1932年1月，国联拼凑的到中国东北调查"中日冲突"问题的调查团，以英国代表李顿为团长。

③ 《退出国际联盟的通告》，见《日本帝国主义对外侵略史料选编》，217页。

④ 《日本外务省情报部长天羽声明》，见《日本帝国主义对外侵略史料选编》，155页。

⑤ 《美国赫尔国务卿与日本斋藤大使的会谈》，见《中国近代对外关系史资料选辑》，267页。

蒋浪潮的冲击下，蒋介石被迫辞去国民政府主席兼行政院长职务，宣布下野。国民党和国民党军队内部也开始发生分化。1931年11月，日军向黑龙江挺进时，马占山率部队抵抗。1931年12月，赵博生、董振堂率国民党第二十六军（一万余人）在江西宁都起义加入红军。1932年"一·二八"事变，驻上海的十九路军奋起抵抗，通电"为救国保种而抵抗，虽牺牲至一人一弹，绝不退缩"。1933年5月，冯玉祥在张家口成立了民众抗日同盟军，迎击日伪军。1933年11月，李济深、陈铭枢、蔡廷锴、蒋光鼐等在福建成立了"中华共和国人民革命政府"，宣布抗日反蒋。

大敌当前，全国人民一致要求国民党政府停止内战。1932年1月18日出版的《国闻周报》第九卷第四期刊登《我们的希望》一文，说："一、我们希望以对外的'镇静'工夫来对内。二、我们希望以对内的'强硬'态度来对外。三、我们希望以对外的'涵养工夫'来对内。四、我们希望以对内的'勇猛精神'来对外。五、我们希望以对外'维持邦交'之精神来对内。六、我们希望以对内'狡猾之手段'对外。"1932年1月21日天津《大公报》提出："当兹中国将整个的被日本军阀摧毁吞并之时，为民族生存计，为中山主义议，政府必须抱与民更始之决心，另辟和平的解决'赤祸'之路。"1932年4月12日《申报》时评《论绥靖》一文说："吾人认为今日之'匪'，绝非'剿'所可灭……欲言'绥靖'，必从澄清政治建立适合大多数人民利益之民主政治着手。"1932年4月28日《大公报》社评《党政改革问题》一文指出："事实上，赣、闽、鄂、湘、皖、豫各地，共党力量已深入民间，绝非武力所可奏效。可是现在政府态度，对日交涉，不惜忍辱屈服，对于共党势在必剿。"①

总之，"九一八"事变后的国内政治形势和阶级关系都发生了很大的变化。

但是，国民党政府在"九一八"事变后，对日本帝国主义的侵略，采取"不抵抗主义"。国民党政府的"不抵抗政策"遭到全国人民的强烈反对和舆论的谴责。因此，在"一·二八"事变签订上海停战协定后，蒋介石正式公

---

① 引自《"九一八"以来国内政治形势的演变》，18、26、27页。

开地提出了"攘外必先安内"的新口号,蒋介石在《苏俄在中国》一书中说:"民国二十一年(1932年)'一·二八'淞沪之战,共匪乘机扩大了湘赣粤闽的'苏区',就在瑞金成立他所谓'苏维埃临时中央政府',并且开辟了豫鄂皖区、鄂中区、鄂西区,与鄂南区,相互联系,包围武汉。其扰乱范围遍及于湘赣浙闽鄂皖豫七省,人心惊惶,燎原之火,有不可收拾之势。这时候朝野人士看清了国家面临此两个战事,为了挽救这严重的危机,又一致要求我复职,继续承担国难,我乃于淞沪停战之后,宣布攘外必先安内的政策。"这个口号很有欺骗性。1931年11月国民党的第四次全国代表大会,组织了"剿共问题起草委员会",专门研究"剿共"方案。1932年3月5日,国民党四届二中全会在洛阳开会,通过成立军事委员会。6日,公布以蒋介石任军委会委员长。1932年6月,发动第四次反革命"围剿"。1933年10月,又发动了第五次反革命"围剿"。1934年10月,第五次反"围剿"失败,红军开始长征。蒋介石说:"国民政府'安内攘外',这一政策(先剿共匪,再谋抗日)的坚持不变,就是第五次围剿成功的根本因素","到了最后,就只有流窜与崩溃的一条路了","其所残余部队共计不过五千之数,在军事上实已不成问题了。"①在"先剿共匪,再谋抗日"的政策下,所谓"攘外"完全是一句空话。蒋介石对日政策,可见蒋介石1934年秋写的《敌乎?友乎?——中日关系的检讨》一文②。文章很长,共八个问题。文章首先说:"日本人终究不能作我们的敌人,我们中国亦究竟须有与日本携手之必要",为了"打开中日两国的僵局","免使愈走愈趋绝路","同归于尽",需要对中日关系作一番"检讨"。他提出"中国方面之错误与失计"有七条,日本对中国认识之错误有五条,举措上的错误有三条。在这番所谓"检讨"中有四个问题值得注意:第一,他引用列宁力主和德国签订《布列斯特和约》的事,为他的对日妥协投降政策辩解,为他的"不抵抗主义"而丢失东北的罪行辩解。说"革命外交之不同于普通外交者,即在不被动而能自动,不固执而能因应,应刚则刚,应柔则柔,能伸则伸,当屈则屈,完全以变

---

① 蒋介石:《苏俄在中国》,1956。
② 此文由蒋介石口授,由陈布雷写成,以徐道邻的名字发表,1934年12月登在国民党政府外交部机关刊物《外交评论》第3卷,第11、12合期上。

动不居的方略来实现不可变易的目的"。第二，他说日本对国民党的认识有错误，国民党在 1927 年以后已"明白放弃容共政策"，"没有使日本害怕的理由"，"日本如认国民党为策动排日中心，断然为一种错误"，"日本必能明悉窥伺于中国国民党之后者为何势力，此种势力之抬头与东亚将生如何之影响"，他告诫日本"此种谬误，应当要根本纠正"。第三，他说蒋氏对日本外交方针是"不绝交、不宣战、不讲和、不订约"，这和蒋氏"对日战略之所谓节节抵抗的消耗战术"，"是完全相应一贯，始终不变的"。"然而这种政策并不是彻底的"，"但由今追昔，不能不说这个政策比较是无法之法，因为国力兵力绝不相等的国家，只可用这个政策和战略与之相周旋。"第四，他说"中国对西方各国，尚且愿引为朋友，何况同洲同种之日本！""本为兄弟，无不可合作之理"，"平心以思，实在没有相厄相制以同趋绝灭的必要"。文章最后的结论是："不要为感情而牺牲理智"，"中日两国在历史上地理上民族的关系上，无论哪一方面说起来，其关系在唇齿辅车以上，实在是生则俱生，死则同死，共存共亡的民族。究竟是相互为敌以同归于绝灭呢？还是恢复友好以共负时代的使命呢？就要看两国，尤其日本国民当局有没有直认事实，悬崖勒马的勇气，与廓清障蔽，谋及久远的智慧了。"总之，一句话是力谋与日妥协。这篇文章发表时《外交评论》编者说"此文就中日两国互存共荣之旨，反覆申论，精辟绝伦"，"作者以中日纠纷之症结，归于两国当局及人民之错觉，并以为打开中日问题之僵局，首先设法消灭此种错觉，尤为探骊得珠，一言破的。当此东亚形势趋黯淡之时，此文值得重视，可无待言。"此文登出后，中日报纸纷纷转载。

"九一八"以后，中国共产党和苏维埃政府为反对日本帝国主义侵略、反对国民党卖国政策发表了多次宣言，如《中央关于日本帝国主义强占满洲事变的决议》(1931 年 9 月 22 日)、《中华苏维埃共和国中央工农革命委员会为满洲事变宣言》(1931 年 9 月 20 日)、《中央关于"一·二八"事变的决议》(1932 年 2 月 26 日)、《中共中央为日本帝国主义占领华北并吞中国告全国民众书》(1934 年 4 月 10 日)、《中华苏维埃共和国中央政府为国民党出卖华北宣言》(1934 年 4 月 19 日)等。这些宣言和决议，反对日本帝国主义侵略，是完全正确的。由于国民党在"九一八"后继续打共产党不去打日本，这些宣言和决议反对国民党不抵抗政策，反对国民党反动统治，打倒国民党也是有道理的。但是，当时党中央正处在王明路线的统治下，当一个民族敌人打进来，国内各阶级的关系已经发生变动，而我们的政策没有跟着变，还是过去的一套。也就是说当时党中央所提出的反对日本帝国主义的策略是错误的，主要有下列几点：第一，把帝国主义看作铁板一块"打倒一切帝国主义"，否认英美帝国主义与日本帝国主义的矛盾和区别；第二，认为社会主义和资本主义两种制度的对立，是国际关系的核心，错误地认为，"九一八"事变是帝国主义联合发动反苏战争的序幕，说"现在满洲已处在进攻苏联的前夜的形势"，"反苏战争成为最主要的最迫切的、根本的危险"，"反苏战争每分钟都有爆发的可能"，并错误地提出了"武装保卫苏联"的口号。第三，把国民党和日本帝国主义完全等同起来，认为日本出兵侵占满洲是得到国民党的"默契"，国民党事前参与了日本武装占领满洲的计划。日本侵略中国和国民党出卖中国，目的都是为了镇压中国革命。因此，在反对日本帝国主义的同时，"必须同时进行推翻国民党统治的斗争"，认为"两个政权的尖锐对立，这是目前中国政治生活的核心"，两个政权对立的尖锐是到了"你死我活"的地步。第四，简单地把国民党看成铁板一块，否认国民党营垒的变化，否认中间营垒和第三派的存在。认为中间派是"最危险的敌人"，"应该以主要力量来打击这些妥协的反革命派"。认为国民党各派"是帝国主义瓜分中国的清道夫"、"是帝国主义最狡猾的奸细"，他们提出的抗日要求和口号"在实际上不过是掩护国民党的出卖和投降的烟幕弹"，要"残酷地"、"无情地"揭露他们。拒绝他们提出的"国防政府"的口号，拒绝和抗日反蒋的中间政权合作。

因为路线和策略上的错误，因此对上海十九路军英勇抗战采取"拆台"的错误政策，对福建人民政府也是采取揭露的反对态度，骂他们是"刽子手"、"假革命"，要"最严格的无情的揭露福建派口号和政纲的反动性"。

因为错误地分析形势，看不到国内阶级关系新变化，抓不住当时社会的主要矛盾，结果路线错了，策略也错了，党没有利用"九一八"事变后全国抗日运动不断高涨的大好形势，及时地提出正确的政治口号，采取正确的政策，运用正确的策略，去组织抗日民族统一战线，领导抗日斗争，发展人民革命力量。相反,在"左"的词句的空喊下,丧失了时机,使自己陷于孤立,使党和红军遭到重大损失。这期间,1933 年 1 月 17 日,中共驻共产国际代表团以中华苏维埃、临时中央政府、工农红军革命军事委员会的名义发表宣言,提出了在停止进攻红区、保证人民民主权利,以及立即武装民众抗日的三个条件下,红军愿意与一切武装部队订立停战协定,共同抗日。在我党推动下,冯玉祥与共产党人吉鸿昌等合作,成立察哈尔抗日同盟军。红军也曾与福建事变领导人达成抗日停战协定等,这些当然是正确的,但都是局部性质的。

(二)华北事变和中国共产党建立抗日民族统一战线的号召

1935 年日本帝国主义加紧对华北的侵略。1935 年 6 月,签订了《何梅协定》和《秦土协定》①从此,中国在察冀两省的主权大部分丧失。接着日本帝国主义又积极策划所谓"华北五省(河北、山东、山西、察哈尔、绥远)自治运动"。11 月,日寇唆使国民党冀东行政督察专员汉奸殷汝耕在通县组织所谓"冀东防共自治委员会"(后改为政府)。在内蒙又策划成立所谓"内蒙自治政府"。在日本的压力下,国民党政府于 1935 年 12 月,指派宋哲元等人,在北平成立了"冀察政务委员会"。同时,日本帝国主义加紧对华北的经济侵略,特别是走私,损害了英美帝国主义在华利益,扩大了与四大家族的矛盾。但是,国民党顽固地坚持"攘外必先安内"的反动政策,以主要的精力对内,一面继续"剿灭"共产党,一面"整顿"内部。1934 年 2 月,蒋介石发起所谓"新生活运动"。又发起所谓"文化建设运动"。1935 年 4 月,蒋介石又提出搞所谓"国民经济建设运动"。借此巩固他的统治地位,而对日继续采取妥协政策。1935 年 6 月 10 日,国民党政府正式颁布了"邦交敦睦令",禁止中国人民发表反对日本侵略的爱国言论,组织抗日团体,"如有违背,定予严惩"。从此以后,报刊再不允许出现"抗日"字样,而要以"抗×"来表示,民族危机空前严重。

1935 年 1 月,中国共产党在遵义召开政治局扩大会议,结束了王明

---

① 何应钦(国民党华北军分会代理委员长);梅津美治郎(日华北驻屯军司令);秦德纯(察省民政厅长);土肥原(日军代表特务头子)。

"左"倾教条主义路线在中央的统治，确立了毛泽东在中共中央和红军的领导地位，这是党起死回生的一次会议。

1935 年 8 月 1 日，在共产国际七大关于建立反法西斯统一战线政策的指导下，中共驻共产国际代表团起草了《为抗日救国告全体同胞书》，即著名的"八一宣言"。这个宣言以中国共产党中央委员会、中国苏维埃中央政府名义发表。宣言正确分析了形势，指出："近年来，我国家我民族已处在千钧一发的生死关头，抗日则生，不抗日则死，抗日救国已成为每个同胞的神圣天职"。呼吁全国各党派、全体同胞，无论相互间有任何意见上或利益上的差异，无论过去和现在有任何敌对行动，都应当停止内战，一致对外，以便集中一切国力去为抗日救国的神圣事业而奋斗。"一切中国人的事，应由中国人自己解决"。提议组织全中国统一的国防政府和抗日联军。号召全国同胞，有钱的出钱，有枪的出枪，有粮的出粮，有力的出力，有专门技能的贡献专门技能，以便我全体同胞总动员，并用一切新旧式武器，武装起千百万民众来。这个宣言是正确的，当然也有不完善的地方。它是党史上一个重要文献，它的历史作用和历史地位应予肯定。1935年 10 月，党中央经过长征到达陕北。"八一宣言"和红军长征胜利的消息，冲破国民党反动派严密的新闻封锁，传到了国民党统治区。当时英文版的《共产国际通讯》和在巴黎出版的中文《救国时报》都刊登了"八一宣言"和红军长征胜利的消息。其他外国通讯社也有所透露。在清华大学公开的布告栏上，半夜里贴出了"八一宣言"。在北京师范大学，有一天学生们清晨到盥洗室洗脸的时候，发现在每一个脸盆里，都放了一张"八一宣言"。这个宣言产生了很大的影响。1935 年 11 月 23 日，直罗镇一战，粉碎了蒋介石国民党对陕北根据地的第三次"围剿"，给党中央把全国革命大本营放在西北的任务举行了一个奠基礼。党中央到达陕北后，即着手为建立抗日民族统一战线而努力。

1935 年 11 月 28 日，中华苏维埃共和国中央政府，中国工农红军革命军事委员会(毛泽东、朱德署名)发表《抗日救国宣言》。宣言说："不论任何政治派别、任何武装队伍、任何社会团体、任何个人类别，只要他们愿意抗日反蒋者，我们不但愿意同他们订立抗日反蒋的作战协定，而且愿意进一步同他们组织抗日联军与国防政府。"宣言提出"抗日联军与国防政府"的"十大纲领",并"号召全国人民拥护我们这一些主张,并立刻互派代表,协商具体进行办法"。

中国共产党建立抗日民族统一战线的号召,进一步推动了全国抗日民主运动的新高涨。1935 年 12 月 9 日,爆发了"一二·九"运动,从此全国抗日救亡运动开始了新的高涨。

1935 年 12 月 17 日至 25 日,中共中央在陕北瓦窑堡召开了政治局会议,参加会议的有毛泽东、周恩来、张闻天、博古、王稼祥、刘少奇、李维汉、邓发等十二人。会议讨论解决两个问题,政治战略和军事战略。12 月 23 日通过了《中央关于军事战略问题的决议》。决议第一部分战略方针:①确定"把国内战争同民族战争结合起来"的方针。②党在 1936 年军事部署方面的总方针,应该是"准备直接对日作战的力量"。因此 1936 年主力红军作战的主要目标,还应该是汉奸卖国贼的军队。③猛烈扩大红军。1936 年全国主力红军应有二十万人,第一方面军应有五万人。④为坚决而有力的执行①②③项所述之方针,第一方面军行动部署之基础应确定地放在"打通抗日路线"与"巩固扩大现有苏区"这两个任务之上;并把"打通抗日路线"作为中心任务,拿"巩固扩大现有苏区"同它密切地联系起来。具体步骤,即把红军行动与苏区发展的主要方向,放在东边的山西,和北边的绥远等省去。……⑨执行"抗日联军"的策略,把敌人营垒中间的矛盾与破裂,组织到民族战线上去。把我们营垒同"第三营垒"结合起来,成为统一的民族营垒……第二部分是"作战指挥上的基本原则"。这部分规定的"作战指挥上的基本原则"也是正确的。12 月 25 日通过了《中央关于目前政治形势与党的任务决议》。决议共六部分:①目前形势的特点。正确地指出:"目前政治形势已经起了一个基本上的变化,在中国革命史上划分了一个新时期。"目前时局的基本特点是日本帝国主义准备把全中国从各帝国主义的半殖民地变为日本的殖民地。"新的反日的民族革命高潮,不但推醒了中国工人阶级与农民中更落后的阶层,使他们积极参加革命斗争,而且广大的小资产阶级群众与知识分子,现在又转入了革命","在反革命营垒中是新的动摇分裂与冲突,一部分民族资产阶级,许多的乡村富农与小地主，甚至一部分军阀，对于目前开始的新的民族运动，是有采取同情中立以至参加的可能的。民族革命战线是扩大了"。②党的策略路线。决议指出：党的策略路线是在发动团结与组织全中国全民族一切革命力量去反对当前主要的敌人——日本帝国主义与卖国贼头子蒋介石"，"只有最广泛的反日民族统一战线(下层的与上层的)，才能够战胜日本帝国主义与其走狗蒋介石"，"我们的任务，是在不但要团结一切可能的反日的基本力量而且要团结一切可能的反日同盟者，是在使全国人民有力出力，有钱出钱，有枪出枪，有知识出知识，不使一个爱国的中国人不参加到反日的战线上去。这就是党的最广泛的民族统一战线策略的总路线。只有这种路线，我们才能动员全国人民的力量去对付全国人民的公敌：日本帝国主义与卖国贼蒋介石"。决议并指出：一部分民族资产阶级与军阀有采取同情或善意中立或直接参加反日反汉奸卖国贼的可能，即在地主买办阶级营垒中间，也不是完全统一的。③国防政府与抗日联军。决议指出国防政府与抗日联军是反日反卖国的民族统一战线之最广泛的与最高的形式。④苏维埃人民共和国。决议宣布把苏维埃工农共和国改变为苏维埃人民共和国，并调整自己的政策，即把苏维埃工农共和国的政策的许多部分，改变到更加适合反对日本帝国主义变中国为殖民地的情况。⑤党内主要危险是关门主义。决议指出，"为了更大胆地运用广泛的统一战线，以争取党的领导权，党必须同党内'左'的关门主义倾向做坚决的斗争"，"党在反对'左'的关门主义的斗争中，丝毫也不要放松反对右倾机会主义的斗争。""1927年时期的陈独秀主义，在新的大革命中，在部分的党部与党员中的复活，是可能的"，"但在目前说来，'左'的关门主义，是党的主要危险"。⑥为扩大与巩固共产党而斗争。决议最后说："中国共产党中央号召全党及其干部为坚决执行党的策略路线而斗争。把统一战线运用到全国去，把国防政府与抗日联军建立起来，把苏维埃人民共和国变成全民族的国家，把红军变成全民族的武装队伍，把党变成伟大的群众党，把土地革命与民族革命结合起来，把国内战争与民族战争结合起来，神圣的民族革命战争万岁！中国的自由独立与统一万岁！苏维埃新中国万岁！"这个决议基本上是正确的，它改变了过去"左"倾机会主义的路线和策略，决定执行民族统一战线的新路线和新政策。这是继遵义会议后的一次至关重要的中央会议。解决了遵义会议没有来得及解决的党的政治路线和政治策略问题。由于历史条件的限制，当时对有些问题不可能一下子看得很清楚，也不可能一下子解决得很完善。因此，决议里也还留有一些过去"左"倾的提法的痕迹，如把蒋介石和日本帝国主义同等看作"当前主要的敌人"，提出"把土地革命同民族革命结合起来"、"把国内战争同民族战争结合起来"、"把卖国贼统治着的土地大块的变为苏维埃的领土"等，这些提法是不妥当的，但整个决议提出的执行抗日统一战线的新路线是完全正确的。

1935年12月27日在陕北瓦窑堡党的活动分子会议上，毛泽东同志又作了《论反对日本帝国主义的策略》的报告。毛主席的报告全面地系统地阐明了抗日民族统一战线的理论、路线和政策，深刻地批判了"左"倾关门主义路线。这个报告是根据瓦窑堡会议决议精神作的，但又发展和更准确地阐明了党的抗日民族统一战线的策略。瓦窑堡会议和毛泽东同志的报告为迎接抗日新高潮的到来做了政治上和理论上的准备。

(三)中国共产党为建立抗日民族统一战线对国内各阶级相互关系政策的调整

"一二·九"运动标志着新的民族革命高潮的到来。

(1)1935年12月平津学生联合会宣告成立。1936年1月又成立了华北学生联合会。1936年5月，全国学生救国联合会在上海成立。学生运动走上与工农相结合的道路。

(2)1935年12月12日，上海文化界发表救国运动宣言，提出八项抗日主张。12月27日，上海文化界救国会正式成立，到会人数达三百余人，通过大会章程，选出马相伯、章乃器、陶行知、沈钧儒等三十五人为执委，发表了上海文化界救国会第二次宣言，要求迅速建立起民族统一战线。紧接着，北平文化界救国会宣告正式成立，并发表《北平文化界救国会第一次宣言》，要求政府"变更向来的妥协政策"。

(3)妇女界也奋起了，1935年12月，上海妇女界成立了救国联合会。

(4)民族资产阶级对抗日救亡运动也表示同情，有些人并参加到斗争行列中来了。

（5）在全国抗日阶级、阶层、团体的抗日救亡运动迅速发展起来的基础上，1936年5月，在上海成立了全国各界救国联合会，并发表宣言。宣言郑重声明："在这敌寇日深而内部纠纷依然严重的时候"，为了"有一个全国统一的联合救国阵线"，全国各地各界的救国团体的代表，在上海召开了全国各界救国联合会成立大会。人民救国阵线现阶段的主要任务是"促成全国各实力派合作抗敌"。"我们不帮助任何党派争取领导权，不替任何党派争取正统，而只是要促成一个统一的抗敌政权"。宣言向各党派建议：①立刻停止军事冲突；②立刻释放政治犯；③立刻派遣正式代表，人民救国阵线愿为介绍，进行谈判，以便制定共同抗敌纲领，建立一个统一的抗敌政权；④人民救国阵线愿以全部力量保证各党各派对于共同抗敌的纲领的忠实履行；⑤人民救国阵线愿以全部力量制裁任何党派违背共同抗敌纲领，以及种种一切足以削弱抗敌力量的行动。

（6）1936年7月15日，沈钧儒、陶行知、章乃器、邹韬奋四人发表《团结御侮的几个基本条件与最低要求》的宣言性建议。宣言说：抗日救国"必然要依靠全民族的一致参加"，所以全国各党各派"有结成救亡联合战线的必要"。联合战线上的各党各派"可以有不同主张"，"只要在抗日救国的一点上，求得共同一致"，"联合战线应该结合各党各派的力量以达到抗日救国的目的，但不能为任何党任何派所利用"。他们提出：①蒋介石"处全国最高统治地位"，"应该赶快设法，作抗日救国的真正准备"。希望蒋介石停止对西南的军事行动，和红军停战议和共同抗日，开放抗日言论自由和救国运动自由。这三件事做到后，"内"不必"安"而自"安"。随后更希望蒋介石亲率国民政府统辖下的二百余万常备军，动员全国一切人力、财力、智力、物力，发动神圣民族解放战争。②同情西南当局出兵北上抗日的宣言，但希望西南当局"推动中央政府出兵抗日，避免和中央当局对立的态度"，并在自己直接统治的区域内"使人民有抗日言论及行动的绝对自由"。③希望华北当局"不再压迫学生爱国运动，不再逮捕殴打抗日的民众"。④希望"握着中国统治权的国民党"，"赶快起来促成救亡联合战线的建立"，消灭过去的成见，联合各党各派，为抗日救国共同奋斗。⑤希望中国共产党和红军"要在具体行动上"，"表现出他主张联合各党各派抗日

北京师范大学史学探索丛书

救国的一片真诚。""因此在红军方面，应该立即停止攻袭中央军，以谋和议进行的便利""在红军占领区域内，对富农、地主、商人应该采取宽容态度。在各大城市内，应该竭力避免那些足以削弱抗日力量的劳资冲突"。"纠正""共产党里面的左倾幼稚青年的个别行动"和"宗派主义包办方式"。⑥希望一般大众了解，目前我们民族的大敌只有一个，我们只有把这个共同的大敌打败以后，才能彻底解决一般民众的生活问题。所以在目前，我们"只有暂时忍耐些，迁就些，避免为了我们内部的纷争，削弱抗日救亡的力量"。民众对于政府的态度，应该"竭力督促政府出兵抗日"，而且"尽可能与政府合作从事抗日"，并"教育最落后的广大群众，使他们踊跃参加救亡联合战线。"

(7)1936年8月，日伪军开始侵犯绥远，11月驻绥远中国军队傅作义部奋起抵抗，全国人民进行援绥运动，1936年冬形成全国援绥热潮。

(8)抗日救亡刊物大量出现，1935年11月16日韬奋编辑的《大众生活》在上海创刊，发行量在十五万份以上。《大众生活》热烈响应共产党"停止内战"、"一致抗日"、建立抗日民族统一战线的号召，热烈支持"一二·九"学生运动。但1936年2月出版了第十六期即被国民党政府封闭。1936年3月，《永生》周刊在韬奋积极筹划下在上海出版，由金仲华主编，但出了十七期，到1936年6月又被迫停刊。

抗日已成为全国人民的共同迫切要求，国民党内部对蒋介石的妥协政策也日益不满。1935年，何香凝把自己的一条裙子寄给蒋介石，并附如下的一首诗："枉自称男儿，甘受敌人气，不战送山河，万世同羞耻。吾侪妇女们，愿往沙场死，将我巾帼裳，换你征衣去①。"续范亭1931年"九一八"后曾专程去南京找蒋介石要求停止内战，抵抗日本帝国主义，他苦口婆心地向蒋讲了几个钟头，蒋闭着眼听了，不置可否。1935年11月，他从兰州经平津到达南京，到处呼吁抗日，与原靖国军老友于右任共向国民党中央陈述抗日救国大计，但结果仍是"毫无补益"。他悲愤到了极点。他的朋友在酒后谈到国事，都不免伤心叹气。当时有几个国民党元老提议到

———————

　① 见《何香凝诗画集》。

中山陵前去哭陵。续范亭想，国家已经糟到这个地步，哭一场有什么用呢？孙中山的不肖子孙们难道还希望这个。大丈夫流血不流泪，所以就决心到陵前自杀，想以一死掀起更多的舆论。1935年12月26日下午5时，续范亭在中山陵祭堂前用短剑剖腹自杀，因剑不利，不得死，旋被汽车司机和同来友人寻获遇救。他在自杀前写的绝命书中表示："余已绝望，故捐此躯，愿同胞精诚团结，奋起杀敌"，同时写下五首绝命诗①。续范亭的爱国壮举，震动全国。1936年2月8日，国民党中央监察委员杜仲虑忧国投玄武湖自沉。国民党及其军队中有些人"憬悟于亡国的可怕和民意的不可侮"，也开始对蒋介石的政策表示不满，这些都推动了国民党蒋介石当权集团对日态度的逐渐转变。

(1)1935年11月12日，蒋介石在国民党第五次全国代表大会上说："和平未到完全绝望时期，决不放弃和平，牺牲未到最后关头，亦不轻言牺牲"。但又说：如日本无止境地进攻，超过了"和平之限度"，那么，他只有"听命党国，下最后之决心"了。会后，在12月蒋介石接替汪精卫任行政院长，行政院各部部长也代之以蒋的亲信，削弱了亲日派在国民党政府内的力量。

(2)对所谓"华北自治运动"，1935年11月22日，国民党政府表示决不予以许可。并于11月26日，明令拿办殷汝耕。11月29日，国民党政府外交部向日本政府抗议在华日军人策动所谓"自治运动"。

(3)1936年1月，日本外相广田发表所谓"对华三原则"（一、中国取缔一切排日运动；二、承认"满洲国"，建立日满华经济合作；三、中日共同防共），并宣称国民党政府"对以上原则表示了赞成的意思"。对此，国民党政府外交部立即发表声明加以否认，说日方所说"对三原则表示了赞成的意思"，"殊非事实"。

(4)1936年3月，中日两国就调整中日关系问题进行会谈，但未获得任何结果。

(5)1936年5月，天津工人、学生举行大示威，抗议日本增兵华北。

---

① 载《人物杂志》，1980(1)。

日方要求取缔，宋哲元表示学生运动没有越轨，不便取缔。国民党政府驻日大使奉命在 6 月 2 日向日提出抗议。对侵华日军在华北包庇走私浪人，破坏海关缉私，国民党政府也曾多次向日驻华大使馆提出抗议。

(6)1936 年 7 月，国民党召开五届二中全会。蒋介石在会上说："中央对于外交所抱的最低限度，就是保持领土主权的完整，任何国家要来侵扰我们领土主权，我们绝对不能容忍，我们绝对不订立任何侵害我们领土主权的协定，并绝对不容忍任何侵害我们领土主权的事实。再明白些说，假如有人强迫我们签订承认伪国等损害领土主权的时候，就是我们不能容忍的时候，就是我们最后牺牲的时候。……其次，从去年 11 月全国代表大会以后，我们如遇有领土主权再被人侵害，如果用尽政治外交方法，而仍不能排除这个侵害，就是要危害到我们国家民族之根本的生存，这就是为我们不能容忍的时候，到这时候，我们一定做最后之牺牲。"这里，蒋介石表示了不能签订承认伪"满洲国"的协定，并对"牺牲的最后关头"做了"最低限度"的解释。

(7)1936 年 9 月至 11 月，中日两国再次举行谈判，但谈判七次均无结果。12 月 3 日，会谈不欢而散，中日交涉停顿。

以上这些情况，说明 1935 年华北事变后，国民党蒋介石当权集团对日态度已经发生一些变化。

中国共产党在提出建立抗日民族统一战线的总任务后，为了实现"停止内战，一致抗日"这个为建立抗日民族统一战线而奋斗的最初目标，根据形势的变化，中国共产党提出了一些新的政策，改变各项不合时宜或原本错误的政策，采取一系列实际措施，以调整国内各阶级之间的关系，并改变自己的工作方法和工作作风，中国共产党在毛泽东同志和党中央领导下，正确地实现了这个艰巨的复杂的转变。

(1)改变对富农的策略和修改土地政策。

1935 年 12 月 6 日，中共中央做出《关于改变对富农策略的决定》。决定指出：必须加紧改变反对富农的策略，在白区"我们应该联合整个农民，造成广泛的农民统一战线，故意排斥富农（甚至一部分地主）参加革命斗争是错误的"。在苏区当土地革命深入时，我们应该集中力量消灭地主阶级。

对于富农"我们只取消其封建式剥削的部分,即没收其出租的土地,并取消其高利贷。富农所经营的(包括雇工经营的)土地、商业以及其他财产则不能没收,苏维埃政府并应保障富农扩大生产(如租佃土地、开辟荒地、雇用工人等)与发展工商业等的自由"。这个改变是正确的及时的。瓦窑堡会议也肯定了这个改变。但是决定又说在白区"在斗争中,党必须在广大农民群众面前,有系统地揭破富农的动摇、不坚决、妥协投降与出卖的倾向"。在苏区,"富农无权参加红军及一切武装部队,并无选举权,但可以参加反帝拥苏与互济会等群众的社会团体","应在党内、党外加紧反对富农思想,在思想上使富农陷于孤立,这样,才能保证在苏维埃政权中无产阶级的领导"。这说明对富农政策基本上改变了,但"加紧反对富农"的"左"倾路线流毒还没有完全肃清。

1936 年 7 月 22 日,中共中央发出《关于土地政策的指示》,指示:自去年十二月中央政治局会议后,苏维埃在土地政策方面作了许多重要的改变,这种改变已经得到广大人民的拥护,在苏区里面已经收到实际的成效。但是,为要使土地政策的实施能够实现清算封建残余与尽可能地建立广大的人民抗日统一战线的目的,需要进一步的审查现施土地政策,并给以必要的改变。因此,中央对这个问题有如下的决定:第一,一切汉奸卖国贼的土地财产等全部没收。第二,对地主阶级的土地、粮食、房屋、财产,一律没收,没收之后,仍分给以耕种份地及必需的生产工具和生活资料……第三,对于下列各种小业主的土地,不应没收。第四,一切抗日军人及献身于抗日事业者的土地,不在没收之列。第五,富农的土地及多余的生产工具均不没收。第六,对于大农业企业主的土地,因其生产方式带有进步的色彩,应按照对待富农的政策办理。第七,商人兼大地主时,其土地部分照一般地主办理,但不得侵犯他的商业部分。第八,对高利贷宣布取消。由苏维埃政府颁布新的借贷条例,限制苏区人民借贷利率。第九,苏区内允许土地出租。第十,改善农村工人生活条件。

(2)组织与扩大青年抗日救国组织。

共产主义青年团组织在第二次国内革命战争时期存在严重的关门主义,把共青团变成第二党。为了适应建立抗日民族统一战线的战略目标,

1935 年 12 月 20 日，中国共产主义青年团中央委员会为抗日救国发布告全国各校学生和各界同胞宣言。声明：中国共产主义青年团不但愿意与任何抗日救国的组织合作，与一切爱国同胞实行亲密团结，共同奋斗！而且愿意把我们的组织开放起来，欢迎一切赞成抗日救国的青年加入我们的抗日救国青年团。……现在，我们共产主义青年团改变为抗日救国青年团以后，一切爱国青年，相信共产主义也好，不相信共产主义也好，只要愿意抗日救国的，就可以加入我们的抗日救国青年团。

1936 年 2 月 16 日，发布《中华民族解放先锋队成立宣言》。"一二·九"运动后，平津学生联合会组织了南下扩大宣传团下乡宣传，宣传党的抗日救亡路线和唤起民众。在党的领导下，当南下宣传团工作结束时，决议组织民先队，提出两项任务八点具体斗争纲领。

(3)改变对张学良的政策，为建立西北"三位一体"的抗日民族统一战线局面而努力。

"八一宣言"把张和蒋并列同称卖国贼。瓦窑堡会议决议没有再点张学良的名字。1936 年 1 月 25 日，红军将领(签名的有毛泽东、彭德怀、叶剑英、聂荣臻、程子华、张云逸、刘志丹、刘亚楼、肖华、高岗、周恩来、林彪、杨尚昆、朱瑞、徐海东、郭述申、陈光、彭雪枫、杨森、阎红彦等)发表《红军为愿意同东北军联合抗日致东北军全体将士书》。致书指出："蒋介石是中国自古以来最大的汉奸卖国贼"，"日本帝国主义强盗、卖国贼头子蒋介石是你们东北军不共戴天之仇"，打红军、进攻苏区不是东北军的"出路"，而是"绝路"。"抗日反蒋"是东北军"唯一的出路"。重申共产党"停止内战，一致抗日"的主张，表示愿意首先同东北军联合起来，组织国防政府与抗日联军，去同日本帝国主义直接作战。关于组织国防政府与抗日联军的具体办法，请互派代表共同协商。1935 年年底，张学良秘密到上海找杜重远①，杜向张介绍了"八一宣言"，提出联共、联杨、联盛(盛世才)。张在上海还与李杜②见面，希望李杜能协助沟通与苏联的关系，并请

---

① 杜重远是张学良的东北同乡，"九一八"后到上海从事救亡运动，主编《新生》周刊。因登了《闲话皇帝》一文，被日指控为"侮辱天皇"，遭迫害，被捕判刑。

② 李杜，东北义勇军将领。

李杜替他秘密介绍共产党的关系。李杜答应找共产国际和中共关系。我党对张的统战工作，是从释放高福源(东北军六一九团团长，1935 年 10 月在榆林桥战斗中为红军所俘)开始的。高被俘后，经教育思想发生巨大变化，主动提出愿回东北军劝说张放弃反共政策，与红军停战，联合抗日。他的要求得到批准。1936 年 1 月，高先到洛川见到王以哲(军长)，经王报告张，张到洛川见高，张同意高的意见。高又到红军那里汇报了他同张谈话经过。毛泽东、周恩来亲自接见了他。2 月，中央决定派李克农去见张，李先与王以哲谈判，3 月张学良亲自飞洛川同李会谈，李与东北军达成关于互不侵犯及交通、通商等口头协定，并商定为进一步商谈抗日救国大计，中共领导人与张再作一次商谈，并决定派遣中共和红军的常驻代表到西安去，以便建立经常的联系。

李克农回去后，毛主席在山西前线，叫李到石楼汇报，中央决定派周恩来去和张会谈，周恩来立刻从东征前线回瓦窑堡。

但张学良当时误以为中共中央领导机关仍在上海。在同李克农会谈后，又接到李杜通知，已为他找到共产党关系。当时上海地下党决定派刘鼎去西安做张的工作。张对上海这个关系非常重视，特派高级参谋去接刘鼎到西安。刘告张，中共中央确在陕北。张要刘留下，从此刘就作为共产党的一个代表，常驻张学良处。

4 月 9 日，在肤施(延安)一个教堂，周、张举行会谈。参加者五人，周恩来、李克农、刘鼎、张学良、王以哲。谈了一夜。张学良对我党"反蒋抗日"的口号，坦率地讲了自己的看法。他说，处在他这样的地位，联合抗日可以，公开反蒋不行，是否可以在统一战线中把蒋介石也包括在内。周恩来听取了这个意见，答应带回中央研究。这个问题，据《国闻周报》第十四卷二十七期长江的《陕北之行》一文说："二十五年夏季，张学良乃与周恩来在肤施正式见面，讨论张所提出之两大问题：第一，蒋委员长与抗日关系问题；第二，用法西斯方法谋中国之统一问题。周对第二点认为难能成立。因为无论名义如何，中国在实质上难有法西斯政治之存在。至于前一点，共产党由土地革命的阶级斗争，转到各党派联合抗日的民族革命，已经变了一步。但是那时共产党的'抗日'，还是'反蒋抗日'，即要能'抗日'，必先'反蒋'，即不推翻蒋之统治，无法抗日。张周见面之后，张之见解，以为'抗日'非'拥蒋'不可，不拥蒋，无法抗日。而对蒋委员长之艰难计划与准备，就其所知者以告周，颇使周发生相当影响。共产党在陕北之中央委员，已不足法定之全体会议人数，临时最高之决定机关为中央政治局。中央政治局得到周恩来之报告，引起极大之辩论，结果，参考张学良所提供之新材料，与将国内外大势重加研究的结果，认为有转而'联蒋'进至'拥蒋'之必要。"

另王炳南《关于"西安事变"》、刘鼎《谈"西安事变"》等回忆同上述记载大致相同。周恩来在会谈中全面而深刻地阐述了我党的抗日民族统一战线政策，精辟地分析了国内外形势，令人信服地解释了张学良提出的各种问题。对于联合抗日的许多重大问题，周同张达成了一致意见，并取得了具体的谈判成果，如停止内战、通商、互派常驻代表等，1936年8月，中央派叶剑英去西安，作为我党的常驻代表，并应张要求帮助他改造军队，准备抗日。

我党与杨虎城的接触更早些。1935年11月，中共北方局曾以南汉宸的关系在南京和杨有接触①。1935年12月，毛主席写亲笔信给杨虎城等人，提出西北大联合共同抗日的主张，并望杨和共产党的关系继续保持下去，发扬光大。中央派汪锋把信送去。杨与南关系较深，派人去天津找南，南已调离北方局。1936年2月，北方局派王世英秘密去西安。王杨会谈后，达成四点协议：第一，在共同抗日的原则下，红军和十七路军订立友好互不侵犯协定。第二，双方互派代表，在杨处建立电台，秘密联系。第三，十七路军在适当地点建立交通站，帮助红军运送必要的物资，并掩护红军人员往来。第四，双方同时作抗日准备工作，先从对部队进行教育开始。这大约是4月中旬的事，双方谈妥后，杨给王世英、汪锋五百元路费回陕北。同年4月，中共驻共产国际代表团通知王炳南（因王的父亲是杨的老友）回国做杨的统战工作。

---

① 南汉宸曾任杨虎城的陕西省政府秘书长，曾委托申伯纯到南京找杨，后又到西安，并留杨部任职。

延安会谈后，西北地区"三位一体"的抗日民族统一战线局面已经形成，这是党执行抗日民族统一战线新路线的胜利。

1936年6月20日，党中央发出了《关于东北军工作的指导原则》的文件。指出我们工作的原则是：第一，不是瓦解东北军，分裂东北军，而是使他们在抗日的基础上团结起来，成为坚强的抗日力量；第二，也不是把东北军转为红军，而是使他们成为红军的友军。指示还提出了争取在东北军的工作方法。其中一条是：上层统战工作与下层统战工作同时并进与互相配合。并强调指出，做好上层统战工作在东北军中有着特别重要的意义。

(4) 东征胜利，放弃"反蒋"口号。

1936年1月，中国共产党组织了"中国人民红军抗日先锋队"，由毛泽东任政治委员，彭德怀任总司令，叶剑英任总参谋长。下辖：红一军团（政委聂荣臻，军团长林彪）、红十五军团（政委程子华、军团长徐海东）、红二十八军（政委宋任穷，军长刘志丹）三路大军，共两万余人，准备渡黄河东征。东征目的："一、巩固发展和扩大抗日根据地；二、大量消灭阻拦我们抗日的敌军，扩大红军；三、力求推动全国抗日运动，准备与日帝作战①"。1月26日，毛主席从瓦窑堡动身。27日，中华苏维埃人民共和国中央政府、中国人民革命红军军事委员会发布《东征宣言》。2月20日正式开始东渡。毛、周，彭、叶进入山西发动群众抗日，并准备开赴华北前线，与日本帝国主义直接作战。阎锡山调遣大批军队阻拦红军前进，红军给予阎部以打击，共毙伤俘敌一万七千人（其中俘团长以下官兵四千多人），缴获枪支四千多支，在二十多个县发动组织了群众，宣传了党的抗日主张，壮大了抗日力量，扩大新兵七千人。3月10日发布毛泽东、彭德怀署名的《中国人民红军抗日先锋军布告》，号召"停止内战"、"一致对日"，说蒋介石奴颜婢膝，媚外成性。4月5日发布《为反对卖国贼蒋介石阎锡山拦阻中国人民红军抗日先锋军东渡抗日捣乱抗日后方宣言》（以中华苏维埃人民共和国中央政府主席毛泽东、中国抗日红军革命委员会主席朱

北京师范大学史学探索丛书

---

① 见周恩来《东征胜利与我们》的报告提纲（1936年5月）。

德名义），称蒋为万恶的卖国贼头子，打倒汉奸卖国贼蒋介石，号召"全国爱国同胞一致奋起，抗日讨逆，响应与拥护中国人民红军抗日先锋军的东征，以救国家于灭亡"。这时，蒋调了十个师以上兵力开入山西，阻止红军东进。同时令驻在陕西的张杨部队向陕甘红色根据地挺进，妄想一举歼灭红军。为了避免双方决战，损失中国国防力量，党中央决定从大局出发，回师西渡，5月1日至5日，红军主力和总部人员先后渡过黄河，胜利返回陕北。5月5日在陕北（杨家圪台）发表回师通电，即以中华苏维埃人民共和国中央政府，中国人民红军革命军事委员会名义发出的《停战议和一致抗日》通电。通电申明：为了保存国防实力，以便利于迅速执行抗日战争，为了坚决履行我们屡次向国人宣言停止内战，一致抗日的主张，为了促进蒋介石氏及其部下爱国军人们的最后觉悟，决定将人民抗日先锋军撤回黄河西岸，以实际行动表示我们团结抗日的诚意。我们愿意与所有一切进攻抗日红军的武装部队，实行停战议和，以达到一致抗日的目的。通电正告南京国民党政府："在亡国灭种紧要关头，理应幡然改悔"，在全国范围，首先在陕甘晋停止内战，双方互派代表磋商抗日救亡的具体办法，"如仍执迷不悟，甘为汉奸卖国贼"，则南京政府的统治，"必将为全国人民所唾弃所倾覆"。通电最后号召全国凡属不愿做亡国奴的团体党派人民，"赞助我们停战议和、一致抗日的主张，组织停止内战促进会，派遣代表隔断双方火线，督促并监视这一主张的完全实现"。通电称蒋为"蒋介石氏"，称"南京政府诸公"，把蒋包括在促其"觉悟"的范围内。5月11日至19日，召开了团以上干部会，毛主席做了报告，说东征，打了胜仗，唤起了民众，扩大了红军，筹备了财物。从1936年1月26日至5月21日回瓦窑堡，共117天。

（5）毛泽东与美国记者斯诺谈党的统一战线政策，提出同南京合作。

1936年7月，美国记者斯诺来到当时中共中央和红军总部所在地的陕北保安县城。7月16日，毛泽东会见了他，并在几天内同他进行了关于当时抗战形势的谈话。9月23日，进行了关于党的统一战线政策问题谈话。在谈话中毛泽东指出："除了共产党以外，我们当然承认中国其他党派和军队的存在，而其中最强大的是国民党。如果不合作，我们现有的力量要进行抗日战争是不够的。南京必须参加。国民党和共产党是中国两个主要的政治力量，如果他们现在继续打内战，其结果是对抗日运动不利的。""从去年八月以来，共产党一直在呼吁全中国各党派团结抗日。今天……我们必须重新仔细地考虑能够使民族解放运动的这种合作成为可能的具体方案。这种方案已经在我们最近和国民党的谈判中提出来了。""我们所坚持的团结的基点是民族解放的抗日原则。为了实现这个原则，我们认为必须建立民主共和国，建立国防民主政府。它的主要任务应该是：第一，抵抗外国侵略者；第二，给广大人民以民主权利；第三，加速发展国民经济"。毛泽东又说："我们将支持成立一个有国会的代议制政府，一个抗日救亡政府——一个保护和支持一切人民爱国力量的政府。如果这样一个共和国成立了，苏维埃政府将成为它的一部分。我们的地区将和国内其他地区一样，采取同样的措施以建立民主的代议制政府。"并说："全国军队必须有一个统一的指挥"，"红军换不换名称，要视重新联合的情况而定"。在回答是否放弃或者无限期地推迟执行没收地主土地政策并将其重新分给贫穷无地的农民的政策时，毛泽东说："这也要取决于抗日运动的发展。"毛泽东又说：我们准备同国民党合作，同它组成一条反帝统一战线，就像1925—1927年存在过的统一战线那样，我们深信这是救国的唯一途径。斯诺把毛泽东跟他的谈话整理后发表。发表时斯诺还写了一个注，说："在我和各方面的苏维埃的官员交谈中，他们向我保证，苏维埃政府可能同意改变苏维埃和红军的名称。""总的看来，共产党人似愿在名称方面作这样的修改以利于达成协议，但不会从根本上影响共产党和红军的独立作用。共产党显然不会坚持参加建议成立的'民主共和国'的内阁。他们准备遵守它的纪律。对举行普选这一点也许不会坚持。他们的中心要求将是保证公民自由权，保证言论、出版和集会自由的权利，以及释放政治犯。毛泽东也向我保证，共产党将同意不组织违反民族救亡统一战线原则的群众运动，不'推动'阶级斗争"（斯诺1936年11月5日北平注）①。

---

① 全文见1936年11月14日上海《密勒氏评论版》，又见《毛泽东1936年同斯诺的谈话》，北京，人民出版社，1979。

(6)逼蒋抗日和建立民主共和国口号的正式提出。

1936 年 8 月 25 日，中国共产党中央致书国民党。这是 1927 年国共分裂后，我党第一次同国民党中央公开的正式的直接的打交道，这在当时是一件不寻常的事。称国民党为"贵党"、"诸位先生"，称蒋为"蒋委员长"。致书对国民党对内压迫人民，对外妥协退让的政策作了义正词严的批评，同时对国民党二中全会(1936 年 7 月召开的国民党五届二中全会)宣言和蒋介石报告中较之过去有若干进步地方表示诚恳欢迎，希望国民党有新的转变。致书提出了"建立民主共和国"的口号。"全国人民现在热烈要求一个真正救国救民的政府，要求一个真正的民主共和国。全国人民要求一个为他们自己谋利益的民主共和国政府，这个政府的主要纲领，必须：第一是能够抵抗外侮的；第二是能够给予人民以民主权利的；第三是能够发展国民经济，减轻以至免除人民生活上的痛苦的"。致书郑重宣言：我们赞助建立全中国统一的民主共和国，赞助召集由普选权选出来的国会，拥护全国人民和抗日军队的抗日救国代表大会，拥护全国统一的国防政府。并宣布：全中国统一的民主共和国建立之时，苏维埃区域即可成为全中国统一的民主共和国的一个组成部分，苏区人民的代表，将参加全中国的国会，并在苏区实行与全中国一样的民主制度。致书最后表示在建立"统一的民主共和国"的总目标下："我们愿意同你们结成一个坚固的革命的统一战线"。

9 月 1 日，中共中央向全党发出《关于逼蒋抗日问题的指示》。这是党内指示，主要是要统一全党思想。指出：目前中国人民的主要敌人是日本帝国主义，把蒋介石与日本帝国主义同等看待是错误的，"抗日反蒋"的口号，也是不适当的。我们的总方针应是逼蒋抗日。我们目前的中心口号，依然是"停止内战，一致抗日"。中国共产党赞助建立全中国统一的民主共和国，赞助召集由普选权选出的全国的国会，拥护全中国统一的国防政府与抗日联军。在全中国民主共和国建立时，苏区代表将参加全中国的国会，红军将服从统一的军事指挥。指示最后说：在全国人民面前，我们应表现出我们是"停止内战，一致抗日"的坚决主张者，是全国各党，各派(蒋介石国民党也在内)抗日统一战线的组织者与领导者。

1936年9月，中央召开政治局会议，经详细讨论，9月17日通过《中央关于抗日救亡运动的新形势与民主共和国的决议》。决议指出：中国人民的抗日救亡运动现在已经进入了一个新的阶段。国民党南京政府有缩小以至结束其动摇地位，而转向参加抗日运动的可能。为着集中全国力量去抵抗日寇的侵略，推动国民党南京政府及其军队参加抗日战争，中央认为有提出建立民主共和国口号的必要。同时决议指出：在建立抗日民族统一战线与实现民主共和国的斗争过程中，绝对不应该削弱苏维埃红军的力量，应该保障共产党政治上组织上的完全独立和内部的团结一致性。必须及时纠正那种以为阶级斗争的发动会妨碍民族统一战线的观点。但在目前，"左"倾关门主义倾向，依然是彻底实现抗日民族统一战线策略的主要危险。

(7)红军西征和主动停止向国民党军队的进攻。

红军在东征回师到陕北后，略事休整，为了巩固与扩大陕甘根据地，于1936年5月中旬开始西征。10月5日，毛泽东、周恩来致书张学良，说："为了迅速执行停止内战一致抗日的主张，只要国民党军不向红军进攻，不拦阻红军抗日去路与不侵犯红军抗日后方，我们首先停止向国民党军队的攻击，以此作为我们停战抗日的坚决表示，静待国民党当局的觉悟……并祈将敝方意见转达蒋介石先生，速即决策，互派正式代表谈判停战抗日的具体条件。拟具国共两党抗日救国协定草案送呈卓览。寇深祸急，愿先生速起图之。"

1936年10月15日，苏维埃中央政府主席毛泽东发表谈话，指出："苏维埃中央政府与人民红军军事委员会，现已发布命令：①一切红军部队停止对国民革命军之任何攻击行动；②仅在被攻击时，允许采取必须之自卫手段；③凡属国民革命军，因其向我进攻而被缴获之人员武器，在该军抗日时一律送还，其愿当红军者欢迎；④如国民革命军向抗日阵地转移时，制止任何妨碍举动，并须给以一切可能之援助"。并再次要求南京政府"与吾人停战携手抗日"。

1936年10月，红军三大主力在会宁会师，蒋介石震惊于我三大主力会合，调二百六十六个团的兵力，妄图将我一举歼灭。10月22日，蒋介

北京师范大学史学探索丛书

石由南京飞陕"剿共"。29 日，对记者说："共产党不以民族利益为本位，不论其标榜若何"，"政府决贯彻戡乱方针"。蒋并调中央军入陕。

10 月 26 日，红军将领致书蒋介石及西北诸将领，"国势垂危""不容再有箕豆之争"，望蒋"悬崖勒马""立即停止进攻红军"，"一致抗日"。

蒋介石在 10 月 31 日，颁发对红军总攻击令。红军多次退让，最后被迫应战。毛主席电示："坚决打击蒋胡军主力，歼灭其一部或全部，以达到分化、孤立敌人的目的，以利抗日民族统一战线的形成。"11 月 21 日，在山城堡歼灭胡宗南部七十八师，粉碎了他们的进攻。这是结束国内战争的最后一仗。

1936 年 12 月 1 日，毛泽东、朱德、周恩来、张国焘、王稼祥、彭德怀、贺龙、任弼时、林彪、刘伯承、叶剑英、张云逸、徐向前、陈昌浩、徐海东、董振堂、罗炳辉、邵式平、郭洪涛率中国人民红军上书蒋介石："去年八月以来，共产党、苏维埃与红军屡次向先生要求，停止内战，一致抗日……而先生始终孤行己意……数月来绥东情势益急，吾人方谓先生将幡然变计，派遣大军实行抗战。孰意先生仅派出汤恩伯之八个团向绥赴援，聊资点缀，而集……二百六十个团，气势汹汹，大有非消灭抗日红军，荡平抗日苏区不可之势。吾人虽命令红军停止向先生之部队进攻，步步退让，竟不能回先生积恨之心。吾人为自卫计，为保存抗日军队与抗日根据地计，不得已而有 11 月 21 日定边山城堡之役。全国人民对日寇进攻何等愤恨，对绥远抗日将士之援助何等热烈，而先生则集全力于自相残杀之内战，然而西北各军官佐士兵之心理如何？吾人身在战阵知之甚悉，彼等之心与吾人之心并无二致，亟欲停止自杀之内战，早上抗日之战场。即如先生之嫡系号称劲旅者，亦难逃山城堡之惨败……吾人以至诚再一次的请求先生，当机立断，允许吾人之救国要求，化敌为友，共同抗日，则不特吾人之幸，实全国全民族唯一之出路也。今日之事，抗日降日，二者择一。徘徊歧途，将国为之毁，身为之奴，失通国之人心，遭千秋之辱骂。吾人诚不愿见天下后世之人聚而称曰：亡中国者非他人，蒋介石也。而愿天下后世之人，视先生为能及时改过救国救民之豪杰。语曰：过则勿惮改。又曰：放下屠刀，立地成佛。何去何从，愿先生熟察之。"

中国共产党中央委员会、中国苏维埃中央政府于 1936 年 12 月 1 日发出《关于绥远抗战的通电》，要求南京政府立即停止内战，一致抗日，实现全民族的抗战。"当此晋绥危急，全国人民均愿效命疆场，为民族争生存之时，南京当局偏又调动大军向抗日的红军进攻，此实令人百思不解。此次红军在山城堡消灭胡宗南军一部，实出于不得已的自卫行动，并向对外妥协，对内黩武之主持者略施警告……我们现在向全国人民宣言，全中国主力红军一、二、四方面军现已集中完毕，只要给我们以抗日出路，我们准备立刻开赴晋绥前线，担任一定的抗日战线，并愿受全体抗日军最高统率机关之指挥，以抗击日伪匪军的进攻，为保卫晋绥，保卫华北，保卫中国而血战到底。我们希望南京政府立即承认我们的要求，希望全国人民拥护与赞助我们的要求"。

（四）西安事变与抗日民族统一战线的初步形成

1936 年 12 月 12 日发生了西安事变，西安事变的爆发，在国内国外引起了巨大的反响，出现了极其复杂紧张的形势。关于西安事变已有许多书和资料，这里不讲了。但需要强调说一下中国共产党在解决西安事变中起了关键性作用。中国共产党所以能在解决西安事变中发挥关键性的作用，是因为中国共产党对西安事变采取了完全正确的方针和政策，即和平解决西安事变的方针，就是坚决反对新的内战，主张南京和西安间在团结抗日的基础上和平解决，用一切方法联合国民党左派，争取中间派，反对亲日派，推动南京政府走向抗日的立场，对张杨给予同情和积极的实际援助，使之彻底实现其抗日主张。关于党中央和平解决西安事变方针的制定过程的细节现在有一些议论，很多议论可能是从张国焘的《我的回忆》中来的，对张国焘的回忆不能轻易相信。我们应实事求是，忠于历史事实。我们党在解决西安事变中采取的方针和政策是完全正确的。我们在讲西安事变时必须充分说明中国共产党在和平解决西安事变中的重大作用，我们根据现在看到的一些材料，补充如下几点看法：第一，和平解决西安事变的方针是经过党中央政治局讨论决定的，中央发了文件，这是党中央政治局的集体智慧和集体决定，党中央政治局绝大多数的意见是一致的。毛泽东站得更高看得更远，周恩来在决定方针，特别是贯彻中央方针中起了特别重要

北京师范大学史学探索丛书

的作用，这都是历史事实。斯诺在《中共札记》中说："12 月 19 日，中共通电，一般认为不是由毛独自写成，而为一集体作品。"第二，和平解决西安事变的方针是党中央独立自主决定的，是从中国实际情况出发的，说明我党已是一个成熟的党，中共是共产国际的一个支部，共产国际有指示是事实。但从苏联《真理报》、《消息报》社论来看，主张和平解决是对的，但对张杨是指责的态度，甚至认为西安事变是日本帝国主义的阴谋，是日本操纵策划的。15 日《消息报》发表西安事变长文说："张的行动成为对日本阴谋者的一种贵重赠礼。"苏联态度还可见《共产国际》杂志及《国际出版通讯》上的文章。我们态度是事变已经发生，我们应帮助张杨正确处理西安事变。这见中央当时发表的文件。1956 年纪念西安事变二十周年，周恩来针对过去有人说西安事变张杨用意是好的，行动是不妥的，指出：由于西安事变，张杨两将军是千古功臣，这点是肯定的。即使当时一枪打死蒋介石，也是千古功臣，那样不过再大打一阵内战，东北军与十七路军会更与红军靠拢，及至日本人乘机再来侵略，中国人最后还是多数人抗战，那样西安事变也会促成另一个抗日形势的发展，因为西安事变是偶然的，中国抗日则是必然的。历史没有那样走，而是将蒋放了，抗日了，以后又打内战，最后把蒋打垮，革命成功了。第三，停止内战，一致抗日，这是瓦窑堡会议已经确定的方针，所以说西安事变和平解决也是党的新路线的既定方针。当然是"杀蒋"还是"放蒋"才能做到和平解决，这党需要一个观察和思考的过程，在如此复杂紧张的局势面前，人的认识有变化是正常的，关键是看最后决策的正确与否，从材料看，12 月 15 日，致南京国民党、国民政府电，盼立下决心，接受张杨二氏主张，停止正在发动之内战，罢免蒋氏，交付国人裁判，联合各党各派各界各军组织统一战线政府，抗御日寇。19 日，中华苏维埃中央政府及中共中央对西安事变通电建议由南京立即召集和平会议，和平解决西安事变，在和平会议前，由各党各派各界各军先提出抗日救亡草案，并讨论蒋介石先生处置问题，但基本纲领，应是团结全国，反对一切内战，一致抗日。从文字看已不是杀蒋，但说"由各党各派各界讨论处置"。21 日中央书记处给周恩来同志的电报是说：在上述条件有相当保证下恢复蒋介石之自由。下面有几个材料，是当时的记载，比较公正客观。斯诺夫人在《延安札记》中说：12月13日下午4点，保安召集约三百人活动分子会。"从1927年'四一二'以来，蒋介石欠我们的血债高如山积，现在是清算这笔血债的时候了，必须把蒋带到保安由全国人民来公审。"长江《陕北之行》中说："共产党当双十二事变发生时，中央机关还在陕北保安，他们得到事变的消息，许多人最初一秒钟的决定，是感情的报复主义，主张派人入西安，速蒋之死。然而接着是理智克服了感情，认为张杨如此做法，殊欠妥当。盖双十二事变，既非如帝俄时代群众革命之打倒沙皇尼古拉，又非类似滑铁卢战争之俘虏拿破仑，此仅以一种不光明不道德之'军事阴谋'，劫持领袖，第一，与中国当前团结御侮的需要相反；第二，构成今日蒋委员长之政治理论，政治组织和一百余万之中央军，仍然健在。则此事之前途：只有发生更大规模更长久之内战，对于国内和平统一，将致背道而驰，愈跑愈远。但是既然木已成舟，理论上的问题已经无用，当速谋补救的方法。周恩来系于12月16日由肤施乘张之波音机到西安，即向张陈释蒋之必要，同时更亲自与羁陕中央要员见面，作各种政治协商。"①斯诺在《西行漫记》中说："在危机期间，他们始终坚持他们的路线，这种坚定性令人惊讶，而且他们的冷静客观态度在中国的极度个人化的政治中是罕见的。尽管客观情况显然向他们提供了许多引诱，他们还是表现出党的纪律，凡是公正的观察家，一定会有很深刻的印象。"并说明在说服张杨，说服张杨部下，说服群众"释蒋"中，共产党代表团起了极大作用。第四，和平解决方针贯彻始终。张学良送蒋被扣后，12月31日，国民党政府军委会组织高等军事法庭会审，判张十年徒刑褫夺公权五年。蒋假做人情，要求特赦，次年1月4日，又经国民党政府"特赦"，"仍交军委会严加管束"，实则软禁。1月5日，国民政府发布处理西北问题九道命令，杨虎城撤职留任。在中共协助下，由杨领衔于1月5日发出通电，抗议扣押张学良和妄图重新挑起内战。之后，东北军内部一部分青年军官力主蒋不放张回西安，就同南京决一死战，只要张回来，叫他缴枪也干，他们以感情代替理智，反对和平解决，结果越走越远。老将领以王以

---

① 《国闻周报》，第14卷，第27期，长江写于1937年4月21日上海。

哲为代表，认为和平解决西安事变的方针是从整个国家民族利益出发的，应力争和平解决，通过和平谈判营救张。他们对少壮派主战行动反感，内部矛盾加深。2 月 2 日，孙铭九等杀害了王以哲等人。形势危急，我党坚持"三位一体"的团结，表示争取和平解放方针坚决不变，表示反对杀害王以哲将军这一错误行动。同时严肃批评孙等的错误，把孙送出西安。但后来他们又杀了六一九团团长高福源。6 月，杨虎城被迫出洋考察。1956 年 11 月 16 日中央统战部在北京召开座谈会，周恩来说：张汉卿在被扣后还给过我两封信，多年来表现很好，始终如一，他是千古不朽人物。张杨两将军要牺牲是不能避免的，为了抗日就要付代价，这是值得怀念的，他们是千古功臣，永垂不朽和特别使人怀念就在此了。

西安事变和平解决，是中国共产党统一战线政策的伟大胜利，是全国人民救亡运动的伟大胜利。西安事变的和平解决，成为时局转换的枢纽。从此内战基本结束。共产党威信大大提高。共产党的抗日民族统一战线政策深入人心。证明中国共产党不是追逐于眼前的局部利益，乃至怀念于过去仇恨的报复，而不顾大局的小团体，而是处处以国家民族的整个利益为前提的伟大的政党。

1937 年 2 月，国民党为终结西安事变和商讨对共产党及对日本的政策，召开了五届三中全会。

2 月 10 日，中国共产党为实现国共两党的重新合作，致电国民党三中全会，提出五项要求和四项保证。（五项要求：①停止一切内战，集中国力，一致对外；②保障言论、集会、结社之自由，释放一切政治犯；③召集各党各派各界各军的代表会议，集中全国人才，共同救国；④迅速完成对日作战之一切准备工作；⑤改善人民的生活。四项保证：①在全国范围内停止推翻国民政府之武装暴动方针；②工农政府改名为中华民国特区政府，红军改名为国民革命军，直接受南京中央政府与军事委员会之指导；③在特区政府区域内，实施普选的彻底民主制度；④停止没收地主土地之政策，坚决执行抗日民族统一战线之共同纲领）。这个致电要求国民党让步，就是结束十年内战的错误政策，主要是停止内战，给人民以民主，改善民生，实现抗日。我们的保证也是一种让步，这个让步是必要的和许可的。① 为了团结全国一致抗日，取得中华民族的彻底解放，需要全国各党各派间的互相让步妥协，需要取消国内两个政权的对立。如国民党确定五项要求为国策，即改变十年内战时期的错误政策，则我们十年内战时期的政策也失去存在的依据，也必须改变政策。② 当时国共两党力量对比，不让步不可能达成协议。③ 我们的让步和妥协是有限度的，即不取消和降低共产党组织的独立性与批评的自由，对本党所创造的革命力量保持领导，这是我党对国民党让步和妥协的最后限度，超过这种限度是不许可的。④ 这些让步与妥协不但不是束缚与削弱本党的发展，正是为了要使本党取得全国范围公开活动的机会，千百倍的扩大党的政治影响与组织力量，以增强党在民族革命运动中的战斗作用。这个致电紧紧抓住中日两国的基本矛盾，作为自己一切行动的基点，但没有忘记中国内部矛盾依然存在。

北京师范大学史学探索丛书

2月15日，国民党五届三中全会在南京开幕，至22日结束。2月18日，宋庆龄在会上发表《实行孙中山的遗嘱》的演说。宋庆龄、何香凝、冯玉祥、孙科、李烈钧等在三中全会上提出恢复孙中山三大政策提案，提案说："总理于民国十三年改组本党，确立联俄联共与扶助农工三大政策后，革命阵营为之一新，革命进展一日千里。不幸十六年以后，内争突起，阵容分崩，三大政策摧毁无遗，革命旋归失败，外侮接踵而来……近半年来，迭次接中国共产党致我党中央委员会书函通电，屡次提议国共合作，联合抗日，足证团结御侮已成国人之一致要求。最近西安事变，尤足证实此点。虽系与本党向处敌对地位之中国共产党，亦愿停止危害本党政权之企图，拥护统一抗日，我党更应乘此机会恢复总理三大政策，以救党国于危亡，以竟革命之功业。为此特向三中全会紧急提议，以应付当前之非常困难，党国幸甚。"① 提案通过，但不准报道。在全会上，汪精卫提出一个坚持"剿共"的政治决议案草案，在讨论时，许多人表示反对。2月21日，通过了《关于根绝赤祸之决议案》，这个决议案完全否定中国共产党存在的必要，对共产党大肆诬蔑，并把共产党倡导抗日民族统一战线，主张国共合作抗日，以及为此对国民党做出必要的有限度的让步妥协，说成是向国

---

① 见上海《救国时报》，1937年4月15日。

民党"输诚"，把国民党被迫接受共产党停止内战一致抗日的要求和主张说成是允许共产党"自新"。并说，"赤祸必须根绝"，而"根绝"的"最低限度之办法"有四点："第一，一国之军队，必须统一编制，统一号令，方能收指臂之效，断无一国家可许主义绝不相容之军队同时并存者，故须彻底取消其所谓'红军'，以及其他假借名目之武力。第二，政权统一，为国家统一之必要条件，世界任何国家断不许一国之内，有两种政权之存在者，故须彻底取消其所谓'苏维埃政府'及其他一切破坏统一之组织。第三，赤化宣传与以救国救民为职志之三民主义绝对不能相容，即与吾国人民生命与社会生活亦极端相背，故须根本停止其赤化宣传。第四，阶级斗争以一阶级利益为本位，其方法将整个社会分成种种对立阶级，而使之相杀相仇，故必出于夺取民众与武装暴动之手段，而社会因以不宁，居民为之荡析，故须根本停止其阶级斗争。"这个决议案言辞狠毒，但细观其内容吟其味，又表示国民党放弃"武力剿共"政策，改采"和平统一"即政治解决办法。这是国民党政策上一个重大变化，当然这是国民党策略上的改变，国民党"根绝赤祸"的根本立场是不改变的。国民党这个立场，和它所采取的"根绝赤祸"新策略新办法，决定了尔后国共两党的关系，决定了尔后国共两党的斗争。大会发表宣言，承认"和平统一"，"为全国共守之信条"，但又说"无论用任何方式，必以自力使赤祸根绝于中国"。这说明国民党的政策已经开始转变了。

至此，国内战争基本结束，抗日民族统一战线初步形成。中国共产党为建立抗日民族统一战线第一阶段的目标，停止内战、一致对外的目标基本达到。作为决议案字句的一种注释，三中全会后蒋罢免了被称为亲日派的外长张群，代之以反日亲英美派的王宠惠，宣布清除汉奸，给人民以言论自由，释放政治犯，以及禁止使用"赤匪"、"红匪"、"共匪"之类的毁谤语言。

(五)抗日战争的爆发和抗日民族统一战线的正式形成

中国抗日民族统一战线的初步形成，对国际国内产生重大影响。

1937年2月2日，日本林铣内阁成立。11日林铣首相广播新阁政纲，对华政策决定遵循广田之原则。3月3日，佐藤尚武任外相。佐藤对记者说不变更对华政策。5日又在下院答复质询时申明"仍维持天羽声明之精神",表示"日本政府之精神是要将华北变为独立区域"。但是,3月8日,日本政府为分裂中国刚刚初步形成的统一战线,由佐藤出面发表外交政策声明,改变以前腔调,拉拢蒋介石,声称"中日谈判,已陷僵局,乃不可否之事实","目前中日问题,只有吾侪改变方法,另从新起点着手方可解决。完全独立国家间之交涉,应以平等地位为依据"。"在中日谈判以及两国人民间之事件,吾人至今曾以平等地位,予以进行乎?但余以为过去一切应付诸东流,而重新以平等地位进行谈判""余以为对等或不对等观念,应予放弃,或代之以促膝谈心之态度,充分考虑中国之要求,以及与中国有密切关系之权利,同时与日本有密切关系之利益,亦应诚挚予以解释,吾人愿在不牺牲与日本有密切关系之利益,以及恢复以平等地位为根据的谈判之范围内,保持协调之精神"。3月11日,佐藤在众议院演说,宣布中日两国重开谈判,满洲国今已成为事实,谈判时,日本将断然不提出满洲问题,日本不放弃其在华北的特殊利益,遵守华中华南之门户开放政策,"对中国统一与复兴之努力,予以道德上之协助","日本不特应表示深切同情,且应在可能范围之内予以协助"。这就是所谓的"佐藤外交"。与此同时,日本帝国主义又唆使伪内蒙自治政府通电拥护南京国民党政府。3月,日本财阀要人组成日经济考察团访华,鼓吹中日满经济合作,诡称要协助中国"完成现代国家之组织"。佐藤外交引起了国民党对日政策的动摇和一部分人的对日幻想,国内又产生一种错觉。事实上佐藤外交仅是日本策略手法的变更,佐藤自己即说"对华外交根本方针无加以任何变更的必要,但实现目标,有各种不同之路线,彼觉迄今采取之方法,有重加检讨之必要"。毛泽东同志当时即指出:"佐藤外交是大战的准备,大战在我们面前","所谓'中日提携'的宣传和某些外交步骤的缓和,正是出于战争前夜日本侵略政策的战术上的必要。"

6月4日,日本近卫内阁成立,外相广田说:"广田三原则仍为对华政策之起点。……日本暂时不强迫中国立即实现三原则。"6月15日,日本内阁通过日满一体经济方案。6月29日,日大使川越说:"日本已对华给予新认识,余将请求现应为中国再认识日本","所谓认识日本者,即是认清

北京师范大学史学探索丛书

日本生存与发展之权利，以及满洲之生存与华北之必然的联系，华北系为适应满洲国生存与发展之必然的命运而存在"。"中日谈判，倘中国要求，随时可以举行，但吾人不预期于最近之将来解决之"，实际上，日本已在准备发动全面侵华战争。

国民党三中全会后，内战基本结束，国民党又在抗日的旗帜下打出了"和平统一"的旗号。一方面与共产党谈判，以"统一"为名迫使共产党交出根据地与军队，他们所谓"和平统一"，一是统一军队；二是统一政权；三是取消阶级斗争和革命斗争，这在当时影响很大。王芸生在《国闻周报》上发表《寄北方青年》的信，提出应把联合战线口号改为"团结建国"，不允许一个以上的政府、一种以上的军队，以国民党为中心，提出不必另起炉灶。另一方面，继续压制人民群众的抗日民主运动，对上海救国会领导人举行审判，同时加紧进攻我南方红军游击队，令"全力以赴"、"限期完成清剿任务"、"限5月底彻底肃清"、"到6月底一律肃清"等。所以斗争仍很复杂。

1937年1月7日，毛泽东、朱德和中共中央机关进驻延安。国民党三中全会后，中国共产党及时地提出了"巩固和平、争取民主、实现抗战"三位一体并以争取民主为中心的新口号。1937年4月3日，中共中央宣传部发出《国民党三中全会后我们的任务》的宣传大纲，指出："争取民主权利是巩固和平与准备抗战的关键。"1937年4月15日，中国共产党中央委员会发表告全党同志书，指出："自西安事变和平解决与国民党三中全会之后，中国革命的形势已经进入了一个新的阶段。这个阶段的任务，即是要巩固已经取得的国内和平，争取民主权利与实现对日抗战。"号召全党同志在党中央领导之下，以艰苦的工作与模范的行动，去取得中国共产党在民族革命中的领导地位。

1937年5月2日，中国共产党全国代表会议（当时称苏区党代表会议）在延安召开。洛甫致开会辞，毛泽东作《中国共产党在抗日时期任务》报告，博古作《关于苏区党的组织问题的报告》。5月7日，毛泽东作《为争取千百万群众进入抗日民族统一战线而斗争》的结论。5月14日闭幕，林伯渠致闭幕词。会议通过了毛泽东的报告，批准了党中央自1935年以来的政治路线，为我党领导抗日战争做了重要准备。

1937年5、6月间召开了白区党代表会议。在瓦窑堡会议之后，刘少奇同志写了《肃清立三路线的残余——关门主义冒险主义》、《民族统一战线的基本原则》、《关于过去白区工作给中央的一封信》、《关于白区的党与群众工作》等文章，对纠正党内的"左"倾错误起了重大作用。

国共谈判。从"八一宣言"、12月瓦窑堡会议、西安事变期间，党中央和一些地方党组织，曾多方设法运用各种关系对国民党地方实力派，各派政治势力，以及国民党最高当局进行联络，接触和谈判。1936年9月1日，中共中央《关于逼蒋抗日问题的指示》中说："我们正在通知他们，共产党中央立刻准备派代表出去，或接受国民党和蒋介石的代表到苏区来，以便进行谈判。"据蒋介石《苏俄在中国》中说："二十五年5月5日，中共发出'停战议和'通电。随即由周恩来代表中共，到上海与张冲会商。"中央也曾派代表去广西与李宗仁，李济深等进行联络谈判。共产国际也派人与国民党最高当局进行接触。国民党也派人同我联络。西安事变前的接触、联络、谈判，是秘密状态，情况不清楚。

从西安事变到抗日爆发，据知道进行了五次谈判。

①西安事变后，周恩来等在西安与蒋、宋等谈判。

②1937年2月，周恩来在西安与顾祝同、贺衷寒、张冲等谈判。

③1937年3月，周恩来到杭州与蒋谈判。

④1937年5月，周恩来在庐山与蒋谈判。

⑤1937年7月，周恩来，博古、林伯渠在庐山与蒋谈判。第一次谈判主要是停止内战，一致抗日，具体条件就是六条①。以后谈判，主要是国共合作问题，谈判细节不清，主要围绕三个问题。

(1)关于红军改编问题：在致国民党三中全会电文中，我党即提出"红军改名为国民革命军，直接受南京中央政府与军事委员会指导"。关于改编的具体条件，我提出：第一，编制数目是四师十二旅二十四团，每师一万五千人；第二，师以上设指挥部，由朱德、彭德怀任正副指挥，我党对

---

① 见毛泽东：《关于蒋介石声明的声明》，见《毛泽东选集》，第1卷，227页。

红军的领导不变；第三，改编后国民党不得派遣政训人员，亦不得在红军内进行活动。国民党在这个问题上的条件和态度是：尽力限制我军的编制和人数，开始，蒋介石只允许编三师九团，不设旅，每师编制八千七百人，其余人员遣散。经过多次谈判，最后同意编三师六旅十二团，每师一万五千人。另外，将工兵、炮兵、通信兵编为指挥部直属队。我党在此问题上是让了步的，一方面，原来距离太远，难达成协议；另一方面，也是由于西路军失败，不得不减低编制。关于指挥问题，开始蒋提出三个师改编后，直属行辕指挥，并提出要服从一切命令（不是指导），我方坚决拒绝。蒋又提出了三个师上面设政训处，转达指挥，并提出政训处主任不要朱德担任，还曾提出要康泽任副主任，又提出三个师的参谋长要由南京派人，要朱德、毛泽东离开部队出来做事或出国考察，遭我拒绝，最后才同意编为一个集团军，由朱、彭任正副指挥。

关于派遣政训人员，蒋提出三个师的政训干部，要分批到国民党那里受训，他们逐渐派人进来，但我坚决拒绝，最后只允许指挥部和各师设一、二名联络官。

（2）关于党的问题：在国共合作宣言中我声明"孙中山先生的三民主义为中国今日之必需，本党愿为其彻底实现而奋斗"，但我党不放弃共产主义的信仰，绝不取消党的组织，如国民党改为民族联盟时（蒋在西安曾有此意）我党可以整个参加，但仍保持组织上的独立性，并要求国民党不得破坏我党的组织，不逮捕我党党员。国民党的态度和条件，在西安谈判中，贺衷寒即提出将承认三民主义改为服从三民主义，并提出共产党要服从国民党的领导。3月蒋当面与周谈，现在不要国共合作，而要与我合作，我们可以组织一个政党，国民党名称可以改变，到适当时机，政策也可以改变，我们要永远合作。要周提出永远合作的办法。当时周表示，两党协商，拟定合作的共同纲领，在共同纲领基础上合作，就是永久合作的最好办法，蒋表示赞成。周追问蒋有何具体方法，蒋也不表示态度，这次谈判无结果。5月庐山谈判，我党提出合作方案，即：第一，共同拟定共同纲领；第二，在共同纲领基础上可由各党派共同组织革命联盟，这个联盟的组织原则由国共两党派若干人组成最高会议，商讨与决定两党合作的重大问题，但最高会议讨论与决定问题时，必须以共同纲领为基础，如违背共同纲领时，任何一方可拒绝讨论。最高会议不得干涉两党内部事务，两党均保持组织上的独立性。蒋的态度是最高会议蒋有决定权，两党的一切行动与宣传均由最高会议讨论决定，共同纲领也由最高会议讨论决定，最高会议如实行顺利时，两党可以组织一个党。这个条件我当然无法接受，谈判无结果。7月底庐山谈判对此问题谈的情况不了解，只知道这次谈判中我党向国民党提出了宣布国共合作宣言，作为国共合作的政治基础，合作的组织形式没有解决。王明、博古等到武汉后，也曾多次与蒋谈判这个问题，但蒋无诚意。中共六届六中全会时，正式讨论了这个问题，在政治决议案中，提出两个形式：一是党外合作，即由两党组织各级的共同委员来进行两党合作的事宜。二是党内合作，即跨党办法，共产党员参加国民党和三青团。蒋见到这一决议后，见我党不上他的当，恼羞成怒，曾于 1938 年 12 月，当面对王、周、博等讲：这两种办法都不同意，我的责任就是将共产党合并于国民党，成为一个组织。此事是我生死问题，此目的达不到，我死了也不安，抗日胜利了也没有意义，所以我这个意见至死不变。

(3)关于政权问题，即边区地位问题：我党提出的条件即改为特区，执行抗战建国政策，实行民主制度，领导人由边区民主选举，由南京加委。蒋的态度开始时提出边区各县由陕甘宁三省管辖。即分割后由国民党各省领导。遭我拒绝后，承认划一个特区，不分割，但行政长官坚持要南京派人，担任边区政府主席，也被我拒绝，最后只好承认边区的合法地位。

以上三个问题，虽然军队和边区问题达成某些协议，但没有完全达成协议，蒋仍坚持派人到我政府和军队中来，至于党的合作形式，则根本没有达成协议。蒋千方百计对我施加压力。

1937 年 7 月 4 日，起草《中国共产党为公布国共合作宣言》。7 月 15 日，中共中央将国共合作宣言送交国民党，并约定随之发表蒋介石承认中共合法地位的谈话。7 月 17 日，周恩来、秦邦宪、林伯渠和蒋介石、邵力子、张冲在庐山举行谈判。但蒋介石对中共中央送交的宣布两党合作成立的宣言迟迟不发表。直到"八一三"之后前线告急，8 月 14 日，国民党政府

北京师范大学史学探索丛书

发表《自卫抗战声明书》，8月22日，国民党政府公布了红军改编为国民革命军第八路军的命令。8月25日，中央革命军事委员会主席毛泽东，副主席朱德、周恩来发布《关于红军改编为国民革命军第八路军的命令》。以朱德为总指挥，彭德怀为副总指挥，叶剑英为参谋长，左权为副参谋长，任弼时为政治部主任，邓小平为副主任。下辖一一五、一二〇、一二九三个师。命令说："各师改编为国民革命军后，必须加强党的领导，保持和发挥十年斗争的光荣传统，坚决执行党中央与军委会的命令，保证红军在改编后成为共产党的党军，为党的路线及政策而斗争，完成中国革命之伟大使命。"

8月，中共中央在陕北洛川召开了政治局扩大会议。

9月22日，国民党中央通讯社正式发表了《中国共产党为公布国共合作宣言》。23日，蒋发表了承认中国共产党合法地位和国共两党合作抗日的谈话。共产党的宣言和蒋的谈话，宣布了国共合作的成立。抗日民族统一战线正式形成。

以国共合作为基础的抗日民族统一战线的建立，具有重大的历史意义。毛泽东指出："这将给予中国革命以广大的深刻的影响，将对于打倒日本帝国主义发生决定的作用"，"历史的车轮将经过这个统一战线，把中国革命带到一个崭新的阶段上去。"

一九八〇年四月讲稿

评抗战初期国民党政府对日政策

　　1937 年 7 月 7 日卢沟桥畔日本侵略者的枪声，唤起了中国全民族的抗日战争，国民党政府也被迫起来"应战"。抗战初期国民党政府对日作战是比较努力的，这一点应该肯定。但是，它对抗战仍然有犹豫、动摇和不彻底的一面，这也是不可否认的历史事实。如何实事求是地具体地来分析抗战初期国民党政府对日政策的两面性，这对抗日战争史的研究以及评估国民党蒋介石在抗战中的地位和作用是很必要的。

一

　　卢沟桥事变是日本中国驻屯军蓄意挑起的事端。卢沟桥畔的"几声枪声"，所以能够迅速扩大成中日全面战争，是因为中国驻屯军的挑衅行动得到了日本军部和政府的支持。陆军中央部在讨论处理卢沟桥事件时，曾经出现"扩大"与"不扩大"两派意见，但"不扩大方针"在日本军部遭到强烈反对，扩大派的"对华一击论"占了优势。7 月 10 日，日本参谋本部对形势做出估计，认为"事态逐渐恶化，有扩大之虞"，"为了从速救援，扫除祸根，应先向华北方面派遣必要的兵力"，在考虑向华北派兵时，"也估计了目前国际形势，不会引出欧美，尤其苏联参战"。[①] 11 日，由参谋本部提出、经内阁会议讨论通过并得到天皇批准发表了《关于向华北派兵的政府声明》。声明说：政府"下了重大决心"，"立即增兵华北"，又说："政府为使今后局势不再扩大，不抛弃和平谈判的愿望"。这个声明是日本帝国主义扩大侵华战争的宣言书。所谓"不再扩大"、"不抛弃和平谈判"只是一种外交宣传和政治圈套。随后，日本政府向国民表明了"重大决心"。近卫首

---

　　① 日本防卫研究所战史室：《中国事变陆军作战史》，第 1 卷，第 1 分册，北京，中华书局，1979。

相把政界、财界、舆论界的代表请到官邸，要求举国一致合作。日本各界都认为，"日本在华北的地位，不容有任何削弱"，"一致赞成开战"。① 至此，日本帝国主义扩大侵华战争的决心已定。日本当局一面不断向华北增兵，以战争胁迫冀察当局屈服，一面以"不扩大"、"现地解决"的政治圈套，引诱冀察当局进行谈判，以"谈判"作烟幕，掩护扩大战争的准备。同时利用中国中央与地方之间的矛盾以及蒋宋之间的隔阂，声称卢沟桥事变为"地方事件"，反对南京国民政府干预日军与冀察当局的谈判，排斥蒋介石，孤立宋哲元，遏制宋哲元"趋向中央化"。

卢沟桥事变发生后，蒋介石立即电令在四川的军政部长何应钦速回南京，主持有关抗战工作，同时电告宋哲元就地抵抗，"宛平城应固守勿退"。② 为了表示支持宋哲元就地抵抗，蒋介石派出四个师"向石家庄或保定集中"，并要求宋哲元"从速构筑预定之国防线工事"，并"速回保定指挥"。③ 从上述情况来看，蒋介石的态度是比较积极的。因为经过华北事变，签订《何梅协定》，成立冀察政务委员会，国民党中央的势力已经撤出平津，南京国民政府和蒋介石在华北已再无退路，只能寄希望于宋哲元"就地抵抗"，阻止日军的进攻，保住平津，维持事变前华北的局面。宋哲元当时尚滞留山东乐陵，躲避日方无休止的纠缠，"闻变之后，亦极气愤"。但宋哲元害怕战争扩大会损失他的兵力和丢掉他的地盘，因此力主和平解决卢沟桥事变。9日，北平市长秦德纯和日本特务机关长松井达成三项口头协议。④ 10日，秦德纯即密电军委会待从室第一处主任钱大钧说："此间形势已趋和缓，倘中央大战准备尚未完成，或恐影响，反致扩大，可否转请暂令准备北上各部，在原防集结待命。"钱大钧即将密电呈报蒋介石，并电告秦德纯说，"如情况和缓，可饬令停止也"。⑤ 由于宋哲元

---

① ［美］约瑟夫·C.格鲁：《使日十年》，214页，北京，商务印书馆，1983。

② 《蒋总统秘录》，第11册，台北，"中央日报"社，1975。

③ 《"七七"事变至平津沦陷何宋等密电选》，载《历史档案》，1985(1)。

④ 三项口头协议是：双方军队停止射击、撤回原防、冀北保安队担任宛平防务等。

⑤ 《"七七"事变至平津沦陷蒋何宋等密电选》，载《历史档案》，1985(1)。

反对中央军北上，蒋介石在冀察当局婉言拒绝后也发生犹豫，行动迟缓，贻误了时机。

7月11日，宋哲元由山东乐陵抵达天津。当晚，在天津由张自忠、张允荣和松井太久郎、和知鹰二签订了《卢沟桥事件现地协定》。宋哲元是同意这项协定的，认为和平解决已有希望，实际上上了日本"和谈"的圈套。在签订协定的当天，日本政府派兵华北的决定已电告中国驻屯军司令部。协定签订后松井立即电告东京陆军省和参谋本部。当日半夜，日本广播说："接到在北平签订了停战协定的报告，鉴于冀察政权以往的态度，不相信其出于诚意，恐将仍以废纸而告终。"[①]日本当局已公开否定这一协议，而宋哲元却对"停战"充满幻想。次日，宋哲元发表谈话，"余向主和平"，"卢沟桥事变乃系局部冲突，希望能做合法合理的解决"。在日本政府发表向华北派兵声明的第二天，宋哲元发表这样的谈话，真令人啼笑皆非。蒋介石在得知日本派兵华北和冀察当局与日军签订协定后，感到事态严重棘手。12日，在庐山召集军政首脑会议，确定和战两手准备，万不得已时不惜一战。同时，再电宋哲元，以不屈服、不扩大之方针，就地抵抗。当晚，何应钦召开关于卢沟桥事件的第二次会议。会议遵照蒋介石的指示，派参谋次长熊斌北上，其任务是宣达蒋介石所示"不挑战，必抗战"之旨。如宋哲元因环境所迫要求忍耐以求和平时，只可在不丧失领土主权原则之下与日方谈判，以求缓兵，但仍需作全盘的准备。卢沟桥、宛平城不可放弃。如二十九军需要子弹和军需，中央可以源源补充。[②] 13日，蒋介石再次电令宋哲元，表示"卢案必不能和平解决"，他"已决心运用全力抗战"，希望宋哲元"坚持到底，处处固守，时时严防，毫无退让余地"，要求宋哲元"绝对与中央一致"，"无论和战，万勿单独进行"。[③] 蒋介石的用意是要拉住宋哲元，让宋哲元进行抵抗，不与日军单独进行和谈。此时南京国民

---

① 日本防卫研究所战史室：《中国事变陆军作战史》，第1卷，第1分册，北京，中华书局，1979。

② 卢沟桥事件后何应钦召开第二次会议记录(1937-7-12)，见《中国现代政治史资料汇编》，第3辑，第29册。

③ 台北"国防部史政局"编：《抗日战史》，第五章"七七事变与平津作战"。

政府和蒋介石已经意识到中国面临抗战的最后关头，但还没有下抗战的最后决心，还没有放弃和平解决的想法。12日，德国驻日本大使访日外相广田，转告一件情报说，南京国民政府的方针是避免局面扩大。13日，南京国民政府解释说：中央军北上目的，只是防备日军进攻的一种自卫手段，并不是对日作战，希望极力避免事态的扩大。16日，日本政府增调陆军十万来华。日本参谋本部制订了《对华作战要领》，规定"尽量限定于华北作战"，"根据情况预计可能转向对华全面战争"的作战方针。[①] 同日，中国政府请英国大使许阁森向日方要求中日双方军队停止调动，被日本政府拒绝。17日，中国驻屯军司令官香月清司根据东京"应对宋哲元采取强硬态度"的指示，限宋哲元于19日以前承诺七项"细目协定"。同日，日本驻华大使馆向中国外交部送交一份最后通牒式的备忘录，无理要求中国政府"停止一切对日敌对行为"，不得"阻碍"冀察当局与日本军方所签协定的实行。此时，日军已对北平形成包围态势。在此情况下，蒋介石于7月17日在庐山发表谈话，严正表示"卢沟桥事变的推演，是关系中国国家整个的问题，此事能否结束，就是最后关头的境界"，"万一真到了无可避免地最后关头，我们当然只有牺牲，只有抗战。但我们的态度只是应战，而不是求战，应战是应付最后关头，必不得已的办法"。但又说："在和平根本绝望之前一秒钟，我们还是希望和平的，希望由和平的外交方法，求得卢事的解决"。[②] 并提出了解决卢沟桥事件的四个条件。这四个条件就是恢复事变前平津和华北的状态。同时也是向宋哲元表示中央对他的支持以及保证宋哲元的地位不变。蒋介石这个谈话，确定了准备抗战的方针。并于19日正式发表。同日，蒋介石电告何应钦等"对日抗战，主意已定"。至此，南京国民政府和蒋介石准备抗战的决心已定，但在行动上仍表示迟缓、游移与不彻底。

在蒋介石准备抗战态度明朗后，宋哲元受亲日分子的包围，堕入日本"不扩大"、"就地解决"、"和平谈判"的政治圈套而不能自拔。14日，中国

---

① 日本防卫研究所战史室：《中国事变陆军作战史》，第1卷，第1分册，北京，中华书局，1979。

② 蒋介石：《对于卢沟桥事件之严正声明》，1937-7-17。

驻屯军向宋哲元提出七项要求，作为谈判的基础。宋表示"原则上无异议，惟希望延缓实行"。15日，宋指派张自忠、齐燮元、陈觉生与日方继续商谈。同日，宋发出感电，谢绝海内外同胞的抗战捐款。17日，香月通知宋，限宋于19日以前承诺七项"细目协定"。宋令张自忠与日本中国驻屯军参谋长桥本群再次商谈，对日方要求作部分承诺。同日，何应钦致电宋哲元，告诫说："兄等近日似均陷于政治谈判之圈套，而对军事准备频现疏懈，如果能在不损失领土主权之原则下和平解决，固所深愿，弟恐谈判未成，大兵入关，迩时在强力压迫之下，和战皆陷于绝境，不得不作城下之盟，则将噬脐无及。望兄等一面不放弃和平；一面暗作军事准备，尤其防止敌军奇袭北平及南宛，更须妥定计划。弟意宜以北平城，南宛及宛平为三个据点，将兵力集结，构筑工事，作持久抵抗之准备。如日军开始包围攻击时，我保定、沧州之部队及在任丘之赵师，同时北上应援，庶平、津可保，敌计不逞"。① 但宋哲元对国民党中央的话并不信任。18日，他借参加田代皖一郎葬礼之机，与香月清司会面。19日，二十九军代表在宋哲元与香月约定的"细目协定"上签字。同日，宋回北平，下令把封锁的城门打开，拆除市内防御设施。同时电请中央命令北上赴援的孙连仲等部停止前进。宋哲元虽一意与日军妥协，但已无济于事。20日，日军大举进攻，炮轰宛平城及长辛店，造成中国军民重大伤亡。同日，日本内阁举行紧急会议，通过陆相杉山元的"动员计划"，立即向华北大量增兵。日参谋本部召开部长会议，决定使用武力解决事变。日本外交当局也发表声明，宣称"目前事态恶化的原因，在于南京政府一面阻碍现地协定，一面不断调中央军北上。当此时机南京政府倘不幡然醒悟，解决时局将全然无望"。② 日本帝国主义已经做好大举进攻平津的准备。

宋哲元在日本逼迫下，深恐事态扩大，丢失平津地盘，又担心"中央军北上，渐次夺其地盘"。宋自陷矛盾不能自主，于是将7月11日签订的《卢沟桥事件现地协定》三条送南京国民政府批准。实际上是把和战的责任

---

① 《"七七"事变至平津沦陷蒋何宋等密电选》，载《历史档案》，1985(1)。
② 《日本外务省发表的外交当局声明》，1937-7-20。

推给国民党中央。23 日，蒋介石致电宋哲元说："中央对此次事件，自始即愿与兄同负责任。战则全战，和则全和，而在不损害领土主权范围之内，自无定须求战，不愿言和之理。"对 7 月 11 日所订的协定，如已签字，中央愿予以批准，以与宋共负其责。① 之后，宋哲元因日军变本加厉的侵逼和国民党中央的说服解释，态度开始转变，停止了与日军的和平谈判，开始作抗战的必要准备。25 日夜，日军进攻廊坊。宋哲元闻变，知战争已不可避免。26 日，日军在广安门挑衅。香月清司遂于同日晚向宋哲元提出最后通牒，限宋于 28 日正午以前，将冯治安之三十七师部队撤退至永定河以西，并陆续撤退至保定以南。27 日，日参谋总长遵照天皇"敕命"，发出了武力占领平津地区的命令。至此，宋哲元才知道除奋起抵抗外，别无他途可以自救。27 日晚，宋与南京国民政府直接通电话，报告他已决心拒绝日军的最后通牒。当晚，宋通令二十九军各地部队奋起抵抗，并发出自卫守土通电。宋哲元决心"抗日守土"，但为时已迟。国民党中央也不能迅速救援。28 日黎明，日军分头向南宛、西宛、北宛之二十九军驻地猛烈进攻。二十九军仓促应战，牺牲惨重。宋哲元决定撤离平津，移驻保定。29 日、30 日平津相继沦陷。在卢沟桥事变和平津作战中二十九军进行了英勇的抵抗，但仅仅二十三天平津就失守了。平津迅速失守，二十九军遭受重大损失，其中一个重要原因是，冀察当局宋哲元为保存他的实力和地盘，没有抗战的决心，始终摇摆不定，想以妥协退让求得苟且偷安，中了日本"不扩大"、"现地解决"、"和平谈判"的政治圈套，在军事上也没有抗战的积极准备，没有一定的作战方针与作战计划。在事变过程，蒋介石虽然确定了准备抗战的方针，但又没有放弃和平解决的幻想，因此在实际行动上表现犹豫、迟缓和不彻底。

二

日军侵占了平津，迫使蒋介石只得放弃和平局部解决的想法。29 日，

---

① 《蒋总统秘录》，第 11 册。

他两次召开特别会议，商讨平津局势骤变以后的政府方针，并于当晚向记者表示决心抵抗。他说：他7月17日庐山谈话四点立场"绝无可以变更"，"今既临此最后关头"，"岂能复视平津之事为局部问题"，"惟有发动整个计划"，"此后决无局部解决之可能"，"决无妥协之理"，"余已决定对于此事之一切必要措置"。① 南京国民政府由于担心"一·二八"事变日本进攻上海的故技重演，威胁首都南京，因此在七七事变后也加快了在上海的防卫建设，并陆续向淞沪附近集结军队。在8月6日举行的第一次最高国防会议上，决定对日作战方针"以长期抗战为原则"。蒋介石并宣布，基于既定"举全国力量从事持久消耗战以争取最后胜利"的国防方针，策定守势作战时期的作战指导原则为"国军一部集中华北持久抵抗，特注意山西之天然堡垒，国军主力集中华东，攻击上海之敌，力保吴淞要地，巩固首都，另以最少限度兵力守备华南各港"。② 另据张治中回忆，七七事变后，他接受京沪警备司令官的职务，知道淞沪战事决不能免，主张采取"先发制敌"，又叫"先下手为强"的战术。他曾于7月30日向南京郑重提出：如在上海战争的形势已成，我方"似宜立于主动地位，首先发动，较为有利"。南京复电"应由我先发制敌，但时机应待命令"。③ 上述事实说明南京国民政府对在淞沪抗战是有准备的。

日军占领平津后，日本最高军政当局注意力还集中在处理"华北事变"，还没有立即在上海发动侵略战争的计划。但是日本军方扩大战争的意识很强烈。日本海军第三舰队长谷清司令官一再要求在上海、南京一带发动战争，置中国政府于死地，以尽快结束战争。虽然日本内阁没有批准，但日本海军由于急于加入对华战争，其领导机关与下属单位一直在备战。8月3日，日本陆相在东京国会说，用军事行动彻底解决中国问题的时机已经到来，要求再拨款三亿日元。④ 日本当局唆使在华的军队、浪人到处寻衅闹事，制造冲突纠纷，战火随时都可以在上海烧起来。

① 《申报》，每周增刊，第2卷，第31期。
② 转引自台北《中国现代史论集》，第九辑《八年抗战》，46页。
③ 《张治中回忆录》，上册，117页，北京，文史资料出版社，1985。
④ 转引自《顾维钧回忆录》(2)，436、694页，北京，中华书局，1985。

1937 年 8 月 9 日，驻上海的日本海军陆战队第一中队长大山勇夫与一等水兵斋滕要藏驾车冲击我虹桥机场，被我方机场保安队击毙，这就是所谓的"虹桥机场事件"。上海的形势突然告急，日本增兵进行威胁。11 日，日本第三舰队驶集黄浦江及长江下游浏河以下各港口，淞沪一带日舰达 32 艘之多，12 日，又有一批日军在上海登陆，并在杨树浦、闸北、虹口一带布防，造成类似"一·二八"事变前夜的形势。中国方面也积极备战，11 日晚，国民政府军事委员会命令张治中"率领八十七、八十八两师于今晚向预定之围攻线推进，准备对淞沪围攻"，12 日清晨便占领了上海预定阵地。① 13 日上午九时许，日军越过对峙线向我军开枪射击，下午四时许，日军又向我进攻，并用钢炮向我轰击，我军英勇抵抗击溃了日军的进犯。13 日晚，国民政府军事委员会决定向上海日军发动总攻击，令张治中"明拂晓攻击"，"令空军明日出动轰炸，令海军封锁江阴"。② 14 日，我出动空军轰炸黄浦江敌舰，并向虹口、杨树浦日军两大根据地发动猛攻，淞沪抗战爆发，中国政府发表"自卫抗战声明书"。17 日，日本内阁决定"放弃不扩大方针"。18 日，蒋介石派陈诚等赴沪视察战况。陈诚视察后向蒋汇报说："敌对南口在所必攻，同时亦为我所不守，是则华北战事扩大已无可避免，故敌如在华北得势，必将利用其快速装备沿平汉路南下直扑武汉，于我不利，不如扩大沪事以牵制之。"蒋介石对此表示"一定打"。陈诚又说："若打，须向上海增兵"。③ 同日，国民政府军事委员会为统筹全国战局，将全国划分为五个战区，上海、苏南、浙江为第三战区，由冯玉祥任司令长官(9 月 21 日，由蒋介石自兼第三战区司令长官)。20 日，近卫宣布"日本政府决定以武力解决日中冲突，不容任何第三者之干涉"。9 月 2 日，日本政府又把"华北事变"改称为"中国事变"。至此，"七七事变"、"八一三事变"发展为中日全面战争。

蒋介石打淞沪会战是下了很大决心的。他把中央军的精锐部队也投入会战，先后调动了包括海陆空三军在内的七十万人参加会战。日本也动用

---

① 《"八一三"淞沪抗战史料选》。

② 《"八一三"淞沪抗战史料选》。

③ 《陈诚私人回忆资料》。

了二十多万兵力。中国军队是"以血肉抵抗飞机，大炮"，前仆后继，奋不顾身的战斗精神，使日本侵略者胆战心惊，他们称这里是"肉血磨坊"。历时三个月，敌伤亡六万余众。蒋介石为进行淞沪会战，在外交上争取美英苏的支援。8月21日在南京与苏联签订了《中苏互不侵犯条约》。10月5日，美国总统罗斯福发表"隔离侵略者!"的演说。在国内，为了实现全民族抗战，8月22日，国民政府军事委员会同意工农红军改编为国民革命军第八路军。9月22日，国民党中央通讯社公布了中国共产党7月15日提交的国共合作宣言，23日，蒋介石就《中国共产党为公布国共合作宣言》发表谈话，承认共产党的合法地位。为保证战争的进行，8月24日，国民政府公布了《中华民国战时军律》。9月12日，国民政府军委会制订了《惩治汉奸条例》。同时，国民党修改了迫害人民的《危害民国紧急治罪法》，释放了救国会"七君子"和在押的部分共产党人。

南京国民政府和蒋介石之所以决定开辟淞沪战场是想利用宁沪之间多年建设的国防工事和已集中的我军优势兵力，乘狂妄而急于挑起战火之日军在上海的军事部署尚未完成之际，将上海日军主力击溃，确保上海和南京的安全，避免重蹈"一·二八"事变之覆辙，也可以牵制华北日军的行动，向日本政府施加压力，促成谈判，达成妥协停战。同时，上海是一个国际性城市，中日在上海开战，可以促成国际干预，他可以向英美法苏各国显示自己的力量，希望苏联能出兵帮助他抗日，争取英法等国家出面调停，恢复七七事变前的状态。由于蒋介石淞沪抗战的目标是为了恢复七七事变前的局面，而不是"抗战到底"，因此在淞沪会战的过程中也表现出犹豫、动摇和妥协。据张治中回忆，淞沪抗战依事前的计划是采取"先发制敌"的战术，乘敌措手不及之时，一举清除日军驻沪部队，封锁海洋，保卫宁沪安全。但南京统帅部曾在8月12日、14日，18日三次发出停攻命令，不但失掉了歼敌的良机，而且给敌人以等待援军的喘息时间。在"一举歼敌"目标未能实现，战争日益扩大之后，蒋介石又寄希望于国际调停。8月31日，蒋介石同路透社记者谈话，强调国际间对于现时中日两国不宣而战之战争，有干涉之必要。并说：假如日本稍为聪明一点，对中国人礼貌一点，他们一定毫无问题的，取得在中国贸易上之优厚利益，与中国广大民众之同情。① 南京国民政府曾向国联提出申诉，要求国联采取适宜及必要的行动。但国联仅表示"对于中国予以精神上之援助"，建议召开签订九国公约各国的会议，讨论中日问题。之后，蒋介石又把希望寄托在九国公约国会议上。10 月 24 日，外交部长王宠惠给顾维钧等密电，告知政府对九国公约国会议决定的方针，其中说"我方应付会议之目的，在使各国于会议失败后，对日采取制裁办法"，"我方同时应竭力设法促使英美赞成，并鼓励苏联以武力对日"。② 25 日，最高国防会议讨论了外交部所拟的停战问题意见。26 日，军政部拟定停战问题之考虑意见，认为"综观以上利害比较，停战或短期停战于我物质上均较有利，故在有利条件下自可接受，又为顾虑士气精神上之影响，则外交上不妨避去停战口吻，而以'敌如撤退或退至某某之线，则我不进'之式出之"。③ 11 月 1 日，王宠惠又密电顾维钧等(此电经蒋介石同意)，提出："倘英法美等果有热诚调停之意，而我能预先探明其所拟计划大致于我尚无不利，则我代表为获得各国更多同情起见，可于陈述事实与我方希望后，各国开始试行调解时，自动声明退席"。"中国愿随时与日本谋经济合作，但必须根据九国公约之原则，尤须于不侵略不威胁状态中行之"。④

　　10 月 26 日，大场失陷。沪战至此，不能不变换阵地。蒋介石下令各部队于晚间移动。29 日蒋发表宣言：第一，沪战之失利为局部之得失，无关全局之胜败；第二，决与敌抗战到底，无妥协余地；第三，国际调解则可，直接交涉不可。11 月 3 日，第八届九国公约国会议在比利时首都布鲁塞尔举行。日本主张由日中双方直接谈判来解决事变，因此拒绝出席。中国政府指望会议能采取一些具体措施来制裁日本，同时能通过若干措施来大力帮助中国。顾维钧认为，由于日本一开始就拒绝出席会议，因而引起了关于调停的想法，不是由整个会议进行调停，而是由在远东拥有巨大利益的少数大国来调停，甚至通过某一国家的努力来进行。中国政府也不是

---

① 转引自张其昀：《党史概要》，第 3 册，848 页。
② 引自国民政府外交部档案。
③ 引自国民政府外交部档案。
④ 引自国民政府外交部档案。

无意赞成调停，如果达成的解决办法对中国来说是公平合理的话，那也可以调停解决。① 正当布鲁塞尔会议刚刚召开，各国在谋求调停中日战争的时候，11月6日日军增援部队在杭州湾登陆，向上海实施侧后迂回，我军腹背受敌，在此情况下蒋介石下令前线部队向常熟、苏州、吴江转移。但在撤退命令下达的次日，蒋突然召开紧急会议，说根据外交部意见，九国公约国家正在开会，只要在上海坚持一下，参约国可能出面制裁日本，因此收回撤退命令，仍回原地死守。但此时有的部队已撤退，接到命令又返回去，有的部队在撤退中未接到返回的命令而继续撤退。在淞沪苏常这个河网地带，几十万军队你退我进，我走你来，造成了极大的混乱。这样，部队不仅不能恢复原阵地，而且在敌人追击下，原计划在吴江、福山一线设防阻止敌人也不能实现，只有各自为战，拼命西奔。敌人如入无人之境。11月12日上海沦陷。一直拖至11月24日，会议通过《九国公约会议报告书》，建议中日双方停止战争，改取和平程序，随即休会。同国联大会一样，这次会议也没有解决任何问题。

在国联和九国公约国会议都没有收到任何结果的时候，南京国民政府和蒋介石又因战争失败而发生动摇。在日本方面，当苏联的对华援助大力开展后，日军统帅部就急欲早日解决事变。9月20日，日本参谋本部上奏天皇说："11月间苏联将有所动作，因此，希望在此之前积极地解决事变。"②接到此项奏文后，10月1日召开四相会议做出决定："此次事变应以军事行动之成果及恰当之外交措施，互为表里，尽速予以结束"，并确定了"以不拘泥于过去情况的划时代地调整国策为条件，进行外交谈判"的方针。根据这一方针，日本通过德国"调解"中日战争。德国第一次"调停"是在中日双方争夺上海的战争正紧张而激烈地进行着的时候，10月21日，日本外相广田弘毅会见德国驻日大使狄克逊，表示：日本随时都准备与中国直接谈判，希望德国劝说南京政府"觅取解决"。11月3日当布鲁塞尔九国公约国会议召开当天，广田说明了和谈的七项条件。这七项条件实际上

① 转引自《顾维钧回忆录》(2)，436、694页，北京，中华书局，1985。
② 转引自[日]信夫清三郎编：《日本外交史》下册，626页，北京，商务印书馆，1980。

是"迫降"条件。狄克逊报告德国外交部说："假如南京政权现在不接受这些条件，它（指日本）也确实决心无情地继续战争，直至中国最后崩溃为止。"11月5日，德国驻中国大使陶德曼会见蒋介石、孔祥熙，转达了日方提出的七项和谈条件。① 当时九国公约国会议刚刚召开，蒋介石对会议的结果也没有把握。他认为"会议无成功希望"，但又希望从会议能争取到外援，"加紧对日一致之经济压迫"。因此蒋介石在会见陶德曼时说，"只要日本不准备恢复战前状态，他就不能接受日本的任何条件"。他对陶德曼说："假如他同意那些要求，中国政府是会被舆论的浪潮冲倒的。中国会发生革命"。假如日本"继续作战""中国当然没有机会在军事上取得胜利，但是它也不会放下装器。假如由于日本采取的政策，中国政府垮台了，那么唯一的结果就是共产党将会在中国占优势。但是这就意味着，日本不可能与中国议和，因为共产党是从来不投降的"。他又说："他也不能正式承认日本的要求，因为中国现在正是布鲁塞尔会议列强关切的对象，而列强是有意要在华盛顿条约基础上觅致和平的。"他还要求陶德曼对"今日采取的步骤严守秘密"。蒋介石对陶德曼说的话证明他当时没有拒绝德国的"调停"，他愿意结束中日战争，条件是"恢复战前状态"。但是就在蒋介石会见陶德曼的当天，日军在杭州湾登陆，中国守军为避免腹背受敌，下令全线撤退。陶德曼第一次"调停"失败。

　　11月8日、12日太原、上海先后沦陷，日军继续西进攻南京。11月20日国民政府发表宣言，决定迁都重庆，继续抗战。11月24日，九国公约国会议也因无结果而结束。在形势对中国严重不利的情况下，广田通知德国驻日大使说："日本希望在短期内发动和平谈判。"实际上是利用军事优势迫降。12月2日，蒋介石召集顾祝同、白崇禧、徐永昌等商议。蒋表示：德国调停不应拒绝，并谓如此尚不算亡国条件；华北政权要保存。当天，蒋介石再次会见陶德曼，明确表示"中国愿意接受德国的调停"。同意

---

　　① 即第一，内蒙古建立自治政府；第二，在华北建立一个非军事区。华北的行政权仍交给南京政府，但须委派一个亲日分子为首脑；第三，上海非军事区须扩大，由国际警察管制；第四，停止反日政策；第五，共同反对布尔什维克；第六，减低对日货的关税；第七，尊重外侨权利。

以日本的七项条件"作为和平谈判基础"。蒋虽然提出"华北的主权完整和行政独立不得侵犯",但又说他"不会选派反日的人去担任华北的最高首长"。这次会见蒋介石的态度显然是后退了。12月6日,国民政府国防最高会议五十四次常委会讨论了与日本妥协的问题。但日本正在进攻南京,毫无停战之意,陶德曼第二次"调停"又失败。

12月13日,日军占领南京,并在南京进行灭绝人性的大屠杀。日本帝国主义的气焰更凶,要价更高。12月21日,日本外相将内阁会议决定的日华和平谈判事项通知德国驻日大使。日本内阁提出日中直接谈判基本条件四条和日中媾和谈判条件细目九条。① 并狂妄地表示"如中国方面总的承认这样一个媾和原则,向帝国政府表示乞和态度,则帝国准备答应开始进行日华直接谈判","如果不接受上述原则","帝国不得已将站在和以前完全不同的新观点上处理事变"。12月24日,日本内阁会议决定的《处理中国事变纲要》中,又进一步提出"今后不一定期望与南京政府的谈判取得成功"。12月26日,当陶德曼将日本的"媾和"条件通知孔祥熙和宋美龄时,他们"都极惊恐"。蒋介石在当天的日记中写道,"倭所提条件如此苛刻,决无接受余地"。1938年元旦,蒋介石非正式地获知日本"和平条件"的细则后,由对日的疑惧和动摇转向了绝望。他感到目前除投降外无和平,舍抗战外无生存,"与其屈服而亡,不如战败而亡"。但蒋介石并没有直接公开拒绝日本的要求,而是采取拖延的办法,希望进一步了解日本所提新条件的性质和内容。1938年1月13日,中国外交部长向陶德曼宣读了口头声明,并请转达日本政府。声明说:"我们准备以日本提出的各点作为讨论的基础";但又说日本提出的那些新条件,"范围是太广泛了","中国政府希望知道这些新提出的条件的性质和内容,以便加以仔细的研究,做出确切的决定"。"广田对于中国不置可否的声明很不满意,认为它简直是遁词"。广田要狄克逊大使转告中国,"截至十五日不对和平条件作出答复,帝国将采取自由行动"。1月15日,行政院长孔祥熙告诉陶德曼

北京师范大学史学探索丛书

---

① 详见《为日华和平谈判事项给德国驻日大使的复文》(1937-12-21),见《日本帝国主义对外侵略史料选编》(1931—1945),247～249 页。

说："中国政府绝不是想采取搪塞的态度"，"中国仍然抱着与日本达成真正谅解的愿望"。① 同日，日本政府和大本营联席会议决定，停止对国民政府的交涉。1月16日，日本首相近卫发表"今后不以国民政府为对手"的政府声明。至此，陶德曼第三次"调停"又告失败。陶德曼的"和平工作"，由于日本提出的条件一次比一次苛刻，南京国民政府和蒋介石无法接受而宣告失败，在陶德曼"调停"过程，蒋介石基本上坚持1937年7月17日庐山谈话的立场，没有屈服于日军的进攻而接受日本的迫降（或乞降）条件，这一点是应该肯定的。但也不能说蒋介石接受陶德曼的"调停"仅是"从策略考虑出发"，而否认蒋介石在淞沪会战失利到南京沦陷这段时间里曾经产生过严重的动摇。

1938年1月16日，近卫内阁发表第一次对华声明，声称："帝国政府今后不以国民政府为对手，而期望真能与帝国合作的中国新政权建立与发展，并将与此新政权调整两国邦交，协助建设复兴的新中国。"②18日，日本首相近卫在会见记者时说：今后的"对华方针是谋求使国民政府崩溃"。接着日本政府令驻华大使川越茂归国，中国驻日大使许世英也离职返国，中日两国的正式外交关系完全断绝，从此两国在形式上也进入战争状态。由于日本政府坚持采取"推翻中国现中央政权，使蒋介石垮台"的方针，使蒋介石不"抵抗到底"只有投降，没有别的出路。

1938年1月18日，国民政府发表声明痛斥近卫声明，表示"中国政府于任何情形之下，必竭全力以维持中国领土主权与行政之完整，任何恢复和平办法，如不以此原则为基础，决非中国所能忍受，同时任何在日军占领区域内，如有任何非法组织僭窃政权者，不论对内对外，当然绝对无效"。③ 为了表示"抗战到底"的决心，蒋介石辞去行政院长职务，专任国民

①　所引有关陶德曼"调停"资料均见《近代史资料》，1957(3)。
②　《日本帝国主义对外侵略史料选编》(1931—1945)，259页。
③　《国民政府为维护领土主权行政完整宣言》，见《抗战文献》，46页。

中国现代史探索

93

评抗战初期国民党政府对日政策

政府军事委员会委员长，何应钦任参谋总长，重新划分了战区。军事委员会公布抗战以来受奖惩将领名单。蒋介石以违反"战时军律"逮捕了山东省主席韩复榘处以死刑，并以韩复榘为例通电全国，警告各级将领："今后如再有不奉命令，无故放弃守土，不尽抗战为能事者，法无二例，决不宽贷。"3月在武昌召开国民党临时全国代表大会，通过了《中国国民党抗战建国纲领》和大会宣言。申明"抗战建国"的根本国策。指出："抗战之目的，在于抵御日本帝国主义之侵略，以救国家民族于垂亡，同时于抗战之中加紧工作，以完成建国之任务"。要使"抗战建国""同时并行"。关于抗战问题，宣言："此次抗战，为国家民族存亡所系，人人皆当献其生命，以争取国家民族之生命"。为获得抗战胜利，"决不辞任何之牺牲"。表示要坚决抗战。

蒋介石国民党采取这些措施对国民党战场的抗战起着积极推动作用。在这种情况下，于是出现了1938年华中战场上的两次大会战和华北战场上的继续坚持抗战局面。1938年国民党战场的抗战表现更为主动积极。正面战场的国民党军队除少数畏敌溃逃，广大爱国官兵仍然十分英勇，不惜牺牲，并予敌以重创。如徐州会战，中日双方都投入了数十万兵力。特别是台儿庄血战，中国军队摧毁了日军第五、第十两个精锐师团的主力，歼灭日军两万余人，取得震惊中外的伟大胜利。徐州会战后期，我军在被日军四面重重包围的严峻形势下，毅然地实行战略的大撤退，在一周之内迅速跳出日军的重重包围，使数十万大军转危为安，保存了继续抗战的实力，粉碎了日军企图聚歼我数十万大军于徐州地区的计划。因此可以说徐州撤退是必要的战略退却，不能简单斥之为惧敌脱逃和大溃退。毛泽东同志在1938年5月著的《论持久战》一书中对徐州撤退的战略决策作了肯定。他说："拼国家命运的战略决战则根本不干，例如最近之徐州撤退。这样就破坏了敌之'速决'计划，不得不跟了我们干持久战。"再如武汉会战，从1938年6月12日日军在安庆登陆至10月25日中国军队撤离武汉，历时四个半月，战场在武汉外围沿大江南北两岸展开，遍及安徽、河南、江西、湖北四省广大地区，蒋介石驻节武汉亲自指挥，这是抗战以来战线最长的一次会战，也是投入兵力最多牺牲最大的一次战役。日军在会战后期调集 12 个师团以上兵力，伤亡达二十万人。中国政府也动用了几乎所有能调动的部队，伤亡与敌倍之。在此期间，国民党军队对日作战确实比较努力，提出"以空间换时间持久消耗的方针"。据统计自 1937 年卢沟桥事变到 1938 年武汉失守国民党军队阵亡将士达一百零四万四千人。国民党正面战场抗击了侵华日军的主要兵力，从战略上掩护了敌后战场的开辟。正如毛泽东同志当时指出的："没有正面主力军的英勇抗战，便无从顺利地开展敌人后方的游击战争。"①

日本政府在声明"不以国民政府为对手"之后，日军继续对国民党战场作战略进攻。1938 年 5 月，日军虽然占领了徐州，打通了津浦线，但面临着的是一场长期持久的战争。南京陷落后中国政府西迁重庆，中国政府仍在全国广大地区行使行政权力，并拥有一支数量庞大的军队，八路军开赴山西作战后迅速向华北敌后发展，创建敌后抗日根据地。而日本的战线日长，兵力不足的矛盾更加突出。此时，在日本统治集团内部开始出现对战争前途的焦急悲观情绪。一些人主张结束战争只有同国民政府打交道，并开始非难日本政府"不以国民政府为对手"的声明。首相近卫也开始意识到"声明"是"最大的失败"，"为了纠正此错误，必须设法与重庆谈判"。他试图通过改组内阁来修改"不以国民政府为对手"的侵华政策。对"不以国民政府为对手"的政府声明直接负责的广田外相被免职。1938 年 5 月 26 日，宇垣一成接任外相。宇垣提出了四条入阁条件，得到了近卫的同意，即第一，内阁的强化与统一；第二，外交一元化；第三，开始对华和平谈判；第四，视情况取消 1 月 16 日的近卫声明。② 6 月，日本外务省亚洲局局长石射猪太郎向宇垣提交了一份名为《关于今后事变对策的意见》的文件。石射认为唯一有效解决中国问题的方案是与国民政府恢复谈判，采取宽宏大量的态度，同中国谈判一项体面的、宽大的和平。宇垣研究了石射的意见书后，批示道："你的看法和我一致"。③ 宇垣上任后，决定借助日军攻占徐州、进军武汉的形势推进诱降工作，他对记者表示，中国方面在有根本

---

① 《八路军政杂志发刊词》，1939-1-2。
② 转引自[日]信夫清三郎编：《日本外交史》下册，629 页。
③ [日]石射猪太郎：《外交官的一生》，日文版 275 页。

变化时可以考虑和平问题。6月24日，五相会议作出"今后指导中国事变的方针"的决定："一、集中国力解决中国事变，大概以本年内达到战争的目的为前提，使对内对外各种措施一切适应于此。二、第三国友好的调停，不妨根据条件予以接受"。① 诱降活动再次被推动起来。日本外相的更替也使国民党方面又产生了与日本和谈的气氛。最高国防会议秘书长张群奉命以私人朋友的身份电贺宇垣就职，并询问"是否有意开始和谈。如有此意，可由汪兆铭或我个人出面接洽"。双方通过电报往来最后商定，由行政院长孔祥熙的亲信秘书乔辅三和日本驻香港总领事中村丰一在香港举行会谈。会谈从6月2日开始。宇垣是在日本政府没有公开改变"不以国民政府为对手"的情势下开展诱降活动的，为体现日本的既定政策和强硬立场，因此仍基本上坚持陶德曼"和平工作"期间提出的"和平条件"，并把蒋介石下野作为先决条件。在7月8日的日本五相会议上决定"中国现中央政府屈服的必须条件"四条，"第一，合流或参加新中央政权的建立；第二，上述旧国民政府的改称和改组；第三，放弃抗日容共政策和采用亲日满防共政策；第四，蒋介石下野"。② 在会谈中中方代表指出："蒋如下野即便缔结了条约也没有力量实行，至少蒋不能在履行条约之前下野。"③为寻求妥协的办法，孔祥熙曾表示愿以自己的辞职来缓和日本人的情绪。但日本对此不感兴趣。蒋介石的下野成为谈判的主要症结，蒋介石拒绝了宇垣的要求，谈判陷于停顿。宇垣外交遭到国内强硬派的非难，9月30日随着宇垣的辞职，宇垣主持的这次诱降活动便告结束了。

1938年10月广州武汉相继失陷，国民党内对抗战前途悲观失望的情绪继续增长。11月3日，日本政府发表第二次近卫声明。声明一方面声称"国民政府仅为一地方政权而已"；另一方面又表示"如果国民政府抛弃以前的一贯政策，更换人事组织，取得新生的成果，参加新秩序的建设，我方并不予以拒绝"。④ 这就不加掩饰地修改了"不以国民政府为对手"的声

北京师范大学史学探索丛书

---

① 《日本帝国主义对外侵略史料选编》(1931—1945)，269页。
② 转引自[日]古屋哲夫：《日中战争》，日文版175页。
③ [日]矢部贞治：《近卫文麿》，日文版345页。
④ 《日本帝国主义对外侵略史料选编》(1931—1945)，276页。

明，同时又公开迫蒋介石下野，分裂中国抗日阵营，引诱国民政府内亲日派投降日本。按照这个方针，日本政府又加紧了对汪精卫集团的诱降工作。

总之，抗战初期，国民党和国民党政府的对日政策已由过去的不抵抗发展到准备抵抗，实行抵抗。在1937年7月7日卢沟桥事变到1938年10月武汉失守这一个时期内，国民党政府对日作战是比较努力的。它进行了平津作战、淞沪会战、忻口、太原作战，南京保卫战，徐州会战（台儿庄大捷）和武汉会战等。在这个时期，国民党正面战场是抗日的主要战场，它抗击了侵华日军的绝大部分兵力，从战略上掩护了敌后战场的开辟，粉碎了日本帝国主义"速战速决"，"三个月灭亡中国"的迷梦。虽然如此，但是这个时期国民党的对日政策仍然具有两面性。即有积极抵抗的一面，这是主要的。但仍然有犹豫，动摇和不彻底的一面。它的犹豫、动摇和不彻底表现在：第一，不肯实行全面抗战路线，对国民党和国民党军队的力量缺乏信心，患有"恐日病"，寄希望于国际关系的变化，幻想依靠苏联出兵、英美的干涉和援助取胜；第二，企图速胜，没有持久抗战的充分准备；第三，没有把日本帝国主义驱逐出中国，收复全部失地的抗战到底的决心，而只要求"恢复七七卢沟桥事变前的状态"，因此在战争遭到重大损失和失败时，往往在日本的压力下动摇进行妥协停战活动。这是由国民党、国民党政府和蒋介石的阶级本质属性所决定的。国民党政府和蒋介石抗战了，而日本帝国主义又采取"推翻中国现中央政府，使蒋介石垮台"的方针，这就决定了蒋介石抵抗的一面，他不积极抵抗没有别的出路。但他害怕人民革命力量在抗战中发展起来，不利于国民党一党专政和蒋介石的独裁地位，因此他不肯实行全面抗战的路线。这就决定了抗战过程中又有动摇，犹豫和不彻底的一面。不过这一面在抗战初期并不是主要的，但是不能说动摇妥协的一面不存在了。蒋介石在抗战初期即紧紧抓住"抗战建国""同时并行"的旗帜原因也在这里。这是抗日战争时期国民党决定一切内外政策的基本出发点。

原载《民国档案与民国史学术讨论会论文集》，北京，档案出版社，1988。

第二次国共合作研究述评

半个多世纪来，国共两党的关系始终影响和决定着中国的时局和发展。

1979 年元旦，全国人大常委会为和平统一祖国发表《告台湾同胞书》之后，国共两党关系问题的研究引起了史学工作者的兴趣。特别是 1985 年纪念抗日战争胜利 40 周年和 1987 年纪念抗日战争爆发 50 周年期间，对第二次国共合作问题的研究非常活跃，发表了一二百篇学术论文和回忆文章。近几年来一批国共关系史的专著和论文集也相继问世，如林家有等编著的《国共合作史》，唐培吉等编著的《两次国共合作史稿》，王功安、毛磊主编的《国共两党关系史》，中国中共党史学会编的《抗日民族统一战线与第二次国共合作》等。近几年出版了中共中央统战部、中央档案馆编的《中共中央抗日民族统一战线文件选编》(全三册)，《文献与研究》上发表了中共中央和毛泽东等"关于'联蒋抗日'方针"的一组文电，"关于促成第二次国共合作共同抗日"的一组文电和《关于西安事变的三十四份文电》等。一批第二次国共合作的专题资料也先后出版，如《国民参政会纪实》、皖南事变资料、重庆谈判资料、政治协商会议资料等。1984 年文物出版社出版了童小鹏主编的《第二次国共合作》画册。1988 年 11 月在武汉举行了"国共两党关系学术讨论会"，会后出版了《国共两党关系问题》论文集。预计在近两年还会有一批新的国共关系史著作出版。

第二次国共合作是一个政治敏感性很强的研究课题。长期以来，研究第二次国共合作期间的国共关系，对共产党方面的研究较多，而对国民党方面的研究很差，研究国共之间的摩擦和斗争多，而对国共之间的合作研究很少。同时集中在对第二次国共合作(即抗日民族统一战线的形成)的研究，而对第二次国共合作后的国共关系的研究很薄弱，对第二次国共合作的全过程缺乏系统的研究。对中共抗日民族统一战线策略方针的提出和形成，发表的论文最多。但是，也有不少文章观点雷同，缺乏新意。近几年，情况有所改变，开始注意研究第二次国共合作期间国民党方面，也开始注意研究国共合作的一面。

下面分三部分来介绍研究的情况。

关于第二次国共合作的正式形成

一、中国共产党抗日民族统一战线 策略方针的提出和形成的过程

(一)中国共产党抗日民族统一战线策略方针是什么时候提出来的？

一种意见认为抗日民族统一战线酝酿的时间很长，"九一八"事变以后，中共"就已逐步形成了抗日民族统一战线的策略思想"。[1] 另一种意见则认为，抗日民族统一战线策略方针的提出是在遵义会议之后。[2] 两种意见的分歧实质上是如何评价"九一八"事变后中共中央提出的"下层统一战线"问题，抗日民族统一战线是"下层统一战线"的继续与发展，还是对它的否定？[3] 有的同志认为，"九一八"事变后，中共提出建立反蒋抗日的下层统一战线，就是对建立抗日民族统一战线的一种探索。[4] 有的同志却认为，"下层统一战线"的提法在"九一八"以前中共的文件中就有了，"九一八"后在中共中央的文件中有"反日反帝统一战线"、"反日民族革命统一战线"、"广大的民众的反日统一战线"等提法，实质上都是"下层统一战线"，是"左"倾关门主义的策略。抗日民族统一战线策略是在批判"左"倾关门主义策略基础上提出来的，是对"下层统一战线"的否定。因此，不能把"下层统一战线"看作是抗日民族统一战线策略思想形成过程的一个组成

---

① 任伍：《胡云秋研究抗日民族统一战线问题提出新看法》，载《湖北日报》，1985-7-25。

② 参见黄美真等：《建国以来抗日战争史研究述评》，载《民国档案》，1987(4)。

③ 金再及：《关于党的抗日民族统一战线形成的几个问题》，载《近代史研究》，1986(1)。

④ 参见李良志：《抗日民族统一战线形成问题研究述评》，载《教学与研究》，1986(4)。

部分。①

　　如何评价"三个条件"和"六条纲领"两个文件②呢？有的认为，这两个文件都是中共驻共产国际代表团起草的，"三个条件"和"六条纲领"的内容是正确的。从1932年年底开始，中共代表团的"左"倾关门主义政策开始发生某些变化。"它无疑为中国共产党进一步提出抗日民族统一战线的政策，否定'左'倾的下层统一战线策略，提供了重要的前提条件"。③ 有的则说，两个文件中的"三个条件"和"六条纲领"的内容是正确的。但当时中共中央认为，"三条件只是宣传的号召，只是对下层士兵与广大工农群众讲的"，因此"长期的把它当做宣传工具，当作反对各派的武器"，并没有在实际行动上按"三个条件"去做。④

　　现在，多数人认为，应以《为抗日救国告全体同胞书》(即"八一宣言")作为中共抗日民族统一战线策略方针提出的标志。这个宣言和以前中共中央发表的团结抗日的文件相比，不再局限于下层联合，而是扩大为各党、各派、各团体、各军、各界、各个民族的联合，包括国民党在内；过去讲联合有"三个条件"，现在只有一个条件，即"停止进攻苏区"，提出建立"全中国统一的国防政府"、"抗日联军"，宣言虽仍然把蒋介石排除在统一战线以外，指责蒋介石是"卖国贼"，但没有把"推翻国民党政府"看作是"抗日的先决条件"，宣言的主张不再停留在宣传阶段，而是真诚地要求付诸实施，提出各界立即进行协商、谈判、讨论抗日救国的实际工作。据此，多数作者认为，"八一宣言"初步克服了"左"倾关门主义，提出了抗日民族统一战线的基本内容，标志着中共抗日民族统一战线策略方针的提出。

北京师范大学史学探索丛书

---

　　① 参见上引金再及文等文章。

　　② 指1933年1月17日《中华苏维埃临时中央政府工农红军革命军事委员会为反对日本帝国主义侵入华北愿在三条件下与全国各军队共同抗日宣言》和1934年4月20日《中国人民对日作战的基本纲领》两个文件。

　　③ 黄启钧：《中共驻共产国际代表团与抗日民族统一战线的形成》，载《中共党史研究》，1988(6)。

　　④ 参见刘少奇：《关于过去白区工作给中央的一封信》，见《六大以来》(上)，807页。

(二)关于中共何时才形成完整的抗日民族统一战线策略?

对此有如下三种意见:"八一宣言"的发表;瓦窑堡会议;《中共中央给中国国民党三中全会电》。① 笔者认为"八一宣言"的发表标志着中共抗日民族统一战线策略方针的提出,完整地制定抗日民族统一战线的策略是瓦窑堡会议,它为第二次国共合作奠定了理论基础。

(三)如何评价共产国际和中共驻共产国际代表团在制定抗日民族统一战线策略过程中的作用?

现在的分歧是:抗日民族统一战线策略是中共中央在长征到达陕北后独立自主制定的,还是根据共产国际指示由中共驻共产国际代表团制定的。金再及认为,中共中央在长征到达陕北后,立即着手研究了党的策略路线问题,1935 年 10 月便发出了《中央为目前反日讨蒋的秘密指示信》,提出了党的策略总方针是进行广泛的统一战线,而且对统一战线的战略目标、对象、领导权以至具体方针、工作方法等一系列重大问题都做出了比较完整和正确的规定。而参加共产国际七大的林育英11 月 7 日才到达瓦窑堡,林育英带回的国际指示及"八一宣言"主要点的国防政府、抗日联军、十大纲领等,在《指示信》上均无反映,由此证明,抗日民族统一战线策略是中共中央独立自主决定的。②

李良志对金再及的结论提出质疑。李分析了十月指示信中的一些内容和提法,并与中共驻共产国际代表团的文件以及陕北中共中央的文件进行比较,认为《指示信》更大可能是由中共驻共产国际代表团,或中共上海中央局起草的,是一个指导白区统战工作的文件。③ 黄启钧认为,中共驻共产国际代表团,对国内中共中央制定抗日民族统一战线的新政策和白区党组织在失去联系的情况下自发地贯彻党的新政策,产生了十分重要的影

① 参见李良志:《抗日民族统一战线形成问题研究述评》,载《教学与研究》,1986(4)。

② 金再及:《关于党的抗日民族统一战线形成的几个问题》,载《近代史研究》,1986(1)。

③ 李良志:《抗日民族统一战线形成问题研究述评》,载《教学与研究》,1986(4)。

响。[①] 1937年12月中共中央政治局《关于中共驻共产国际代表团工作报告的决议》对中共代表团工作的评价，仍然是基本正确的，这就是：中共代表团在共产国际和季米特洛夫的帮助下，"在关于抗日民族统一战线新的政策的确定与发展上，给了中央以极大的帮助"。[②] 杨云若认为，共产国际"七大"关于建立反法西斯统一战线的方针和"八一宣言"，对中共中央决定建立抗日民族统一战线的策略，确有直接的影响。但中共瓦窑堡会议上确定的抗日民族统一战线的策略方针也有它本身独有的内涵，在确定建立抗日民族统一战线策略的同时，又坚持了党在统一战线中的领导权的方针。[③]

(四)关于中国共产党对蒋介石策略方针变化的几个问题

这个问题争论最多，主要有四个问题：

1. 如何评价"抗日反蒋"的口号。

有的认为"抗日反蒋"的口号是错误的，是"左"倾关门主义的口号，这个口号仍以国内阶级斗争为主，它既行不通，又做不到，反为蒋介石搞"攘外必先安内"提供口实。瓦窑堡会议后，它仍然是一个"内争口号"，"与抗日民族统一战线目标无法共存和协调"，只是在中共中央放弃了这一口号后，"在逼蒋、联蒋的方针指导下，才终于达到了建立抗日民族统一战线的战略目标"。因此，把"抗日反蒋"视为抗日民族统一战线建立过程的一个独立的阶段是没有根据的。有的则认为对"抗日反蒋"的口号要作具体分析，第三次"左"倾错误统治时期和瓦窑堡会议后的"抗日反蒋"口号的内涵不同。第三次"左"倾错误统治时期，"抗日反蒋"口号实际上是"反蒋抗日"，它的错误不在反蒋，而在于把反蒋放在第一位，要推翻国民党的统治。显然，在这个基础上是不可能形成抗日民族统一战线策略的。瓦窑堡会议后，虽继续采取了反蒋方针，但不再提出推翻国民党政府的口号，

---

① 黄启钧：《中共驻共产国际代表团与抗日民族统一战线的形成》，载《中共党史研究》，1988(6)。

② 《中央政治局关于中共驻国际代表团工作报告的决议》(1937-12-13)，见《六大以来》(上)，897页。

③ 杨云若：《简析党的抗日民族统一战线策略与共产国际七大关系问题的争论》，载《教学与研究》，1986(4)。

"抗日反蒋"口号中的"蒋"只是指蒋介石等少数人，而且把反蒋斗争的重点放在揭露、打击蒋介石卖国内战政策上，以停止内战为中心口号，使之服从于抗日这个主要目标，它本身就含有逼蒋因素，是一个过渡性的方针。可以说，如果没有抗日反蒋方针，也就不可能有逼蒋、联蒋方针。抗日反蒋方针是抗日民族统一战线在一定历史条件下的必要组成部分。①

2. 中共"逼蒋抗日"方针是什么时候提出的。

有四种意见：第一种意见，1936 年 5 月 5 日《停战议和一致抗日通电》②；第二种意见，1936 年 8 月 12 日，中共中央发出《关于今后战略方针》的指示，首次确认南京政府为统战的"必要与主要对手"，并提出"请蒋抗日"③；第三种意见，1936 年 8 月 25 日，《中国共产党致中国国民党书》④；第四种意见，1936 年 9 月 1 日中共《中央关于逼蒋抗日的指示》⑤。另外还有一种意见，1936 年 9 月 8 日，洛甫、周恩来、博古、毛泽东给朱德等的电报说："中国最大敌人是日本帝国主义，抗日、反蒋并提是错误的。我们从二月起开始改变此口号"。⑥

1936 年 3 月下旬，共产国际决心改变抗日与反蒋并提的口号。为此，中共驻共产国际代表于 4 月中旬召开会议，决定以"反日讨贼"的口号取代"抗日反蒋"的口号。1936 年 5 月 5 日《停战议和一致抗日》通电，称蒋为"蒋介石氏"，把蒋介石包括在促其"最后觉悟"的范围。这说明在这期间中共对蒋的策略方针发生了一些变化，即以抗日为第一位，以反蒋为第二位，反蒋服从抗日，并不绝对排除蒋介石参加到抗日民族统一战线中来的可能性。但是，当两广事变发生后，中共驻共产国际代表团和中共中央对两广事变采取肯定和赞助的态度。这说明中共中央对蒋介石的态度是有过

① 见前引金再及文。
② 邢国华：《关于抗战时期我党对蒋方针的阶段之我见》，载《争鸣》，1985(4)。转引自鱼汲胜：《西安事变研究综述》，载《党史通讯》，1986(11)。
③ 丁雍年：《我党逼蒋抗日政策的提出》，载《党史研究资料》，1985(9)。
④ 丁雍年：《我党逼蒋抗日政策的提出》，载《党史研究资料》，1985(9)。
⑤ 北京师大历史系中国现代史教研室编：《中国现代史》，上册，417 页。
⑥ 《中共中央和毛泽东等同志关于"联蒋抗日"方针的一组文电》，见《文献和研究》157、162 页，1985。

反复的。

1936 年 7 月，国民党召开五届二中全会，蒋介石在会上对国民党五全大会确定的外交方针做了解释，明确地表示决不签订承认"伪国"的协定。共产国际执委会再次要求中共中央放弃"抗日反蒋"策略，实施"联蒋抗日"的方针。7 月 22 日，中共代表团召开会议，肯定了目前抗日民族统一战线工作的中心问题是对蒋介石的策略问题。会后，致电中共中央政治局，转达了共产国际的意图。8 月 15 日，共产国际执委会正式发出给中共中央的政治指示，全面阐述了对中共统一战线政策和策略问题的看法。共产国际认为，"把蒋介石和日寇等量齐观是不对的"。"中国人民的主要敌人是日本帝国主义，在现阶段，一切都应服从抗日"。"武装抗日"，"需要有蒋介石的军队参加，或者其绝大部分军队参加"。"必须采取停止红军同蒋介石军队之间的军事行动并同蒋介石军队协同抗日的方针"。要求中共中央就停止军事行动和签订共同抗日具体协定派代表团与南京政府进行谈判[1]。根据共产国际指示，中共代表团再次召开会议，承认过去把反蒋与抗日并立是不对的，确认中共目前最中心的任务就是尽一切的可能达到同蒋介石的军队，甚至于蒋介石本人建立统一战线。至此，中共中央也决定放弃"抗日"与"反蒋"并列的口号，于 8 月 25 日致书国民党，正式宣告愿同国民党"重新合作"，"共同救国"。8 月 26 日，毛泽东给潘汉年的信说："因为南京已开始了切实转变，我们政策重心在联蒋抗日。"[2]1936 年 9 月 1 日，中共中央发出《关于逼蒋抗日问题的指示》，指出"我们的总方针是逼蒋抗日"。

综上所述，可以说，到 1936 年 8 月中共中央已正式确定了"逼蒋抗日"的方针。9 月 1 日的指示，是为统一全党思想而发的党内指示。

3. 关于中共联合蒋介石共同抗日这一策略的演变过程分几个阶段的问题。

一般认为经历了"抗日反蒋"、"逼蒋抗日"、"联蒋抗日"三个发展阶

---

[1]　《共产国际执委会书记处致中共中央书记处电》，载《中共党史研究》，1988(2)。

[2]　毛泽东：《我们政策重心在联蒋抗日》，1926-8-26。

段。有的文章认为"逼蒋抗日"不是抗日民族统一战线形成中的一个独立阶段。主要理由："抗日反蒋"口号放弃之日，实际上就是"联蒋抗日"策略开始之时，"逼蒋抗日"的出发点和目的仍在于"联蒋"，"九一"指示所指出的"逼蒋抗日"只是实现"联蒋抗日"策略的一项具体方针和手段，在"逼蒋抗日"具体策略口号提出之前，中共即已明确提出了"联蒋抗日"的方针。① 有的文章认为1936年4月9日，彭德怀、毛泽东给洛甫的电报提出"不应发布讨蒋令"起，标志着中共"抗日反蒋"方针开始转变为"联蒋抗日"。②

4. 关于张学良对中共联蒋抗日方针的影响。有这样一种观点，认为中共在制定抗日民族统一战线策略方针的过程中，由"反蒋抗日"转变为"逼蒋抗日"是因为受到张学良的很大影响。这种观点主要来自申伯纯和应德田的回忆。有文章对此说提出质疑，认为根据1936年4月11日周恩来给中共中央的汇报来看，张学良对蒋介石的态度是矛盾的。张学良一方面认为"国民党完了，中国只有两条路：一条是共产党，一条是法西斯蒂"，他"相信法西斯方法可以救中国"，并认为"蒋尚得民族情绪，故帮蒋能抗日"；另一方面，张学良又认为"蒋现在歧路"，"不能下抗日决心"，"如蒋降日，即辞而另干"。可见张学良在谈判中对蒋参加抗日并没有充分把握，因此，在对蒋方针上张学良是做了两手准备的，如蒋抗日则帮蒋，反之则与其决裂。据此看来，张学良很难提出一套"逼蒋抗日"的主张。中共的策略方针由"反蒋抗日"到"逼蒋抗日"，转变的原因是多方面的，但最主要原因恐怕还是根据中日民族矛盾和蒋介石对日政策的变化。③

二、国民党和国民党政府内外政策的转变

毛泽东曾说过："假如没有国民党政策的转变，要建立抗日民族统一

---

① 李倩文、阮湘华：《"逼蒋抗日"不是抗日民族统一战线形成中的一个独立阶段》，载《求索》，1986(3)。

② 前引邢国华文。

③ 荣维木、赵刚：《中共"逼蒋抗日"策略方针的形成》，载《近代史研究》，1988(3)。

战线是不可能的。"①近几年史学界重视对国民党政策转变的研究，并取得了可喜的成果。

(一)国民党政府对日政策的变化起始于何时?

从"九一八"到"八一三"国民党政府对日政策由不抵抗到被迫抵抗，经历了一个漫长而又曲折的过程。郭大钧《从"九一八"到"八一三"国民党政府对日政策的演变》一文作了比较详细的论述。② 大量的文献资料确证，从1935年华北事变到1937年卢沟桥事变，是国民党政府对日政策的转变时期。1988年第2期《民国档案》公布的《有关张群出任南京国民政府外交部长期间中日交涉的一组史料》，为研究国民党政府对日政策的变化提供了宝贵资料。国民党政府对日政策发生变化起始于何时? 一种意见认为应以国民党第五次代表大会作为起始时间的标志。在具体论述上，有的说蒋介石在这次大会上的对外关系演说，"表明国民党政府同日本帝国主义之间的矛盾加深了以及可能修改对日政策的新动向"③，有的说以国民党第五次代表大会"为契机，国民党对日政策开始发生某些变化"④，有的说国民党政府对日政策的变化"开始于华北事变的处理过程"⑤，有的说"在华北事变中，蒋介石基本上还是屈辱妥协的，但在日本紧接着策动'华北自治'运动中，他的态度就有了比较明显的变化，开始抵制了"⑥(笔者认为，华北事变不仅包括"河北事件"、"张北事件"、"何梅协定"，也应包括日本帝国主义策划华北五省"自治")，有的说"1935年底，国民党蒋介石政府出现了转向抗日的趋势"⑦。另一种意见认为蒋介石在国民党五届二中全会上的讲话，反映出蒋介石集团"有可能在英美主子的叱声下，改变对日的态度"。⑧

---

① 毛泽东:《论新阶段》。

② 载《历史研究》，1984(6)。

③ 王桧林主编:《中国现代史》，上册，279~280页。

④ 王功安、毛磊主编:《国共两党关系史》，340页。

⑤ 郭大钧:《从"九一八"到"八一三"国民党政府对日政策的演变》，载《历史研究》，1984(6)。

⑥ 李义彬:《华北事变后国民党政府对日政策的变化》，载《民国档案》，1989(1)。

⑦ 唐培吉等:《两次国共合作史稿》，207页。

⑧ 《中国共产党历史讲义》，189页，济南，山东人民出版社，1984。

再一种意见认为"国民党'五大'与五届二中全会上的一些决议和重要报告，表现出对日态度的变化"。①

1935 年年底，国民党政府对日政策开始发生了若干变化。那么，国民党的对内政策，即"剿共"内战政策有没有发生变化呢？有的同志认为，由于蒋介石对共产党的仇视心理，他"根绝赤祸"和消灭共产党，消灭红军的既定方针，是不可能从根本上改变的。但是，日本帝国主义对华北的侵略直接威胁到国民党的统治地位，为了对付日本的侵略，特别在红军损失 90％的情况下，他错误地认为中共和红军此时已"走到绝境"，对红军的军事"围剿""已初告成功"，于是在继续"剿共"战争的同时，蒋介石开始悄悄地伸出一些触角，进行政治试探，妄图通过与中共秘密谈判的方法，"收编"红军，实现其"溶共"的目的。这是蒋介石在坚持军事"剿共"前提下搞政治欺骗。此时，蒋介石并没有放弃他的"剿共"内战政策。西安事变及其和平解决才宣告了蒋介石"攘外必先安内"政策的彻底破产。1937 年 2 月召开的国民党五届三中全会，标志着国民党对共产党政策的转变，即由"武力剿共"改变为"和平统一"，这是国民党对内政策上的重大变化。② 有的同志则认为，1935 年年底国民党对共产党的政策也发生了某种变化。③

(二)国民党政府对日政策发生变化的原因是什么?

史学界分析有以下几个因素：(1)1935 年日本帝国主义制造了华北事变，积极策动华北五省"自治"，要把华北从中国"分离"出去，这就从根本上威胁了国民党在华北的统治地位；(2)日本加紧在华北的经济侵略和扩张，猖獗的走私活动更给国民党政府财政收入造成严重损失，经济利害的严重冲突，加剧了国民党政府和日本的矛盾；(3)日本加紧在华北的侵略和扩张，也损害了英美的利益，扩大了与英美的矛盾，从而影响了国民党政府对日政策的变化；(4)国民党和国民党政府及其军队进一步发生分化，愈来愈多的人不满意蒋介石"攘外必先安内"的政策，反对对日妥协，要求抵抗日本侵略，南京国民党左派开始在形成，英美派的势力和影响在扩大，亲日派受到抨击；（5）中共抗日民族统一战线的提出，全国抗日救亡运动的重新高涨，给国民党以巨大压力，已不允许国民党政府继续推行对日妥协的政策。这一切推动和逼使国民党政府不得不开始逐渐改变其对日政策。①

国民党对日政策的转变是一个复杂的过程，具有多方面的动因。近来有的学者对国民党转向抗日的经济原因作了较深入的探讨，认为"经济原因是促使国民党转向抗日的基本原因"。如日本的侵略妨碍了国民党政府的经济统制、严重影响了国民党政府的财政收入，国民党当局在华北的经济利益面临完全丧失的危险，英美等国与国民党政府的经济联系逐步加强（在币制改革问题上英美先后发挥了较大作用，国民党政府从英美等国获得了大量外汇与借款，从德国获取了大批军备和国防物资等），国民党当局掌握的经济力量有较大增长（基本确立了金融统制的体系，岁入有较大增长，收支状况有好转，国民党统治地区的经济国防建设有了一定的发展等）的过程。综上所述，从经济上分析，国民党有必要也有可能改变其对日政策。② 有的研究者认为，蒋介石实现由"剿共"内战到联共抗日的政策转变，除了客观原因外，"还有一个根本因素，即蒋氏本身具有的民族主义感情"，"蒋介石的民族主义感情是实现国民党联共抗日政策转变的主观原因"。③ 总之，国民党转向抗日是当时社会内部矛盾运动决定及国际环境影响的产物，当然，从主观上讲"蒋尚有民族情绪，蒋能抗日"④也不能不说是一个因素。

（三）关于国共两党的秘密接触

近几年来陆续公布了一些文献资料，也发表了不少回忆文章。国共两党的秘密接触是多渠道的，大概有四条渠道：（1）1935 年 11 月，陈立夫根据蒋介石的旨意，让曾养甫负责打通与中共的关系，曾找到谌小岑，谌通

---

① 参见前引郭大钧、李义彬等文。

② 吴景平：《试析国民党转向抗日的经济原因》，载《中共党史研究》，1980(1)。

③ 宋玮明：《西安事变前后蒋介石由"剿共"内战到联共抗日的政策转变》，载《湖南师大社科学报》，1986(6)。

④ 周恩来致中共中央电(1936-4-11)。

过翦伯赞找到吕振羽，吕随即向中共北平市委周小舟做了汇报，周按照中共北方局指示，于 1936 年 1 月赴南京与曾养甫秘密接触；(2)1935 年 11 月底，谌小岑找到左恭(地下党员)，要他寻找与中共联系的线索。左将此情况报告上海党组织后，决定派张子华与谌小岑联系。张到南京见了曾养甫。此后，张数次往来于南京、西安、陕北之间；(3)1935 年年底，宋子文通过宋庆龄派董健吾到陕北，传递国民党希望与共产党谈判的信息。次年 2 月 27 日，董到达瓦窑堡见到了博古。博古立即将董的传话电告在东征前线的毛泽东等人。毛泽东等当即回电，表示"愿与南京当局开始具体实际之谈判"，并提出了谈判五项条件，由董带回南京；(4)1935 年 12 月，蒋介石令驻苏武官邓文仪与中共驻共产国际代表团取得联系。王明决定派潘汉年回国，促成国共两党直接谈判。潘于次年 7 月回国，不久便被中共中央派往南京与陈立夫直接接触。总之，从 1935 年冬到 1936 年冬经多渠道的多次接触，打通了关系，但没有达成任何协议。问题的症结在蒋介石坚持对立的政权与军队必须取消。关于这一阶段国共两党的秘密接触与谈判的深入研究，尚有待档案资料的发掘。①

(四)国民党转变政策的两重性

一方面国民党转变政策使抗日民族统一战线得以建立起来，使第二次国共合作得以实现。国民党转变政策是爱国的，带有革命性，具有一定的进步性。另一方面国民党转变政策基本上是被迫的，是不彻底的。这就是国民党转变政策的进步作用和局限性。②

有的学者指出，抗日民族统一战线和第二次国共合作是中国共产党发起和倡导的，并为其实现而作了多方面的艰苦努力；同时国民党当权派也表现出合作的愿望和一定的积极态度，才得以实现的。如果说国民党与共产党合作和抗日都是被迫的，本身并无这种愿望和要求，那么第二次国共合作就很难实现。如果说是"被迫的"，那就是迫于国家民族的危亡，在这

---

① 参见金冲及主编：《周恩来传》，312～319 页；《国共两党关系史》，342～352 页。

② 周怡如：《试论国民党与抗日民族统一战线的建立》，载《唯实》，1987(5)。

一方面，国民党、共产党都可说是被迫的。①

三、对西安事变的研究

对西安事变的研究，是近几年来中国近现代史研究的"热点"。

(一)关于张学良、杨虎城两将军在西安事变中的地位与作用

绝大多数研究者认为，张杨在西安事变整个过程中都是领导者。其理由：第一，张杨是发动西安事变的决策人；第二，张杨是"兵谏"行动最高的、直接的指挥者；第三，张杨提出了解决事变的八项政治主张；第四，张杨对南京"讨逆军"采取了防御的立场，力求和平；第五，从扣、放、送蒋过程中，突出地表现了张杨的决定性作用。② 有的文章指出，张杨在西安事变中的作用具有决定性意义，而许多史书低估了张学良的作用，带有较大的片面性。张不但在西安事变发动上，立下了"丰功"，而且在和平解决上也树立了"伟绩"。③ 也有的文章指出：西安事变能够和平解决，是由各方面因素促成的，"但张、杨的作用是主要的"，"张学良不仅是和平解决西安事变方针的倡导者，在和平解决西安事变的过程中，张又是主要决策人"，"主张扣蒋的是他，主张放蒋的也是他，最后送蒋的还是他"。④ 对张学良送蒋回南京一事，过去认为是张的失当之举，"是一件错事"。现在有不少同志认为这是张对国家民族再次做出的重大牺牲。张的这一行动有助于消除人们的种种疑虑，也有利于缓和南京与西安之间的矛盾，因此是值得肯定的。⑤

(二)关于中共在西安事变中的作用

一种意见认为，和平解决西安事变是中共的英明决策和以周恩来为代表的中共代表团卓有成效地积极工作的结果。另一种意见认为，西安事变

① 丁守和：《〈中国国民党史〉(简史)序言》，载《民国档案》，1989(1)。
② 李章：《西安事变史学术讨论会综述》，载《团结报》，1987-1-19。
③ 常城：《略论张学良将军》，载《东北师大学报》，1986(6)。
④ 张学君：《张学良与西安事变的和平解决》，载《近代史研究》，1985(1)。
⑤ 前引李章文。

前期，张杨起了决定性的作用，后期主要是中共起了决定性作用。还有一种意见认为，中共在事变中的作用就是"调停"宁陕双方的矛盾冲突，"协助"张杨妥善处理西安事变，实现国内和平。①

毋庸讳言，由于西安事变是突然发生的，中共中央对事变本身以及解决办法确有一个认识过程。12月13日，中共召开中央政治局常委扩大会议讨论西安事变，有人提出"要求罢免蒋介石，交人民公审"。15日，周恩来率领中共代表团动身去西安。同日，以红军将领的名义致电国民党国民政府，要求"停止内战，接受张、杨建议"，并提出"罢免蒋氏，交付国人裁判"。17日，周恩来致电毛泽东并中央，提出"在策略上答应保蒋安全是可以的"。18日，中共中央致电国民党中央，指出只要国民党能实现全国人民抗日的迫切要求，"不但国家民族从此得救，即蒋氏的安全自由亦不成问题。"19日，中共中央召开政治局扩大会议，确定了中共力争和平解决的基本方针。洛甫在会上说，"我们的方针应确定争取成为全国性的抗日，坚持停止内战，一致抗日的方针"，我们应尽量争取时间，进行和平调解"，"我们应把抗日为中心，对于要求把蒋交人民公审的口号是不妥的"。19日，中共中央发出《关于西安事变及我们任务的指示》。② 以上事实说明和平解决西安事变的方针是中共中央独立自主地制定的。所谓中共中央和平解决西安事变的决策来自共产国际的说法，纯属推测。有的研究者指出，在西安事变发生后，16日共产国际确实曾经由当时的总书记季米特洛夫发来过一个电报，但17日中共中央收到后，因电码错误缘故完全不能译出。因此，中共中央又只得去电请他们重新拍发电报来。可是电报还未来时，12月19日中共中央政治局已根据对形势的分析判断将和平解决事变的方针决定了。③ 1986年《文献和研究》发表的中共《关于西安事变的三十四份文电》和1988年第3期《党的文献》发表的《张闻天西安事变前后发言和电报六篇》，为我们深入研究中共中央确定和平解决西安事变方针的过程

① 前引李章文。

② 参见《周恩来传》，324～350页；张培森等：《张闻天与西安事变》，载《党的文献》，1988(3)。

③ 前引张培森等文。

提供了宝贵的档案文献资料。

(三)西安事变和平解决的方针是谁提出来的

一种观点认为，西安事变和平解决方针首先是中共独立自主决定的，其根据是：第一，在未接到共产国际指示之前，中共已经提出了和平解决事变的五个步骤；第二，中共发布的一系列电报均证明其力主和平解决；第三，中共在提出和平解决方针的过程中，否定了共产国际的某些错误分析和看法。另一种观点认为，是张学良首先提出了和平解决的方针，其根据是：第一，事变爆发之后，从张杨所提出的八项政治主张和各个电报中，都反映了张学良和平解决事变的思想；第二，从中共对蒋介石处置方针的转变中，也能说明和平解决方针首先是由张学良提出的；第三，在放蒋问题上，也是张学良起了决定性作用。[①] 冯玉祥的和平主张晚于张学良，中共表明关于和平解决事变的主张，比冯玉祥 12 月 13 日致电张学良"请先释放介公回京"更晚，"西安事变"和平解决的首倡者非张学良莫属。[②]《周恩来传》一书说，周恩来 17 日晚上到西安即同张学良谈话，张学良的意见，只要蒋答应停止内战，一致抗日，应该放蒋，并拥护他做全国抗日的领袖。周恩来对张的看法立刻明确表示同意。[③]

(四)关于西安事变中一些人物的评价

有的研究者认为，作为西安事变对立面的蒋介石，在和平解决西安事变的历史转变关头，经过反省，终于表现出正视现实的勇气。关于宋氏兄妹在西安事变和平解决中的作用，很多研究者认为，宋氏兄妹对西安事变的和平解决产生过积极的作用，其表现：一是，制止南京国民党政府内部讨伐派的行动，力主和谈，为和平解决创造了条件；二是，说服蒋介石，宋美龄函蒋"宁抗日勿死敌手"；三是，作为蒋介石的全权代表参加谈判，并促使其接受停止内战、联共抗日、和平解决西安事变的方针，对和平解决西安事变起了重要的媒介和催化作用。有的研究者还指出，宋氏兄妹在处理西安事变中的明智态度，绝不应单从他们同蒋介石的亲属关系中去理

---

① 前引李章文。

② 蒋文祥：《"西安事变"和平解决首倡者新探》，载《唯实》，1987(5)。

③ 《周恩来传》，330 页。

解，他们的行动是顺应时代潮流，符合人民意愿的，他们的历史贡献不会被埋没。对西安事变中的何应钦，过去一般史书均谓何应钦企图乘机炸死蒋介石，取而代之，与汪精卫组织亲日政权。有的研究者指出，大量史实证明，在西安事变中何应钦并没有取蒋而代之的阴谋：第一，国民党中央一直没有放弃武力讨伐的主张；第二，主张武力讨伐张杨最力的是戴季陶和黄埔系的少壮派；第三，武力讨伐张杨符合蒋的意图，何与蒋配合默契；第四，主和派的孔祥熙和宋美龄也不否认在一定程度上有采取军事解决的必要；第五，何应钦对于宋氏兄妹救蒋还给予了相应的配合。至于与汪精卫组织亲日政权，只不过是一种揣测而已。①

(五)关于西安事变得以和平解决的原因

以前国内外学者往往强调某一方面的因素，而忽略了另一方面的因素。侯雄飞《西安事变和平解决原因新探》一文从事物运动的一果多因和合力作用等方面，对促成西安事变和平解决的各种社会政治力量，进行全面的分析和探讨。侯文提出七方面的作用：第一，张杨两将军在和平解决事变中的主体作用；第二，蒋介石被迫反省，客观上配合了事变的和平解决；第三，中共的协助和调解促成西安事变的和平解决；第四，孔祥熙、宋美龄、宋子文等对事变和平解决的促进作用；第五，各地方实力派的牵制作用有利于事变的和平解决；第六，强大的国民舆论推动着事变的和平解决；第七，国际反应对事变和平解决的间接作用。侯文认为这七个方面"形成一种合力，导致了事变的和平解决"，而"支配这些力量转化为整体功能，控制着历史发展方向，则还有其更深刻的历史动因。这就是中国人民同日本帝国主义之间的民族矛盾已经十分尖锐，阶级矛盾和国内其他种种矛盾，都必然让位于这个主要矛盾"。②

---

① 前引李章文；侯雄飞：《西安事变和平解决原因新探》，载《历史研究》，1987 (2)。

② 前引侯雄飞文。

四、关于国共谈判的研究

近几年来，许多学者对西安事变后的国共谈判进行了研究。从 1937 年 2 月开始，到 1937 年 9 月，国共两党代表在西安、杭州、庐山和南京四地，进行了五次谈判。关于西安事变后国共谈判的具体情况以前鲜为人知，现在经过研究者的发掘和整理，大致情况已弄清楚。1985 年《文献和研究》发表的《中共中央和毛泽东等同志关于促成第二次国共合作共同抗日的一组文电》（1936 年 3 月—1937 年 9 月）和《周恩来传》中"五次谈判"部分，① 为深入研究国共谈判问题提供了珍贵的文献和资料。

关于第二次国共合作的形成，研究者一致认为并不是偶然的社会现象，它是中国社会主要矛盾发展变化的结果，是中国特定的历史发展阶段中的必然产物，同时也是中国共产党制定并实施正确的抗日民族统一战线策略的结果，也是国民党转变政策的结果。有的论文认为，中共制定和实施的统一战线政策是国共两党合作的关键所在，但国民党由内战到抗战的政策转变也是国共重新合作的不可缺少的条件。既要看到中国共产党在国共合作形成中所起的决定性作用，也要看到国民党政策转变对国共合作形成的积极影响。只有这样看问题，才是全面的、客观的。

关于第二次国共合作的特点，分析研究的文章较多，表述方式虽不尽相同，但大同小异，归纳起来主要特点是：第一，它是全民族的，具有广泛的民族性；第二，它是长期的；第三，它是以代表不同阶级利益的两个政权，两个军队的合作为基础的，充满着复杂的阶级矛盾；第四，没有固定的统一战线组织形式和成文的共同纲领；第五，它得到国际上反法西斯国家的赞同和支持。②

① 《周恩来传》，351～369 页。
② 见逢先知、冯蕙：《抗日民族统一战线的几个问题》，载《红旗》，1985(17)。

北京师范大学史学探索丛书

关于抗日战争期间的国共关系

与第二次国共合作形成过程的研究相比较，对抗战期间国共关系的研究是很薄弱的，研究成果比较少。这是与整个抗日战争史的研究尚不充分相关联的。

一、抗战期间国共关系的几个问题

（一）抗日战争的领导权问题

在 1985 年纪念抗日战争胜利 40 周年前后，提出了关于抗日战争领导权问题，引起了学术界的关注，展开了广泛的讨论。抗日战争的领导权问题不是一个抽象的概念，它实际上涉及国共两党在抗战中的地位和作用问题。这个问题存在多种观点：

1. 抗日战争是中国共产党领导的。

李新在《论抗日战争》一文中，认为抗日战争"是在中国共产党领导下进行的一场人民战争"，中国共产党把马克思主义与中国革命实践密切结合起来，"制定出一套推动抗战、坚持抗战的正确路线、方针、政策，引导抗日战争取得彻底的胜利"。[①]

2. 中国共产党在抗日战争中起着政治领导作用。

刘大年在《抗日战争与中国历史》一文中认为"共产党领导了抗日战争"，"这里说的共产党领导，主要是讲共产党在抗战中政治上起了领导作用，居于领导地位"。"抗日战争中谁领导谁的问题，一条是共产党独立自主，不被国民党拖着走，又一条是把抗日主力军广大农民群众、资产阶级民主派和其他同盟者动员、团结起来，跟着自己走，或者赞成自己的主张、行动。""共产党固然指挥不了国民党，但它与蒋介石国民党又联合又

---

① 李新：《抗日战争》，载《历史研究》，1986(1)。

斗争，迫使后者不至于和不敢从统一战线中分裂出去。"①

有的研究者认为，关于抗日民族统一战线中无产阶级领导权问题的提法，从中共的历史文献来看，在抗战初期，比较常见的提法是"政治领导"。抗战期间，中共提出了一系列正确的政治主张和军事战略，并首先在抗日根据地和八路军、新四军中身体力行，对全国抗战起了巨大的推动与示范作用，这都是政治领导的体现。②

有的研究者认为，"抗日战争的胜利，中共的政治领导是决定的因素"，"共产党在抗日民族统一战线中坚持独立自主原则的实质就是坚持领导权问题"。③

有的研究者认为，"在第二次国共合作的条件下，党的领导主要是政治领导"，"党的思想影响是无产阶级在抗日战争中发挥领导作用的一个显著特点"，"组织的推动，是中国共产党在抗日战争中发挥领导作用的一个强有力的方面"，建议对于中国共产党在抗日战争中和抗日民族统一战线中的领导作用作如下表述："抗日战争是在中国共产党的政治领导、思想影响和组织推动之下坚持到底并取得最后胜利的。"④

有的研究者认为中国的"抗日战争是国共两党共同进行的，但是共产党在八年抗战中起了政治领导作用"。"这种作用，是在工人阶级同大资产阶级争夺领导权的斗争过程中实现的"。⑤

3. 在形式上是国民党居领导全国抗战的位置，但实际上是国共两党独立地领导各自的力量进行抗日战争的。

有的研究者认为抗日战争由谁领导的问题与抗日民族统一战线由谁领导的问题，有着密切的关系。既然第二次国共合作无固定组织形式，又无

① 刘大年：《抗日战争与中国历史》，载《近代史研究》，1987(6)。
② 军博抗日战争馆编辑部：《关于宣传全民族抗日战争的探讨》，载《文献与研究》，1985(4)。
③ 胡秀鑫等：《浅谈抗日战争的政治领导权问题》，载《江西大学学报》，1985(4)。
④ 舒舜之：《关于如何评价党在抗日战争时期领导作用的浅见》，载《江西社会科学》，1986(2)。
⑤ 廖盖隆：《关于抗日战争的几个问题》，见《中国抗日根据地国际学术讨论会文集》，11页。

共同纲领，两党合作是平等的，说不上谁领导谁的问题。但在实际上又存在着谁跟谁走的问题。由于抗战中国民党处于执政党的地位，它控制着中央政权——国民政府，拥有几百万军队和全国经济命脉，其地位是得到国际国内承认了的，中共也承认这个客观存在的事实。又由于国民党在抗战中执行片面抗战路线和削弱共产党的"溶共"政策，中共处理与国民党的关系，坚持两党合作中的独立自主原则。① 有的研究者认为，抗日战争中存在两条不同的抗战指导路线，国共两党争夺领导权的斗争，具体表现在共产党的全面抗战路线和国民党片面抗战路线的斗争。"抗日战争是国共两党分别领导、合作进行的"，"在抗日战争时期，中国存在着两个军队、两个政权、两个指挥中心"，"国民党和共产党是自成体系、分别领导军队作战的形式下共同进行抗日战争的"；"抗日战争不是谁领导谁，而是两者合作进行的"。②

4. 抗日战争是国共两党共同领导的。

有的研究者认为，"抗日战争领导权"同"抗日民族统一战线领导权"，"是两种不同的概念"。"抗日战争领导权实际上是指国共两党在抗战时期由谁掌握战争指挥权的问题"，抗日民族统一战线领导权，是指"抗日民族统一战线中各个阶级之间的关系问题，是谁影响谁，谁追随谁，谁在抗日战争时期起了政治领导作用的问题"。从前者来分析和研究，"抗日战争是国共两党共同领导的，国共两党分别独立领导的两个战场是相互配合的"。从后者来分析和研究，"抗日民族统一战线领导权掌握在中国共产党手里"。③ 有的研究者认为，抗日战争从组织上说是国共两党共同领导，从政治上说是共产党领导。④

---

① 《关于宣传全民族抗日战争的探讨》，载《文献与研究》，1985(4)。

② 参见王廷科：《关于抗日战争史研究的基本问题——中国现代史学会学术讨论会综述》，载《历史研究》，1986(2)；王秀鑫：《中国共产党与抗日战争》，载《历史教学》，1985(12)等。

③ 赵锡荣：《也谈抗日战争领导权问题》，载《山东师大学报》，1987(4)。

④ 梁进珍：《有关抗日战争时期党史研究中的几个问题》，载《党史研究》，1985(4)。

5. 抗日战争领导权的归属有一个从国民党向共产党转移的过程。

有的研究者认为，抗日战争中领导权的归属有一个转移的过程，应当分阶段进行考察。抗战初期领导权在国民党手中，表现是各阶级、各党派一致拥护国民党抗战。后来情况有了变化：中国民主政团同盟成立，中间势力离开蒋介石，标志着抗战领导权开始转移。到第三次反共高潮被压下，共产党则掌握了抗战的领导权。[①] 有的研究者认为，"一、在战略防御阶段，国民党掌握着领导权；二、在战略相持阶段，共产党逐渐取代国民党而成了抗战领导者；三、正是共产党取得了领导权，所以抗战最终成了人民的胜利"。[②]

6. 抗日战争中任何党派都不能担负起领导责任，"民族利益这面旗帜实际成了抗日战争的真正领导者"。[③]

(二)抗日战争时期蒋介石集团是不是包括在"人民"之内？

这个问题王桧林在《抗日战争史研究中的几个问题》一文中作了肯定的回答。他引用毛泽东的话说："在抗日战争时期，一切抗日的阶级、阶层和社会集团都属于人民的范围，日本帝国主义、汉奸、亲日派都是人民的敌人。"拿这个标准来衡量，蒋介石集团既然抗日，就应包括在人民之内。[④]

(三)抗战时期蒋介石是不是"暗藏在抗日阵线内部的投降派的主要头目"？

有的学者认为，"汪精卫暗中与日本勾结，签订秘密协议，并决心叛逃，成立反蒋反共的卖国政府，由于行动诡秘，一直不为蒋介石所知"。[⑤] "蒋介石与汪精卫的叛国投敌毫无关系"，"蒋汪之间在对日'和谈'问题上，不可能有共同的语言，更不可能有一致的行动"，汪精卫成立伪"国民政

---

① 前引王廷科文。

② 夏以溶：《试论抗日战争中领导权的归属与转移》，载《西南民族学院学报》，1986(2)。

③ 转引自罗宝轩：《近年来关于抗日战争史研究的主要问题综述》，载《历史教学》，1988(1)。

④ 王桧林：《抗日战争史研究中的几个问题》，载《北京师范大学学报》，1985(4)。

⑤ 蔡德金：《汪精卫评传》，292 页。

府"后，"蒋汪之间与渝宁之间，始终处于势不两立的地位"。① 王桧林认为，1939年6月30日毛泽东发表的《反对投降活动》一文中说"张精卫"，"李精卫""暗藏在抗日阵线的内部，也在和汪精卫里应外合地演出，有些唱双簧，有些装红白脸"，说的是当时一种可能出现的危险性，这种可能性并没有成为事实。而《毛泽东选集》中《反对投降活动》一文注释[4]说蒋介石"是暗藏在抗日阵营内部的投降派的主要头目"，这不符合毛泽东的原意。②

(四)如何评价国民党五届五中全会及其后的国共关系？

史学界一致认为，抗战初期的国共关系是比较好的。但国共两党的合作没有固定的组织形式和共同的政治纲领，这就使合作从一开始就带有很大的不稳定性。蒋介石一心想通过所谓两党合作来"溶共"的打算失败了。于是蒋介石转而采取新的做法来对付共产党。

1939年1月，国民党召开五届五中全会。通常认为这次会议标志着抗战转入相持阶段后，国民党政策的重点由对外转向对内，即转向消极抗日、积极反共。但有的学者对此提出质疑，认为国民党五届五中全会后，抗日的积极性减弱，反共的反动性增长。但当时中日矛盾还是主要矛盾，国民党仍在抗战，还是以联共抗日为主要方向。王桧林认为，1939年1月国民党五届五中全会以后，国民党加紧了反共步骤，在许多地方制造摩擦事件。1939年6月7日中共中央关于反对投降危险的指示指出："目前最大的危险就是国民党投降的可能，新的慕尼黑的可能"，但只是说国民党有投降的可能，而不是说已成为事实。6月，毛泽东在延安干部会议上指出，国民党在五届五中全会以后，联共抗日仍然是"主要方向"，共产党要帮助蒋介石"向好的一边走"，不能放弃"拥护蒋委员长"的口号。由此看来，国民党的抗日和反共两方面，抗日仍是主要的。蒋介石集团所以没有投降，这是中日矛盾这个主要矛盾起作用的结果。③ 关于"消极抗日"的提

---

① 蔡德金：《试论抗战时期蒋汪关系的几个问题》，见《民国档案与民国史学术讨论会论文集》，298～309页。

② 前引王桧林《抗日战争史研究中的几个问题》一文。

③ 前引王桧林《抗日战争史研究中的几个问题》一文。

法，有的同志认为，抗战转入相持阶段之后，蒋介石确实有消极避战，保存实力，依靠外援，坐等胜利的意图。但国民党广大官兵仍在继续作战，流血牺牲。因此，在使用"消极抗日"的提法时，应限制其范围，把国民党少数主要当权者同广大官兵加以区别，把顽固派同中间派、进步派加以区别。①

二、抗战期间的国共合作

长时间来，对抗战期间的国共合作很少研究，成果寥寥。初步的研究涉及如下几个方面：

(一)政治上的合作

抗日救国是第二次国共合作的政治基础，在这个基础上，国共两党在抗战初期的关系是比较友好的，因而在政治上合作也是有成效的。

1.《抗日救国十大纲领》和《抗战建国纲领》。

1937年8月和1938年3月，共产党和国民党先后分别公布了《抗日救国十大纲领》和《抗战建国纲领》。这两个纲领有它们一致的共同的地方，又有着原则的区别。《抗战建国纲领》是一个具有两重性的纲领。中共对其进步的方面给予充分肯定和支持，对其消极的一面给以诚恳的批评。②

2. 中共积极支持国民参政会。

国民参政会于1938年7月在武汉成立，同年迁到重庆，1946年迁回南京，1948年3月结束，总共开过四届13次会议。重庆出版社出版的《国民参政会纪实》上下卷和续编，为研究国民参政会提供了详尽的文献和资料。研究国民参政会的历史，对于研究第二次国共合作史有十分重要的价值。国民参政会是国共合作的产物，是在中国共产党倡导的抗日民族统一战线旗帜下，国共两党共同努力的结果，它的成立适应了全中国人民渴望实行政治民主，实现全民族全面抗战的要求。③ 国民参政会的设立在当时

---

① 《关于宣传全民族抗日战争的探讨》，载《文献和研究》，1985(4)。

② 参见《国共两党关系史》，416～419页。

③ 周永林等：《论国民参政会》，见《国民参政会纪实》(续编)，9页。

是一个进步，它给了各党派和各界人士一个公开发表政见的场所，是有利于抗日和民主的。① 对国民参政会的性质，台湾多数著作的基调，认为它是"代表人民参政的中央民意机关"，也有少数学者认为它只不过是"训政时期的一个临时咨议机构"。大陆的学者普遍认为，"国民参政会仅仅是一个'咨询机关'，只在初期起过一些积极作用，后来成为国民党独占的机关和御用工具"。② "它不是真正的民意机关，而是一个咨询性质的机构"。③ 周恩来曾把它形象地比喻为"一个作客机关"。尽管国民参政会是很不理想的咨询机关，但它毕竟是国民党实行民主的一种方式，也是中共和其他各民主党派斗争的结果，是国共两党以及其他党派在政治上合作的一种形式。中共参加可以利用它作讲坛进一步宣传抗日主张。④ 对国民参政会的阶段划分及其评价是存在分歧的，周永林等《论国民参政会》一文，把国民参政会分为初期、中期和后期三个阶段。初期（1938—1940 年第一届会议时期），发挥了团结全国军民，坚持全民族抗战，反对妥协投降的作用。中期（1941 年 3 月—1944 年 9 月第二、三届会议时期），国民党与其军事上的反共高潮相配合，在参政会中逐渐排挤进步势力，欺骗社会舆论，制造反共摩擦，使国共合作濒于破裂的边缘。后期（1945 年 7 月—1948 年 3 月第四届会议期间），国民党在抗战胜利前夕，在参政会内进一步增加反动分子，排挤进步人士，维护一党独裁，抵制联合政府，抗战胜利后，国民参政会成为国民党鼓动内战，制造分裂的御用工具。

3. 国民政府军事委员会。

1938 年 2 月，国民政府军事委员会政治部在武汉成立。周恩来经中共中央同意到部任副部长。"这是国共两党在组织上实行部分合作的一种形式"。⑤ 中共积极从事第三厅的筹建工作，4 月，第三厅正式成立，出色地进行了抗日的宣传工作和发动组织群众的工作，推动了抗日救亡运动的

---

① 唐培吉等：《两次国共合作史稿》，279 页。

② 周永林等：《论国民参政会》，见《国民参政会纪实》（续编），8～9 页。

③ 参见《国共两党关系史》，423 页。

④ 唐培吉等：《两次国共合作史稿》，280 页。

⑤ 唐培吉等：《两次国共合作史稿》，283 页。

高涨。

4. 两党合作推动群众抗日运动的发展。

中共通过各种形式，联合国民党发动组织工、青、妇、学各界掀起广泛的抗日救亡的群众运动。

（二）军事上的合作

1. 两党在军事上的密切合作。

为抗击日军的侵略，1937 年 8 月，中共代表周恩来、朱德、叶剑英前往南京参加蒋介石召开的国防会议，协商共同抗日问题。经双方协定，在军事上分工对日作战。国民党担负正面战场作战，中共军队负责敌后侧击日军的任务，以迅速形成全国军民的抗战高潮。国共两党在战略方针和战役战斗以及军队的政治思想工作等方面实行了比较密切的合作。国共双方在军事上的协同作战，在北战场重要的有平型关战斗、忻口会战、太原保卫战。太原失陷后，在华北两党在军事上的合作便从以前的战役战斗上的直接配合转为主要在战略上的配合了。在南战场重要的有台儿庄战役和保卫武汉等。中共还协助国民党军队的军政训练。①

2. 抗日战争中中国存在一个战场还是两个战场。

长期以来，国民党一直声称抗战中中国只有一个战场，根本否认中国共产党领导的敌后战场的客观存在。而中共认为抗战期间中国存在着两条不同的抗战指导路线，从而形成了两个战场：一个是国民党军队作战的正面战场；另一个是八路军、新四军作战的敌后战场。关于两个战场提出的时间，有的研究者认为是 1944 年毛泽东在《学习和时局》中正式提出的。关于共产党及其军队领导的战场应称敌后战场还是解放区战场，有的学者明确提出，"抗战进入相持阶段以后，用解放区战场和国民党战场来表述两个战场的情况，更加确切"。②

关于两个战场的相互关系。有的研究者认为，"两个战场"的观点，有它正确的一面，但不全面，不能作为整体上的结论。"一个统一的战场"的

① 前引《国共两党关系史》，404～416 页。

② 参见罗宝轩：《近年来关于抗日战争史研究的主要问题综述》，载《历史教学》，1988(1)。

观点并不错，有它一定的道理。他们认为，中国抗日战争时期，既可以说是一个战场，又可说是两个战场，从整个世界反法西斯战场范围来说，中国是一个统一的战场。从中国战场范围来说，中国实际上又分为两个战场。两个战场的关系是国共关系的一部分，是既统一又相互独立的。由于中日矛盾始终是主要矛盾，两个战场各自的主要任务也都是对日作战，因此两个战场"互相需要，互相配合、互相协助"的互相依存关系，始终占着主导地位。当然我们不否认两个战场存在着摩擦的一面，但两个战场相互配合，互为依存的关系一直贯穿着整个抗日战争时期。①

三、抗战期间的国共摩擦

(一)关于"三次反共高潮"的提法

过去把国民党顽固派在抗战期间掀起的三次大规模军事摩擦，称为三次反共高潮，这是中共党史、中国革命史著作中的提法。近几年来，有的研究者提出，从国共关系的角度来说，还是称为"国民党制造的三次严重的反共摩擦（或称反共军事摩擦）"比较确当。②

在整个抗日战争时期，中日民族矛盾始终是主要的，国民党有抗日的一面，又有反共、限共、溶共的一面，从抗日战争的全过程来看，抗日方面还是主要的。国共两党的关系有合作也有摩擦，从第二次国共合作的全过程来看，合作方面还是主要的。国民党顽固派虽发动了三次严重的反共摩擦，但仍以不破裂国共关系为限度。共产党反对国民党顽固派发动的反共摩擦也以不破裂国共关系为限度，即斗争的"有理、有利、有节"的原则。

(二)关于"皖南事变"研究中的问题

近几年来，对三次反共摩擦的研究主要集中在两个问题上：一个问题是国民党顽固派在发动大规模的反共军事摩擦的同时，在思想理论上向共

---

① 参见王桧林《抗日战争史研究中的几个问题》一文；徐焰：《抗日战争中两个战场的形成及其相互关系》，载《近代史研究》，1986(4)。

② 参见张宪文主编：《中华民国史纲》，553 页。

产党发动攻击。前一次 1939 年 5 月，蒋介石发表了《三民主义之体系及其实行程序》的演说，从而引起了关于三民主义的争论。后一次是以蒋介石的《中国之命运》的发表作为开始的。对这些问题的研究有助于深刻地了解国民党顽固派发动反共摩擦的目的和实质。另一个问题是对皖南事变的研究。

有关皖南事变的研究，据不完全统计，1979 年以来发表的研究文章和回忆文章约有 160 篇，出版的专著和资料约有 10 多种。一些长期不清楚和有争论的问题已基本澄清，如叶挺被扣问题、项英被害情况的细节问题。但仍有不少问题存在争论。①

1. 关于新四军发展方针。

一种意见认为，中共中央三令五申，新四军的主要战略发展方向是向东、向北，向敌后发展，项英却长期坚持南进计划，企图与华北、华中鼎足而立。另一种意见认为，"南进"并不是项英的一贯主张，项英主要问题是在国民党顽固派进攻面前缺乏警惕和勇气，"犹豫动摇"，"处置失当"。项英并没有形成一个完整的"南进"计划，而在实际行动上也没有推行和贯彻这个所谓"南进"计划。②

2. 关于新四军北移时机。

关于新四军皖南部队错过了北移时机，是众所公认的，但对造成这一错误的原因，却有不同的意见。一种意见认为新四军皖南部队北移时间的拖延是中央同意的；另外一种意见认为，错过北移有利时机，项英有一定责任，而使他拖延北移的因素是多方面的。③

3. 关于新四军北移路线。

关于新四军皖南部队的北移路线，究竟是怎样确定的，有几种不同意见：(1)北移路线是经国民党同意和指定的；(2)北移路线最后没有取得国民党同意；(3)皖南新四军最后的行军路线是取得中共中央同意（批准）的；

① 参见荣维木：《皖南事变研究中的几种不同观点》，载《党史研究资料》，1985 (7)；唐锡强：《近年来"皖南事变"研究综述》，载《安徽史学》，1987(2)。

② 丁留名：《关于黄桥战役研究中几个问题的探讨》，载《历史教学》，1986(11)。

③ 刘喜发：《对皖南新四军北移路线的一点看法》，载《安徽师大学报》，1986(2)。

(4)北移路线是新四军军分会决定的；(5)北移路线是项英个人决定的，并没有经过中共中央批准(同意)；(6)皖南新四军的北移路线是叶挺根据中共中央的指示与国民党商定并经中共中央同意的路线。①

4. 关于项英的问题。

项英在皖南事变中所犯错误性质，有的认为项英是王明路线的忠实执行者，是新四军初创时期错误路线的代表；有的认为是犯了右倾错误，不听中央指示，背离了中共中央的正确方针；有的认为项英对抗日民族统一战线中的独立自主原则认识不足，对国民党顽固派的反共阴谋缺乏警惕，在事变中犹豫动摇，处置失当，对新四军皖南部队遭受损失负有责任。

5. 关于项袁的问题。

对《中共中央关于项袁错误的决定》，有的认为决定中对项袁的评价是不够实事求是的，应予以改正；有的则认为决定对项袁的评价有不妥之处，但中共中央后来已注意到这个问题，并在之后全面正确地评价了他，从而改正了《决定》中的不实之词，基于这样的情况，对 1941 年 1 月 15 日《中共中央关于项袁错误的决定》中不恰当的地方，不必再予以改正。②

6. 关于皖南事变发生的原因。

有两种意见：一种意见认为"蒋介石策划皖南事变这一反共阴谋之所以能够得逞，是由于项英同志犯了一系列的右倾错误，新四军皖南部队在茂林地区被围歼，项英同志应负主要责任"，"仅有国民党反动派的罪恶阴谋，还不能决定皖南事变必然发生。其所以发生，并使我军遭受如此严重的损失，从主观上说是项英同志在政治上、军事上一贯坚持右倾机会主义路线所造成的恶果"。持另一种意见者则列举了国民党在事变前调兵遣将部署歼灭新四军皖南部队的阴谋后指出："不管你新四军是否转移，他们都要'摧破''匪巢'，并'务求彻底肃清之'，也不管你新四军是否北渡，他们也要务于长江南岸歼灭之。"

---

① 王明亮：《新四军皖南部队北移路线究竟是怎样确定的》，载《党史资料征集通讯》，1986(2)。

② 参见王秀鑫：《关于项英在新四军工作中的功过问题》，载《党史通讯》，1986(11)。

1987 年 10 月，解放军和上海两家文艺出版社同时出版了黎汝清的长篇小说《皖南事变》。这部近 60 万字的鸿篇巨著，以其较为丰富的历史资料、典型的人物形象和巧妙的艺术构思，吸引了广大读者。同时作者在小说《代后记》中对皖南事变历史研究的尖锐批评，也引起了史学界的关注。黎汝清断言："皖南事变的来龙去脉本来是一潭清水，结果被研究者们某种不足，反而搅浑了。"一些研究者对黎汝清的指责提出反批评。①

(三)三次反共摩擦后的国共两党的三次谈判

过去对三次反共摩擦后国共两党的三次谈判研究很少，近几年才有些进展。

1. 在击退国民党顽固派第一次严重的反共摩擦之后，中共中央主动提出休战，与国民党谈判。如：在打退阎锡山的进攻后，中共中央派王若飞、萧劲光去宜川同阎锡山谈判，双方达成了停止军事冲突、恢复联系、划界合作抗日的协定，在打退朱怀冰的进攻后，朱德与卫立煌在洛阳谈判，双方协议，划漳河为界。这些地方性的谈判结果，说明在打退顽固派的进攻后，迫使国民党有条件地承认了八路军在华北所取得的抗战优势地位。1940 年 6 月，中共中央派周恩来在重庆与国民党何应钦、白崇禧谈判，主要就"党的合作，边区的承认，军队的增加，还有作战地区的划分"进行了磋商。但是，7 月 16 日，国民党以军事委员会的名义提出了一个所谓《中央提示案》，要把中共领导的军队全部赶到黄河以北去，中共不能接受国民党"中央提示案"的无理要求。但为了团结抗日，中共中央答应将皖南新四军部队撤至长江以北。

2. 皖南事变后，中共中央原准备"猛烈坚决的全面反攻"，但刘少奇向中央建议，国民党还不敢与共产党分裂，我党亦不宜与国民党破裂。中共中央综合各方面的意见后决定了"政治上取全面攻势，军事上取守势"的方针。从 1941 年 3 月国民参政会二届一次会议闭幕到 1943 年夏季两年多时间内，国共关系是比较缓和的。因而在这两年多时间内，双方的商谈在不

---

① 参见何理、张星星：《谈皖南事变研究和〈皖南事变〉小说》；任贵祥：《对小说〈皖南事变〉的争论》，载《中共党史研究》，1988(6)；陈辽：《皖南事变历史和〈皖南事变〉小说》，载《安徽史学》，1988(2)。

断地进行着。1942 年 8 月 14 日，蒋介石约见周恩来，提出他希望同毛泽东谈谈问题。周随即电告毛泽东，建议以林彪为代表与蒋介石会见。林彪于 1942 年 10 月到重庆，蒋介石派张治中为谈判代表。这次谈判，因国民党当局作梗，前后拖了 8 个月之久而无结果。

3. 1943 年 5 月，共产国际解散，国民党顽固派趁机发动第三次严重的反共摩擦，谈判随告中断。当第三次严重的反共摩擦被制止后，迫于国内外压力，蒋介石调整了对中共的策略，对中共军队和抗日根据地采取"围而不剿"的策略。1943 年 9 月国民党召开五届十一中全会与三届二次国民参政会，一方面继续指责中共"破坏团结，危害国家"；另一方面表示愿意用"政治解决"的方针解决两党间的分歧。中共中央为加强国共合作争取抗战胜利，坚持"拉蒋抗日"的方针。从 1944 年 5 月 4 日至 11 日，林伯渠与国民党代表张治中、王世杰在西安举行了五次会谈。5 月 17 日，国共双方谈判代表一起飞重庆继续谈判。由于国民党没有诚意，谈判没有结果。1944 年 9 月召开三届三次国民参政会，中共中央公布了第三次谈判的文件，使全国人民了解这次谈判真相。林伯渠在参政会上作了《关于国共谈判的报告》，提出废除国民党一党专政和成立联合政府的主张，张治中代表国民党也在会上作了谈判经过的报告。至此，第三次国共谈判告一段落。

从 1939 年至 1944 年秋，为了调整两党关系而进行的三次谈判，终因国民党顽固派坚持政治上军事上的溶共、限共、反共，而使谈判所解决的实际问题甚微。但三次谈判也是有意义的。[①] 这期间的国共关系有许多经验可以总结，需要在今后作系统的全面的研究。

关于抗战胜利前后的国共关系

抗战胜利前后的国共关系，是第二次国共合作的最后阶段。这个阶段，国共两党谈判与斗争的中心问题，是关于民主联合政府与建国的基本

---

① 参见《国共两党关系史》，439～485 页。

方针。1946年6月，国民党发动全面内战，1947年3月，中共代表全部返回延安，第二次国共合作彻底破裂。

一、中国共产党关于建立联合政府的主张

1944年9月，中共中央向在重庆的林伯渠、董必武、王若飞发出指示，说："目前我党向国民党及国内外提出改组政府主张的时机已经成熟。"9月15日，林伯渠代表中共在三届三次国民参政会上正式提出"立即结束一党统治的局面，由国民政府召开各党各派、各抗日部队、各地方政府、各人民团体的代表，开国事会议，组织各抗日党派联合政府"的主张。蒋介石在会上做报告，一再强调所谓"军令统一，政令统一"，顽固坚持一党专政，拒不接受中共联合政府的主张。蒋介石认为"组织联合政府，无异推翻政府"。从此以后，成立民主联合政府，便成为全国人民共同奋斗的实际纲领，也是抗战胜利前后，国共两党谈判与斗争的焦点。

1945年抗战胜利前夕，中共"七大"和国民党"六大"，代表了中国历史发展的两条道路两个方向。它们表现了当时国共两党在抗战和建国问题上的分歧和斗争，也预示着中国社会主要矛盾的即将转化。

对中共成立联合政府的主张，史学界曾有所讨论。主要有两个问题：中共所提出的联合政府的性质和中共成立联合政府的主张是一种战略还是一种策略。关于联合政府的性质，有的认为"这个联合政府只能是在工人阶级领导之下的，以工农为主体的，几个革命阶级联合专政的新民主主义的国家制度"。① 有的则认为联合政府包括国民党在内，还不能说是新民主主义的。中共关于成立联合政府的主张是一种战略还是一种策略？有的研究者认为，抗战胜利后，成立包括国民党在内的联合政府，是中国共产党在中国政局显示出战争与和平两种可能性或发展趋势的条件下，在充分准备应付国民党蒋介石发动内战的同时，争取避免内战，用和平方式改革中国社会政治制度所做出的一种努力。在这种情况下，中共关于成立包括国

① 前引王功安、毛磊书，492～493页。

民党在内的联合政府的主张，作为复杂的阶级关系和当时发展着的政治形势的反映，既有它本身独立内容，又带有争取国内外舆论，教育人民，揭露美蒋政治阴谋，孤立国民党内的独裁者，争取时间以准备和坚持武装斗争这些策略上的考虑。同时，成立联合政府，在一个时期内部分地保留大地主大资产阶级在中国的统治地位，这样做，既是为了争取国内和平的实现，也是出于在双方力量对比我居劣势条件下的一种策略需要。但是，不能因此说成立包括国民党在内的联合政府只是一个策略性方针。中共关于成立包括国民党在内的联合政府的主张，既有策略上的考虑，也有战略上的考虑，体现了战略和策略，原则性和灵活性的统一。不过就其主导的基本的方面来说，不是一个策略方针，而是一个战略方针。应该指出，从60年代起，由于"左"的思想的影响和支配，许多党史著作和文章，过分突出，强调乃至夸大中共联合政府主张的策略上考虑的一面，降低、回避乃至完全否认联合政府主张的战略意义，不承认中共曾力争通过和平道路走向新民主主义社会，这就扭曲了历史的本来面目。①

二、中国共产党争取和平民主的斗争

抗战胜利后，中共中央从当时的具体情况出发，制定了争取和平民主的斗争方针。这个方针，一方面，尽可能争取和平，力争在和平条件下实现中国社会改革；另一方面，鉴于国民党坚持内战、独裁政策，作好自卫战争的准备。对中共争取和平民主的斗争，特别是对重庆谈判和政治协商会议的研究是比较充分的。现在的问题在于如何具体地理解和说明用和平的方式实现中国社会改革的问题。从以前的教材编写和论文来看，一般着重于阐述两手策略，或者是为了揭露国民党蒋介石以限制内战范围，推迟内战爆发的时间，而对于"社会改革"问题却较少提到，或只提到而未展开。应该强调，争取和平民主的斗争，虽然有揭露敌人、教育人民的策略意义和作用，但从实质上说，是中共在战后特定的历史条件下，用和平的

①　余逊达：《联合政府方针的坚持及评价》，载《党史通讯》，1986(4)。

即政治斗争的方式来实现中国社会改革的一种尝试。改革的基本内容是政治的和社会的，也就是政治制度和经济制度的根本变革。前者是废止国民党一党专政，建立各民主阶级的联合政府；后者则是废除封建的土地所有制，实现"耕者有其田"。因此，把争取和平民主的斗争看作仅仅是策略性措施或军事斗争的辅助活动是不恰当的。①

中共提出争取和平民主并以此作为实现中国社会改革的步骤，是基于以下两种情况：第一，中日民族矛盾已经基本解决，中国人民同美帝国主义支持下的国民党反动派的矛盾已上升为主要矛盾；第二，国内阶级力量的对比发生了空前有利于人民的重大变化。第一点表明，作为一个历史阶段，中国人民同国民党反动政权的战略决战已经到来，推翻国民党反动政权的斗争已经提上日程；第二点则显示出中国共产党除准备武装斗争外，还有可能考虑和平的方式。和平的可能性也是存在的。周恩来回顾当时情况说："那时用和平方法实现我们的目的，可能性大不大？不大，但要试一试。"②

和平方法的具体形式主要是同国民党谈判，同各民主党派和无党派民主人士协商，其重大活动有重庆谈判、政治协商会议和停战谈判等。在政协决议形成过程中，中共为力争和平改革，作了一定的让步，也迫使国民党做出了一定让步，各自有条件地承认对方的地位。政协决议，总的说来，还只是资产阶级共和国的模式，是旧民主主义的。③ "政协路线就是毛泽东同志《论联合政府》的路线。""但如照政协做下去，则是向新民主主义的方向发展。"④

北京师范大学史学探索丛书

---

① 陆文培：《浅论抗战胜利后我党争取和平民主的斗争》，载《淮北煤师院学报》，1986(1)。

② 周恩来：《全国大反攻，打倒蒋介石》，见《周恩来选集》上卷，273 页。

③ 参见陆文培：《浅论抗战胜利后我党争取和平民主的斗争》，载《淮北煤师院学报》，1986(1)。

④ 周恩来：《一年来的谈判及前途》，见《周恩来选集》上卷，256 页。

三、关于"和平民主新阶段"的口号

对"和平民主新阶段"的口号，在"文化大革命"中把它作为"修正主义路线"来批判，并加罪于刘少奇。中共十一届三中全会之后，许多研究者撰文论证"和平民主新阶段"的口号，是中共中央提出的，1946年1月10日，毛泽东在所颁布的《中共中央关于停止国内军事冲突的通告》中宣布："中国和平民主新阶段，即将从此开始。"[1]有的研究者还对中共中央一系列文件中和领导人谈话中提出、沿用"和平民主新阶段"的情况作了查证，结论："和平民主新阶段"是当时中共中央的集体意见。[2]

有的研究者认为，"和平民主新阶段"是中共在这一段时间里的策略口号，是为武装夺取政权的战略目标服务的。中共在提出"和平民主新阶段"的时候，一天也没有放松对战争的准备。"和平民主新阶段"的口号，是中共为适应当时形势的需要而提出来的，是符合无产阶级和广大人民的利益，并有助于争取革命胜利发展的革命口号。[3] 有的研究者认为，"中国已经走上和平民主新阶段"，是中共中央提出的，是中共对国内形势发展的一种估计，并且是中共同国民党反动派斗争的一个武器。"和平民主新阶段"是中共中央对政协会议结果的概述。[4]

有的研究者认为，"和平民主新阶段"是中共在抗战胜利后作为争取革命和平发展的马克思主义策略口号。"和平民主新阶段"不是和平幻想，根据当时政治形势中国社会存在着出现一个革命和平发展（或一段时间内和平发展）的可能性。由于历史发展是曲折的，"和平民主新阶段"的局面像昙花一现即成过去，未能实现。但这个口号在这时期曾起过重要历史作用

---

[1]　何一成、方小年：《"和平民主新阶段"浅议》，载《湖南师院学报》，1980(1)。

[2]　杨淑娟、黄见秋：《关于"和平民主新阶段"的提法》，载《北京大学学报》，1980(2)。

[3]　何一成、方小年：《"和平民主新阶段"浅议》，载《湖南师院学报》，1980(1)。

[4]　王年一：《论"和平民主新阶段"——斥林彪"四人帮"对刘少奇同志的诬陷》，载《历史研究》，1980(2)。

是应该肯定的。① 也有的研究者指出，重庆谈判和政协会议成功后，中共中央曾指出中国走上了"和平民主建设的新阶段"，这是对"和平民主新阶段"到来的"过早的肯定"的缺点，由于对中国和平前景的过分乐观，解放区军民一度增长和平麻痹思想。《党的文献》1988年第1期发表的《中国共产党关于为和平建国而斗争的二十一份文电》，为我们研究这个问题提供了新的档案文献。

综上所述，对第二次国共合作历史的研究取得了很大的成绩，成果很多，研究者的水平也大大提高了。本文的评述可能不全面，还有很多疏漏。从现状说，这一课题的研究还存在很多不足和问题。第一，第二次国共合作的时间很长，系统的全面的研究第二次国共合作的历史是一项重大的科研任务，现在的研究还着重于第二次国共合作正式成立前，第二次国共合作成立后的研究，除了某些重点问题外几乎是空白。现在虽然出版了多本国共合作关系史，但总的来说尚属系统全面研究的起步阶段。第二，第二次国共合作历史的研究，应从国民党和共产党两个方面来研究。在当时，国内除了国共两大政治力量之外，还有第三种政治势力，它们在促成第二次国共合作过程中起过重要作用。因此，研究第二次国共合作这个课题，必须从三个方面以及共产国际、苏联和英美的影响等多方面综合起来研究。过去从中共党史和中国革命史角度出发较多，对国共合作中国民党方面的研究较少，今后应当加强。第三，在第二次国共合作的全过程中，有合作，也有斗争，而且从全过程来看合作方面是主要的。但过去的研究偏重于国共之间的斗争，而对国共之间的合作研究不够，即使研究国共合作也是着重军事战略配合方面。第四，第二次国共合作破裂之后，至今已有40多年历史了，国民党台湾当局始终不能客观公允地来评述第二次国共合作的历史，无视历史的客观实际，歪曲甚至编造"史实"。在大陆，过去的研究工作也存在"左"倾错误的影响，使研究工作往往带有主观片面性，思想受"左"倾错误的束缚，从教条出发的现象也是较严重的，研究工作停留在解释中共中央文件和中央领导人的结论，缺少开拓精神和创造性。第

---

① 谢亚平：《略论"和平民主新阶段"》，载《安徽师大学报》，1980(4)。

五，过去的研究在弄清历史事实，说明历史的基本情况方面取得了一定的成绩，但许多论文和专著常常是史料和史实的叙述，缺少研究和分析，缺少理论色彩，由于研究不够，不同观点的争论也不鲜明，许多问题各说各的，没有交锋。

为了推进第二次国共合作历史的研究，第一要有计划地发掘和整理历史文献、资料和档案，这是研究的基础。第二要坚持实事求是的科学态度。第三要改进研究方法，采用新的研究方法。第四研究第二次国共合作的历史，要为第三次国共合作提供历史借鉴，总结历史规律和历史经验，体现历史研究的社会价值，体现历史与现实以及未来的沟通。

原载《中华民国史研究述略》，北京，中国社会科学出版社，1992。

抗战时期的国际关系与中国国际地位的提高

中国的抗日战争是全民族的抗战，是近代史上中国人民反对外敌入侵第一次取得完全胜利的民族解放战争。中国的抗日战争也是世界反法西斯战争不可分割的重要组成部分，中国人民为世界反法西斯的胜利做出了巨大的民族牺牲和重要的历史贡献。抗日战争的胜利，极大地改变了中国在世界人民心目中的形象，大大地提高了中国的国际地位，成为中华民族由衰败走向振兴的重大转折点，为中国民族民主革命的彻底胜利奠定了坚实的基础。

一

1937 年 7 月 7 日卢沟桥事变，是日本全面侵华的开始，也是中国全国性抗战的起点。在中华民族生死存亡的危急关头，中共中央又一次呼吁与国民党合作，共同抗日。7 月 15 日，中共代表团向蒋介石提交了《中国共产党为公布国共合作宣言》。但蒋介石把《宣言》搁在一边，另提他的一套方案。7 月底平津失守，8 月 13 日战火又烧到上海，中国军队被迫在华北和华中两面作战。这时，蒋介石才不得不重视国共合作这一有关民族存亡的大事。9 月 22 日中国共产党宣言和 23 日蒋介石谈话的发表，宣布了国共两党第二次合作的正式成立。全国工农商学兵各界各族人民、各民主党派、抗日团体、社会各阶层爱国人士和海外侨胞都在中国共产党倡导的抗日民族统一战线旗帜下集合起来，汇成一股不可抗拒的洪流，去同日本侵略者作殊死的战争。毛泽东在《国共合作成立后的迫切任务》中指出："这在中国革命史上开辟了一个新纪元。这将给予中国革命以广大的深刻的影响，将对于打倒日本帝国主义发生决定的作用。"①

抗战初期，中国共产党根据中日双方的情况、特点及其战争规律，提出了以抗日救国十大纲领为中心的全面抗战路线和持久战的战略总方针，为中国人民争取抗日胜利指明了具体道路。国共两党在战略问题上相互协商，国共两党的军队作了合理的分工，国民党军队担负正面战场的作战任务，八路军、新四军等人民抗日武装担负挺进敌后，发动、组织与武装群众，开展敌后游击战争，创建抗日民主根据地，开辟广大的敌后战场，从敌后钳制、消耗和消灭敌人，配合正面战场的作战任务。正面战场和敌后战场构成一个中国抗日战场。

卢沟桥事变不仅是日本发动全面侵华战争的开始，实际上也是第二次世界大战在亚洲全面爆发的起点。"七七"事变和"八一三"事变引起全世界的关注。世界各国人民和正义人士首先关注的问题是中国政府的态度，国际过去鄙视中国的不抵抗。卢沟桥事变发生后，蒋介石和国民政府提出了"不屈服，不扩大"和"不求战，必抗战"的方针。一方面，在军事上进行部署，准备应战。另一方面，蒋介石和国民政府又急欲与日本政府直接交涉或"由地方当局与日军代表折冲，期事件之早日解决"。② 直到 7 月 17 日，蒋介石在庐山发表谈话，认为"卢沟桥事变已到了退让的最后关头"，并且提出了解决卢沟桥事件的四项原则，确定了准备抗战的方针。8 月 13 日，日军在上海发起进攻。8 月 14 日，中国国民政府发表《自卫抗战声明书》。中国先后调集了 70 万军队与 28 万日军展开淞沪会战。中国军民在世界东方最早举起了反法西斯战争的旗帜。世界各国共产党和各国人民及正义人士，都把中国全民族抗战看成是世界反法西斯侵略战争的第一线，纷纷给予道义的、物质的和人员的支援，一时间在中国汇集了国际反法西斯的一支可观的力量。中国军民英勇抵抗浴血奋战赢得了国际的尊敬，提高了中国的国际地位。英国《泰晤士报》发表《中国抵抗国际地位增高》的评论，称："日军侵略中国，倘中国不起而抗战，则国内将肇分崩之现象，前途

① 《毛泽东选集》，第 2 版，第 2 卷，364 页。
② 《国民政府外交部发言人声明》，1937-7-12。

至为危险，今既起而与日本周旋，则其国际地位已跻于若干年来所未达到之高度，倘今后蒋委员长能善用其军力，使中国不致惨败，则以中国幅员之大，必可长久支持云。"①

日军挑起卢沟桥事变后，日本陆相杉山元向天皇夸口说："中国事变一个月就可解决。"淞沪会战开始后，日本侵略者又企图以"速战速决"的战略，"三个月灭亡中国"。全世界同情中国抗战的人们，无不为中国抗战的前途而担忧，中国能顶住日本的进攻吗？中国能坚持长期抗战吗？9 月 25日，八路军第一一五师于平型关伏击日军，击毙日军 1000 余人，打破了"皇军"不可战胜的神话，极大地振奋了全国的民心、士气，取得了全国抗战以来中国军队的第一个大胜利，赢得了国际舆论的称赞和好评。淞沪会战中国军民毙伤日军 4 万多人，坚守上海达 3 个月之久，粉碎了日本军国主义者速战速决的迷梦。日军在惨绝人寰的南京大屠杀中，杀害中国军民总数在 30 万人以上，但没有能征服中国人民的抵抗意志。在台儿庄战役中，中国第五战区以巨大的牺牲歼灭日军 1 万余人，沉重打击了日本侵略者的凶焰，极大地鼓舞了全国军民坚持抗战的必胜信心，也增强了世界各国人民对中国坚持长期抗战的信心。

在抗日战争的战略防御阶段正面战场是主战场，担负了抗击日军战略进攻的主要任务。在这个阶段，由于军事上的敌强我弱，中国丧失一些地方是不可避免的，又由于国民党领导集团执行片面抗战路线和单纯防御的战略方针，中国所付出的代价也是惨重的。日军在中国领土上前进了1800 余公里，将正面战线推进到包头沿黄河至风陵渡及开封、合肥、安庆、信阳、武汉、九江至杭州之线，并占领了广州附近地区。但中国在淞沪、忻口、徐州，武汉等会战中消耗了敌人大量兵力。从 1937 年"七七"事变到 1938 年 10 月广州、武汉失守，日军伤亡近 45 万人，军费支出近 100亿日元，人力、物力和财力的消耗都已达到空前的程度。共产党领导的八路军和新四军，15 个月来深入华北、华中敌后，开展游击战争，对日作战1600 余次，歼敌 5.4 万余人，收复了大片国土，创建了晋察冀、晋绥、晋

---

① 《卢沟桥事变和平津抗战资料选编》，430 页。

冀豫、晋西南、冀鲁豫、山东、苏南、皖中、豫东等 10 余块抗日根据地，从而极大地钳制了日军的作战，有力地配合了正面战场的作战，加快了战略相持阶段的到来。到 1938 年年底，日本在中国战场上已陆续投入 23 个师团、16 个旅团(不包括东北的关东军)近百万人的兵力，占其陆军总数的 2/3 以上。日本侵略军的战略进攻和野蛮屠杀，不但没有使中国屈服，相反却陷入了对华战争的泥淖而不能自拔，被迫转入长期持久作战的不利局面。正如毛泽东所说："中国的长期抵抗，将使日本帝国主义本身走上崩溃的道路。"①中国军民 15 个月来的英勇抗战显示了中华民族伟大的力量，引起了世界的普遍关注，改善了中国的国际地位。

美国对中日战争抱所谓的"中立政策"。1937 年 7 月 16 日，美国国务卿赫尔发表关于国际政策基本原则的声明，空谈"维持和平"，"切戒在推行政策中应用武力"，申明"美国避免加入同盟或担负困累之义务"。8 月 27 日，美国驻日大使格鲁在致赫尔的密电中建议：①避免卷入；②极力保护美国人的生命财产和权利；③在保持完全中立的同时，维持我们对交战双方的传统的友谊。"关于上述最后一点我们需作特别努力，以巩固我们与日本的关系。"②9 月 14 日，美国总统罗斯福发表关于"中立法"的声明，宣布"不得向中日两国输送"武器，弹药或战争工具。但制造武器，弹药的钢铁、石油以及汽车、机床等物资和设备却源源不断地运往日本，美国的资本家从中大发其财。英国因忙于应付欧洲动荡不安的形势，不希望在远东爆发战争，因此仅仅要求中日双方"克制"。"八一三"事变后，英国也只是采取消极调解的政策。对日机扫射致伤英驻华大使许阁森一事也采取了妥协态度。英国认为把目前的中日问题交给国联将是白费力气，至于制裁日本根本谈不上。因此，当中国政府正式向国联提出申诉要求制裁日本时，国联大会于 10 月 6 日通过决议，对中国仅仅"表示精神上之援助"，而没有任何具体援助中国的措施，也没有明确宣布日本是侵略者，更完全不提制裁日本的事。而把解决中日"冲突"的责任推给九国公约签字国。经过几番

---

① 《毛泽东选集》，第 2 版，第 2 卷，375 页。

② 《中国近代对外关系史资料选辑》下卷，第 2 分册，24～25 页。

周折，到 11 月 3 日第八届九国公约国会议才在比利时首都布鲁塞尔举行。日本拒绝出席。中国政府指望会议能采取一些具体措施来制裁日本，同时通过若干措施来大力帮助中国。但是英、法、美各有打算，它们都反对制裁日本。英法希望与美国合作，通过调解以求中日双方达成和平协定，而美国又不愿意被推到前台去。所以会议一开始就把制裁日本的问题排除于会议讨论之外，一直拖到 11 月 24 日，会议建议中日双方停止战争，改取和平程序，随即休会。会议以夭折告终，这是英、法、美等国推行绥靖日本政策的表现。苏联从反对法西斯侵略和保卫其远东安全出发，8 月 21 日，与中国签订互不侵犯条约，并迅速以贷款形式向中国提供军事物资援助。1937 年 11 月 11 日，中国政府要求苏联出兵援华，苏联政府以"苏联希望日本削弱，但目前苏联尚未到与日开战时机"为由予以拒绝。12 月斯大林、伏罗希洛夫致电蒋介石，说明目前苏联不能出兵援华，因为"假使苏联不因日方挑衅，而即刻对日出兵，恐将被认为是侵略行动"。① 1938 年 10 月，广州、武汉失守后，蒋介石曾致电杨杰"密探苏方能否在海参崴方面一次派机数百架，由义勇队驾驶出其不意飞往轰炸敌人重要城市及军事根据地。如此一举成功，东亚大局急转直下，中苏两国俱有莫大之利益。"② 蒋介石这种完全依靠外援抗战的想法是行不通的。苏联对华援助也"以不妨碍苏联对东西两线之准备为限"，即以保卫苏联在远东的安全为其出发点。

中国抗战 15 个月来，以巨大的民族牺牲，粉碎了日军的战略进攻，拖住了日本的兵力，打乱了日本的侵略计划，初步稳定了世界东方的战局，为各有关国家争得了加强国防准备迎击法西斯侵略的宝贵时间。这是中国对世界反法西斯战争的重大贡献。毛泽东在当时即指出："伟大的中国抗战，不但是中国的事，东方的事，也是世界的事。""在伟大抗战中，基本的依靠中国自力胜敌，中国的力量也正在发动，不但将成为不可战胜的力量，且将压倒敌人而驱除之，这是没有疑义的。但同时，需要外援的配

---

① 《中华民国重要史料初编——对日抗战时期》，第三编"战时外交"（二），335、339 页。

② 杨德慧：《杨杰将军传》，280 页。

合。我们的敌人是世界性的敌人，中国的抗战是世界性的抗战，孤立战争的观点，历史已指明其不正确了。"他们"不知道中国如果战败，英美等国将不能安枕"，"援助中国就是援助他们自己"，"中国在困难之中进行战争，但世界各大国间的战争火焰已日益迫近，任何国家欲置身事外是不可能的。""我希望英美民众积极起来，督其贵政府采取反对侵略战争的新的政策，为了中国也为了英美自身。"①

二

1938年10月武汉失陷后，中日战争逐渐转入战略相持阶段。日本帝国主义为寻找解决"中国事变"的出路，不得不改变其侵华政策，将前一阶段以军事进攻为主、政治诱降为辅的方针，改变为以政治诱降为主，军事进攻为辅的方针，企图实行"以华治华"和"以战养战"的政策，通过分裂以国共合作为基础的抗日民族统一战线，压迫和引诱国民党、国民政府妥协屈服，以实现灭亡中国的迷梦。在日本诱降和国际绥靖主义者劝降的影响下，国民党反共分裂和妥协投降倾向显著增长。正面战场作战的范围，规模及频繁程度，都较战略防御阶段有明显的减弱。从1939年起，日军以在中国关内总兵力的大部及全部伪军，对占领区进行连续两年的"治安肃正"作战。八路军、新四军等抗日武装，经过两年来万余次对日伪军的作战，粉碎敌人大规模"扫荡"近百次，歼灭大批日伪军，使敌后抗日根据地进一步扩大。中国共产党及其领导的敌后抗日根据地广大军民，成为坚持团结抗战的中流砥柱，敌后战场成为抗击日伪军频繁进攻的主战场。

这一时期，国际形势对中国极其不利。英、法、美等国，主要是英国继续对日采取绥靖政策。当时，欧洲战争日益迫近，英国为了避免东西两面作战，使日本在欧战爆发时保持中立，便拒绝了中国多次提出的联合抗日的建议。英国并不愿意在远东与苏联合作，它担心在远东与苏联合作会激怒日本同德意结成联盟，从而增加日本介入欧洲战争的可能性，英国寄

---

① 《毛泽东军事文选》，204～205页。

希望于美国能把舰队调到太平洋以牵制日本。但美国当时还没有认真考虑美英合作的问题。1938年11月30日，日本御前会议决定《调整日华新关系的方针》，强调"第三，国在中国的经济活动和权益，由于日满华经济合作的加强，当然要受到限制"。[①] 1939年6月，日军封锁天津英租界，制造了天津租界危机。这是自中日战争爆发以来，日本对英国在华利益直接发动进攻的最严重的事件。7月24日，日本外相有田八郎与英国驻日大使克莱琪在东京签订了《有田—克莱琪协定》。这一协定是英国牺牲中国主权与日本妥协的产物，是"东方慕尼黑"阴谋的重要组成部分。9月初，英军五六百人撤离天津英租界。美国对《有田—克莱琪协定》的签订表示担忧，于7月26日通知日本，美国政府决定1940年1月后废止1911年的美日通商条约。

1939年9月欧战爆发后，英国把它的战略重点放在欧洲，因此极力避免与日本冲突，继续采取对日绥靖政策。1940年6月，英国与日本成立了共管中国政府在天津英租界所存白银的协定。同月，日本趁法国败降之时，迫使法国关闭了滇越铁路，对中国抗战带来巨大的损失。7月17日，英国再次屈服于日本的压力，达成了《英日关于封闭滇缅公路的协定》。英日这一协定断绝了中国最重要的国际通道，切断了外部世界对中国抗战提供军需品和其他必需品的供应。9月下旬日军侵入越南，切断了中国又一条国际交通线——滇越铁路。英、法、美的对日绥靖政策，助长了日本的侵略气焰，给中国抗战造成巨大的困难。

相持阶段到来后，中国军民坚持团结抗战，牵制了大量日军，到1940年还有85万日军(不包括关东军)陷于中国大陆泥淖般的长期消耗战中。但美英对中国的援助是有限的，主要是美国的桐油借款(2500万美元)，滇锡借款(2000万美元)，钨砂借款(2500万美元)、金属借款(5000万美元)和平衡资金借款(5000万美元)等援助款项。但这些借款，只采取商业交易形式，不能在美国直接购买军火。直到1940年9月26日美国宣布对日禁运废钢铁。12月29日，罗斯福发表"炉边谈话"，承认美、英、中三国的命

---

① 《日本帝国主义对外侵略史料选编(1931—1945)》，282页。

运有密切联系，表示美国愿意承担这些国家兵工厂的责任。美国国会内外开始辩论援助反法西斯国家的《军火租借法案》。《租借法》通过后，罗斯福正式宣布中国为《租借法》的受援国，这才打通了中国直接接受美国军事援助的渠道。罗斯福还同意美国军人辞职加入陈纳德的中国空军美国志愿航空队。1941年5月，第一批包括300辆汽车在内的价值110万美元的"租借"物资由纽约运往中国。但即使在此时，罗斯福仍然强调美国援华不能像中国所希望的那样大张旗鼓。1941年6月，美国陆军部决定接受中方的请求，派出由马格鲁将军率领的"美国驻华军事代表团"。这个使团的主要任务是监督"租借"物资的分配，加强援助效益，以便符合美国的战略意图。1940年9月，《德意日三国同盟条约》正式签订，三国同盟条约对日本继续南进提供了保证。英国是日本要直接打击的对象。10月18日英国重新开放滇缅公路。1941年年初，英国派丹尼斯来华担任新的驻华武官。丹尼斯在与蒋介石、何应钦的会谈中，不肯答应在日本攻滇时帮助中国，却希望中国继续牵制日本。4月13日，日苏签订中立条约，日本北守南进的意图愈益明显。中国政府认为中英合作已刻不容缓，催促英国早日决定中英军事合作，勿再犹豫。但直到8月中旬，才由于中国的让步而达成了中英联合军事行动的初步协议，这是中国长期坚持抗战的结果，也是英国对华政策的初步转变。英美直到日本已经严重威胁着它们自身安全和利益的时候，才认识到中国军民坚持抗战的战略意义，援助中国也是援助英美自己。

1939年8月，苏德签订互不侵犯条约。9月欧战爆发，苏联担心德国法西斯掉头东进，特别是1940年9月，德意日法西斯成立三国军事同盟更强烈地刺激了苏联。为了避免出现东西两线作战的危险，苏联亟须解决它东部边境的安全问题。为此，1941年4月13日，苏联同日本签订了《苏日中立条约》。苏日并共同宣言："苏联誓当尊重'满洲国'之领土完整与神圣不可侵犯性，日本誓当尊重'蒙古人民共和国'之领土完整与神圣不可侵犯性。"① 同日苏联外长莫洛托夫约见中国驻苏大使邵力子，表示"苏联将毫无变更地继续援助中国抗战"。毛泽东在当时指出："日苏条约使苏联彻底解除被攻威胁"，"对制止中国投降与反共危险有积极作用"，"蒋投降与反共将更加困难"。② 但它无视中国的主权，中国政府发表声明不予承认。1941年6月22日，苏德战争爆发。共产国际和苏联政府为了减轻东线的压力，于7月要求中共派八路军北上，设法切断通往北平、张家口、包头的铁路交通，破坏日军向中苏边境集结，以此行动来保卫苏联；中共即命令八路军制订破路与情报两项计划，以迟滞日军可能的攻苏行动。7月2日，毛泽东指出：日苏战争有极大可能爆发，如日本攻苏，将在华北加强镇压。我军须准备配合苏军作战，"但此种配合，是战略的配合，是长期的配合，不是战役的配合与一时的配合"。15日毛泽东复电周恩来，指出：关于准备配合苏联对日作战问题，"我们决心在现在条件下以最大可能帮助苏联红军的胜利"。"我们采取巩固敌后根据地，实行广泛的游击战争，与日寇熬时间的长期斗争的方针，而不采孤注一掷的方针。"18日毛泽东复电刘少奇指出："八路、新四大规模动作仍不适宜，还是熬时间的长期斗争的方针，原因是我军各种条件均弱，大动必伤元气，于我于苏均不利。"③ 此后中苏关系逐渐淡化，但从战略上中国军民坚持长期抗战有力地配合了苏联抗击德国法西斯的战争。中国军民成为抗击日本法西斯的主力军。

三

1941年12月7日，太平洋战争爆发。中国国民政府于9日正式对日宣战。中国的抗日战争与各国反对德、意、日法西斯的战争汇合起来了。1942年1月1日，美、英、苏、中等26个国家在华盛顿联名发表了《联合国家宣言》，标志着国际反法西斯统一战线的正式形成。宣言是由美、英、

---

① 《中华民国重要史料初编——对日抗战时期》，第三编"战时外交"（二），390～391页。

② 《毛泽东年谱》，中卷，287～288页。

③ 《毛泽东年谱》，中卷，310～313页。

苏、中四国领衔签署。中国作为战时"四强"之一首次出现在国际文件上。后又成立了中国战区盟军最高统帅部，由蒋介石担任最高统帅。初步树立了中国的"大国"形象。中国抗日战争的战略地位以及中国军民近5年来坚持团结抗战所作出的贡献已为世界各国所承认。中国的国际地位大大提高了。

与此同时，美国为了增强中国抗战实力，牵制日军，开始全面援助中国，并派遣各种顾问团或代表团来华协助工作。1942年2月给了中国5亿美元贷款，6月又签订了8.7亿美元的租借物资协定。6月2日又签订了《中美抵抗侵略互助协定》。美国的对华援助具有两重性，它有加强中国对日作战的一面，也有加强对中国控制的一面。美国坚持把中国列入"大国"行列，一般认为原因有四：其一，美国认识到中国在战时和战后战略地位的重要性；其二，美国人民的意愿；其三，美国战时和战后自身利益的需要；其四，美国控制中国的强烈欲望。美国支持中国成为"大国"可以达到三个目的：一是鼓舞中国抗战的士气，拖住日本的后腿，消耗日军主力，把中国作为反攻日本本土的基地；二是把中国作为战后在远东与苏联以及英国抗衡的力量；三是使中国在世界和亚洲政治舞台成为追随美国的忠实伙伴和代言人。罗斯福深知中国那时"并不是一个世界大国，而且在战后一个长时期内，也还不可能是"。在1943年后罗斯福更清楚地意识到国民党军队的腐败和无能，并开始怀疑这支军队能否承担起反攻日本的责任。但罗斯福的着眼点是在战后国际政治格局中如何利用中国这张牌。从战后美国世界战略的高度出发，美国需要中国这个盟友，并把它牢牢控制在自己手里，这是美国坚持"提携"中国成为"大国"的根本原因。

中国与美、英、苏结盟并成为"四大国"后，在国际事务中积极地发挥作用，为反法西斯战争的胜利做出了贡献。第一，1942年2月蒋介石访问印度，这是抗战期间中国一次有较大影响的外交活动。在印度半个月的访问中，蒋介石同英印人士进行了广泛的接触，蒋介石充当了英印紧张关系的调解人，虽然调解活动没有成功，但加深了中印两大民族的相互了解，为尔后开通中印公路作了准备。第二，为协助盟国作战并保卫中国接受外援的唯一通道滇缅公路，中国政府应英国的要求于1942年2月组成远征军，先后入缅作战。解救了被日军包围于仁安羌的英军 7000 余人。中国远征军入缅作战条件异常艰苦，伤亡过半，装备大部丢失，损失惨重。它是中国抗日战争的重要组成部分，也是国际反法西斯战争悲壮的一役。中国远征军广大官兵的英勇作战和忍辱负重，表现了中华民族富于为世界和平和正义事业作出牺牲的精神。第三，中国参加《普遍安全宣言》的签字。中国与美英结盟，但美英的总体战略是"先欧后亚"，所以一再拒绝中国政府关于加入盟国最高决策机构——美英参谋长联席会议和军需品分配委员会的请求。这引起了蒋介石的不满。美国为在战后世界"起领导作用"，担心失去蒋介石政权，所以排除了英、苏的阻力，把"使中国成为大国"的计划拿到 1943 年 10 月在莫斯科召开的美、英、苏三国外长会议上。美国争取了英国的支持并说服了苏联，使它们相信如果三国在宣言签字上当面抛弃中国，"完全可能在太平洋地区产生极其可怕的影响，不论在政治上和军事上都如此"。[1] 10 月 30 日，中国驻苏大使和美、英、苏三国外长在《普遍安全宣言》（即"四强宣言"）上签字，为中国在国际舞台上扮演"四强"的角色铺平了道路。因为依据宣言，中国政府有权利与责任参与各大国间为结束战争的协调行动，筹划组建战后联合国机构。第四，蒋介石参加开罗会议。1943 年 11 月 22—26 日，罗斯福、丘吉尔、蒋介石在开罗举行美、英、中三国首脑会议。这是中国第一次出席国际上最高元首会议。三国首脑讨论了联合对日作战的计划，做出在滇缅路发动对日作战的决定，并签订了《开罗宣言》。宣言表示"三大盟国此次进行战争之目的，在于制止及惩罚日本之侵略"。三国的宗旨是：剥夺日本从 1914 年以来在太平洋上所夺得或占领的一切岛屿，把日本侵略的领土如满洲、台湾、澎湖群岛等归还中国，等等。宣言坚持日本必须无条件投降。开罗会议中国正式列入"四强"之列。第五，中国作为旧金山会议的发起邀请国之一，出席 1945 年 4 月 25 日在美国旧金山召开的联合国成立大会。会议确定由中、美、英、苏四大国首席代表轮流当大会主席。这在过去的国际会议上的确是没有过的。中国成为联合国安全理事会五个常任理事国之一，取得了对安理会任

---

① ［美］赫伯特·菲斯：《中日的纠葛》，113 页。

何重大决议的否决权。这是对中国在世界反法西斯战争中所作出的巨大贡献的承认，也是对中国在国际事务中作用的重新认识，这是中国对外关系史上的一件大事，具有深远的影响和意义，中国的国际地位更提高了。

　　抗日战争时期中国国际地位的提高，并不意味中国取得完全的真正的独立。举例来说：1942年10月10日，美英两国政府发表联合声明，宣布自动放弃在华治外法权及其有关特权。中英、中美旧约的废除，是中国人民长期斗争的结果，是中国政府和人民坚持长期抗战的结果。1943年1月11日中美、中英分别签订了平等新约。但是，新约也并非是完全平等的条约。如在中英签订新约的谈判过程中，英国坚持不讨论中国收回香港新界的要求。在英国的压力下，蒋介石终于被迫让步。他在1942年12月31日的日记及"本月反省录"中表示了一种无可奈何的心情，说"对英外交，颇费心神"，"九龙交还问题英坚不愿在新约内同时解决"，他只得"暂忍之"，同意签署中英新约。① 毛泽东指出："我们认为平等条约的订立，并不就表示中国在实际上已经取得真正的平等地位。"②再例是：1945年2月，罗斯福、丘吉尔和斯大林在雅尔塔举行美、英、苏三国首脑会议。会议期间讨论了苏联参加对日作战问题。会议签署了《苏美英三国关于日本的协定》（即《雅尔塔协定》），规定苏联在德国投降及欧洲战争结束后两个月至三个月内，参加同盟国方面对日作战。苏联参战的条件包括：维持外蒙古现状，大连商港国际化，保证苏联在该港的优越权益，苏联租用旅顺港为海军基地，中苏共同经营中长铁路，千岛群岛须交与苏联。这个秘密协定是苏、美、英背着中国签订的，严重损害了中国的主权，同年6月才由美国通知中国国民政府，并要求予以同意。这是大国强权政治的产物。第三例是：中英香港受降之争。日本宣布投降后，根据盟军"总命令第一号"，香港地区属于中国战区范围，理应由中国受降，但英国却下令由英国太平洋舰队执行重新占领香港的任务，命令香港地区的日军向英军投降，理由是香港是英国的殖民地，主权属于英国。在中英香港受降之争中，美国表示

　　① 《蒋总统秘录》，第17册，42页。
　　② 《毛泽东选集》，第2版，第3卷，1085～1086页。

"并不反对由一名英国军官在香港受降"。蒋介石在美国的压力下向英国作出让步，决定香港地区授权英国军队受降。8 月 30 日英国舰队在香港登陆，哈考特以代表英国政府和代表中国战区最高统帅的身份，接受了香港日军的投降。以上几例均表明抗日战争胜利后，中国并没有完全摆脱半殖民地的处境。正如毛泽东在《论联合政府》中所说：中国真正的平等地位和完全独立，"决不能单靠外国政府的给予，主要的应靠中国人民自己努力争取，而努力之道就是把中国在政治上经济上文化上建设成为一个新民主主义的国家，否则便只会有形式上的独立、平等，在实际上是不会有的。"[1]一百多年来的历史告诉我们，"国家的主权和安全要始终放在第一位"[2]。在八年的抗日战争中，中国军民伤亡 3500 万人，直接经济损失超过 1000 亿美元，间接经济损失 5000 亿美元，为世界反法西斯战争胜利立下了不可磨灭的功勋。抗日战争的历史再次证明：具有强大凝聚力的中华民族是不可征服的！不管今后国际上出现什么惊涛骇浪，她将永远屹立于世界民族之林！

《北京师范大学学报(社会科学版)》1995 年第 4 期(总第 130 期)

---

① 《毛泽东选集》，第 2 版，第 3 卷，1086 页。
② 《邓小平文选》，第 3 卷，347 页。

抗日战争胜利后中国战区受降纪实

一、日本投降内幕

(一)难忘的 1943 年

日本侵略者 1937 年 7 月 7 日发动了卢沟桥事变,开始了全面侵华战争。1941 年 6 月 22 日凌晨,法西斯德国撕毁《苏德互不侵犯条约》,出动550 万兵力,突然向苏联发起全线进攻,苏德战争爆发。1941 年 12 月 7 日晨,日军偷袭美国海军基地珍珠港,美军损失惨重,太平洋战争全面爆发。1942 年 1 月 1 日,美、英、苏、中等 26 个国家在美国华盛顿签署了《联合国家宣言》,世界反法西斯联盟正式形成。

太平洋战争全面爆发后,日本发动了疯狂的战略进攻,迅速占领了东南亚和西南太平洋广大地区。但 1942 年 6 月初的中途岛一战,日军却遭重创。中途岛位于珍珠港西北 1000 余海里处,是珍珠港的重要屏障和前哨。指挥这次海战的日美指挥官分别是,日本海军联合舰队司令山本五十六,美国太平洋战区海军司令尼米兹。海战从 6 月 3 日始,至 6 月 5 日下午止。这次海战,日本共损失大型航空母舰 4 艘、巡洋舰 1 艘、飞机 300 余架、兵员 3500 人,其中包括数百名有经验的飞行员。而美国仅损失航空母舰和巡洋舰各 1 艘、飞机 147 架、兵员 307 人。中途岛海战是太平洋战场的转折点。从此,日军逐渐由战略进攻转为战略防御,而美军则由战略防御逐渐转为战略进攻。

8 月,日美又展开了争夺瓜达尔卡纳尔岛的战役。瓜岛位于西南太平洋所罗门群岛的南部,是美国在太平洋的反攻基地——澳大利亚,以及美澳之间的海上交通线的要点地。8 月 6 日美军向瓜岛上的日军发动进攻,从此开始了日美军队长达半年的争夺战。双方在岛上拉锯,海空军也多次交战。1943 年 2 月 7 日,日军被迫将残余部队撤离这个"死亡之岛"。这次争夺战日本损失惨重，2.5 万人"永远没有离开那儿"，此外还损失 2 艘战列舰、3 艘巡洋舰、12 艘驱逐舰、16 艘运输舰，以及 600 多架飞机。而美国只损失 2 艘航空母舰，1500 多人。瓜岛之战，日军完全丧失了战略主动权，美军则由此完成了太平洋战场的战略转折，瓜岛争夺战成为美军反攻的起点。

在欧洲，1942 年春，德军在莫斯科战役失败后，遂集中兵力于南线，企图一举攻占南方重镇斯大林格勒，夺取高加索油田，再北上包抄莫斯科。7 月 17 日，斯大林格勒战役开始。1943 年 1 月 10 日苏军开始转入总攻，至 2 月 2 日，被围德军全部被歼，其指挥官鲍罗斯元帅被俘。此次战役双方都投入大量兵力，历时 200 天，是第二次世界大战中规模最大的战役之一。苏军消灭德军 150 万人，使德军损失 3500 辆坦克和强击火炮、3000 架飞机和 1.2 万门火炮，希特勒德国被迫转入战略防御。斯大林格勒战役是苏德战场和第二次世界大战的转折点。

在北非，英国第八集团军在蒙哥马利指挥下，于 1942 年 10 月 23 日在阿拉曼发动对德意军队的反攻，大败隆美尔，将德意军队赶出埃及。英军乘胜攻入利比亚，收复托卜鲁克。1943 年 1 月 23 日，占领了利比亚首都的黎波里。2 月，英军攻抵突尼斯东部边界。阿拉曼战役中，德意联军死伤 5.5 万人，损失坦克 350 辆；英军损失 1.35 万人和 500 辆坦克。与此同时，美英军队于 1942 年 11 月 8 日在西北非登陆。1943 年 3 月下旬，美英军队从东、西两个方向夹击突尼斯，5 月 7 日，英军攻占突尼斯城，美军进驻比塞大港。13 日，25 万德意军队全部向美英军队投降，北非战事结束。

当美英军队在北非作战取得重大胜利的时候，罗斯福和丘吉尔于 1943 年 1 月 14 日至 23 日在摩洛哥的卡萨布兰卡举行会议，决定进攻意大利的西西里岛，以保卫地中海的交通线，减轻德军对苏联的压力，迫使意大利退出战争。7 月 10 日凌晨，16 万美英军队在 1000 架飞机的掩护下，分乘 3200 艘各种舰只，向西西里岛东南部发起进攻。8 月 17 日占领全岛，德意损失军队 16.5 万人。在遭沉重打击下，7 月 25 日，意大利发生政变，墨索里尼被国王逮捕，由意军总参谋长巴多格里奥组织新政府。9 月 3 日，巴多格里奥政府同美英签订无条件投降的停战协定。9月3日和8日，英美军队分别在意大利南部登陆。与此同时，希特勒迅速派军队占领意大利北、中部，与英美在意大利对峙，并于9月13日用飞机劫走墨索里尼。9月15日，拼凑了以墨索里尼为首的所谓"意大利社会共和国"，以维持意大利战局。意大利国王和巴多格里奥政府退入南部盟军占领区，并于10月13日正式退出法西斯集团，宣布对德作战。阿拉曼大捷和整个北非战役以及盟军在地中海地区的胜利，是第二次世界大战的又一个转折点。

正当反法西斯同盟国家在各个战场取得了决定性胜利之时，为讨论联合对日作战计划和战后处置日本问题，美国总统罗斯福、英国首相丘吉尔和中华民国国民政府主席蒋介石，于1943年11月22日至26日在埃及开罗举行会议。12月1日发表了美、英、中三国《开罗宣言》。宣言指出：三大国进行这场战争是为了制止并惩罚日本的侵略，"三国之宗旨在剥夺日本自1914年第一次世界大战开始以后在太平洋所夺得的或占领之一切岛屿，在使日本所窃取于中国之领土，例如满洲、台湾、澎湖列岛等，归还中华民国"，并"决定在相当期间，使朝鲜自由独立"。三国声明"将坚持进行为获得日本无条件投降所必要之重大的长期作战"。[①] 罗斯福在会上答应让蒋介石成为"四强首脑之一"，"使中国正式列入四大强国之地位"，蒋介石则同意向苏联出让中国东北的某些权利，将大连划为国际自由港，并同意中美互相使用陆海军基地。

为商讨加速战争进程和战后世界的安排问题，美、英、苏三国首脑罗斯福、丘吉尔和斯大林，于1943年11月28日至12月1日在伊朗首都德黑兰举行会议。会议的主要内容有：(1)决定于1944年5月在法国北部开辟第二战场；(2)就战后成立一个维护世界和平与安全的国际组织问题交换了意见；(3)就战后如何处置德国问题。三国提出了不同的分割方案；(4)三国一致赞成战后重建独立的波兰，其边界西移，将德国东部的部分地区并入波兰；(5)苏联表示在欧洲战争结束后参加对日作战，并提出归还整个库页岛等条件。会议签署了《美、英、苏三国德黑兰宣言》和《美、

---

① 《国际条约集》(1934—1944)，407页，北京，世界知识出版社，1961。

英、苏三国德黑兰协定》。德黑兰会议是反法西斯三大盟国首脑在第二次世界大战中的首次直接会晤，对维护和加强盟国间的团结与合作，协调军事战略行动，加速反法西斯战争的胜利起了重要作用。三国在会议期间为自身利益达成一些损害他国利益的妥协和默契，给战后国际关系造成不良影响。

(二)美军在太平洋连连得手

希特勒在斯大林格勒会战失败后，并不甘心，于 1943 年夏季，在库尔斯克附近集结了 90 多万军队，2700 辆坦克和强击火炮，2050 架飞机和 1 万门火炮。与之对阵的苏军有 133 万人，3600 辆坦克和强击火炮，3130 架飞机，2 万门火炮。库尔斯克坦克大战爆发。会战从 7 月 5 日持续到 8 月 23 日。会战以德军彻底失败告终。从此，德军完全失去了东线主动权，苏军转入战略总反攻。1944 年苏军又在苏德战场上连续发动了十次大规模战略性战役，共消灭德军约 200 万人，收复了被占领的全部苏联领土，并进入东南欧作战。

遵照德黑兰会议精神，1944 年盟军开辟了欧洲第二战场。盟军计划由英国本土出发，横渡英吉利海峡，以法国西北部诺曼底为主攻方向。由美国艾森豪威尔将军担任盟军最高统帅。为此，盟军集结了 288 万人，6000 余艘各类舰艇，15700 多架飞机。6 月 5 日夜，美英空军对塞纳湾地区德军防御阵地投下 9400 吨炸弹，为登陆部队清扫障碍。6 日凌晨 1 时 30 分，美英 3 个空降师从英国起飞，在登陆地域两翼着陆，占领了部分军事要地。6 时 30 分，美英军队开始在诺曼底登陆。到 7 月 24 日，盟军登陆场已扩展到正面宽 100 公里，纵深为 30～50 公里的范围，歼灭德军 11.7 万人，击毁其坦克 2117 辆和飞机 345 架，胜利完成了诺曼底登陆。接着，盟军解放了法国，攻入德国本土。

中途岛海战和瓜岛争夺战之后，美国、英国、澳大利亚和新西兰等盟国军队在北、中和西南太平洋兵分三路开始有限反攻，展开岛屿争夺战，并由逐岛进攻战术改为越岛进攻战术，先后攻占所罗门群岛、新几内亚、马绍尔群岛、阿留申群岛等。1944 年 6 月，盟军进攻马里亚纳群岛，突破日军的"绝对国防圈"，开始全面战略进攻。盟军首先进攻马里亚纳群岛的塞班岛。塞班岛是马里亚纳群岛的第二大岛，是这个地区的最重要的基地，岛上驻有日军4个司令部，总兵力为29600余人。登陆前美机对塞班岛进行了空袭和舰炮射击。6月15日，盟军集中部队7.7万人，海军舰只250余艘，舰载飞机170余架，对塞班岛发动了登陆作战。在海战中，日本的海空军受到致命打击，参战的9艘航空母舰3艘被击沉、4艘被击坏，舰载飞机360架保全下来的只有25架。虽然塞班岛上的日军地面部队仍在顽强抵抗，甚至发出了"我们将以全部牺牲来筑成太平洋上的防波堤"的诀别电文，向各自对面的盟军发起自尽式冲锋，但失败的厄运毕竟降临。7月7日，塞班岛上的地面战斗终告结束。塞班岛战斗，日军伤亡23800人，被俘1800人；美军伤亡16700人，失踪335人。7月21日，美军在关岛登陆。8月10日，关岛日军全军覆没。7月23日，美军在提尼安岛登陆。8月3日，美军完全占领提尼安岛。

马里亚纳群岛失陷，日本的"绝对国防圈"开始崩溃，1944年7月18日东条内阁总辞职。7月22日，小矶国昭组阁。继任的小矶内阁决定固守缩小了的日本"绝对国防圈"，包括千岛群岛、日本本土、台湾和菲律宾。1944年10月，美军发起菲律宾战役。美军决定首先进攻日军防御薄弱的莱特岛。莱特岛位于菲律宾群岛的中部，岛上只有2万名日军。10月20日，美军在夺得制空权和扫清航道障碍后，麦克阿瑟所属4个师，分3处在莱特岛东部登陆。为阻止美军进攻，日军派遣4艘航空母舰、9艘战列舰、13艘重巡洋舰和116架舰载飞机、300架岸基飞机，与美军34艘航空母舰、12艘战列舰、10艘重巡洋舰和1400架舰载飞机，在莱特湾交战。日军还首次使用"神风特攻队"自杀飞机。这就是第二次世界大战中规模较大的"莱特湾海战"。经过23日至25日三天苦战，美军击毁日军4艘航空母舰、3艘战列舰、10艘巡洋舰、11艘驱逐舰和150架飞机，摧毁了日本海军的远洋作战能力，取得了海战的胜利。美军也损失了航空母舰2艘、驱逐舰3艘和飞机100架。12月25日，美军占领莱特岛。此战日军伤亡1万余人，美军伤亡15584人。1945年1月，美军在吕宋岛登陆。2月3日，美军攻入马尼拉。3月，美军攻占整个菲律宾。

美军在同日军进行岛屿争夺的同时，对日本本土开始实行战略轰炸。

这一任务是由美国第二十航空队以 B—29 型轰炸机进行的。B—29 被称为"超级空中堡垒"，是第二次世界大战中最大的轰炸机，四引擎，可携炸弹2 万磅，最大荷载航程 5000 公里。1944 年 6 月，首批 B—29 型轰炸机从中国成都和印度基地起飞，对日本本土进行了战略轰炸，但规模不大，共投弹 800 吨。同年秋，美军攻占马里亚纳群岛之后，在塞班岛建立了基地。11 月 24 日，第二十航空队的 111 架 B—29 型轰炸机从塞班岛起飞空袭东京，这是美军第一次轰炸东京，也是对日本大规模战略轰炸的开始。美军根据日本本土夜间云层消散和风力减弱的特点，将原先的昼间精确轰炸改为夜间低空区域轰炸，并针对日本城市人口稠密和木头房屋多，大量使用燃烧弹。这对日本本土的安全造成重大威胁。

（三）中国战场的局部反攻

在中国战场，中国军队牵制和消耗了大量日军，有力地支援了盟军在太平洋战场的反攻作战。从 1944 年起，中国敌后战场对日军开始发动了局部反攻。据不完全的统计，1944 年抗日根据地军民对日伪军战斗共 1.13 万多次，日伪军死伤近 20 万人，争取伪军反正近 3 万人，攻克县城 47 座，据点 5000 余处，收复国土 8 万余平方公里，解放人口 1700 万。

随着日军在太平洋战场上步步失利，其入侵南洋的军队已成孤军。为解救这支孤军，也为给中国重庆政府以再一次的打击，从 1944 年 4 月 18 日始，日本侵略者以 5 个军 16 个师团和若干旅团共 40 余万兵力，向中国正面战场发动了豫湘桂战役（日军称之为"一号作战"）。经过 7 个月又 23 天的作战，日本侵略者实现了打通大陆交通线的目的，但并没有扭转其失败的命运。

为配合盟军在太平洋战场上的攻势，也为了打通中印陆路交通，以改善中国战区美援军需物资的运输状况，经美、英、中三国磋商，中国驻印军于 1943 年 10 月从印度边境雷多出发，向缅甸北部的日军发起攻势。1944 年 8 月攻占缅北重镇密支那，11 月攻占八莫，1945 年春又攻占南坎、腊戌等地，控制了缅甸北部地区。为策应驻印军作战，滇西中国远征军于 1944 年 5 月西渡怒江，9 月攻克腾冲，11 月攻占龙陵、芒市，1945 年 1 月攻克畹町，27 日，中国驻印军和中国远征军在芒友会师，中印公路完全打通。3月又打通了滇缅公路。中国军的缅北、滇西反攻作战，历时一年半，收复缅北大小城镇 50 余座，歼灭日军 3.1 万余人，有力地配合了盟军的作战，对缅甸的光复作出了直接贡献。同时中国军队蒙受了重大牺牲，仅中国远征军就阵亡官兵 26697 人，伤 35541 人，失踪 4056 人。

(四)雅尔塔会议

到 1945 年 2 月初，欧洲东部战线的苏军已渡过奥得河，距柏林只有 60 公里；西线盟军打到了莱茵河西岸，法西斯德国崩溃在即。处置德国、打败日本以及规划和平等问题日渐紧迫。为此，1945 年 2 月 4 日至 11 日，斯大林、罗斯福、丘吉尔在苏联克里米亚半岛的雅尔塔举行会议，并有苏、美、英三国外长和参谋长参加。会议的主要内容有：第一，决定战后由美、英、法、苏四国分区占领德国和德国必须交付战争赔偿以及彻底消灭德国军国主义和纳粹主义；第二，波兰边界和波兰政府的组成问题；第三，苏联参加对日作战问题。2 月 8 日，罗斯福在哈里曼的陪同下，和斯大林、莫洛托夫进行了私下会谈，达成了苏联参加对日作战的协议。2 月 11 日，斯大林、罗斯福、丘吉尔签署了《雅尔塔协定》。协定规定：苏、美、英三大国领袖同意，在德国投降及欧洲战争结束后两个月或三个月内苏联将参加同盟国对日作战，其条件为：(1)外蒙古的现状须予维持。(2)由日本 1904 年背信弃义进攻所破坏的俄国以前权益须予恢复，即：甲、库页岛南部及邻近一切岛屿须交还苏联；乙、大连商港须国际化，苏联在该港的优越权益须予保证，苏联之租用旅顺港为海军基地也须予恢复；丙、对担任通往大连之出路的中东铁路和南满铁路应设立一苏中合办的公司以共同经营之；经谅解，苏联的优越权益须予保证，而中国须保持在满洲的全部主权。(3)千岛群岛须交予苏联。协定还规定，有关外蒙古及上述港口、铁路的协定由美总统负责取得蒋介石委员长的同意。[①] 后来，丘吉尔在回忆录中写道："我明确地说，虽然作为大不列颠的代表，我参加了[签署]这一协定，但我和艾登都不曾参与制订这一文件。这被看作是美国的事，对他们的军事行动当然有重大利害关系。对我们来说，我们不要求制

---

① 《国际条约集》(1945—1947)，8～9 页，北京，世界知识出版社，1959。

订它。总之，并没有同我们协商，只要我们同意。我们就这样做了。"艾登在当时曾力主英国不要签字。丘吉尔说，他非签不可，"不然，英帝国在远东的整个地位就有危险"。[①] 直到 1945 年 6 月 14 日，杜鲁门才指令赫尔利将这一内容通知蒋介石，并劝其同意。(四)联合国问题，同意苏联的乌克兰和白俄罗斯加盟共和国为联合国创始会员国。决定美、英、法、苏、中五国为安理会常任理事国。会议还决定，1945 年 4 月 25 日在美国旧金山召开联合国家会议，讨论制定联合国宪章。会议还通过了《被解放的欧洲的宣言》和《克里米亚宣言》等文件。此次会议巩固和维护了三国战时联盟，对协调盟国对德、日作战，加速反法西斯战争的胜利进程和促进战后和平稳定局面的形成起到重要积极作用，为联合国的建立奠定了基础。但会议的某些协议未经有关国家同意，具有明显的大国强权政治的倾向，严重损害中国等国的主权和利益。三大国在会议上做出的战后世界秩序的安排被称为雅尔塔体系，对战后世界影响巨大。

(五)日本准备本土决战

雅尔塔会议之后，盟军在太平洋攻占硫黄列岛和琉球群岛，为进攻日本本土创造了条件。

硫黄岛是硫黄列岛中的一个主要岛屿，它距东京大约 1200 公里，恰好在日本本土与马里亚纳群岛的中间，地理位置十分重要，从硫黄岛上起飞的日本战斗机，可以从中途直接拦截美国的远程轰炸机。因此，美军必须攻占硫黄岛。在硫黄岛登陆前，美战略空军对硫黄岛进行了 72 天的猛烈轰炸和大规模的舰炮射击。1945 年 2 月 19 日美军在 3 艘战列舰、9 艘巡洋舰、30 艘驱逐舰的舰炮射击和 5 艘航空母舰舰载机的轰炸掩护下，用约130 只登陆艇开始从硫黄岛东南岸登陆。日军进行了顽强抵抗。美日两军展开了寸土必争的殊死攻防战。直到 3 月 16 日，美军才控制了整个硫黄岛。此战，岛上日军全部被歼，美国则伤亡 2.8 万多人。从此日本本土处在美国飞机的经常袭击之下。

---

① 转引自《战后世界历史长编》，第一编，第 1 分册，68～69 页，上海，上海人民出版社，1975。

北京师范大学史学探索丛书

冲绳岛是琉球群岛中最大的岛屿，位于日本和台湾之间，具有重要的战略地位。岛上驻有8万日军。1945年3月中旬起，美国调集1457艘舰只、2500架飞机和18万美军，开始进攻冲绳岛。4月6日至7日，日军航空兵和海军执行"天号作战计划"，出动400多架飞机和以"大和号"（6.4万吨超级战列舰）为首的所有战舰，企图同美军决一死战。日本的"神风攻击机"给美军造成很大损失，仅6日一天就击沉了3艘驱逐舰、1艘坦克登陆艇、2艘军火船，重创10艘舰只，美军在整个战役中损失的400余艘舰只大部分是毁于这种自杀飞机。直到6月22日，美军才宣布占领冲绳岛。日军除7000人被俘外全部战死，美军伤亡7.5万人。至此，盟军占领了太平洋全部岛屿，通向日本的门户洞开。

1944年7月，小矶国昭组阁后，承认战局对日本不利，但为了获得有利的停战条件，仍然强有力地推行当时的战争。但是，自1945年以来，随着硫黄岛失守和美军进逼冲绳岛，日苏关系日趋恶化，通过汪伪政权对重庆国民政府进行的"和平工作"也长期处于停顿状态，对日本来说，败局已定；小矶内阁被迫于1945年4月5日提出辞呈。随即确定了"抵抗到底"的铃木贯太郎组阁。但在铃木完成组阁的头一天，即4月6日，苏联突然宣布废除《苏日中立条约》，这对铃木内阁是当头一棒。小矶内阁曾企图阻止苏联对日参战，但又认为日本当时必须竭尽全力，争取冲绳战役的胜利，因而对苏外交并未立即采取行动。可是，冲绳日军最后的地面攻势终归失败，扭转战局已毫无指望。

在美军进攻日本冲绳岛的同时，1945年4月，英美军队在意大利发起最后进攻，4月底，英美军队占领了意大利北部，意大利境内的德军全部投降。

1945年春，反法西斯盟国军队从东西两线攻入德国本土。4月25日，美军在易北河畔托尔高地区与苏军会师，完成了对柏林的大面积包围以及对柏林市郊的合围。希特勒企图死守柏林。苏军在柏林周围投入了250万军队，部署了2.5万门大炮。4月26日，合围柏林的苏军开始向市区强攻，27日苏军突入到市区中心。29日德军被分割成三个孤立部分。30日苏军攻下德国国会大厦。4月28日，希特勒见败局已定，即口授政治遗嘱，指定海军上将邓尼茨为"继承人"，担任德国总统和武装部队最高统帅，戈培尔为总理。30 日，希特勒在总理府地下室开枪自杀。5 月 2 日，德军柏林城防司令魏德林率残部向苏军投降。7 日，德军元帅约德尔在艾森豪威尔的司令部签署德国武装部队无条件投降书。8 日，德军最高统帅部长官凯特尔在柏林近郊卡尔斯霍斯特正式签署向苏、美、英、法四国无条件投降的文件。

德、意法西斯的覆灭，使日本法西斯陷于完全孤立的境地。然而，日本的实力还没有遭到致命的打击，日军大本营还在准备进行所谓"本土决战"。1945 年 1 月 20 日，日军大本营制订出《帝国陆海军作战计划大纲》，要把日本人民直接投入决战准备，政府决定成立国民义勇队。25 日，大本营陆军部向全国颁发了《国民抗战手册》，决定组织"国民义勇战斗队"，协同军队作战。6 月 8 日，御前会议确定了《今后应采取的指导战争基本大纲》，要求日本人民以"七生尽忠"①的信心为力量的源泉，利用地利人和，战斗到底。同时，将日军主要力量集中于本土，迅速加强本土决战准备。6 月 22 日和 23 日，日本政府相继颁布"义勇兵役法"和"国民义勇战斗队统率令"，规定 15～60 岁的男性公民和 17～40 岁的女性公民均须服役，非服役人员必须编入"国民义勇战斗队"，从事各项为战争服务的活动。据此组织起来的"国民义勇战斗队"队员竟达 2800 万人。与此同时，日本还进行了三次扩军动员，使日本本土总兵力达到 370 万人，关东军总兵力约达 75 万人，中国派遣军总兵力达 110 多万人。在准备进行"本土决战"的同时，日本政府还企图争取苏联继续中立，并出面斡旋，为日本和美、英之间安排有条件的议和，但遭到苏联政府拒绝。6 月 20 日，木户内大臣将 6 名最高战争指导会议成员召至御前，天皇讲了下列意见："关于战争指导，前在御前会议已做出决定，但另一方面，关于结束战争问题，此时也希望不拘泥于历来的想法，从速进行具体研究，力求促其实现。"②接着，垂询各人

---

① 日本古代武将楠木正成曾说过"七生尽忠"一句话，意思是说即使转生七次也要尽忠报国。

② ［日］服部卓四郎：《大东亚战争全史》，第 4 册，1616 页，北京，商务印书馆，1984。

对此有何意见。铃木首相回到官邸之后说："陛下今天把我们想说而不敢说的话坦率地说了出来，真是惶恐之至。"①铃木这句话表明，他1945年4月接受天皇命令组阁时，已有结束战争的想法，现在得到天皇认可，可以着手进行了。但这是日本的一厢情愿。

在中国战场，1944年12月25日，在昆明成立中国陆军总司令部，何应钦任总司令。1945年1月，随着中印公路(雷多公路)的打通，美援源源不绝地运进中国，战力逐日上升。日本最高战争指导会议决定，建立日本本土及中国、朝鲜等占领区防御体系，准备与同盟国军队决战。旋即指令其中国派遣军以美军为主要作战对象，以华北，华中和华南沿海地区为防御重点，力求挫败美军登陆和中国军队反攻的企图。中国派遣军司令部参谋人员根据其总司令官冈村宁次的想法拟定进攻四川、云南和华东、华南沿海的防御作战计划。但此时，整个形势对日军极为不利，德国投降，美国已可转移欧洲之兵力于太平洋地区，美军参谋长联席会议制订了在日本本土登陆的作战计划；苏联宣布废除《苏日中立条约》，准备对日作战；中国政府也在作最后反攻之准备，预定在1945年秋季进行总反攻的作战计划亦已制订，即首先从广西发动进攻，切断日军由湖南经广西至越南的大陆交通线和攻占雷州半岛之广州湾，从该处直接取得盟国经海上之大宗作战物资运往各战区，然后向东进攻广州，继而攻占韶关、衡阳，以沟通各战区之间的联系。为此，日本侵略者只得收缩在华战场，集中一定兵力，增强在华沿海对美军登陆之防御，并加紧对苏之战争准备。日军自5月份开始从广西、广东、湖南、江西等地撤退。5月19日，日军放弃福州，沿罗源、福鼎向浙江境内退却。接着有大批日军自广州、桂林等地，沿纵贯走廊(粤汉、平汉两路)北调。美国第十四航空队立即对日军运兵列车及车队施行轰炸，中国军队则乘势反攻。28日，未遭抵抗即行收复广西南宁，日军通往越南之交通，遂被切断。6月18日，日军撤出温州。迄6月20日，日军约有10万调至华北，前往中苏边境，加强防务。②6月30日，中国

---

① 《大东亚战争全史》，第4册，1617页。

② 参见蒋纬国总编著：《国民革命战史》，第三部"抗日御侮"，第10卷，40～41页，台北，台湾黎明文化事业股份有限公司，1978。

军队克复广西柳州。日军撤退途中,不时遭受中国正规军与游击部队袭击;同时不断遭到美机轰炸,因而行进缓慢。

1945 年,八路军和新四军根据中共中央"削弱日伪,发展我军,缩小敌占区,扩大解放区"的指导方针,对日伪军发动了大规模的春季攻势和夏季攻势。据不完全统计。到 8 月 10 日止,共毙伤日伪军 12 万余人,攻克城市 53 座,对敌占点线的包围越来越紧,打通于许多解放区的联系,逐步取得作战中的主动地位,开始实现游击战向运动战的转变。到 1945 年夏,解放区扩大到 19 个,八路军、新四军和华南抗日游击队已经发展到90 余万人,为全面反攻创造了重要条件。

为准备进攻日本本土,1945 年 3 月 9 日,美军出动 234 架 B-29 型轰炸机对东京实行面积轰炸,共投下燃烧弹 1667 吨,使东京 1/4 的地区燃起大火,烧毁建筑物 27 万栋,死亡 8.3 万人以上,100 多万人无家可归。以后美军又对大阪、神户、名古屋、横滨等城市投掷了大量燃烧弹。6 月 17日至 8 月 14 日,美机对日本 58 个城市投下 8.5 万吨燃烧弹,向日本炼油厂和油库投下 9100 吨炸弹,使日本石油储存的 1/7 被炸毁,炼油能力下降80%。美军的大规模轰炸摧毁了日本的军事工业生产能力,打击了日本军民的士气。1945 年春夏,美军又在日本本土岛屿周围布雷,试图对日本实施封锁,日本的海上交通一时陷于停顿,下关海峡、名古屋、横滨、东京和盐釜等港口先后被封锁。日本的败局已定。

(六)波茨坦公告·原子弹·苏联出兵

欧洲战争结束后,苏、美、英三国赖以结盟的基础逐渐削弱,矛盾日益尖锐。但日本尚未打败,三国仍需协调行动,继续保持合作。1945 年 4月 12 日,罗斯福在任内患脑溢血病逝,副总统杜鲁门继任。杜鲁门和前任罗斯福一样,迫切需要苏联参加对日作战。杜鲁门在他的回忆录中说:"由于我们太平洋军队在向前推进时死亡非常惨重,促使俄国加入战争便更迫切。"[1]"我去波茨坦有很多原因,但是,在我的思想里,最迫切的是要

---

① [美]哈里·杜鲁门:《杜鲁门回忆录》,第 1 卷,240 页,北京,生活·读书·新知三联书店,1974。

得到斯大林个人重申俄国参加对日作战的决心,这是我们的军事领袖最急于要得到的一件事。"①同时,如何处置德国和确定波兰疆界问题也迫在眉睫。因此,美国急于同苏联取得协议。在哈里曼的建议下,杜鲁门派霍普金斯去莫斯科同斯大林商谈再次举行苏、美、英三国首脑会议。6月,苏联通知美国将于8月8日对日宣战,同意7月中旬在柏林附近召开三国首脑会议。

1945年7月17日至8月2日,苏、美、英(7月28日,新首相艾德礼取代了丘吉尔)首脑在柏林西南的波茨坦举行会晤。会上斗争非常激烈。经过妥协,会议取得如下成果:讨论了占领德国的基本原则,规定解除德国武装,解散纳粹组织,分散德国经济,消灭德国作战潜力,在民主的基础上重建德国的政治生活,并确定了赔偿办法;承认波兰临时统一政府,初步确定波兰西部边界;苏联重申对日作战的承诺。会议最后通过了《苏、美、英三国柏林会议议定书》和《柏林会议公报》。这次会议及时调整了三大盟国的关系,维持了苏、美、英的同盟,解决了欧洲战争结束后的一系列迫切问题,巩固了欧洲反法西斯战争的胜利成果,有利于加速对日战争的结束,为建立战后世界新秩序奠定了基础。

在波茨坦会议期间,1945年7月26日,发表了《中、美、英三国促令日本投降之波茨坦公告》。公告由美国起草,英国同意,并邀请中国加入,向全世界广播发表。公告共13条。宣布盟国将继续对日作战,直至其停止抵抗为止的决心,敦促日本政府立即宣布所有日本武装部队无条件投降,否则即将迅速完全毁灭。公告称:"吾等之军力,加以吾人之坚决意志为后盾,若予以全部实施,必将使日本军队完全毁灭,无可逃避,而日本之本土也必终归全部摧毁。"公告提出日本投降后盟军将实施的对日原则:永久剔除欺骗及错误领导日本人民使其妄欲征服世界的威权及势力,盟国占领日本;《开罗宣言》的条件必须实施;日本主权只限于本州、北海道、九州、四国及盟国指定的岛屿内;日本军队完全解除武装;审判战犯;消除阻止日本人民民主的所有障碍;不准日本保存重新武装作战的工业;在上

---

① 《杜鲁门回忆录》,第1卷,348页。

述目的达到和成立依据日本人民意志的倾向和平及负责的政府后，盟军占领军队当即撤退。① 值得注意的是公告使用了"所有日本武装部队无条件投降"一词，而《开罗宣言》中曾明确使用"日本国无条件投降"一词。8月8日苏联对日宣战后，也正式在公告上签字。

《波茨坦公告》发表后，在日本统治集团内部引起了混乱。27日，在最高战争指导会议上，东乡外相认为，为给今后和平谈判留下后路，对公告不予拒绝是必要的，还应等判明苏联态度后，再决定日本的态度；而丰田军令部总长主张发布最高命令，宣布日本不能接受《波茨坦公告》。会议最后认为，应视苏联的态度如何，再行处理。同日，又召开内阁会议，讨论了对内如何处理公告的问题。会上争论相当激烈。东乡外相主张暂缓发表；下村国务相及冈田厚相等认为《波茨坦公告》既已向全世界广播，很快就会传播到日本国民中间，不发表是不妥的；阿南陆相主张，如由政府发表，应附上坚决反对的声明。争论结果，内阁会议决定发表波茨坦公告，但认为公告中可能挫伤国民战斗意志的词句，应暂时不予发表，同时，政府不发表任何正式意见；并决定各报在刊登公告时应尽量用小字，降低它的调子。但又顾虑，丝毫不提政府的态度，会被认为是已经动摇的证据，所以又允许报社在不注明出自官方意图的前提下，可以附记政府似对同盟国的公告不加理睬之类的话。遵照这一方针，28日的晨报上发表了公告的摘要。这种藏头露尾的处理办法，对军部的刺激很大。军部认为公告既已发表，就应表明政府反对《波茨坦公告》的立场。铃木首相被迫同意在当天下午例行的记者招待会上，发表简短谈话，表明政府立场。他说："我认为那份公告不过是《开罗宣言》的翻版。政府认为并无任何主要价值。只有对它置之不理。我们只能为战争到底向前迈进。"② 对铃木这一声明，曾经关照各方不要过于渲染，但次日各报却大肆渲染：政府对《波茨坦公告》置之不理，并通过对外广播网传播到全世界。东乡外相认为铃木的谈话违反了27日内阁会议决定，但已无法收回了。

---

① 《中、美、英三国促令日本投降之波茨坦公告》(1945-7-26)，载《国际条约集》(1945—1947)，77~78页。

② 见《大东亚战争全史》，第4册，1633页。

日本发表《波茨坦公告》的消息后，军部方面是采取反对接受的态度，而政界、实业界以及舆论界等有力人物，多以个人名义向木户内大臣及阁员们建议，为了早日结束战争，接受《波茨坦公告》是日本目前所应采取的唯一办法。但铃木内阁对通过苏联进行调停还寄予一线希望。7月30，日本驻苏大使佐藤再次敦促苏联副外长洛佐夫斯基答复，是否同意近卫文麿特使赴苏会见苏联领导人，并根据外务省训令，表示日本希望，如能避免无条件投降的方式，只要其名誉和生存得到保证，宁愿在广泛的妥协条件下结束战争，请苏联从中斡旋。当时斯大林还在波茨坦，根据苏美协议，苏联正在调兵东向，准备对日宣战。而日本却蒙在鼓里。

正当苏联预定对日出兵的日期到来之际，美国就迫不及待地对日本使用原子弹。8月6日清晨，天气闷热，却非常晴朗。7时零9分，几架美机在广岛上空盘旋数圈以后离去。8时，美国两架B—29型轰炸机以超高度飞进广岛市区上空。8时15分，突然从一架飞机上面投下一个降落伞，立即发出炫目的强烈白色闪光，同时在市中心上空发生大爆炸，顷刻之间，全市卷起一片巨大的烟尘云雾，广岛全市被漆黑的烟幕笼罩起来，接着升起几百根火柱，于是，广岛市变成了一片废墟。约有7.8万多人死亡，5.1万多人受伤或去向不明，4.8万幢建筑物全毁，2.2万多幢建筑物半毁。7日凌晨，从美国广播收听到杜鲁门的声明。声明说："6日投在广岛的原子弹，将对战争起到革命性变化。假如日本仍不接受投降的话，还将往其他的地方投掷。"8月9日，美国又在长崎投下第二颗原子弹，死亡23753人，受伤4.3万多人。

1945年8月8日，苏联对日本宣战，日本想以苏联为中间人结束战争的最后一线希望，终于彻底破灭了。苏联出动陆海空三军总兵力150多万人，配备有5000架飞机、5500辆坦克及各种战车、2.6万门大炮、500艘军舰，在远东军总司令华西列夫斯基元帅指挥下，于8月9日对中国东北的日本关东军发起了全线进攻。当时，日本关东军有70多万人，配备有150架作战飞机、160辆坦克和5000门火炮。在苏军的强大攻势下，几天之内关东军崩溃，8月17日下令停止抵抗。同时，苏军向朝鲜北部、库页岛南部和千岛群岛发动攻势。到9月1日，上述各地的日军全部投降或被歼。

就苏联对日宣战，蒋介石于 8 月 9 日致电斯大林表示"诚挚之佩慰"，并说，"当中国抗战初期，苏联首先予我极大之精神及物质之援助，凡我人民莫不铭感"，"今贵国乘战胜德国之余威，为促使世界全面和平早日实现起见，复与中美英及其他盟邦等采取协调行动，向世界首先侵略者宣战。敝国军队能与贵国军队比肩作战，至为荣幸。余深信已陷绝境而仍顽强抵抗之日本，必因贵国压倒势力之加入，迅速完全崩溃，而东亚之永久和平必能早日奠定也"。① 同日，国民政府发言人发表谈话，对苏联自抗战初期对中国的援助表示感谢，并称苏联对日宣战，将缩短战争时间，加强世界和平秩序之恢复。军委会发言人也称，"苏联参战不但予日寇以致命的打击"，且"益增中苏并肩作战关系"。② 8 月 10 日，重庆《中央日报》发表社论评苏联对日宣战，指出："苏联的对日宣战，无异宣告日本侵略者死刑，其效力将等于数十百颗的原子弹同时爆炸于东京。"

8 月 9 日，毛泽东、朱德致电斯大林大元帅，欢迎苏联政府对日宣战，表示"中国解放区一万万人民及其军队，将以全力配合红军及其他同盟国军队消灭万恶的日本侵略者"。③ 同日，毛泽东发表《对日寇的最后一战》，号召中国人民的一切抗日力量"举行全国规模的反攻，密切而有效力地配合苏联及其他同盟国作战"。④ 10 日，中共中央发出指示说："在此伟大历史突变之时，各中央局、中央分局及各区党委，应立即布置动员一切力量，向敌、伪进行广泛的进攻，迅速扩大解放区，壮大我军。"⑤8 月 10 日和 11 日，朱德总司令连续发布 7 道作战命令，命令各解放区所有武装部队向日、伪军展开全面进攻；向其附近各城镇交通要道之日军及其指挥机关

北京师范大学史学探索丛书

---

① 重庆《大公报》，1945-8-10。

② 重庆《大公报》，1945-8-10。

③ 毛泽东、朱德：《欢迎苏联对日宣战致斯大林大元帅电》(1945-8-9)，见《中共中央文件选集》，第 15 册，208 页，北京，中共中央党校出版社，1991。

④ 毛泽东：《对日寇的最后一战》(1945-8-9)，见《毛泽东选集》，第 2 版，第 3 卷，1119 页，北京，人民出版社，1991。

⑤ 《中央关于苏联参战后准备进占城市及交通要道的指示》(1945-8-10)，见《中共中央文件选集》，第 15 册，215 页。

送出通牒，限其于一定时间向我作战部队缴出全部武装，向其附近之一切伪军伪政权送出通牒，限其于敌寇投降签字前，率部反正，听候编遣，过期即须全部缴出武装；如遇敌伪武装部队拒绝投降缴械，即应予以坚决消灭。从8月9日至9月2日，八路军、新四军和华南各抗日游击队等人民武装，在中共中央和中央军委的直接指挥下，向日伪军发动了全面反攻。

(七)"立即求和，还是继续抵抗"

美国投掷原子弹和苏联出兵，对日本的投降起了加速作用。8月9日上午10时30分许，日本召开最高战争指导会议。会议成员有首相铃木贯太郎、外相东乡茂德、陆相阿南惟几、海相米内光政、参谋总长梅津美治郎、军令部总长丰田副武等6人。

铃木首先发言说，从周围的形势来看，不得不接受《波茨坦公告》，并征求与会者意见。一时无人吭声，沉默了好几分钟。这时，米内打破沉默说，若是接受《波茨坦公告》，是全部无条件接受，还是由我方提出一些希望条件。如果提出附加希望条件，首先是维护国体，其次是惩处战犯、解除武装以及占领军的进驻等问题。东乡强烈反对米内意见说，关于国体问题自当别论，但如果另外再附加一些条件，就会把局面又拉回到《波茨坦公告》发布前，将不可能顺利地实现停战。其他人也认为维护国体问题是必需的，而且至为重要。但是，阿南、梅津和丰田反对东乡的单一条件的方案，提出了接受《波茨坦公告》的四个附带条件：①保证维护国体；②战犯由日本自行处理；③由日本自主地解除武装；④避免盟军占领日本本土，如不可能，也应将东京除外，而且应当尽量限制在较小范围、较少兵力和较短的时间内，仅限于象征性的驻兵。东乡对后三个附加条件表示反对。阿南和梅津认为，本土决战虽无最后胜利的把握，但尚可一战，果幸而顺利，还能击退登陆的盟军。就是说，日本还未到几乎无条件地接受《波茨坦公告》那种地步。与其无条件接受，不如尝试一下仅有的最后一个机会。由于分歧很大，讨论未能得出结论。

下午2时半，召开第一次临时内阁会议，讨论和战问题。阿南发表继续抵抗的主张。他说，我方绝不能忍受无条件投降，虽然现在的国民士气是不高。但如果真得到了本土决战的时候，则国民将一亿一心，奋起抵抗。米内一变他在最高战争指导会议上的态度。他说，我方对美英没有取胜的希望，对苏联也是如此。此时此刻，是投降以挽救日本，还是孤注一掷，应该冷静地做出合理的判断。必须放下那套死不服输和一厢情愿，按照实际情况，光明正大地坚持需要坚持的意见，去进行谈判。农林相、工商相、运输相和军需相都做了很悲观的发言。他们认为，日本已经没有力量也没有办法再打下去了。阿南不耐烦地喊道，"不管形势对我们如何不利，我们都必须把战争进行到底！"阿边内务相又声色俱厉地警告说，如果内阁决定以投降来结束战争，他将无法保证社会秩序。直到下午5时半，内阁会议在未得任何结论的情况下暂告休会。

内阁会议一小时后继续开会。铃木首先阐明，现在已经到了接受或者不接受《波茨坦公告》，二者必择其一的关头。在今天的最高战争指导会议上，大家认为只有接受，别无良策，已经基本上取得意见一致。然后东乡介绍了最高战争指导会议上关于四项条件的争论，他说意见并非完全一致。但他认为既然已经不能继续战争，就应当接受公告。鉴于公告的性质和对方的态度，我们提出的条件，应该只限于保持国体问题。对此，阿南立即提出反驳。他说，外相方才的介绍是错误的。过半数的意见是，通过瑞典和瑞士向美英提出四项条件，如能接受就准备媾和，否则就继续进行战争。阿南说只有附带提出四项条件得到保证，才能维护国体。意见的分歧就产生在这里。会议陷入僵局，于是铃木征询各大臣对东乡外相的意见是否赞成。陆相阿南表示反对。法相松阪广政和国务相安井藤治赞同陆相的意见。米内海相、石黑忠笃农林相、小日山直登运输相、丰田贞次郎军需相、太田耕造文相以及左近司政三国务相等赞同外相的意见。还有5人未表态。最后，下村宏国务相将双方意见加以调和，提出妥协性意见，认为另外三项条件，也可作为希望向对方提出。会议一直到晚上10时半以后，仍未能做出决定。铃木首相表示当即进宫上奏，由天皇决断。于是，内阁会议再次休会。

晚11时左右，铃木进宫奏请在御前召开最高战争指导会议。于是讨论是否接受《波茨坦公告》的第一次御前会议，于深夜11时50分许，在皇宫防空洞内一个会议室召开。参加会议的除最高战争指导会议6名成员外，还有枢密院议长平沼骐一郎、内阁书记官长迫水久常、陆军省军务局长吉积、海军省军务局长保科和内阁综合计划局长池田纯久等。铃木受命主持会议，首先让迫水宣读《波茨坦公告》。然后，铃木宣读他提出的议案，全文如下："在上月 26 日发布的三国公告所列举的条件中，不包括要求变更天皇在国法上的地位的谅解下，日本政府予以接受。"接着，首相介绍了当天最高战争指导会议和内阁会议的情况。随后东乡解释了他的提案，他说对于日本来说，这种不体面的公告很难接受，但在今天的局势下，日本已经失去通过谈判解决问题的余地。提出过多的条件，将会被全盘否定。应当只提一条，只要皇室能够存在，日本民族就能复兴。所以，一切都应当集中到皇室这个问题上来。米内海相表示完全赞同外相的意见。阿南陆相表示反对。他说，这四项条件作为维护皇室的手段是绝对必要的。如果对方不予采纳，一亿人民就应誓死战斗，死里求生。关于本土决战，也有一定的信心。梅津参谋总长表示完全同意陆相的意见。确信本土决战现已准备就绪，四项条件已经是最低限度的让步。丰田军令部总长表示赞同阿南和梅津的意见。他认为要说有无胜算，纵无绝对取胜把握，也不认为必定失败。如仅以维护国体一个条件进行交涉，统帅部对此深感忧虑。两个多小时后，已是 10 日凌晨 2 时许，会议仍然三比三，议而未决。于是铃木首相起立发言，请求天皇为本次会议作最后裁决。天皇谕示同意采纳外相的提案，并说明理由，大意如下：

> 陆、海军统帅部的计划常有错误，失掉时机。说是进行本土决战，九十九里滨的防御工事已经迟误，说是不到 8 月底不能完成。关于增编部队也说装备尚未齐备。似此情形，怎能迎击敌军！
>
> 空袭日益加剧，若使国民再进一步陷于涂炭之苦，文化遭到破坏，导致人类的不幸，实非朕所心愿。
>
> 此时此际应忍受难以忍受者。解除忠诚的军队的武装。将昨天效忠于朕的人定为战犯，于情实有不忍；但为国家前途计，亦属事不得

已。今天应以明治天皇遭受三国干涉时的心境为怀。①

此时，已是凌晨 2 时 30 分。

日本宪法规定只有内阁才有权做出接受公告的决定，于是 10 日凌晨 3 时左右，暂时休会的内阁会议再次复会。会上，东乡外相报告御前会议情况和天皇决断。外相提案经平沼修正后通过。会议于凌晨 4 时左右结束。8 月 9 日漫长的一夜就此过去，迎来了更漫长的一天。

10 日清晨，外务省完成了关于接受《波茨坦公告》的照会的起草，随即拍发给驻瑞士和驻瑞典公使，令其转达给美、英、苏、中四国，同时要求尽快得到对方答复。照会大意是：

> 日本政府准备接受中美英三国政府首脑于 1945 年 7 月 26 日在波茨坦发表，后经苏联政府赞同的联合公告所列条款，而附以一项谅解，即上项公告并不包括任何有损天皇为最高统治者权利的要求。日本政府竭诚希望这一谅解获得保证，且切望迅速得到关于对此的明确表示。②

同日夜，日本又将接受公告的意图秘密对国外广播，数小时后，已传播到全世界。

10 日下午 2 时再次举行内阁会议，讨论应在何时并如何向日本国内公布接受《波茨坦公告》的问题。最后决定通过发布诏书的形式来向国民公布，但在"停战"以前应使日本国内空气逐渐转变到"停战"的方向。

在这之前，阿南陆相于 10 日上午 9 时，召集陆军省内的主要将校开会，传达昨夜御前会议的决定。阿南指出，关于维护国体这一条件，同盟国方面是否承认还不清楚。所以，陆军方面，必须作好战和两种准备。阿南的讲话，使下属无不大吃一惊；但为稳住陆军誓死战争到底的士气，陆军省

---

① 《大东亚战争全史》，第 4 册，1651 页。
② 《反法西斯战争文献》，317 页，北京，世界知识出版社，1955。

将阿南陆相的训示，即所谓通告，分发给各报社，要求登载。内容如下：

> 告全军将士：苏联终于入侵皇国，不拘表面文章如何粉饰，其侵略与称霸大东亚的野心昭然若揭。事已至此，夫复何言！只有将维护神州的圣战，坚决进行到底。
>
> 纵令啮草嚼土，伏尸荒野，亦须断然奋战，相信死里自能求生。此即所谓七生报国，"战到最后一人……"那种楠公①救国精神，同时也是时宗②所谓"专心一致"、"勇往直前"那种消灭丑敌的斗志。全军将士俱应体现楠公精神，并为再现时宗之斗志勇往直前！③

(八)"日本历史上最长的一天"

8月12日零时45分左右，日本外务省收听到美国如下的广播：

> 关于日本政府来电接受波茨坦公告条款，然有"附以一项谅解，即上项公告并不包括任何有损日本天皇为最高统治者权利的要求"一点，吾人的立场如下：
>
> 自投降时起，日本天皇及日本政府统治国家的权力，即须听从盟国最高统帅的命令；最高统帅将行使认为适当的权力，实施投降条款；日本天皇必须授权并保证日本政府及日本帝国大本营在必要的投降条款上签字，俾波茨坦公告条款得以实施，并须命令日本全部陆海空军及他们控制下的所有部队(不论其在何处)停止积极行动，交出武器，发布盟国最高统帅实施投降条款所需的其他命令。投降后日本政府应立即将战俘及所扣侨民运至指定安全地点，俾能迅速登上盟国运输船只。按照波茨坦公告，日本政府的最终形式将由日本人民自由表

---

① 楠公指楠木正成(1294—1336)，曾于1331年奉后醍醐天皇命举兵抗击镰仓幕府军。

② 指镰仓幕府执权北条时宗(1251—1284)，1274年在镇西击溃元军，翌年手斩元使，1281年，再次击退元军。

③ 转引自《大东亚战争全史》，第4册，1654～1655页。

达的意愿来确定。盟国武装部队将留驻日本，直到实现波茨坦公告规定的目的为止。①

12日下午3时日本就这一广播问题召开内阁会议。东乡外相说，四国复照整个来看，不能说是满意的，但是不得不接受。既然已不可能继续进行战争，就有必要在这种地步就结束交涉。对此，阿南陆相说，照这样做，国体还是没有保障。他主张再发照会，继续交涉。安倍内相、松阪法相等也主张再发照会。铃木首相最后发言。他说这种复文，不能确认维护了国体，再提出照会看一看。并且说，如果对方不采纳，也只好继续战争。铃木的发言，使东乡陷于困难境地。会议开到下午5时半左右散会。

下午6时10分到40分之间，日本驻瑞士公使和驻瑞典公使发来了美、英、苏、中四国复照的正式电报，内容和广播一样。晚上9时半左右，木户内大臣在宫中同铃木首相进行会谈，告知天皇的意图，并劝铃木下决心接受四国复照。铃木知道天皇心意以后，立即表示同意接受四国复照。13日凌晨2时10分，又收到了日本驻瑞典公使拍来的电报。电报谈到了美、英、苏之间关于天皇制问题进行商讨的经过，认为这一复文可以说是美国外交排除苏联反对的胜利，实质上等于承认了日本所提的条件。形势又使外相的意见处于有利地位。

为了讨论对四国复照的态度，从13日上午9时起，在首相官邸地下防空洞中举行了最高战争指导会议。陆相、参谋部总长和军令部总长坚决要求修改复照，保证不改变日本的国体，关于保障占领和解除武装两个问题，也应重新提出补充条件。外相则反对他们的意见。他指出：再次照会就意味着谈判的决裂。首相和海相发言不多，但他们是支持外相意见的。会议继续到下午3时，还不能得出一致结论，铃木首相只得宣告暂时休会。

在最高战争指导会议进行中间，东乡外相曾入宫晋见天皇。天皇面谕，可按照外相的主张办理，并令将他的旨意转告铃木首相。13日下午4时左右，再次召开内阁会议，讨论四国的复照。会上，铃木首相征求各

北京师范大学史学探索丛书

---

① 转引自《大东亚战争全史》，第4册，1657页。

阁员赞成与否的意见。多数阁员虽对四国复照有所不满，但赞同外相的意见。阿南陆相对于天皇的决定虽没有异词，但从辅弼的立场出发，提出强烈的反对意见。铃木首相在各阁员发表意见之后，谈了他的意见。他说，我到今天为止，始终抱着继续作战的决心。但形势已发生极大变化，所以，不得不改变想法。美国草拟的这一文件，并非出于恶意，表达方式虽有不同，实质上并无改变天皇地位的意图，因而我想不应再在文字上面有所挑剔。天皇的旨意是现在就要媾和停战。如果照旧战斗下去，那样将不能维持国体。为臣子者，除遵旨奉行以外别无他途。因此，在这种意义上。我想把今天的情况如实地再次奏明天皇，请求裁断。① 在铃木发言之后，阿南陆相再次提议应要求同盟国同意日本自主地解除武装，以及尽量减少占领兵力，作为附带的希望条件提出来。多数阁员支持作为希望条件提出来。内阁会议又以意见不一致而在晚上 7 时左右散会。

13 日下午，美国广播指责日本故意拖迟答复。自 13 日下午 5 时起至 14 日凌晨止，美机向日本东京及其他各城市散发了几百万份日文传单，上面印着日本 8 月 10 日接受《波茨坦公告》的照会和美、英、苏，中四国的复照。同时，美国飞机于 13 日袭击了日本关东地区，14 日又空袭了日本高崎、熊谷、福山等地，似乎在逼迫日本及时做出投降决定。加上 12 日以来日本军部内不稳情绪增长，因而促使首相奏请破例召开御前会议，以决定日本结束战争的问题。14 日上午 8 时 30 分，木户内大臣携带美机散发的传单，晋谒天皇，奏请从速下令办理停战手续，得到天皇批准。之后，木户内大臣和铃木首相商量决定奏请天皇召集最高战争指导会议成员和内阁成员举行御前会议，以便一举解决问题。立即得到天皇的同意。另外，天皇于 14 日上午 10 时，在皇宫召见陆军元帅畑俊六、杉山元和海军元帅永野修身。天皇告诉他们，他已决定终止战争，要求军队服从这一决定。

8 月 14 日 10 时 50 分许，在皇宫防空洞内，召开最后一次御前会议。那天，天气特别闷热，防空洞内不只是潮湿，简直是湿淋淋的。参加会议的有最高战争指导会议成员、内阁阁员和其他几位政府高级官员共 24 人。

① 参见《大东亚战争全史》，第 4 册，1664～1665 页。

会议一开始，铃木首相奏陈 12 日、13 日最高战争指导会议以及内阁会议的情况，扼要地介绍了导致会议陷于僵局的意见分歧。首相上奏刚一结束，梅津、阿南和丰田相继起立，陈述自己的不同看法，他们恳请天皇准予再次照会四国，同盟国如不同意，则应继续战争，以期死里求生。闷热、潮湿、拥挤的会议室里鸦雀无声，死一般的沉寂。天皇打破了沉闷的寂静，发表圣谕，大意如下：

……我的看法仍和上次谈过的一样，没有改变。当我充分研究了世界的现状和国内的局势以后，认为再继续战争下去不妥当。

关于国体问题，听说有各种疑虑，但据我理解，通过这一复文的文意来看，对方抱有相当的好意。对于对方的态度感到少许不安，也是理所当然，不过，我不愿那么怀疑。我认为主要问题在于我国全体国民的信念和觉悟。所以，我认为此时可以接受对方的要求，希望大家也这样考虑。

还有，对于陆海军将士来说，像解除武装或保障占领这样的事，实在是难以忍受的。我理解这种心情。

不过，不管我本人如何，也要营救国民的生命。如果再继续战争下去，最后将使我国完全变成一片焦土，使万民遭受更大的苦难，我实在于心不忍，无以对祖宗在天之灵。当然，采取媾和手段，对于对方的做法，难以完全置信，但我想较之日本完全灭亡的结果还略胜一筹，只要还留下一点种子，今后还有复兴的希望。

……此时此刻，如果有我应做的事，我在所不辞。如果需要我向国民呼吁，我随时准备站在麦克风前面。由于对一般国民从来什么也没告诉，现在突然听到这一决定，震动一定很大，陆、海将士的震动将会更大。抚慰这种情绪，可能相当困难，希望很好地体会我的心意，陆、海军大臣共同努力，妥善予以处置。必要时，由我亲自晓谕也行。现在当然要颁发一份诏书，希望政府迅速起草，这些就是我的想法。①

① 《大东亚战争全史》，第 4 册，1668 页。

天皇讲话刚一结束，铃木首相不慌不忙地站起来，接受天皇草拟诏书的旨意，并又重新谢过有烦天皇裁断之罪，然后，惶恐退下。这时天皇站起身来，离开了这间小小的地下室。与会者一齐号啕痛哭。天皇是日本的象征，他们不仅为天皇的安危担心，而且他们都不知道日本投降后自己的命运如何，是受审、囚禁，还是被处决……他们默默无语地离开地下室，穿过长长的地道来到御文库，各自怀着难言的苦衷和悲哀。

接着又召开了内阁会议。内阁会议的主要议题，是商定终战诏书的措辞。诏书的初稿到下午4时左右才发给阁员。陆相和海相提出，在他们副署诏书之前，想让本省的高级将领先看看。内阁会议立即同意了，并向两省各发了一份诏书副本。随后，会上就陆相阿南提出的诏书要经枢密院批准问题和"战局日益对我不利"的措辞问题，展开了激烈的争论。最后，会议认为，天皇的决定无须枢密院批准，在措辞上将"战局日益对我不利"改成"战局尚未对我有利"。内阁会议在稍稍休息后，又开始讨论播放天皇录音的最佳时间问题。东乡外相建议翌日晨7时公布，米内海相附议，但陆相阿南提出异议说，我们必须说服士兵们放下武器，这需要时间。因此，我请求推迟一天播放天皇的诏书。情报局总裁下村说，早晨广播效果不一定很好，因为很多人——如农民——已经开始工作，听不到电台广播。如果广播拖延得太久，可能会发生暴力事件。所以，最合适的时间是翌日中午。多数内阁大臣表示同意。

诏书的清稿终于缮写好了，呈交天皇御览。天皇阅罢，要求作5点更改。木户内大臣把天皇的旨意转达给内阁会议。誊抄员奉命修改。修改完毕的诏书由内阁庶务课课长转交铃木首相。铃木亲自把修改后的诏书呈交天皇核准。晚上8时20分，天皇在诏书下方手书"裕仁"二字，盖上了硕大的御玺，旁边注明的日期是"昭和二十年八月十四日"。首相铃木匆匆赶去参加延至晚上9时30分继续进行的内阁会议。阁员们个个疲惫不堪，无精打采，他们默默地等待逐个签字。阁员们签字完毕，陆相阿南佩上军刀，走到外相东乡跟前，略一施礼，道歉说："我在辩论的火头上可能说了一些过头话，请阁下鉴谅。"随后阿南又走到会议室隔壁的首相办公室，他

日本天皇裕仁宣布无条件投降。

说："自终战问题提出以来，我代表陆军发表了我的见解，这些意见有时难免过激之处，特向阁下致歉。"内阁书记官长送走阿南后，又回到铃木的办公室。铃木说："陆相是来诀别的。"屋内陷入了沉默。

(九)天皇宣布无条件投降

天皇诏书全文如下：

朕深鉴于世界之大势及帝国之现状，欲采取非常之措施，以收拾时局。兹告尔等臣民，朕已饬令帝国政府通告美英中苏四国愿接受其联合公告。

盖谋求帝国臣民之康宁，同享万邦共荣之乐，斯乃皇祖皇宗之遗范，亦为朕所拳拳服膺者。前者，帝国所以向美英两国宣战，实为希求帝国之自存与东亚之安定，至如排斥他国主权，侵犯其领土，固非朕之本志。然自交战以来，已阅四载。虽陆海将士勇敢善战，百官有司励精图治，一亿众庶之奉公，各尽所能，而战局之发展未必于我有利，世界大势亦不利于我。加之，敌方最近使用新式残酷之炸弹，频杀无辜，惨害所及，真未可逆料。如仍继续交战，则不仅导致我民族之灭亡，并将破坏人类之文明。如此，则朕将何以保全亿兆之赤子，陈谢于皇祖皇宗之神灵。此朕所以饬帝国政府接受联合公告者也。

朕对于始终与帝国同为东亚解放而努力之东亚诸盟邦，不得不深表遗憾；念及帝国臣民之死于战阵、殉于职守、毙于非命者及其遗属，则五脏为之俱裂；至于负战伤、蒙战祸、损失家业者之生计，亦朕所深为轸念者也。今后帝国所受之苦难固非寻常，朕亦深知尔等臣民之衷情，然时运之所趋，朕欲忍其所难忍，堪其所难堪，以为万世开太平。

朕于兹得以维护国体，信倚尔等忠良臣民之赤诚，并常与尔等臣民同在。如情之所激，妄滋事端，或者同胞互相排挤，扰乱时局，因而迷误大道，失信义于世界，此朕所深戒。宜举国一致，子孙相传，确信社稷之不灭，念任重而道远，倾全力于将来之建设，笃守道义，坚定志操，誓必发扬国体之精华，不致落后于世界之进化。望尔等臣民善体朕意。

御名御玺

昭和二十年 8 月 14 日

各国务大臣副署①

在颁布诏书的同时，外相东乡通过驻瑞士公使，拍发了致同盟国的通告，电文如下：

致美、英、苏、中四国

8 月 14 日帝国政府通告关于 8 月 10 日帝国政府接受波茨坦公告的照会，以及 8 月 11 日由贝尔纳斯美国国务卿发出的美、英、苏、中四国政府的复文，帝国政府对上面四国政府，荣幸地通报如下：

一、天皇陛下已经颁布关于接受波茨坦公告条款的诏书；

二、天皇陛下授予其政府及大本营签署为实施波茨坦公告各项规定必要条款的权限，并有保障这种权限的准备。再者，陛下准备命令所有日本国陆海空军官指挥下的所有军队，停止战斗行为，交出武器，准备发出为实施上述条款盟国最高司令官所要求的命令。②

---

① 参见[日]太平洋战争研究会：《日本最长的一天》，73～74 页，石家庄，河北人民出版社，1986。

② 见《大东亚战争全史》，第 4 册，1671 页。

如前所述，日本准备接受《波茨坦公告》的消息广播之后，给日本驻国外的侵略军的领导机关带来了严重的不安。因此，参谋总长梅津 8 月 11 日电告大本营直辖各军说："开始和平谈判是事实，但为维护国体，保卫皇土，即使全军覆没，决不收兵。"中国派遣军总司令官冈村宁次和南方军总司令官寺内得知政府和大本营准备接受《波茨坦公告》后，即向陆相阿南和参谋总长梅津提出了继续作战的强硬意见。8 月 12 日，美国贝尔纳斯国务卿代表四国的复文发表后，引起了日本驻国外侵略军领导机关的强烈反对。8 月 14 日，天皇"停战"决定下达后，下午 6 时，陆军大臣和参谋总长联名向大本营直属各军通报了天皇"停战"决定的消息。电文如下：

一、帝国在同敌方谈判中，以能维护国体和保卫皇土为条件。但敌方提出的条件有的地方难以达到上述目的。为此，卑职等强烈主张并想尽办法表示万难接受敌方条款，并屡经上奏，但接受四国公告的条款是由天皇陛下亲自决定的，拜闻其理由如下：

鉴于内外的形势特别是战局的演变，现在如不收拾战局，就会导致破坏国体与灭绝民族。敌方所提关于帝国最后政体可由日本国民的自由意志来确定的条款，不能认为是毁坏帝国的国体。此刻，要忍受难以忍受的痛苦，接受这一条款，以期把国家作为国家保存下来。也希望借以缓和臣民的艰苦。

二、天皇的决定已经下达，全军要遵从天皇的心愿，到最后的一瞬也不要玷污光辉的传统和赫赫的武功。重要的是，我们的行动必须使我民族的子孙后代深为感佩。切望全军直至一兵一卒切莫轻举妄动，向中外表明皇军一贯的名誉和光荣。

三、遵照天皇的决定，政府和大本营将逐步进行具体的安排。为了慎重，在天皇颁发停战命令以前，仍要继续执行原来的任务。

再者，关于在交出武器上要尊重军人荣誉的问题，正全面努力争取中。

四、卑职等忍泪吞声传达此事。上述诏书预定明 15 日即将颁布，正午将由天皇陛下亲自通过无线电广播，甚望体察天皇的心情。①

14日午后，陆军大臣和参谋总长还各自召集属下官员，说明天皇下达"停战"决定一事，并指示：如今陆军前进的唯一道路只有遵从和执行天皇的决定。海军大臣米内也在8月15日对全体海军训示，不要摆错臣道的顺逆位置，要做到善始善终，以顺应天皇的心意。

尽管如此，8月14日深夜还是发生了宫城事件。在日本陆军省军务局及参谋本部第二科的将校中，因不满同盟国的答复，计划动用兵力，弹压主和派，以维护国体。这个想法，军务局的将校们曾于12日晨对陆相阿南说过。为了取得陆相批准，当天夜间拟成"陆军大臣兵力使用计划"。陆相阿南表示待同参谋总长商量后再作明确答复。14日上午7时，阿南陆相往访梅津参谋总长，征求关于兵力使用计划的意见，梅津没有表示赞同。然而，参与制订这个计划的军务局科员椎琦二郎中佐和畑中健二少佐不肯放弃，他们会同预先联系的近卫第一师团的参谋石原贞吉和古贺秀正两少佐，准备发动兵变。14日深夜，畑中少佐等人刺杀了近卫第一师团长森赳及其内弟白石通教中佐，然后立即以森师团长的名义下达了石原、古贺两参谋起草的师团命令，并向当时担任守备皇宫的近卫步兵第二联队长芳贺平次郎大佐下达了"严密守卫皇宫内部，切断同外部联系"的任务，这时已是15日凌晨。畑中少佐等想软禁木户内大臣和石渡宫相，但他们躲藏在皇宫的金库室，没有被发现。他们在宫内省大楼，寻找播放天皇终战诏书的录音唱片，也没有找到。东部军管区司令官田中得悉兵变的情况后，采取了直接指挥近卫师团属下各部队的措施。清晨，田中司令官进入皇宫，告诉芳贺联队长，森师团长已被杀害，给他的命令是伪造的，命令他撤兵。15日早晨8时许，局势趋于平静。田中司令官不失时机地到天皇的书房，通过侍从奏明"现在军司令官已经进宫，陛下不必忧虑"。椎琦中佐和畑中少佐在宪兵队经过一般审讯之后，15日午后在皇宫前广场自杀。古贺少佐也在同一天，在森师团长的葬礼完毕后，在第一师团司令部剖腹自

---

① 见《大东亚战争全史》，第4册，1679页。

杀。石原少佐也自杀了。

8月14日晚，阿南陆相在内阁会议上签署终战诏书后，回到三宅坂官邸立即进行了自杀的准备。阿南的内弟陆军省军务局科员竹下正彦中佐获悉消息后，特意于15日凌晨1时30分左右去陆相官邸为其送别。两人坐在12张铺席见方的起居室里的一张桌子旁，一边饮酒，一边吃着辣食。此前，阿南写了两份遗书，第一张上写着："蒙君厚泽，死而无憾。惟几将军。昭和二十年八月十四日晚。"另一张上写着："弥天大罪，以身谢之。陆军大臣阿南惟几。昭和二十年八月十四日晚。"突然间，阿南又在砚台里加上一些水，拿起毛笔，在遗嘱的背面又写上"我相信日本神圣不可摧"几个字。清晨，阿南站起来，穿上一件白衬衫。他跟竹下说，"这是我作皇上侍从武官时，皇上赐给我的"，"皇上本人穿过，没有比这更荣耀的了，所以，我想穿着它去死"。接着，阿南把所有的勋章都别在一件军礼服上。他对竹下说："我死后，请把它盖我身上。"竹下点点头，说不出话来。阿南独自来到走廊上，他跪在地上，挺直身躯和胸腔，从刀鞘里拔出匕首。匕首抹过，鲜血涌了出来……接着，竹下给陆相阿南家里打电话，告诉阿南切腹自杀的事……

15日清晨，一阵急促的电话铃声打破了首相铃木家的沉寂，电话里告诉首相赶紧离开，"士兵想要烧毁首相官邸"。在儿子铃木一的帮助下，铃木乘坐汽车跑了。当佐佐木等国民神风队队员找到首相私寓时，首相铃木等已经离开了。士兵们用火点燃了纸糊的拉门，火很快烧起来。首相铃木先躲到他妹妹家里去了，后又转移到朋友家里。铃木首相吃完早餐后，在儿子铃木一的劝说下，决定辞去首相职务。

天皇的诏书在8月14日深夜已灌成唱片。15日早晨7时21分，日本广播协会播送了一个特别通知。广播员反复广播道：天皇陛下已发布诏书，今天中午12时将广播诏书，届时请大家恭听天皇御音。中午12时，播音员宣布："从现在起有重要广播，全国听众请起立。"接着播音员说，"天皇陛下对全体国民亲自宣读诏书，现在敬谨开始玉音播送"。随后奏起了日本国歌《君之代》。

在天皇亲自播送投降诏书以后，铃木内阁宣布总辞职。8月17日成立以东久迩稔彦为首相的新内阁，东久迩稔彦首相暂兼陆相，米内海相留任，外相为重光葵。皇族参加内阁，是明治制定宪法以来没有前例的。皇族内阁成立后，天皇于 8 月 17 日对陆海军人特别颁布了敕语，命令陆海军大臣立即向全军传达。天皇的命令如下：

> 曩者，朕对美英宣战，已阅三年又八个月。其间，朕亲爱之陆海军人，或挺身于瘴疬不毛之野，或效命于炎热狂涛之海，英勇奋战，朕深嘉许。
>
> 而今，苏联新近参战，俯察内外各方面形势，今后如继续战争，只能徒增祸端，并终不无丧失帝国存立根基之虞。虽然帝国陆海军犹存壮烈的斗志，但为维护我光荣的国体，爰欲与美、英、苏及重庆媾和。若夫对于毙于锋镝、死于疬疫之几多忠勇将士，衷心为之哀悼。并确信尔等军人之忠诚遗烈，必为国民万世之精华。
>
> 尔等军人，其克体朕意，坚持巩固团结，严明去就进退，克服千辛万苦，忍其难忍，以期保存国家永远之基础。①

同时，天皇还派出亲王殿下作为天皇的代表到驻国外的陆海军部队，传达天皇圣旨。

二、"密苏里号"舰上总受降

(一)美苏争夺

美国总统杜鲁门在得到中、英、苏三国同意后于 1945 年 8 月 13 日任命麦克阿瑟将军为盟军最高司令官，接受日本的总投降。早在 8 月 11 日，苏联外交部长莫洛托夫召见美国驻苏大使哈里曼，代表苏联政府建议，对战后日本的军事占领，"最高统帅可以包括两个人，由美苏将领各一人担任"。建议一出，双方顿时展开激烈的争论。哈里曼怒气冲冲地宣称，"最

---

① 转引自《大东亚战争全史》，第 4 册，1683 页。

高统帅不由美国人担任是不可思议的"。^① 美国在答复日本乞降照会的同时，立即垄断了受降和占领的支配大权。

8月13日，美国把准备发给日本政府的"总命令第一号"^②通知各盟国，内容主要是命令各战区的日本军队放下武器，以及该向谁投降的问题。其中规定：中国、台湾和北纬16度以北的印度支那地区由蒋介石受降。满洲、北纬38度以北的朝鲜和库页岛，由俄国司令官受降。东南亚、北纬16度以南的印度支那和从缅甸至所罗门群岛，盟国的代表不是蒙巴顿勋爵，便是澳大利亚的司令官，精确的分界线应由他们两人划定。日本、菲律宾以及北纬38度以南的朝鲜，由麦克阿瑟将军受降；太平洋的其他地区则由尼米兹海军上将受降。^③ 8月16日，斯大林向杜鲁门发出一封复信，对"总命令第一号"提出了两项修正：第一，要求指明整个千岛群岛应包括在苏军受降地区之内。第二，建议北海道北半部应包括在日本武装部队向苏联军队投降的地区之内，在南半部和北半部之间划一道分界线。斯大林在信中指出："最后一点对俄国的舆论特别重要。人们知道，在1919—1921年，日本占领了苏联的整个远东地区。如果俄国军队在日本本土的任何部分没有占领区，俄国舆论就会大哗。"^④当时，美国正力图独占前日本占领的太平洋岛屿，特别是其中自1920年以来处于日本委任统治下的加罗林、马绍尔和马里亚纳群岛（总称密克罗尼西亚）。杜鲁门因为在加罗林群岛问题上有求于苏联，对于斯大林的第一个修正要求，经过7天的交涉，表示可以接受雅尔塔会议的原议，同意将整个千岛群岛包括在苏军受降地区之内。不过，杜鲁门留了一个尾巴说："这些岛屿的处理必须在和约中决定。"^⑤斯大林的第二个修正要求，则为杜鲁门坚决拒绝。杜鲁门提出，希望在中千岛建立美国空军基地，也遭到苏联的拒绝。在美苏函电

北京师范大学史学探索丛书

---

① 《杜鲁门回忆录》，第1卷，371页。

② "总命令第一号"是由美国制订，指令由日本大本营出面颁发的投降命令。于8月20日在马尼拉交给日本接洽投降的代表，9月2日正式公布。

③ 《杜鲁门回忆录》，第1卷，380页。

④ 《苏联伟大卫国战争期间苏联部长会议主席同美国总统和英国首相通信集》，第2卷，267～268页，北京，世界知识出版社，1963。

⑤ 《杜鲁门回忆录》，第1卷，383页。

交涉往返过程中，苏军于 8 月 18 日开始在千岛群岛登陆，包括南千岛的国后岛和择捉岛，同时占领了库页岛和本来属于日本北海道的色丹岛和齿舞岛。1947 年 2 月，苏联把这些地区并入了自己的版图。

(二)马尼拉洽降

8 月 16 日，盟军最高司令官麦克阿瑟命令日本派遣"具有以天皇、日本政府、大本营的名义实行投降条件所必需的各种要求的权限的代表"，到马尼拉洽降。18 日，日本大本营致电盟军总部，拟派参谋次长河边虎四郎中将为洽降专使，19 日飞抵马尼拉。盟军总部收到日本大本营的电文后，即着手筹备洽降会议。18 日，河边接受了全权委任状后，与外务省调查局长冈崎胜男、海军少将横山一郎、陆军少将天野正一等随员一行 16 人，从千叶县木更津机场启程，在冲绳的伊江岛，换乘美国飞机，19 日傍晚到达马尼拉。盟军总部副参谋长威洛贝中将在机场接待。晚 7 时，日本降使由工作人员带到马尼拉市政厅参加洽降会议，会议开始前，在威洛贝的引导下，日本降使拜会了盟军总部参谋长苏赛兰上将，河边毕恭毕敬向苏赛兰呈上全权委任状。苏赛兰命令 6 人随他前往会议室。会上，盟军提出了下列要求：第一，详报东京附近机场设备，并令附近居民迁移；第二，美国空运一个师赴东京，令其准备食物；第三，待空运部队抵达，麦克阿瑟赴东京，日方需向盟军提供进入日本本土及其他方面的情报。日本降使要求盟军两个月后在日本本土登陆，遭到盟军的拒绝。20 日继续举行洽降会议，日方提供了大量的情报，盟军提出有关进驻日本本土的要求文件等。洽降会议结束后，盟军总部通知河边等人于 20 日下午 1 时离开马尼拉回日本。

在马尼拉洽降会议上，美国将修正的"总命令第一号"交给日本洽降代表，令以日本大本营的名义发表，通令国内外日军指挥官和武装部队立即停止作战，放下武器，留居原处，向美、中、英、苏等同盟国的最高指挥官或指派的代表无条件投降。"总命令第一号"把受降区划分为：

中国受降区：中国(东三省除外)、台湾及北纬 16 度以北法属印度支那的日军，向中国战区最高统帅投降。

苏联受降区：中国的东三省、北纬 38 度以北之朝鲜、库页岛及千岛群岛的日军，向苏联远东军最高司令官投降。

英国、澳大利亚受降区：安达曼群岛、尼科巴群岛、缅甸、泰国、北纬16度以南之法属印度支那、马来、婆罗洲、荷属东印度、新几内亚、卑斯麦群岛及所罗门群岛的日军，向英国东南亚战区最高司令官和澳大利亚军最高司令官投降。精确的分界线由英澳两方自行决定。

美国受降区：日本委任统治诸岛、小笠原群岛及其他太平洋诸岛的日军，向美国太平洋舰队最高司令官投降；日本本土及邻接的诸小岛、北纬38度线以南之朝鲜，琉球群岛及菲律宾的日军，向美国太平洋陆军部队最高司令官投降。

麦克阿瑟在日本洽降使节离开马尼拉后，发表声明说，日本降使已将洽降内容向日本政府和大本营做了报告，盟军总部训令及有关文件也已交给了日本政府和大本营。他将率同盟军陆海空军直赴日本本土，接受日本政府的总投降。他希望在日本总投降书签订以前，各地即能实施停战。

8月23日，盟军最高统帅麦克阿瑟发布了日本投降条款的详细声明，主要内容如下：

第一条　下列各款由日本政府及大本营实行，于（民国）三十四年8月24日下午6时（格林尼治时间，以下同）生效。

1. 保证日本境内之一切陆海军、民用飞机，均停留在地面上、海上或船上，听候盟军处置。

2. 日本领海内，日本的或日本控制下的各式陆海军舰船或商船，不得破坏，在接到训令之前，除行进中之舰船外，不得有任何行动。必须将各种爆炸物投入海中，或移往岸上仓库（100吨以下之商船从事民用供应活动者除外）。

3. 在海上之日本或日本控制下之舰船，不论在何地点，必须用明语向最接近之美、英或苏联无线电台报告其所在位置，点燃航行灯，前往最接近之盟方港口，或指定之港口待命。潜艇除依照前项规定外，必须浮出海面悬挂黑色长旗，前往关岛之阿格纳港、中途岛或菲岛之苏必克湾，听候盟方处置。

4. 保护盟国战俘及侨民，并供给充足的衣食住与医药，居住的营房须有明显之标志。

第二条　下列各款由日本政府及大本营执行，于(民国)三十四年8月25日下午6时生效。

1. 撤除东京湾区域之水雷、地雷阵地与滩头障碍，一切沿海防御高射炮、固定及流动炮一律封存，应保证划出安全路线，并标出明显的记号。

2. 东京湾及其入口处，各种船、舰、艇，解除武器装备，一律不得行动。

3. 管理海湾港有关的海军人员，应继续执行正常任务。

4. 东京湾区域之引水，需继续保证供应。

5. 重建一切辅助航行的设备。东京湾区域现有的航行制度应予尊重，灯光应予保持，阴暗的使之明亮。

第三条　下列各款由日本政府及大本营执行，于(民国)三十四年8月27日下午6时生效。

1. 准备横须贺海军基地供美海军占领及运用。

2. 盟国占领区内的日本陆海军，一切战斗部队，他们的行动应限制在指定的营区内，但警察与宪兵例外。

3. 为盟军备办统帅的膳宿，士兵的驻所，营区设备与用具。

第四条　下列各款由日本政府及大本营执行，于(民国)三十四年8月28口下午6时生效。

1. 日本参谋本部派员，俟盟方最高统帅到达后，即举行会议，并随时解决各项问题。

2. 确定占领区之向导及译员25人。

第五条　为确保安全驶入东京计，需有日船舰一艘，随带引水人员，限于8月26日上午8时驶出港口20英里，引导盟方舰队进入相模湾，但必须服从美国高级海军指挥官的命令。日本应提供完备的航行图，标明一切水下防御物、水雷阵地、其他障碍物的位置以及一切辅助航行的设备。

第六条 从(民国)三十四年8月25日下午6时开始，盟军采取下列行动：

1. 盟国海军占领日本本土及沿岸领海，并在大阪、佐世保、长崎、高雄、仁川、青岛、上海、广州、香港、新加坡等港口进行扫雷工作，在执行上述任务的时候，日军不得有任何扰乱。

2. 盟国的飞机日夜在日本本土及日军控制地区上空巡逻监视。

3. 盟国空军向拘留盟国战俘及侨民的营房空投供应品。①

(三)美军进驻日本本土

日本投降前后，美国政府就决定要单独占领日本，不容他国染指。8月18日，杜鲁门批准了美国政府关于对日本实行军事占领的基本政策。这个政策的主要一点是占领下的日本的实际控制权，应当由美国来掌握。为此，美国政府决定，"占领应当以集中管理的原则实行，而不应当把日本全国分成若干占领区"。杜鲁门说："我决定，对日本的占领不能重蹈德国的覆辙；我不想分割的管制或划分占领区。我不想给俄国人以任何机会，再让他们像在德国和奥地利那样去行动。我希望用能够使这个国家恢复国际地位的方式来管理它。"他还表示"坚持对日本和太平洋的完全控制"是美国对日本和远东的基本方针。②

美军原订8月26日开始进驻日本本土，偏巧8月22日夜关东地方、25日本州西部、26日九州南部海面连续有台风侵袭，只好下令将8月26日开始的进驻计划，分别推迟48小时。日本政府和大本营根据盟军总部的要求做了准备。8月21日，日本大本营命令其国内的驻军撤离沿海地区，24日，新任陆相特命全军在8月31日(预定投降签字日)以前烧毁军旗。据说到投降签字以前，烧毁军旗共444面，其中国内179面，国外265面。25日，日本大本营正式下令军队复员。但在美军登陆前，日本国内有39名不承认战败的分子于8月22日、23日、25日举行集体自杀。在西部岛

---

① 《中国战区受降始末》，27～29页，北京，中国文史资料出版社，1991。
② 《杜鲁门回忆录》，第1卷，398、371页。

北京师范大学史学探索丛书

根县松江市发生了"皇国义勇军"的事件。8月26日在厚木机场发生了海军第三〇二航空队司令小园安名大佐等拒绝投降的事件。

美军的先遣部队于8月28日上午8时过后到达在神奈川县西部的厚木海军机场。为了再次表明日本政府的态度，首相东久迩稔彦于当日下午4时，会见新闻记者。在谈话中，他明确表示对这场由日本发动的侵略战争，全体一亿日本国民，要进行"一亿总忏悔"。8月30日，担任对日管制的盟军最高司令官麦克阿瑟也在海军和空军的掩护下飞抵厚木机场着陆。同日，美国海军海尔赛上将的第三舰队一部及海军部队和陆军的骑兵第一师(马头师)约17300人也驶入东京湾，进驻了横须贺、浦贺海军基地。接着，美军各部队均以临战和示威的姿态，在海军和空军的掩护下，在本州和九州各地登陆，于9月中、下旬，即已控制了日本的政治中心、军事要地、工矿地区以及铁路、公路、码头、机场等。至10月初，又占领了北海道和四国。这次美军在日本登陆组织得相当严密，始终保持着临战状态，以防日军不履行投降之规定而进行反击。首先在日本横滨登陆的是美军骑兵第一师。这个师8月30日下午在横滨登陆后竟发生了凌辱日本妇女等事件315起，第二天又发生了228起。9月8日，由该师师长翠斯少将率领约1万人，在东京举行了入城式。至1945年年底，占领日本的美军，共约40万人。

(四)"密苏里号"舰的荣耀

1945年9月12日，同盟国总受降签字仪式在停泊于日本东京湾的美国主力舰"密苏里号"上举行。

美国总统杜鲁门在回忆录中写道："刚一听到日本人准备接受波茨坦公告所规定的条件，李海海军上将和马歇尔将军便问我应当在什么地方举行受降仪式。我毫不迟疑地建议，应当在东京湾的一艘战舰上举行正式的受降仪式，而这艘战舰应当是美国的船只'密苏里号'。我认为，为了加深日本人民对于战败的印象，在日本首都目所能见的地方举行这种仪式是明智的，不过，在还没有能切实保证不会最后爆发狂热的行动以前，似乎仍以离开海岸为好。""我选择'密苏里号'的原因是很明显的。在我们的舰队中，它是最新的也是最强有力的战舰之一；这艘战舰是以我的故乡密苏里州命名的，而且我的女儿玛格丽特曾是该舰命名典礼会上的主礼人，我也在这次典礼上讲过话。"①

杜鲁门在最初发给麦克阿瑟的指令中，详细说明除了麦克阿瑟本人是最高统帅外。参加《波茨坦公告》签字的四个国家的其他三国的代表，也应当在日本总受降文件上签字。但是，英国却急于想满足英联邦自己的成员国提出的关于参加签字的要求——特别是澳大利亚。因此，8 月 18 日，杜鲁门告诉麦克阿瑟，除了美国、英国、中国和苏联的代表外，澳大利亚、加拿大、法国、新西兰和荷兰的代表们，也都已经被邀请参加日本的总受降仪式，请麦克阿瑟作好必要的准备。②

1945 年 9 月 2 日，这是一个平静无风的星期天。东京湾海面上舰船如林，飘扬着美国国旗。舰船的舱面上人影密集，都在向"密苏里号"舰注视着。小艇往来疾驶如奔马，艇后白浪如链，摩托声如猛兽怒吼，几乎都是载着各国官兵和记者来"密苏里号"舰参加总受降典礼的。会议开始前，各国记者 300 余人乘坐小艇登上"密苏里号"舰。到场的中国记者有 8 人。签字的地方在"密苏里号"舰右侧将领指挥室外的上层甲板上。签字用的桌子，原来准备向英舰乔治五世号借一张古色古香的木案，因为小了，改用"密苏里号"舰士官室一张吃饭用的长方桌子，上面铺着绿呢台布。桌子横放在甲板中心偏右下角，海边放一把椅子，桌旁设有几个扩音器，播音时可直通美国。桌子靠里面的一面是同盟国签字代表团站立的地方，靠外的一面留给日本投降代表。桌前左方将排列美国 50 位高级海军将领，右方排列 50 位高级陆军将领。桌后架起一个小平台，给拍电影和拍照片的摄影记者专用。其余四周都是记者们的天下。8 点多钟，记者们都依照预先规定的位置站好了。海尔赛上将是美国第三舰队的指挥官，"密苏里号"是他的旗舰，他笑吟吟地站在出入口，和登舰的高级将领们一一握手寒暄。当美国太平洋舰队总司令尼米兹将军到来时，海尔赛陪着他的上司步入将军指挥室，舰上升起尼米兹的五星将旗。乐队不断奏乐，将领们不断到来。文

北京师范大学史学探索丛书

---

① 《杜鲁门回忆录》，第 1 卷，393 页。

② 参见《杜鲁门回忆录》，第 1 卷，398～399 页。

字记者眼耳关注四方，手不停地做笔记。摄影记者更是千姿百态，或立或跪，相机对准各处，以抢拍下最有意义的镜头。8点半，乐声大起，一位军官宣布，同盟国签字代表团到。他们是从横滨乘驱逐舰来的。第一个是中国代表徐永昌，他穿着一身洁净的哔叽军服，左胸上两行勋绶，向在场迎接的美国军官举手还礼后，拾级登梯走至上层甲板上。随后，英国、苏联、澳大利亚、加拿大、法国、荷兰、新西兰的代表也陆续上来了。这时乐声又响彻上空，盟军最高统帅麦克阿瑟到，他也是坐驱逐舰从横滨来的。尼米兹在舰面上迎接他，陪他进入位于上层甲板的将军指挥室休息。舰上升起麦克阿瑟的五星将旗，和米尼兹的将旗并列。军舰的主桅杆上，这时飘起一面美国国旗。8点45分，盟军最高统帅麦克阿瑟与美国代表尼米兹等进入会场，海军乐队又复奏音乐。麦克阿瑟、尼米兹、史巴兹、魏德迈、史迪威以及60名随员站在签字桌右边，站在签字桌左边第一人为中国代表徐永昌，第二人为英国代表福拉塞，第三人为苏联代表狄里夫扬柯，第四人为澳大利亚代表布莱梅，第五人为加拿大代表哥斯格洛夫，第六人为法兰西代表莱克勒，第七人为荷兰代表赫夫里区，第八人为新西兰代表依西特。8点50分，日本投降全权代表日本政府外务相重光葵、日军大本营参谋总长梅津美治郎及随员9人（外务省、陆军和海军各3名），由美国麦希毕尔上校引导乘小船，来到"密苏里号"舰。重光葵臂上挂着手杖，一条真腿一条假腿，走起路来一瘸一拐，登梯时有人扶他，梅津一身军服，重步而行。他们到上层甲板后，即在签字桌向外的一面，面对桌子列三行，和同盟国代表团隔桌对立。这时，全舰静悄悄无一点声音。

9时正，麦克阿瑟和尼米兹走出将领指挥室，尼米兹站到徐永昌的右面，立于第一名代表的位置。麦克阿瑟站在麦克风前，庄严地宣布同盟国总受降仪式开始。麦克阿瑟执讲稿在手，极清晰、极庄严、一个字一个字对着扩音器宣读。日本代表团肃立静听。麦克阿瑟宣读的简短宣言全文如下：

吾人咸集此间，缔结一庄重之协定，俾得恢复和平。理想与观念之分歧，业已在世界各战场上彻底解决，故目下断无讨论及辩论之必要。吾人在此，系代表全球民族之大部分，并非前来以互疑恶意及仇恨之精神相见。凡我胜利者与失败者，实应共同发扬崇高尊严，唯此尊严方能加惠于吾人行将指向之神圣目标。凡我众人，均应尽力矢守其行将正式担任之工作。余深盼举世人类，亦同样深盼可自此庄严之时刻以后，由过去之流血屠戮中产生一更善美之世界，以信义谅解为基础，谋维持人类之尊严，实现其所珍爱之自由、容忍及正义之希望。日本帝国武装部队投降之条件，载于刻在诸君面前之降书内，余以最高统帅之地位，兹宣布依所代表各国传统精神。余之坚定目的为：以正义及容忍继续执行余之责任，并采取一切必需之处置，藉使投降条件确能全部迅速忠实履行。①

当麦克阿瑟宣读到最后，昂首向日本代表团说：“我现在命令日本天皇和日本政府的代表、日本帝国大本营的代表，在投降书上指定的地方签字。”

日本投降书分黑色封面的日文体和金绿色封面英文体两种，投降书长1.5尺，宽1尺，放在铺有绿呢台布的长桌上。重光葵首先挣扎上前走近签字桌，脱帽放在桌上，斜身入椅，倚杖椅边，除手套，执投降书看了约一分钟，才从衣袋里取出一支自来水笔，在两份投降书上分别签了字。梅津美治郎代表大本营随即签了字。他签字时没有入座，右手除手套，立着欠身执笔签字。麦克阿瑟接着宣布：“盟国最高统帅现在代表和日本作战各国签字。”麦克阿瑟邀请美国将领魏锐德和英军将领潘西藩陪同签字。两人步出行列，向麦克阿瑟敬礼后立在他身后。麦克阿瑟坐在椅子上，掏出笔签字。才写一笔，便转身把笔送给魏锐德。魏锐德掏出第二支笔给他，写了一笔又送潘西藩。他一共用了6支笔签字。最后一支留给自己，作为永久性纪念。随后按照原定顺序，由美国、中国、英国、苏联、澳大利亚、加拿大、法国、荷兰、新西兰代表签字。签字结束后，麦克阿瑟将签过字的日文投降书交给日本投降代表，然后率领各同盟国首席代表进入“密苏里号”舰休息室。日本11名投降代表仍由麦希毕尔上校引导离开“密

---

① 重庆《大公报》，1945-9-3。

苏里号"舰。这时数千架 B—29 型飞机，一批一批地越过"密苏里号"舰上空，庆祝这个具有伟大意义的日子。

日本投降书全文如下：

我们谨奉日皇、日本政府与其帝国大本营的命令，并代表日皇、日本政府与其帝国大本营，接受美中英三国政府元首七月二十六日在波茨坦宣布的，及以后由苏联附署的公告各条款。以下称四大强国为同盟国。

我们兹宣布日本帝国大本营及在日本控制下驻扎各地的日本武装部队，向同盟国无条件投降。

我们兹命令驻扎各地的一切日本武装部队及日本人民，即刻停止战事，保存一切舰艇、飞机、资源、军事及非军事的财产，免受损失，并服从同盟国最高统帅，或在他指导下日本政府各机关所要求的一切需要。

我们兹命令日本帝国大本营即刻下令日本的一切武装部队及不论驻在何地的日本控制下的武装部队的指挥官，他们自己及他们所率的武装部队，无条件投降。

我们兹命令一切民政的、军事的与海军的官员，服从与实行盟国最高统帅认为实践这一投降所适当的一切宣言、命令与指令，以及盟国最高统帅及在他授权下所颁布的一切宣言、命令与指令，并训令上述一切官员留在他们现有职位，除非由盟国最高统帅或在他授权下特别解除职务者外，继续执行非战斗的职责。

我们兹承担日皇、日本政府及其继承者忠实实行波茨坦公告的各项条文，并颁布盟国最高统帅所需要的任何命令及采取盟国最高统帅所需要的任何行动，或者实行盟国代表为实行波茨坦公告的任何其他指令。

我们兹命令日本帝国政府及日本帝国大本营，即刻解放在日本控制下的一切盟国军事俘虏与被拘禁的公民；并给予他们保卫、照料、维持并供给运抵指定地点的运输工具。

日皇与日本政府统治国家的权力，将服从盟国最高统帅，盟国最高统帅将采取他们认为实行这些投降条款所需要的一切步骤。①

1945 年 9 月 2 日午前 9 时 4 分于东京湾密苏里号舰上签字之，并根据大日本帝国天皇陛下及日本国政府之命令且以其名义

重光葵

根据日本帝国大本营之命令且以其名义

梅津美治郎

1945 年 9 月 2 日午前 9 时 4 分于东京湾为合众国、中华民国、联合王国及苏维埃社会主义共和国联邦及与日本国存在战争状态之其他联合国之利益受诺之。

联合国最高司令官	道格拉斯·麦克阿瑟元帅
合众国代表	尼米兹元帅
中华民国代表	徐永昌上将
联合王国代表	福拉塞上将
苏维埃社会主义共和国代表	狄里夫扬柯中将
澳大利亚联邦代表	布莱梅
加拿大代表	哥斯格洛夫
法兰西代表	莱克勒
荷兰代表	赫夫里区
新西兰代表	依西特②

日本投降全权代表回到东京后于下午 1 时 15 分向天皇复奏，立即公布了关于投降的诏书。

诏　书

朕接受昭和二十年 7 月 26 日美、英、中各国政府首脑于波茨坦发

---

① 《反法西斯战争文献》，323～324 页，北京，世界知识出版社，1955。

② 签名见国民政府国防部史政局及战史编纂委员会档案，中国第二历史档案馆藏。

北京师范大学史学探索丛书

表后由苏联参加之公告所列各条款，命令帝国政府及大本营代朕签署同盟国最高司令官提示之投降文件，并根据同盟国最高司令官之指示，对陆海军发出一般命令。朕命令朕之臣民立即停止敌对行动，放下武器，并诚实履行投降文件之一切条款及帝国政府及大本营所发之一般命令。

御名御玺

昭和二十年9月2日①

同日，日本首相东久迩稔彦也向全国国民发表文告：

当此正式签署降表之一日，吾人回念过去种种，百感齐集，无限悲痛，难以尽泄。一念我历史悠久之皇军，其武装行将解除，实悲痛无穷。天皇敕命既已颁布，正式投降唯有顺从。吾忠贞之人民应正视失败之事实，而忍受其不可忍受之痛苦，以符御旨，我日本人民务必坚持镇静及秩序，尽量遵守政府及大本营所颁布之命令。吾人应于万般容忍中保持我民族特具之勇敢精神。吾日本人民当默念此番战争所以失败之原因，而于过去种种深自忏悔。同时我日本人民极宜实践一切职责，以期于举世瞩目中表示我日本人民之信誉。目下虽有无限艰巨加诸吾日人身上，然应抱忠贞不移之决心以赴之。于和平及文明之原则下，以力谋日本之新生。对于我国之繁荣及世界和平及文化之努力，吾人当秉承天皇圣旨，职责所责，义不容辞也。②

(五)"太上皇"麦克阿瑟

1945年8月13日，美国总统杜鲁门任命麦克阿瑟为盟国最高统帅，命令称"按照美国、中华民国、联合王国和苏维埃社会主义共和国联盟政府之间的协议，应任命盟国最高统帅，以执行日本投降，兹特任命你为盟

---

① 《大东亚战争全史》，第4册，1709~1710页。
② 重庆《大公报》，1945-9-3。

国最高统帅"，"从投降时起，日本天皇和日本政府统治国家的权力将隶属于你，你应采取你认为有助于执行投降条款的必要措施"，"你对一切有关盟国为执行日本投降条款而派出的陆、海、空部队享有最高统帅的权威"，"任命你为盟国最高统帅，于你接到本命令时生效"。①

8月18日，杜鲁门批准美国副国务卿特别助理杜曼提出的"对日占领与军政府"的备忘录。备忘录侧重从军事占领角度来确定美国在日本的统治地位。它规定"美国负有提供占领军的主要责任，占领军统帅及其属下的主要司令官应是美国人"；"不搞多国家的分区占领"；"美国在决定军政府政策时应有至高无上的发言权"。② 8月29日，杜鲁门批准了"占领初期美国对日政策基本原则"，这是1951年以前美国占领日本期间对日政策的纲领性文件。这个文件，在杜鲁门批准的第二天即用电报拍发给了麦克阿瑟，后又正式下达给"盟军最高统帅总司令部"（简称"盟总"），9月22日发表，发表时文件内容有改动。公开发表的文本分四个部分。第一部分开宗明义确定"美国占领日本的最后目标是：（1）保证日本不再成为美国的威胁，不再成为世界安全与和平的威胁。（2）最终建立一个和平与负责的政府，该政府应尊重他国权利，并应支持《联合国宪章》的理想与原则中所显示的美国的目标"。第二部分规定，"一切占领部队皆将由美国所指派之最高统帅指挥"，"美国将竭尽一切努力与各盟国磋商，并组织适当之咨询机构，但如各主要盟国意见未能一致，则美国之政策应居于支配地位"；"日皇与日本政府的权力，须受盟军最高统帅之支配……最高统帅在圆满推进美国目的之限度内，将利用包括日皇在内的日本政府机构和各机关行使自己的权力"。第三、四两部分提出了日本的"非军国主义化"、"处罚战犯"、"提倡个人自由和民主主义"、"经济的非军事化"等政策措施。③

9月6日，美国联合参谋总部致函麦克阿瑟，赋予他极大的权力。文件说："日皇和日本政府，都在你盟国最高统帅的领导下，被授以治理国

① 《杜鲁门回忆录》，第1卷，379页。

② 参见《战后世界历史长编》，第1编，第1分册，254页，上海，上海人民出版社，1975。

③ 《战后世界历史长编》，第1编，第1册，254～256页。

家的权力的……我们和日本的关系,不是以契约,而是以[日本]无条件投降为基础的。由于阁下的权力至高无上,在权限上无须接受日方的任何异议。"①9 月 7 日,"盟军最高统帅总司令部"成立。"盟总"除设参谋部外,还成立了全面控制日本内政的民政、民间情报、经济科学、天然资源等 9 个局,这些机构以"盟总指令"或"备忘录"方式指挥日本政府,"盟总"成了名副其实的太上政府,而麦克阿瑟则成了日本的"太上皇"。

9 月 8 日,美军占领东京,麦克阿瑟在距离皇宫不远的美国大使馆升起了美国国旗。记者描述晚上东京街道上呈现空虚的冷静,就好像一座死城,不见人影,除去几盏路灯外,到处都是黑暗,几里长的建筑物倒在地上,到处是废墟。

9 月 11 日,由"盟总"下令逮捕东条等首批战犯,这对日本统治集团震动很大。在这种形势下,日本统治集团决定要外相重光葵辞职,"代之以能与麦帅对话的外相"。吉田茂当日深夜接到通知,赶到皇宫,被任命为外务大臣。举行任命仪式时,他来不及换上配合礼服的皮鞋,只好在皇宫里借了一双大号的皮鞋,一路"踢踏作响"地去见天皇。吉田茂是一个著名的亲英美派人物。吉田茂出任外务大臣不久,就策划日皇于 9 月 26 日晋见麦克阿瑟。裕仁表示要承担一切战争罪责。麦克阿瑟宽慰说:"对日本国民及政界要人最清楚的,相信就是陛下了。希望今后听到你的各种建议。"日皇晋见麦克阿瑟的第二天,日本各报刊登了裕仁战战兢兢站在麦克阿瑟身旁的照片。内务大臣山崎岩勒令收回当日各报,并威胁有关报社要处以"不敬罪"。接着,他又招待记者,借拒绝释放政治犯的名义,扬言治安维持法仍然有效,表示要维护国体,即天皇的绝对权威。美国当即加紧施加压力。麦克阿瑟下令撤销内相的职务。10 月 5 日,东久迩内阁被迫总辞职。经过几番较量后,木户等商定,继任首相"应以美方无反感的、无战罪嫌疑的和通晓外交的人为宜,以此来看,第一候补为币原男爵,第二候

---

① 《关于盟军最高统帅权限问题致麦克阿瑟元帅函》,转引自《战后世界历史长编》,第 1 编,第 1 册,256 页。

补为吉田外相"。① 最后内定了币原。币原喜重郎，曾任 1924—1932 年三届民政党内阁的外务大臣，推行与英美协调的"币原外交"。吉田去征求麦克阿瑟的同意时，曾有如下问答：麦克阿瑟问："他多大年纪?"吉田说，"七十几岁"；麦克阿瑟说："年岁太大啦!"接着又问："会说英语么?"吉田立即答道："当然会说。"经麦帅批准，10 月 9 日，币原内阁正式成立，吉田任外相。币原表示，"新阁决不容战犯，努力根除军国主义"，"日人都曾支持过作战努力，希望能克服困难重建国家"。② 币原、吉田等亲美英派的出山组阁，开始了长达 10 年之久的日美从属关系。

美国单独占领日本的政策，引起了苏联和英联邦国家的反对。8 月 22 日，美国向中、苏、英三国建议成立所谓十国远东咨询委员会。9 月 2 日，苏联提出成立苏、美、英、中四国管制日本委员会。英国在对日政策上一般反对激进的改革，支持天皇制，但因受到澳大利亚等英联邦国家的牵制，因此没有同意美国的方案。当时的澳大利亚工党政府强调从南太平洋的安全保障出发，对日本要从严管制。澳大利亚总理在日本投降时，曾以澳大利亚是独立对日交战国为理由，提出要派遣包括一个特混舰队在内的澳大利亚军队参加对日本本土的占领，由于美国反对，未能实现。苏联方案一出，英国乘机表示支持，美国方案因而搁浅。9 月，伦敦外长会议正式开始前，美国国务卿贝尔纳斯曾想说服英国外交大臣贝文接受美国方案，但因遭到澳大利亚牵制没有结果。在外长会议进行期间，9 月 24 日，苏联外长莫洛托夫看到美方公布的"美国战后初期对日政策"后，会见了贝尔纳斯，重申苏联建议，表示苏联同意成立咨询委员会，但坚持应先成立四国管制委员会，并提出可由美国代表担任该会主席。英国此时因为在东欧和意大利问题上想拉拢美国一致对付苏联，转而表示同意美国方案。美国于是片面地声称四个主要国家都已同意，决定在 10 月底召开远东咨询委员会第一次会议。由于苏联拒绝派代表出席，并撤回驻"盟总"的代表，会议未能如期举行。直到 1945 年 12 月莫斯科美、英、苏三国外长会议上，

---

① 《木户幸一日记》下卷，1240 页，转引自《战后世界历史长编》，第 1 编，第 1 册，263 页。

② 重庆《大公报》，1945-10-8。

才在日本问题上达成协议，决定建立"远东委员会"和"盟国管制日本委员会"两个盟国机构。

"远东委员会"总部设在华盛顿，由美、英、中、苏、法、荷、加、澳、印、菲和新西兰等11国组成。"远东委员会"决定了战后对日基本政策的目标：一是"非军事化"；二是"民主化"。"远东委员会"在形式上位于盟军最高统帅之上，但它的决定必须由美国政府和占领军总部去执行，美国政府可向占领军总部发布"临时训令"，控制着最后决定权。

设在日本东京的"盟国管制日本委员会"，由麦克阿瑟或其代表任主席，苏、中各派委员1人，英、澳、新、印合派委员1人组成，是咨询机关。这两个委员会的职责范围，叠床架屋，纠缠不清，实际上一切都取决于美国麦克阿瑟控制的"盟总"。

为了贯彻美国初期对日占领政策，"盟总"多次敦促日本政府采取使宪法民主化的措施。币原内阁为使修改宪法工作能按日方意图进行，主动于1945年10月25日设立以国务相松本蒸治为首的宪法问题调查委员会。12月8日松本在众议院预算委员会答辩时声称，由"天皇总揽统治权的大原则不变"。当时，日本各政党及民间团体，对于修改宪法中是否保留天皇制争议很大，国际上同盟国对天皇制的批判也越来越尖锐。为平息日本国内外对天皇制的不满，天皇裕仁于1946年元旦广播发表"人的宣言"，否定了自己的神格。1946年1月，币原内阁提出"松本方案"，把天皇的权力"神圣不可侵犯"改为"最高不可侵犯"。2月18日，"盟总"否定了日方的"松本方案"，将美方根据麦克阿瑟提出的三原则(保留天皇制，但其权力须受宪法的限制，并从属于人民的最高意志；放弃战争权；废除封建制度)所起草的宪法草案提交日方，令其遵照执行。并且威胁："必要时，将把这个方案提交日本国民决定。"于是，3月6日本政府公布《宪法改正草案要纲》，麦克阿瑟立即发表声明表示全面支持。之后，经国会两院通过，作为日本国宪法于1946年11月3日公布，1947年5月3日起实行。新宪法改战前的天皇集权制为议会内阁制。第一条规定，"天皇是日本国的象征，是日本国民整体的象征，其地位以主权所在的全体日本国民的意志为依据"。

日本历史学家井上清，在日本向同盟国投降 30 周年的日子里，出版了《天皇的战争责任》一书。他说，在远东国际军事法庭上，日本天皇裕仁没有被起诉，因而判决书上丝毫没有提到天皇有罪或无罪的问题。但当判决之后，审判长威廉·福拉德·韦伯（澳大利亚代表）发表个人意见时说："天皇是有战争责任的，他之所以没有被起诉，是由于政治上的考虑。"1971 年美国人德比特·伯尔根米尼出版了他的巨著《天皇的阴谋——裕仁天皇怎样把日本引向对西方作战》，韦伯为这本书写了序言。在序言中韦伯说："向法庭提出的证据，证明天皇实际上是把战争合法化了，所以他是负有战争责任的"，"不审判天皇的决定是在美国和其他同盟国政府高级领导之间做出的"。井上清认为，从 1931 年到 1945 年期间的日本侵略战争，天皇裕仁对于战争的责任，是丝毫不容置疑的，这是极为清楚的。但占领军的远东国际军事法庭却丝毫未追究天皇的责任。这虽然是由于美国政府的政治方针所造成的，同时也是由于日本人民在当时还没有力量。投降决定完全是日本统治集团最上层在对日本人民绝对保密的情况下，只是为了维护国体即天皇制而做出的。对于投降决定，人民没能发挥任何积极作用，而且人民中的大多数在投降后也仍被继续束缚于维护天皇制的紧箍咒中。日本人民未能发动追究天皇战争责任的强大运动，因而美国不但不追究天皇的责任，相反，却选择了利用天皇作为美国统治日本的工具的道路。这样一来，日本人民就无从追究天皇裕仁的侵略战争责任（战争犯罪），而接受了美帝所容许的象征性天皇制，直到今天。①

6. 中国沉醉于胜利中

9 月 3 日，在国民政府陪都重庆举行了隆重庆祝抗战胜利的活动，全城呈现节日的气氛。在交通要道，市民用松柏扎起了各式各样牌坊。各机关、团体、工厂、商店和学校都悬挂国旗。街头巷尾，到处都是喜笑颜开、兴高采烈的人群。上午 8 时半国民党和国民政府在重庆国民政府花园东向遥祭孙中山陵寝，蒋介石主祭，国民党中央委员、国府委员暨各院部

---

① ［日］井上清著：《天皇的战争责任》，9、10、11、206、207 页，北京，商务印书馆，1983。

会长官参加了祭典。9时，在礼堂举行庆祝抗战胜利大会，蒋介石、居正、于右任、孙科、戴季陶等文武官员1000余人到会。蒋介石在大会上致辞，宣示内政方针。他说："我们过去的工作是军事第一，胜利为先，我们今后的努力，则在国家统一，政治民主。我们只有共循统一与民主的道路，完成建国工作，实行国父的三民主义，才能同臻于国力充沛民生康乐的境域。"①同日上午8时开始，重庆市民即纷赴较场口广场准备参加重庆各界庆祝胜利大会。当时中央社报道说："3日为陪都庆祝最后胜利降临之第一日，八年来沉着紧张领导全国抗战之陪都，显已变成一狂欢之都市，街头巷尾，人群拥挤，交通为之断绝6小时，百万市民咸陶醉于此千载难逢之欢乐中。对于抗战中身受之苦难，似已忘怀。"大会于9时开始，各界代表登台发表演说。会后举行祝胜游行。"庆祝胜利的盛大游行，轰动了整个重庆。事先，从中兴路、较场口，到都邮街、民族路、过街楼、林森路，成千成万的市民已汇成一个奔腾的人海。等待蒋委员长检阅或瞻仰他的人们虽然站了几个钟头，但热情与兴奋驱走了疲倦，千万只眼睛盯着中兴路翠绿的和平门，口里都在低嚷：'快来了。'时钟的针刚指12点，警卫组的摩托卡车有几辆由和平门急驶中兴路，接着，军事委员会委员长的大旗出现了，绿色的小敞车出现了，于是爆发了如雷的欢呼。蒋委员长坐在小敞车上，笑容满面，频举戴了白手套的右手向欢呼的市民答礼。他披着戎装，不戴军帽，代参谋总长程潜与他共车……在他的敞车后面，跟着十余辆小车，坐着冯玉祥、白崇禧、戴传贤、吴铁城、陈诚、陈立夫、谷正纲、贺耀祖……他们同样的兴高采烈。""蒋委员长的敞车缓慢地驶着，夹道是一片欢呼声，旌旗招展，万花缭乱，摄影记者在奔忙摄取这具有历史意义的镜头。""12点28分，蒋委员长车经民族路、过街楼、林森路回军委会，于是极为壮观的游行行列开始蠕动了。10万多人构成的游行行列，由军乐队、大国旗前导，接着是中美英苏四盟国国旗，另有四国国旗队，然后是联合国国旗队，国父遗像，蒋主席肖像，盟国领袖肖像。荣誉军人以断肢残胫的代表组成一队，出征军人家属以寡弱妇孺的代表组织一队，蹬

---

① 重庆《大公报》，1945-9-4。

在卡车上随着游行，此外是盟军盟友队，化装列车队，各党政军学商机关团体的代表队及神龙醒狮队。游行路线沿林森路、陕西路、过街楼、打铜街、民族路、民权路、民生路、中一路到中二路。游行队伍在行进时，军乐声、爆竹声、锣鼓声、愉快的歌声、笑声，构成了一支伟大的交响曲，似乎迸发了八年来所受的苦难，许多人感动得流泪了！""盟友们在吉普车上接受'顶好'的欢呼，他们用右手的食指与中指伸成 V 字，一路向欢呼的人群表示他们对胜利的快乐。最受欣赏的游行行列要算那些车队了，每一卡车的装饰各有不同，有的用松枝扎成醒狮，有的用厚纸糊成坦克，化装车上有自由女神。甘肃油矿局别出心裁，卡车上装置一台开采石油的机器，上面写着'建设中国'。这是胜利游行中令人警惕也令人深思的一景。"当游行队伍穿过小什字，标准钟已报告 1 点 25 分，千万人被轧轧的声音吸引而仰视蔚蓝的天空，正有七架铁鸟飞成一个大 V 字的阵形，地上于是发出与天空机声共鸣的喝彩声。""感谢老天盛意，昨天凉爽得很，游行的人虽然挨到下午 4 点钟才散，但没有人在救护队挂过号。"夜间，"在较场口，中华交响乐团举行露天音乐会，在新运广场、中央公园、川东师范、跳伞塔都放电影，免费欢迎市民参观。夜间，探照灯向天空交缀成 V 字形，市区灯彩照耀。人们欢愉地说：'今后应该是和平、民主、自由的日子了。'"①

全国各大城市也都举行了庆祝抗战胜利的盛大活动，全国沉醉在抗战胜利的狂欢活动中。

三、中国战区南京受降

(一)国民党包办对日受降

到 1943 年下半年，除中国战场和印缅战场外，盟国在各个战场都开始转入反攻，同盟国反法西斯战争胜利在望。在这种情况下，如何部署盟军的全面反攻及讨论战后问题已成为同盟国面临的急迫问题。罗斯福因而建议召集美、英、苏、中四大盟国首脑会议。由于苏联不愿公开参加对日作

---

① 　重庆《大公报》，1945-9-4。

战的讨论，而英国又反对中国插足欧洲问题的讨论，于是决定先由美、英、中三国在开罗开会讨论远东问题，再由美、英、苏三国开会讨论欧洲等问题。

1943年11月召开的开罗会议，使中国正式列入"四强"之一。美国从战后世界战略出发，把中国拉入了"大国圈子"。罗斯福曾对艾登说，中国一定要参加"大国圈子"，因为"倘和俄国在政策上发生严重冲突，中国毫无疑问会站在我们这一边"。美国为了实现其在战后独霸中国的战略意图，除了加紧伸展美国在华的侵略势力，竭力扶蒋反共外，还力图拉拢英国，争取苏联，以便从国际上取得有利的条件。在美国的压力下，英国在总的方面同意了美国的对华政策。通过《雅尔塔协定》，美国取得了苏联支持中国国民政府和蒋介石统一中国的承诺。中苏条约签订后第三天，即1945年8月16日，蒋介石通知赫尔利，认为："中苏条约指明：(1)苏联方面有意帮助促成中国军队的统一；(2)有意支持中国创造一个统一、民主政府的努力；(3)有意支持中国国民政府。"赫尔利得出结论说，"蒋介石现在将有机会发扬实在而真正的领导地位。他将有机会发扬不仅在战时，且在平时为中国人民领袖的资格。"①美国驻苏大使馆在9月10日致国务院的电报中也说："由于俄国的保证，中共讨价还价的地位和企图获得军事支持的基础无疑地大受削弱。"②

由于获得美国的全力援助和苏联的承诺，国民党和蒋介石以"中华民国国民政府"的名义包办和垄断了对日受降权。正如魏德迈在8月15日给麦克阿瑟和尼米兹的电报中所说的："在中国战区内接受大量日本军队的投降，并维护日本占领区目前的法律和秩序的问题，取决于迅速地把中央政府的军队调往各战略地区。"杜鲁门指出，魏德迈的电报"换句话说，蒋介石需要我们帮助他，把他的军队运到日本主要部队准备投降的地区。否则中国共产党人就会缴收日本军队的武器，还会占领日本人所控制的地区。"③

---

① 《中美关系资料汇编》，第1辑，182页，北京，世界知识出版社，1957。

② 《中美关系资料汇编》，第1辑，184页。

③ 《杜鲁门回忆录》，第1卷，387页。

197

抗日战争胜利后中国战区受降纪实

冈村宁次在 1945 年 8 月 10 日收听到如下广播：一、杜鲁门已将日本愿意投降之消息转达英、中、苏三国；二、日本皇室是日本法西斯的根源，应令天皇退位以结束战争；三、日本通过中立国瑞士、瑞典向美、英、苏、中四国表示，只要允许维护天皇制，日本愿意接受《波茨坦公告》。同日夜，却接到大本营大陆令字第 1378 号的命令电报，其内容如下：第一，在大本营计划进行对美主体作战同时，为了摧毁苏联之非望，应开始新的全国作战计划，击败进犯之苏军，保卫国土，维护国体；第二，关东军总司令官应以对苏作战为主，随时击破来敌，保卫朝鲜。在同一天，接到内容截然不同的两种消息，冈村宁次感到无所适从。

8 月 11 日，欧洲各地广播日本准备投降的消息越来越多。但同一天，冈村宁次又接到了陆相和参谋总长拍来的"陆机密电第 61 号"，其内容如下："因苏联参战，帝国政府命令各军继续强硬作战，并向苏联及英、美提出下列交涉：第一，日本帝国愿意在不要求变更天皇的国家统治权的条件下，接受苏联最近参加的波茨坦公告；第二，上述条件如果不能得到确实保证，日本决心作战到底。"这个电报对日本中国派遣军来说，犹如晴天霹雳。同一天，参谋总长梅津又拍来电报。声称："为了保卫皇土，维护国体，全军宁为玉碎，亦不能收拾干戈。"冈村宁次为安定军心，于 12 日向派遣军全体官兵发出训令："苏联终于向我进犯，皇国如今面对美、英、苏等大敌，已进入关系国家兴亡之决战中。苏联参战仍在预料之中，我皇军数百万精锐依然屹立于皇土及大陆，此乃我辈发挥立国以来维护传统之最大机会。为了保卫皇土，维护国体，我辈应断然与敌决一雌雄，而责无旁贷。本职奉命统帅连战连胜之最精锐皇军，际此大敌来临，宁为玉碎，不为瓦全。立誓击灭骄敌，挽狂澜于既倒，是所决心。全军将士，切勿惑于敌之和平攻势谰言，应坚强团结一致，秉承大楠公生为开启圣运之忠诚，更应有时宗公轰轰烈烈之斗魄，排除万难，一心向击灭敌人之前途迈进。"①同一天，冈村宁次向陆军大臣和参谋总长表示了继续作战到底的决心。

---

① 参见[日]稻叶正夫编：《冈村宁次回忆录》，25 页，北京，中华书局，1981。

北京师范大学史学探索丛书

8月13日，在东京的西浦参谋给冈村宁次来电，要点如下：一、为了挽救关东军之危局，希望由派遣军抽一个军部及三个师基干兵力至南满；二、派遣军一般任务在于对美、英、苏、中作持久战，同时也应协助关东军作战；三、关于作战指导及政略对策，陆军中央部决心坚定，但预料将会有若干波折出现。冈村宁次由于对日本国内的情况不甚了解，对上述电报感到迷惑。14日12时30分，又接到大陆令字第1380号：一、大本营之意图，一方面期待完成对美主体作战，同时为了摧毁苏联进攻，应全面展开攻势，击灭苏军，保卫皇土，维护国体；二、中国派遣军总司令官应随时随地击退来犯之敌军，并对苏、美、中作持久战之准备，此有助于帝国本土之全军作战。14日下午3时，冈村宁次致电陆军大臣和参谋总长表明了继续作战之决心。随后又接到西浦参谋的来电，称"大本营之气氛，似有向天皇奏请作战到底之决心"。下午4时，中国派遣军报请参谋总长转奏天皇下决断继续作战。下午5时20分又接到西浦参谋的电报，称"最坏事态已发生"，但并没有说明究竟发生了什么事情。

8月15日9时半，冈村宁次到总司令部办公，收到了日本大本营陆军总部的紧急电报——"天皇陛下将于15日12时向全体国民广播，望届时收听。次长。"这时候，中国派遣军总参谋长小林、副总参谋长冈田和今井都来到冈村宁次的办公室。大家确认时至今日，本派遣军除"承诏必谨"外，别无选择。10时10分，又接到大本营"陆机密电第68号"："惟天皇陛下基于公开理由亲自裁决，决定接受四国宣言"，"圣断既下，全军应一致服从"，"职等谨以忍万斗眼泪之心情，特此转达"。15日正午时分，中国派遣军总司令部全体官兵按照平日遥拜之形式，面向东方列好队形，恭听天皇广播。同日下午，冈村宁次向全体官兵发出如下训令："派遣军全体官兵应毋消磨斗志，更应严肃军纪，团结一心，为达成新任务而迈进。"冈村宁次在回忆录中说，是日下午三时返回宿舍，沉思默想，烦闷异常。首先浮现在脑海里的是今后如何将105万大兵和80万侨民顺利地送回日本。其次是我个人的处置问题。据新闻报道，阿南陆相已于昨晚自办，本日铃木内阁也已总辞职。但我既不能自办，亦不准辞职。8月15日，我在日记里写下："余决心置身于不求生亦不求死之境地。"①

　　8月10日，日本政府宣布准备接受《波茨坦公告》。11日，蒋介石利用其合法地位下了三道命令，电令各战区将士"加紧作战努力，一切依照既定军事计划与命令积极推进，勿稍松懈"；② 命令沦陷区地下军及伪军"切实负责，维持治安"，"趁机赎罪"，"非经蒋委员长许可，不得擅自迁移驻地，或受任何部队收编"；③ "命令"解放区抗日军队"原地驻防待命"，不许解放区抗日军队向敌伪"擅自行动"。原电如下："延安第十八集团军朱总司令，彭副总司令钧鉴：现在敌国已宣告正式向四大盟国投降，关于盟邦受降各种问题，正在交换意见，即将作具体决定，本委员长经电令各部队一律听候本会命令，根据盟邦协议执行受降之一切决定。所有该集团所属部队，应就原地驻防待命。其在各战区作战地境内之部队，并应接受各该战区司令长官之管辖。政府对于敌军之缴械，敌俘之收容，伪军之处理及收复地区秩序之恢复，政权之行使等事项，均已统筹决定，分令实施。为维护国家命令之尊严，恪守盟邦共同协议之规定，各部队勿再擅自行动，为要。除分令外，希即严饬所部一体遵照。此令。军事委员会委员长蒋中正。八月十一日。"④

　　美国驻华大使赫尔利8月12日致电美国务院称："如果美国政府和联合国允许中国的一个拥有武装的敌对政党接受日本投降，并缴收日本人的武器，那么中国的内战会因而不可避免。"并建议依照投降条件，日本须向国民政府投降，须将所有在中国的武器交给国民政府。同时，中国战区美军总司令魏德迈向美国参谋部发出了一份内容同样的电报。8月13日，杜鲁门正式任命麦克阿瑟为盟军最高统帅。杜鲁门在"总命令第一号"中，特别指明"中国（包括热河省）、台湾、北纬16度以北的法属印支"的日本军队，"应向蒋委员长投降"。

　　蒋介石的发言人，于8月15日下午在重庆记者招待会上讲，11日"委

---

①　参见《冈村宁次回忆录》，30～31页。
②　《毛泽东选集》，第4卷，1141页。
③　重庆《大公报》，1945-8-13。
④　重庆《大公报》，1945-8-13。

员长之命令，必须服从"，"违反者即为人民之公敌"。

8月15日晨，蒋介石在重庆对全国军民及全世界人士发表广播词："我们的抗战，今天是胜利了，'正义必然胜过强权'的真理，终于得到了它最后的证明，这亦就是表示了我们国民革命历史使命的成功。我们中国在黑暗和绝望的时期中，八年奋斗的信念，今天才得到了实现。我们对于显现在我们面前的世界和平，要感谢我们全国抗战以来忠勇牺牲的军民先烈，要感谢我们为正义和平而共同作战的盟友，尤须感谢我们国父辛苦艰难领导我们革命正确的途径，使我们得有今日胜利的一天，而全世界的基督徒更要一致感谢公正而仁慈的上帝。……我说到这里，又想到基督宝训上所说的'待人如己'与'要爱敌人'两句话，实在令我发生无限的感想。""我中国同胞们须知'不念旧恶'及'与人为善'为我民族传统至高至贵的德性，我们一贯声言：只认日本黩武的军阀为敌，不以日本的人民为敌，今天敌军已被我们盟邦共同打倒了，我们当然要严密责成他忠实执行所有的投降条款，但是我们并不要报复，更不可对敌国无辜人民加以污辱……要知道，如果以暴行答复敌人从前的暴行，以奴辱来答复他们从前错误的优越感，则冤冤相报，永无终止，绝不是我们仁义之师的目的，这是我们每一个军民同胞今天所应该特别注意的。""我请全世界盟邦的人士以及我全国的同胞们，相信我们武装之下所获得的和平，并不一定是永久和平的完全实现；一直要到我们的敌人在理性的战场上为我们所征服，使他们能彻底忏悔，都成为世界上爱好和平的分子，像我们一样之后，才算达到了我们全体人类企求和平及此次世界大战最后的目的。"①

与此同时，蒋介石把中国战区对日军的受降权交给中国陆军总司令何应钦办理。蒋介石赋予何应钦的受降任务，规定如下：①承本委员长之命，处理在中国战区内之全部敌军投降事宜。②指导各战区各方面军，分区分期办理一切接受敌军投降之实施事宜。③秉承本委员长之意旨，对中国战区内之敌军最高指挥官发布一切命令。④秉承本委员长之指示，与中

① 蒋介石：《对全国军民及全世界人士广播词》（1945年8月14日在重庆播讲），《中华民国重要史料初稿——对日抗战时期》，第七编"战后中国"（四），633～635页，台北，台湾中国国民党中央委员会党史委员会，1981。

国战区美军人员密切合作，办理美军占领区、盟军联合占领区交防接防敌军投降后之处置。⑤收复区内难民救济，交通通讯运输之恢复诸事宜。⑥指导各战区、各方面军，分区分期办理接收伪军投诚编遣及剿办不听命令之伪军事宜。⑦负责迅速处置南京伪组织政府，恢复南京及其附近之秩序，敬待国民政府还都。⑧在办理接受敌军投降期间，秉承本委员长之指示，调动部队，占领中国战区内各军事政治经济交通要点及要港，构成处理敌军及恢复全般秩序之有利态势。⑨对于非经政府指定之受降部队，如有擅自接受敌军投降，企图扰乱我受降计划者，得呈请本委员长下令惩罚之。⑩敌军应对本委员长所指定之部队投降，如对非指定之部队而擅自向其投降或让防，或于投降期间不遵我军命令实施者，得由陆军总司令下令以武力制裁之，并对不遵命令之敌部队长，或敌军最高指挥官，直接予以处置。⑪指导监督并得全权处理收复区内一切党政各事务。⑫指挥各战区所有向收复区挺进，及原在收复区各部队，但各战区在后方留防部队，仍归各战区秉承本会之指示指挥之。①

蒋介石包办和垄断了一切受降权。

(二)中共据理力争胜利果实

当美国在日本广岛掷下第一颗原子弹和苏联对日宣战的情况下，中共中央主席毛泽东于8月9日发表《对日寇的最后一战》的声明，指出："对日战争已处在最后阶段，最后的战胜日本侵略者及其一切走狗的时间已经到来了。在这种情况下，中国人民的一切抗日力量应举行全国规模的反攻，密切而有效力地配合苏联及其他同盟国作战。八路军、新四军及其他人民军队，应在一切可能条件下，对于一切不愿投降的侵略者及其走狗实行广泛的进攻，歼灭这些敌人的力量，夺取其武器和资财，猛烈地扩大解放区，缩小沦陷区。"②

10日，日本政府向同盟国发出乞降照会，而日军大本营仍命令各地日军坚持继续作战。为歼灭顽抗的日本侵略军，中共中央于10日指示各中央

① 何应钦：《八年抗战之经过》，203～204页，中国陆军总司令部，1946。
② 毛泽东：《对日寇的最后一战》(1945-8-9)，见《毛泽东选集》，第3卷，1119页。

局、分局和各区党委，"立即布置动员一切力量，向敌、伪进行广泛的进攻"，"在日本投降实现时，我军对日军应令其在一定时间内实行投降缴械，缴械后可予以优待。否则应以各种方法迫其投降缴械。对伪军，则应令其立即反正，接受我之委任与改编，并指令防区驻扎，否则应即消灭之。如遇顽军妨碍我们进占城镇和要道时，应以各种方法阻止以至打击消灭之"。① 同日 24 时，朱德总司令向各解放区所有武装部队发布命令："向其附近各城镇交通要道之敌人军队及其指挥机关送出通牒，限其于一定时间向我作战部队缴出全部武装"；并"向其附近之一切伪军伪政权送出通牒，限其于敌寇投降签字前，率队反正，听候编遣，过期即须全部缴出武装"；"如遇敌伪武装部队拒绝投降缴械，即应予以坚决消灭"；"我军对任何敌伪所占城镇交通要道，都有全权派兵接受，进入占领，实行军事管制，维持秩序，并委任专员负责管理该地区之一切行政事宜，如有任何破坏或反抗事件发生，均须以汉奸论罪"。②

11 日，中共中央指示各区党委："应集中主要力量迫使敌伪向我投降，不投降者，按具体情况发动进攻，逐一消灭之"，"各地应将我军大部迅速集中，脱离分散游击状态，分甲乙丙三等组成团或旅或师，变成超地方性的正规兵团，集中行动，以便在解决敌伪时保证我军取得胜利。"③

同日，朱德总司令连续发出六道命令：令晋绥、晋察冀和山东军区各以一部兵力向东北进军，配合苏军作战，消灭日伪军；令各解放区部队向本区一切敌占交通要道展开进攻，迫使日伪军无条件投降，对收复的城镇实行军事管制，维持秩序，保护人民。④

12 日，中共中央确定力争攻占太原以北之同蒲铁路，归绥（今呼和浩

① 《中央关于苏联参战后准备进占城市及交通要道的指示》(1945-8-10)，见《中共中央文件选集》，第 15 册，215 页。

② 《延安总部命令第一号》(1945-8-10)，见《中共中央文件选集》，第 15 册，217～218 页。

③ 《中央关于日本投降后我党任务的决定》(1945-8-11)，见《中共中央文件选集》，第 15 册，228 页。

④ 《延安总部命令第二号——第七号》(1945 年 8 月 11 日 8 时、9 时、10 时半、11 时、12 时、18 时)，见《中共中央文件选集》，第 15 册，219～225 页。

特)以东之平绥铁路，郑县(今郑州)以北之平汉铁路和以东之陇海铁路，以及北宁、正太、道清、白晋、德石、津浦、胶济等铁路和各路沿线之大小城市。

八路军向侵华日军盘踞的地区挺进。

正当解放区战场军民向日伪军展开大规模反攻之际，蒋介石利用其合法地位于8月10日发布三道命令，妄图独吞抗战胜利果实。在八年抗战期间，八路军、新四军及其他抗日游击队，根据中国共产党的指示，在敌后广大地区发动群众，开展在抗战中占着重要的战略地位的游击战争，用以壮大抗战力量和牵制敌继续向我国后方发动战略性的进攻；建立敌后抗日民主政权，以铲除敌所推行之伪化和镇压投降活动；实行减租减息，以改善贫苦农民的生活与提高抗日积极性和增强对民主政权的信心；发展抗日武装，以达最后消灭日本侵略者和将来作为建设与保卫新中国的支柱；建立适合于对敌斗争的经济政策和金融制度，以抵制日本的残酷封锁，稳定敌后物价，使军民生活得以保证；进行有针对性的抗日民主教育，以发扬民族正气，提倡爱国壮举，增强民族自豪。为此而付出之巨大牺牲。而今抗战胜利，八路军、新四军，自然有权接受当面日军的投降。正如8月13日，毛泽东在延安干部会议上发表演说所指出："我们解放区的人民和军队，八年来在毫无外援的情况之下，完全靠着自己的努力，解放了广大的国土，抗击了大部的侵华日军和几乎全部的伪军。由于我们的坚决抗战，英勇奋斗，大后方的二万万人民才没有受到日本侵略者摧残，二万万人民所在的地方才没有被日本侵略者占领。蒋介石躲在峨眉山上，前面有给他守卫的，这就是解放区，就是解放区的人民和军队。""抗战胜利的果实应该属谁？这是很明白的。比如一棵桃树，树上结了桃子，这桃子就是胜利果实。桃子该由谁摘？这要问桃树是谁栽的，谁挑水浇的。蒋介石蹲在山上一担水也不挑，现在他却把手伸得老长老长地要摘桃子。""抗战胜利是人民流血牺牲得来的，抗战的胜利应当是人民的胜利，抗战的果实应当归给人民。"[1]13日，新华社向全国同胞和全世界人民宣布："重庆统帅部，不能代表中国人民和中国真正抗日的军队；中国人民要求，中国解放区抗日军队有在朱德总司令指挥之下，直接派遣他的代表参加四大盟国接受日本投降和军事管制日本的权利，并且有参加将来和会的权利。要不是这样做，中国人民将认为是很不恰当的。"[2]

同日，朱德总司令打电报给蒋介石表示坚决地拒绝他8月10日令第十八集团军"原地驻防待命"，不许"擅自行动"的错误命令。15日，朱德总司令命令被解放区军民包围的日军迅速投降。同日，中国解放区抗日军朱总司令以说帖一件分送美驻华大使赫尔利将军、英驻华大使薛穆爵士、苏联驻华大使彼特罗夫，请其转达美、英、苏三国政府，阐明我军有权根据《波茨坦公告》及同盟国规定的受降办法接受被我包围的日军投降，并提出五项声明和要求：

> 中国国民党政府及其统帅部，在接受日伪投降与缔结受降后的一切协定和条约时，不能代表中国解放区、中国沦陷区广大人民及一切真正抗日的人民武装力量。如协定及条约中，有涉及中国解放区、中

---

① 毛泽东：《抗日战争胜利后的时局和我们的方针》(1945-8-13)，见《毛泽东选集》，第4卷，1124、1128、1129页。

② 毛泽东：《蒋介石在挑战内战》(1945-8-13)，见《毛泽东选集》，第4卷，1139页。

国沦陷区一切真正抗日的人民武装力量之处，而又未事先取得我们的同意时，我们将保留自己的发言权。

中国解放区、中国沦陷区一切抗日的人民武装力量，在延安总部指挥之下，有权根据波茨坦宣言条款及同盟国规定之受降办法，接受被我军包围之日伪军队的投降，收缴其武器资材，并负责实施同盟国在受降后之一切规定。

中国解放区、中国沦陷区的广大人民及一切抗日的人民武装力量，应有权派遣自己的代表参加同盟国接受敌国的投降和处理敌国投降后的工作。

中国解放区及其一切抗日武装力量应有权选出自己的代表团，参加将来关于处理日本的和平会议及联合国会议。

为减少中国内战危险，请美利坚合众国政府站在中美两国人民的共同的利益上，立即停止对于中国国民党政府之租借法案的继续执行。如果国民党政府发动反对中国人民的全国规模的内战（此种内战危险，现已极其严重），请勿予国民党政府以援助。①

8月16日，朱德总司令再次致电蒋介石，表示"我站在中国和同盟国的共同利益的立场上，坚决地彻底地反对你的命令，直至你公开承认错误，并公开收回这个错误命令之时为止"。同时向蒋介石及其政府提出六项要求：

你和你的政府及其统帅部，在接受日伪投降、缔结受降后的一切协定和条约的时候，我要求你事先和我们商量，取得一致意见。因为你和你的政府为人民所不满，不能代表中国解放区、中国沦陷区的广大人民和一切抗日的人民武装力量。如果协定和条约中，有涉及中国解放区、中国沦陷区一切抗日的人民武装力量之处，而未事先取得我

① 《中国解放区抗日军朱总司令致美英苏三国说帖》(1945-8-15)，《中共中央文件选集》，第15册，240页。

们同意的时候，我们将保留自己的发言权。

中国解放区、中国沦陷区的一切抗日的人民武装力量，有权根据波茨坦公告和同盟国规定的受降办法，接受我们所包围的日伪军队的投降，收缴其武器资材，并负责实施同盟国在受降后的一切规定。我在八月十日下了一道命令给中国解放区军队，叫他们努力进击敌军，并准备接受敌人投降。八月十五日，我已下令给敌军统帅冈村宁次，叫他率部投降，但这只限于解放区军队作战的范围内，并不干涉其他区域。我的这些命令，我认为是非常合理、非常符合中国和同盟军的共同利益的。

中国解放区、中国沦陷区的广大人民和一切抗日武装力量，应有权派遣自己的代表参加同盟国接受敌人的投降，和处理敌国投降后的工作。

中国解放区和一切抗日武装力量，应有权选出自己的代表团，参加将来关于处理日本的和平会议和联合国会议。

请你制止内战。其办法就是：凡被解放区军队所包围的敌伪军由解放区军队接受其投降，你的军队则接受被你的军队所包围的敌伪军的投降。这不但是一切战争的通例，尤其是为了避免内战，必须如此。如果你不这样做，势将引起不良后果。关于这一点，我现在向你提出严重的警告，请你不要等闲视之。

请你立即废止一党专政，召开各党派会议，成立民主的联合政府，罢免贪官污吏和一切反动分子，惩办汉奸，废止特务机关，承认各党派的合法地位（中国共产党和一切民主党派至今被你和你的政府认为是非法的），取消一切镇压人民自由的反动法令，承认中国解放区的民选政府和抗日军队，撤退包围解放区的军队，释放政治犯，实行经济改革和其他各项民主改革。①

---

① 毛泽东：《第十八集团军总司令给蒋介石的两个电报》(1945-8)，见《毛泽东选集》，第 4 卷，1144～1145 页。

8月15日，朱德总司令命令日本中国派遣军总司令官冈村宁次投降，命令如下：

（1）日本政府已正式接受波茨坦宣言条款宣布投降。（2）你应下令你所指挥下的一切部队，停止一切军事行动，听候中国解放区八路军、新四军及华南抗日纵队的命令，向我方投降，除被国民党政府的军队所包围的部分外。（3）关于投降事宜，在华北的日军，应由你命令下村定将军派出代表至八路军阜平地区，接受聂荣臻将军的命令；在华东的日军，应由你直接派代表至新四军军部所在地天长地区，接受陈毅将军的命令；在鄂豫两省的日军，应由你命令在武汉的代表至新四军第五师大悟山地区，接受李先念将军的命令；在广东的日军，应由你指定在广州的代表，至华南抗日纵队东莞地区，接受曾生将军的命令。（4）所有在华北、华东、华中及华南的日军（被国民党军队包围的日军在外），应暂时保存一切武器、资财，静候我军受降，不得接受八路军、新四军及华南抗日纵队以外之命令。（5）所有华北、华东之飞机、舰船，应即停留原地；但沿黄河、渤海之中国海岸的舰船，应分别集中于连云港、青岛、威海卫、天津。（6）一切物资设备，不得破坏。（7）你及你所指挥的在华北、华东、华中及华南的日军指挥官，对执行上述命令应负绝对的责任。①

8月15日下午，蒋介石的发言人在重庆记者招待会上就所谓共产党违反蒋介石委员长对朱德总司令的命令时说，"委员长之命令，必须服从"，"违反者即为国民之公敌"。②

16日，毛泽东为新华社写了《评蒋介石发言人谈话》的评论，指出："这是蒋介石公开发出的全面内战的信号。""共产党同中国人民和全世界关心中国和平的人士一样，认为新的内战将是一个灾难。但是共产党认为，

---

① 见《毛泽东选集》，第 4 卷，1146～1147 页注释[6]。
② 重庆《大公报》，1945-8-16。

内战仍然是可以制止和必须制止的。共产党主张成立联合政府，就为制止内战。现在蒋介石拒绝了这个主张，致使内战有一触即发之势。然而，制止蒋介石这一手，是完全有办法的。坚决迅速努力壮大人民的民主力量，由人民解放敌占大城市和解除敌伪武装，如有独夫民贼敢于进犯人民，则取自卫立场，给以坚决的反击，使内战挑拨者无所逞其伎。这就是办法，也只有这个唯一的办法。""'确立内部和平状态'，'成立临时政府，使民众中一切民主分子的代表广泛参加，并确保尽可能从速经由自由选举以建立对于人民意志负责的政府'，这是苏美英三国在克里米亚说的话。中国共产党正是坚持这个主张，这就是'联合政府'的主张。实现这个主张，就可制止内战。一个条件：要力量。全体人民团结起来，壮大自己的力量，内战就可以制止。"①然而，上述正义的合理的要求，却遭到蒋介石和美国的无理拒绝。在此情况下，各解放区军民积极响应毛泽东主席的号召，坚决执行朱德总司令的命令，立即以排山倒海之势，向日伪军发起全面反攻，歼灭拒绝投降的日伪军。

根据中共中央的指示和延安总部的命令，晋察冀军区、山东军区、晋冀鲁豫边区、晋绥军区、新四军及华南各抗日游击队等部队向日伪发起了大规模的猛烈进攻。晋察冀军区部队进逼平、津，攻占张家口等城镇。山东军区部队进军济南、青岛和徐州等地。晋冀鲁豫边区各部队向边区内主要交通线之敌进攻。晋绥军区部队逼近太原，攻入归绥，夺取日伪军占据的城镇据点。新四军各部队向苏、浙、皖地区敌占城镇进攻。河南军区及新四军第五师部队向豫西和鄂豫皖边之敌进攻。华南各抗日游击队攻歼盘踞于本地区之敌。

8月15日，日本宣布投降。22日，日军大本营命令各地日军从25日零时起停止一切战斗行动，但中国派遣军"得在局部地区实行自卫措置"。②而美国总统杜鲁门认为，"蒋介石的权力只及于西南一隅，华南和华东仍

---

① 毛泽东：《评蒋介石发言人谈话》(1945-8-16)，见《毛泽东选集》，第4卷，1148～1151页。

② 日本防卫厅防卫研修所战史室：《昭和二十年的支那派遣军》(2)，550页，朝日新闻社，1971。

被日本占领着。长江以北则连任何一种中央政府的影子也没有","假如我们让日本人立即放下他们的武器，并且向海边开去，那么整个中国就将会被共产党人拿过去。因此我们就必须采取异乎寻常的步骤，利用敌人来做守备队，直到我们能将国民党的军队空运到华南，并将海军调去保卫海港为止"。① 所以，他要盟军最高统帅麦克阿瑟命令在中国的日军"守着他们的岗位和维持秩序"，"等到蒋介石军队一到，日本军队便向他们投降"。②杜鲁门说："这种利用日本军队阻止共产党人的办法是国防部和国务院的联合决定而经我批准的。"③

蒋介石为欺骗人民，掩护其内战准备，于 8 月 14 日、20 日、23 日接连发出三封电报，邀请中共中央主席毛泽东到重庆进行和平谈判，共同商讨"国际国内各种重要问题"。同时，又命令傅作义、阎锡山、李品仙、顾祝同等部率先向解放区推进，抢夺抗战胜利果实。8 月 15 日，蒋介石致电日本中国派遣军总司令官冈村宁次，要他维护占领区秩序，等待蒋军受降，不准向八路军、新四军投降缴械和交出地区及物资。冈村宁次于 18 日通令所属各部，只向蒋军投降，不向其他军队缴械。尔后，他又命令日军，除蒋介石有命令外，对中国其他方面的要求，"不仅应坚决拒绝，而且应根据情况，毫不踌躇地行使自卫的武力"。④

此时，在中国战场上出现美、蒋、日、伪合流的严重局势，这就使我军夺取大城市的计划难于实现。对此，中共中央和中央军委决定改变方针。8 月 22 日向各党委、各军区发出了"关于改变战略方针的指示——目前方针着重于夺取小城市及广大乡村"的指示；23 日，中共中央发出"关于目前时局和任务"的指示；29 日，中共中央发出"关于迅速进入东北控制广大乡村和中小城市的指示"；30 日，中央军委发出"关于力争绥察热全境"的指示。根据上述指示，各大战略区立即调整部署，以一部兵力继续威胁大城市，主力迅速转向夺取中小城镇，并控制广大乡村。

---

① 《杜鲁门回忆录》，第 2 卷，72 页。

② 《杜鲁门回忆录》，第 2 卷，72 页。

③ 《杜鲁门回忆录》，第 2 卷，72 页。

④ 参见《冈村宁次回忆录》，57 页。

在 8 月 9 日至 9 月 2 日的反攻作战中,八路军、新四军和华南各抗日游击队,坚决贯彻执行中共中央和中央军委的一系列方针,抓住战机,积极向日伪军占领的城镇及交通要道进攻,收复了县以上城市 150 多座,几乎切断了日军占领区的所有铁路交通线,迫使其纷纷向大中城市撤退。据延安总部不完全统计,共歼灭日伪军 7.6 万多人,缴获长、短枪 7.3 万余支,轻、重机枪 900 多挺,各种炮 160 多门,取得了全面反攻作战的伟大胜利。

9 月 2 日,日本政府签署了投降书,第二次世界大战胜利结束,中国抗日战争作为一个历史阶段已经完结。但是,被解放区军民包围的日伪军,仍继续顽抗,拒绝向我军投降。美国全力支持蒋介石政府,以大批飞机和舰船帮助蒋介石运送军队,抢夺抗战胜利果实。美国还派遣海军陆战队先后在秦皇岛、天津、塘沽、青岛等地登陆,替国民党军抢占被解放区军民包围的城市及交通要道。国民党政府不顾中国共产党和解放区军民的强烈反对,于 9 月 9 日在南京单方面接受日军投降,并委任冈村宁次为"中国战区日本官兵善后总联络部长官",令他指挥日军协同国民党军向解放区进犯。同时,国民党政府把沦陷区(包括解放区)划分为 16 个受降区,下令其各战区向解放区推进,企图消灭中国共产党的抗日武装力量,占领华南、华中和华北各解放区,进而夺取东北。

八路军收缴的日军武器。

在此形势下，中共中央和中央军委向各战略区、各中央局等发出了一系列指示，毅然放弃夺取大城市的方针，改取中小城市和控制广大乡村，使我军在战略上处于主动地位。至年底，共歼灭日军1.37万多人，伪军38.5万余人，缴获步、马枪24.3万多支，轻、重机枪5000余挺，各种炮1300多门，收复县以上城市250多座，并一度攻入归绥、天津、保定、石门、芜湖等城市，切断平绥、北宁、同蒲、平汉、津浦、正太、德石、胶济、陇海、广九等铁路线，取得了全面反攻和歼灭拒绝投降之日伪军的重大胜利。

（三）芷江洽降

8月15日早晨7时，国民政府外交部接获日本致中、美、英、苏正式投降电文。蒋介石即日以中国战区最高统帅的名义，致电日本中国派遣军最高指挥官冈村宁次，指示日军六项投降原则：

急。南京日军驻华最高指挥官冈村宁次将军鉴：

一、日本政府已正式宣布无条件投降。

二、该指挥官应即通令所属日军停止一切军事行动，并派代表至玉山（今属江西——引者注）接受中国陆军总司令何应钦将军之命令。

三、军事行动停止后，日军可暂保有其武装及装备，保持现有态势，并维持所在地之秩序及交通，听候中国陆军总司令何应钦之命令。

四、所有飞机及船舰，应停留现在地；但长江内之船舰，应集中宜昌、沙市。

五、不得破坏任何设备及物资。

六、以上各项命令之执行，该指挥官及所属官员，均应负个人之责任，并迅速答复为要。

中国战区最高统帅蒋中正①

北京师范大学史学探索丛书

---

① 《八年抗战之经过》，200～201页。

8月17日下午5时接到冈村宁次复电："中国战区最高统帅蒋中正阁下：中华民国三十四年八月十五日赐电敬悉，今派今井总参谋副长、桥岛参谋2人，率同随员3人，准于本月18日乘机飞至杭州等候遵命，再继飞至玉山，鄙处使用双引擎飞机一架，并无特殊标志，并请知照玉山飞机场派员接见，仰赖照料为感。驻华日军最高指挥官冈村宁次。"

蒋介石接到冈村宁次来电后，旋又复电冈村宁次，略谓："玉山机场目前不能使用，改为湖南芷江，另候命起飞。"至18日，蒋介石又发一详细电报给冈村宁次，指示日军降使飞芷江办法，其原文如下："南京。驻华日军最高指挥官冈村宁次将军鉴：8月17日一电计达，今井总参谋副长可于8月21日来湖南芷江，希遵照下列各项：（1）代表人数不得超过5员（内须有熟悉南京、上海附近机场情形之飞行员一员），于8月21日晨坐日本飞机一架，自汉口附近起飞，迳飞湖南常德上空，此时高度须5000英尺，时间为重庆夏季时间上午10时（格林尼治标准时间为上午2时），届时在6000英尺上空当有盟军战斗机3架迎接，如遇云层过低，该日机应在云层下1000英尺，盟机高度则在云层下500英尺。（2）日机标志，在机翼上下各漆带有光芒之日本国旗一面，并于两翼末端，各系以四公尺长之红色布条，以资识别。（3）盟军战斗机3架将护送该日本飞机至芷江机场着陆，顺序第一架为盟机，第二架为日机，第三及第四架为盟机。（4）今井总参谋副长须随带驻中国台湾及北纬16度以北安南地区内，所有日军之战斗序列、兵力位置及指挥区分系统等表册。（5）如因气候恶劣不能完成上述之飞行时，须于次日依照上项规定之时间与方式实施。（6）日本飞行员以波长5860KC收发，用英语呼号 King Able Air Ground Control，Repeat. King Able Air Ground Control. 与芷江之空中地面指挥部队取联络，此种呼号，在距芷江100英里时开始，以后每隔10分钟一呼叫，直至望见芷江机场为止，芷江无线电降落站用波长425KC，其英语呼号为 King Able，在望见芷江机场时，日本飞行人员即停止与 King Able 空中地面指挥联络，立以波长4495KC收发，与 King Able 指挥塔联络之。（7）接到此电后，须于8月19日重庆夏季时间午后6时至8时，在南京无线电台（XON）以波长5400KC答复。中国战区最高统帅蒋中正。"

8月19日冈村宁次遵令复电蒋介石，称：今井总参谋副长一行，率同参谋2人（陆军中佐桥岛芳雄，少佐前川国雄），翻译1人（木村辰男），乘中型双引擎飞机飞往指定地点，一切行动依照尊电办理，但机身标志红色布带改为系在尾部，尊定波长5860KC，请改为5866KC，又4495KC请改为4493KC。

经过数次电文往还，蒋介石遂派中国陆军总司令何应钦一级上将，于8月20日自重庆飞抵芷江。21日，天朗气清，万里无云。9时正，我混合大队野马式护送机3架自芷江机场起飞，向常德方向飞去。10时1刻，我机在5000英尺高空，于常德西南方发现日机，即分先后引导日机向芷江航行。11时10分，我3架护送机偕日本绿色双引擎运输机1架，出现于芷江上空，我战斗机6架，则在高空护卫。11时1刻，我护送机1架，首先着陆停立机场，接着是日机降落，最后是我2架护送机着陆。11时20分由我方吉普车一辆，后挂英文"跟我来"的木牌，引导日机缓缓驶至停驻地点。11时25分，日机在我严密保护下启开机门，今井武夫少将首先出现于机门。中国陆军总部派陈少校前往接待。今井立正问："我可以下机否？"陈少校答："现在可以下机。"日方译员首先下机，今井随之。今井着军装，戴灰色拿破仑帽，佩军刀，面有戚容，缄默无语。陈少校当即索阅名单，并由我宪兵检查其所携行李。检查后由陈少校引导今井及其随员7人分乘吉普车四辆入城，日方人员乘居中的2辆，车上挂着白旗，由新六军士兵握木盒枪警戒。当吉普车徐徐驶过人群时，中外摄影记者纷纷拍照，情形甚为紧张。

8月21日下午3时40分，今井武夫偕参谋桥岛芳雄、前川国雄及译员木村辰男至中国陆军总司令部晋谒参谋长萧毅肃，接洽投降事宜，并接受何应钦总司令致冈村宁次的备忘录。今井晋见萧参谋长时，系在一会议厅内。厅内布置简洁，正面悬挂孙中山遗像暨党、国旗，上置有中、美、英、苏四国国徽及一巨型"V"字。参与会议之军事长官有副参谋长冷欣、美军作战司令部参谋长柏德诺等人和有关军事官员百余人及中外记者50余人。今井等四人到达时，均面带忧戚之色，面向萧参谋长、冷副参谋长和柏德诺参谋长敬礼，然后坐在萧毅肃的对面。萧毅肃先向今井提出几个问

侵华日军洽降代表在湖南芷江前往参加洽降，

走在最前者为侵华日军副总参谋长今井武夫。

题，令其逐一答复，然后宣读了何应钦致冈村宁次的备忘录，并令今井签具收据。今井除表示接受转达外，即用毛笔签字并盖章。此时中外摄影记者纷纷拍照，情况极庄严紧张。5时正今井等辞返住所。

萧毅肃与今井的问答如下：

萧说：本人是中国战区中国陆军总司令部参谋长萧毅肃中将，今天代表中国战区中国陆军总司令何应钦上将来接见贵官，这位是本总司令部副总参谋长冷欣中将，这位是在中国的美军作战司令部参谋长柏德诺将军，他们两位是陪同我来接见贵官的。请贵官说明身份，并交出身份证书。

今井答：鄙人是日本驻华派遣军总司令官冈村宁次派来晋见中国最高统帅负责代表，任务是在停战协定以前与贵部准备联络。鄙人是中国派遣军今井总参谋副长，这位（指右）是桥岛参谋，这位（指左）是前川参谋，都是我的随员。此时萧氏命其交出身份证明。今井称：仅有受命之命令书。萧氏称：命令书也可拿出来看，今井乃起立呈出命令书。

中国战区芷江洽降，萧毅肃参谋长接见日本
洽降代表、侵华日军副总参谋长今井武夫。

　　萧说：中国战区最高统帅蒋委员长未(8月)巧(18日)18时致冈村宁次将军之电令，要贵官随带驻中国台湾及越南北纬16度以北地区内所有日本陆海空军之战斗序列、兵力位置及指挥区分系统表册，想贵官业已带来．请即交出。今井答曰：中国派遣军仅负责指挥中国战区之日军，关于台湾、越南，因不属本军指挥，故不十分明了。今井此时即命桥岛交出日军在华兵力配备图。

中国战区芷江洽降中的今井武夫(前排右二)及其随员。

萧问：冈村宁次将军还有其他文件交贵官带来吗？今井答：除发给令本人前来联络之命令外，无其他文件。

萧说：中国陆军总司令何应钦上将，现有中华民国三十四年末(8月)马(21日)中字第1号备忘录1件，是致送冈村宁次将军的，由我交给贵官，请贵官交给冈村宁次将军。请贵官先行阅读，读完后请在接受备忘录证书上签字，并请负责转交冈村宁次将军。萧氏当即宣读备忘录全文，并交今井细阅一遍，并要求将内容有所说明。萧氏允许先行派员洽谈。

萧说：在上项中字第1号备忘录内说明中国陆军总司令部，要先在南京设置一前进指挥所，由冷欣中将作主任，此种措施，可使日军投降事项顺利实施。所有本总司令部前进指挥所的人员，附空军机场设站人员，将乘中国飞机与贵官同时飞往南京，请贵官转达冈村宁次将军，妥为保护，并妥为招待。

今井答：当代为转达。

萧说：何应钦上将将不待冈村宁次将军签订投降书，即于最短期内输送军队前往南京、上海、北平各地接收。请贵官转告冈村宁次将军。今井允予转告。

萧说：为使以后接洽便利起见，何应钦上将愿与冈村宁次将军直接通电，兹特规定对方电台呼号、波长及通报时间表一份，交与贵官，请贵官于回南京后立即转送冈村宁次实行。

今井接受后，并出示日方之通报时间表一份。

萧说：何应钦上将还另有许多问题，另派中美专家向贵官问讯。为了贵官安全起见，中美专家将分别前往贵官的住所，请贵官据实详细答复。今井答曰，本人此来，纯系任联络任务，日本天皇已接受波茨坦宣言，现日本代表在马尼拉与盟军最高长官议定最高原则的答复。故未奉到最高命令以前，日军不能随便行动。惟日军深知蒋委员长，故愿先派人来。自道义方面说，也应速来与中国联络。

萧说：贵官回南京的时间，另行通知。

今井签署领受备忘录证书原文如下："今谨收到中国战区中国陆

军总司令一级上将何应钦致驻华日军最高指挥官冈村宁次将军之中字第 1 号备忘录中文本一份，日文本一份（但以中文本为准），并已充分了解本备忘录之全部内容，当负责转达驻华日军最高指挥官冈村宁次将军。代表总参谋副长今井武夫少将（签字）。中华民国三十四年 8 月 21 日。时公历 1945 年 8 月 21 日。地点中华民国湖南省芷江县。"

至此，萧毅肃宣告会谈完毕。①

中国战区中国陆军总司令部备忘录中字第 1 号，是中国接受日军投降的重要文献之一，全文如下：

日期　中华民国三十四年八月二十一日

致　驻华日军最高指挥官冈村宁次将军

由　中国战区陆军总司令部

事由：

一、本人以中国战区中国陆军总司令之地位，奉中国战区最高统帅特级上将蒋中正之命令，接受在中华民国（辽宁、吉林、黑龙江三省除外）、台湾及越南北纬 16 度以北之地区内日本高级指挥官及全部海陆空军与其辅助部队之投降。

二、日本驻华最高指挥官冈村宁次将军，应自接受本备忘录之时起，立即执行本总司令之一切规定。在台湾及越南北纬 16 度以北之地区内之日军，亦同此规定；并应由冈村宁次将军负责指挥该项日军之投降。

三、冈村宁次将军于接受此备忘录后，关于下列事项，应立即对日本陆海空军下达必要之命令：

1. 对本总司令所辖地区内（即第二条所述地区，以下同）所有之日本陆海空军及辅助部队，立即停止一切敌对行为。

2. 对本总司令所辖地区内之日本陆海空军及辅助部队，立即各就

---

① 见重庆《大公报》，1945-8-22。

现在驻地及指定地点静待命令，凡非蒋委员长或本总司令所指定之部队指挥官，日本陆海空军不得向其投降缴械，及接洽交出地区与交出任何物资。

3. 对本总司令所辖地区内所有日本陆海空军及辅助部队之武器、弹药、航空器、船舰、商船、车辆及一切交通通信工具、飞行场、海港码头、工厂、仓库、物资与一切建筑物暨军事设施以及文献档案情报资料等，应立即妥为保管，不得移动。并应绝对保持完好状态，由冈村宁次将军负其全责，听候本总司令派员接收。

4. 对本总司令所辖地区内所有日本陆海空军及其辅助部队，应各就现驻地负责维持地方良好秩序，直至蒋委员长或本总司令所指定之部队及负责长官到达接收为止。在此期间内，绝对不得将行政机关移交非蒋委员长或本总司令所指定之行政官吏或代表人员。

5. 对本总司令所辖地区内同盟国被俘人员及被扣官民，应立即恢复自由，并充分供给其衣食住行及医药等，并准备遵照本总司令之命令送到指定地点。

四、为监视日军执行本总司令之一切命令起见，特派本部副参谋长冷欣中将先到南京设立本总司令前进指挥所。凡冷欣中将所要求之事项，应迅速照办。

五、冈村宁次将军亲自向本总司令接受有关日本陆海军投降实施之正式手续及蒋委员长之详细命令之时间及地点，俟盟军统帅麦克阿瑟将军接受日本总投降后，另行通知。

中国战区中国陆军总司令一级上将何应钦①

8月21日晚7时，中国陆军总司令部对今井来芷江初步洽降经过发表正式公报，称：据今井报告，除台湾及越南北纬16度以北区域外，冈村宁次所指挥之日军，共计109万人。22日，中国陆军总司令部指派中美各专家分别前往今井住所，询问各项有关问题，今井一一作了回答。23日上

---

① 重庆《大公报》，1946-8-22。

午，中国陆军总司令部派员往晤今井，面告日本投降正式签字地点，总部已奉国民政府命令，决定在南京举行，嘱今井转告冈村宁次知照，并对何应钦在南京时之安全，应作万全之准备及周到之接待。同时将总部致冈村之中字第2号至第5号备忘录，送交今井，嘱转交冈村。

23日中午11时半，何应钦在中国陆军总司令部会客室内接见今井，何应钦立在办公桌后，今井仍着军服，未带佩刀，脱帽后步入会客室内，默然肃立，向何应钦鞠躬敬礼。何应钦问今井："前日（21日）下午3时，萧参谋长面交转致冈村宁次之第1号备忘录及附件，汝已了解否?"今井点头回答说："了解了。"何应钦又问今井："今天我又派员送交备忘录3件，汝均已收到否?"今井答："都已收到。"于是何应钦郑重嘱咐今井说："汝今天可乘原机飞返南京，希望汝告知冈村宁次大将，对于先后交付共4件之备忘录①内所列各事，应迅速切实照办。"今井回答说："一定转达到。关于备忘录之内容，敝总司令部一俟奉到东京大本营命令，即可决定。"何应钦继续说："本总司令已决定于本月26日以后，30日以前，开始空运部队至南京。汝可转告冈村宁次将军，准备一切。"今井鞠躬答曰："是，知道了。"最后何应钦说："今天谈话到此为止。贵官现在可准备出发了。"今井聆悉后，深深一鞠躬而退出。何应钦曾起身示答。何应钦接见今井谈话，历时9分半钟，日军代表来芷江接洽投降一事，至此告一段落。②

今井等一行离芷江后2小时，何应钦在陆军总部举行中外记者招待会，何应钦以生平未有之兴奋欢愉情绪致辞，申述其对胜利和平之感想，记者也向何应钦提出若干问题，何应钦一一回答如下：

问：总长对今井此行结果满意否?

---

① 中字第2号备忘录指示各地区受降主官派遣前进指挥所事宜；中字第3号责令日军保护上海、南京、北平机场；中字第4号规定各地区受降主官姓名、受降地点，及日军代表投降缴械应遵照事项；中字第5号系警告日军不得作恶意毁伤我军誉之宣传。其中第5号备忘录今井当时不敢接受，改由总部派往偕同今井赴南京人员送达。

② 参见《中华民国重要史料初编——对日抗战》，第二编"作战经过"（三），699页。

答：满意。

问：外传正式投降书将在南京签字，确否？

答：中央决定在南京签字。

问：正式签字可能在何时？

答：中国战区日军正式签投降书之日期，大约在日政府对盟军总投降书正式签字后数日之内。

问：东三省如何接收？

答：关于东三省之接收办法，另有方案办理。

问，各受降地区之受降长官何时出发？

答：各长官及其部队已按照计划前进。

问：中外记者团是否可以随接收先头部队进入接收区域？手续如何？

答：如交通工具许可，当然欢迎前往。

问：总长留此地多久？是否即回重庆？

答：不定。

（四）划分受降区

8月20日，中国陆军总司令部全体人员在何应钦率领下，由云南昆明转移到湖南芷江。何应钦来芷江后，一方面令萧毅肃与日本今井武夫办理洽降事宜；另一方面则部署各地区的受降工作。22日，何应钦召集各方面军司令官、部分战区长官以及海、空军负责人开会，出席者有萧毅肃、王耀武、卢汉、杜聿明、张发奎、邱维达、汤恩伯等人，讨论的主要问题是受降区的划分及受降部队的派遣等。

8月22日，蒋介石电令何应钦"为期迅速接收占领区，各战区及各方面军队，应即迅速行动，以争取时间"，并做出两项规定："一、预定空运部队，应立即向机场所在地集结，其余部队，除残留必要部队维持辖境内之治安外，一切尽可能即向指定目标挺进。二、各挺进部队之番号、目标、线路，由何总司令及各战区长官指定，克日行动，不必反复请示。"①

8月25日，何应钦根据蒋介石的意旨，将中国战区划分为16个受降区，规定了各受降区的受降主官、日军投降代表和投降部队、受降地点等。

(1)北越地区：第一方面军司令官卢汉上将为受降主官，负责接受越南北纬16度以北地区日军的投降。日军投降部队为38A(21、22D[一部]及34BS)等部队，集中地点为越南北部。日军投降代表为第三十八军司令官土桥勇逸中将。办理投降地点在河内。

(2)广州地区：第二方面军司令官张发奎上将为受降主官，负责接收广州、香港、雷州半岛和海南岛等地。日军投降部队，二十三军(129、130D、23、81、131BS)等集中广州；22BS一个大队，23BS一个大队集中雷州半岛；海南警备队集中海南岛。日军投降代表为第二十三军司令官田中久一中将。办理投降地点在广州。

(3)潮汕地区：第七战区司令长官余汉谋上将为受降主官，负责接收曲江、潮州、汕头等地。日军投降部队104D之潮汕支队，130D之炮兵一个大队，与步兵二个大队半集中汕头。日军投降代表为第二十三军司令官田中久一中将。办理投降地点在汕头。

(4)长沙地区：第四方面军司令官王耀武中将为受降主官，负责接收长沙、衡阳、岳阳等地。日军投降部队20A(64D、81、82BS，2KS)集中长沙；但68D集中衡阳；116D，17BS集中于岳阳。日军投降代表为第二十军司令官坂西一良中将。办理投降地点在长沙。

(5)南昌地区：第九战区司令长官薛岳上将为受降主官，负责接收南昌、九江等地。日军投降部队7lBS集中南昌；但11A(13、58D、22、84、87BS)集中九江。日军投降代表为第十一军司令官笠原幸雄中将。办理投降地点在南昌。

(6)杭州地区：第三战区司令长官顾祝同上将为受降主官，负责接收

---

① 《何应钦将军九五纪事长编》(上)，751，台北，台湾黎明文化事业股份有限公司，1984。

杭州、金华、宁波和厦门等地。日军投降部队 133D，62BS 集中杭州；但 89、91BS 集中于宁波，海军陆战队集中于厦门。日军投降代表为第一三三师团长野地嘉平。办理投降地点在杭州。

(7)上海、南京地区：第三方面军司令官汤恩伯上将为受降主官，负责接收上海、南京等地。日军投降部队 13A（27、60、61、69D，89、90BS）等集中上海；6A（3、34、40、161D，13FD）集中南京。日军投降代表在上海为第十三军司令官松井太久郎中将，在南京为第六军司令官十川次郎中将，分别在上海、南京办理投降事宜。

(8)武昌地区：第六战区司令长官孙蔚如上将为受降主官，负责接收武汉、宜昌、沙市等地。日军投降部队 6HA（132D，813、85、111、51BS）集中汉口。但 121、86、88BS 集中宜昌。日军投降代表为第六方面军司令官冈部直三郎大将。办理投降事宜在汉口。

(9)徐州地区：第十战区司令长官李品仙上将为受降主官，负责接收徐州、安庆、蚌埠、海州等地。日军投降部队 65D 集中徐州；70D，1KS 集中蚌埠；131D，61BS 集中安庆；11BS 及海军陆战队集中海州。日军投降代表为第六军司令官十川次郎中将。办理投降地点在徐州。

(10)平津地区：第十一战区司令长官孙连仲上将为受降主官，负责接收北平、天津、保定、石家庄等地。日军投降部队 118D、9BS 及华北特别警备队集中天津；华北及蒙疆方面军及 3TK，2、8BS，3KS 集中北平；7KS 集中保定；1、21BS 集中石家庄。日军投降代表为华北方面军根本博中将(驻蒙军司令官)。办理投降地点在北平。

(11)济南地区：第十一战区副司令长官李延年，负责接收济南、青岛、德州等地。日军投降部队 5、11BS，12KS 及海军陆战队集中青岛；43A(47D，11KS)集中济南；43A(9KS)集中德州。日军投降代表为第四十三军司令官细川忠康中将。办理投降地点在济南。

(12)洛阳地区：第一战区司令长官胡宗南上将为受降主官，负责接收洛阳。日军投降部队 12A(110D)集中于洛阳。日军投降代表为第十二军司令官鹰森孝中将。办理投降地点在洛阳。

(13)开封地区：第五战区司令长官刘峙上将为受降主官，负责接收开封、新乡、郑州、南阳等地。日军投降部队13KS集中开封，6KS集中新乡，10KS集中郑州，115D、4KD、92BS、14KS集中南阳。日军投降代表为第十二军司令官鹰森孝中将。办理投降地点在开封。

(14)太原地区：第二战区司令长官阎锡山上将为受降主官，负责接收山西省。日军投降部队为1A(114D，3、101、141BS，5KS)，集中地点由阎锡山决定。日军投降代表为第一军司令官澄田徕四郎中将。办理投降地点在太原。

(15)热察绥地区：第十二战区司令长官傅作义上将为受降主官，负责接收热河、察哈尔、绥远三省。日军投降部队为21、24KS二个大队及热河省内部队，集中地点由傅作义决定。日军投降代表为驻蒙军司令官根本博。办理投降地点在归绥。

(16)台湾澎湖地区：台湾行政长官陈仪上将为受降主官，负责接收台湾、澎湖等地。日军投降部队为10HA，8FD，9、12、50、66D，71、76、100、102、103、112BS及澎湖守备队，集中地点由陈仪决定。日军投降代表为第十方面军司令官安藤利吉大将。办理受降地点在台北。[1]

蒋介石委任的各受降区的受降主官，只有少数人到湖南芷江参加洽降，鉴于这一情况，何应钦决定飞赴各地，传达洽降经过并部署受降工作。8月27日，何应钦由湖南芷江飞往湖北恩施，召见第六战区孙蔚如等人；飞往安康，召见第五战区刘峙等人；飞往陕西西安，召集第一战区胡宗南，第十一战区孙连仲及第二、十二战区的代表等高级官员开会，向他们通报了中国战区最高司令官致冈村宁次备忘录的内容及布置各地受降任务。28日上午，何应钦在西安举行记者招待会，介绍了中国战区受降部署及受降工作进展情况。同日午间，何应钦等飞返芷江。30日，何应钦又飞往重庆和昆明，抵重庆后向蒋介石报告及请示，并与魏德迈商谈部队空运与美军在中国海岸登陆后之指挥问题。31日，在昆明召集第一、二、三方面军司令官及昆明防守司令部司令官开会，指示受降事宜与处理方针。9

①　原载重庆《大公报》，1945-08-22，又参见《何应钦将军九五纪事长编》(上)，755~758 页。

月1日，由昆明返回芷江。

4日，在芷江各界庆祝抗战胜利大会上，何应钦发表了演说："回忆八年以来，全国军民，精诚团结，在险恶重重的环境之中，艰苦奋斗，许多忠勇的将士，流血牺牲，无数受难的同胞，流离转徙，半壁大好的河山，破碎沦陷，若干后方的城市，被炸摧残，桂林、柳州、独山、衡阳等城市，全被焚毁。但是大家同仇敌忾的心情，依然坚定不移，贯彻到底，在贤明领袖领导之下，整齐步伐，勇往迈进，后来更与盟军并肩作战，共歼强暴，到了今天，终于使最后胜利光荣来临，日本帝国政府，已于9月2日正式向盟军最高统帅麦克阿瑟将军投降，不日应钦就要亲去南京，代表蒋委员长接受日本驻华最高指挥官冈村宁次将军签字的降书。从此不惟我们沦陷的区域完全收复，而且从前的失土，如台湾等地，也在50年后的今天，重回祖国的怀抱，这是何等令人欢欣快慰。"①

(五)设立南京前进指挥所

1945年8月22日，蒋介石复示何应钦"受降签字地点决改在南京"。②

中国战区日军投降签字典礼的会场选择在南京，其主要的理由有两点：第一，南京是中华民国的首都，国民政府的所在地，南京还是中国的六朝古都；第二，1937年12月13日，日军侵占南京后，制造了震惊中外的南京大屠杀，南京是遭受日军暴行最惨的城市，南京沦陷后又成了日本中国派遣军总司令部和汪伪"国民政府"的所在地。所以在南京举行受降典礼具有重大的深远意义。

8月24日，接到冈村宁次复电，称："一、今井总参谋副长一行，以及贵军将校3名，丁8月23日午后8时抵宁。二、交付今井总参谋副长之中国战区中国陆军总司令部备忘录中字第1号至第4号各件，确实领到。三、贵总司令部南京前进指挥所，希在可能范围内迅速前进，其他飞行规定路线、高度、时间，希即示知，本官以负责对冷欣中将一行之保护，期

---

① 《何应钦将军九五纪事长编》(上)，771～772页。
② 《中华民国重要史料初编——对日抗战时期》，第二编"作战经过"(三)，628页。

无遗憾，并将予以有力援助。"①

8月25日，何应钦命令设立中国陆军总司令部南京前进指挥所，以副参谋长冷欣中将为主任。同日，接冈村宁次来电："芷江。中国陆军总司令何敬之阁下钧鉴：敬电计达。（1）现已筹备完竣，欢迎冷将军早日莅临南京，设指挥所，以利进行。（2）冷将军何时起飞，盼示，以便迎驾。驻华派遣军总司令官冈村宁次有叩。"②何应钦为视察南京机场情形，并筹备设立空军站，以保证空运的安全，决定派空军第一路司令张廷孟于25日午后先飞南京。次日，接张电，报告机场完好。26日晚，中国陆军总部南京前进指挥所全体人员，在中国陆军总部礼堂听何应钦训话。何应钦说："此次本总部在南京设前进指挥所，为我军统帅部首先进入收复区之机关，所负任务极为重大。自指挥所冷副参谋长以次全体官兵，一举一动，一言一行，皆有关整个中国陆军之名誉。至随同指挥所赴南京之各单位人员，其言行亦关系我政府名誉，自应自爱自重，以维国家尊严。"何应钦并提出注意事项9点，最后更特别强调："南京环境复杂，所有赴南京人员，应一如战时，随时做必要之准备，不可怠忽。"③

27日上午，由冷欣率领之官佐及工作人员与宪兵一排、新六军步兵一排，本部特务团一班，共175名，乘美机7架、中国机1架，又美国空军地面人员乘美机3架，航委会地面人员乘中国机1架，共12架，由芷江飞往南京，途经长沙、武汉等地，于下午2时40分在南京大校场机场安全着落。④

当冷欣等走下飞机时，恭候在机场多时的今井一行5人，手执冈村宁次的名片迎上前去表示欢迎。接着冷欣向全体官兵作了简短的讲话，在日军的帐篷内休息一会后，即乘自带的吉普车驶向招待所（原孙科公馆）。冷欣等人在招待所刚刚住下，今井等4人便到招待所拜会冷欣。冷欣面交3

---

① 重庆《大公报》，1945-8-26。

② 转引自《何应钦将军九五纪事长编》（上），762页。

③ 《何应钦将军九五纪事长编》（上），758页。

④ 《中华民国重要史料初编——对日抗战时期》，第二编"作战经过"（三），636页。

件"中字"备忘录，请其签收并认真执行。今井回答："谨遵办理。"接着冷欣一行专程前往中山陵谒陵，在孙中山坐像前肃立默哀。

晚上，日方派人到冷欣住处，转达冈村宁次的意见，冈村定于28日上午在日军总司令部会晤冷欣，理由是冈村宁次是大将，冷欣是中将，应由冷欣先去拜会冈村宁次。冷欣的代表反驳说，日本是向中国投降的战败国，与平日国际间对等交涉不同，当面拒绝。随后，日方又建议中、日双方主官在冈村宁次住所（原何应钦住所）会晤。中方代表坚持中、日双方主官会晤不能安排在冈村宁次私宅。中方建议冈村宁次来招待所会谈，中方主官到会议室门口欢迎，日方代表请示冈村后，答复同意这样安排。

8月28日上午，冈村宁次在今井、小笠陪同下，来到招待所拜会冷欣。冷欣及其随员在会议室门口迎接，并互致军礼，然后举行会谈。冷欣将"中字"6至13号备忘录面交冈村宁次亲收。双方会谈内容摘要如下：

> 冷欣说：我是奉中国陆军总司令何应钦上将命令，来此设立前进指挥所，在何总司令未抵南京前，我随时传达他的命令，并为正式受降作一切准备，希望你们切实照办，给予一切方便。何总司令给你们的"中字"第1至5号备忘录，你们是如何执行的，请写出书面报告，以便转呈何总司令。
>
> 冈村说：所有详情，都由今井总参谋副长负责，此事已责成今井办理，由他向你们提出详细的书面报告。
>
> 冷欣说：我带来了"中字"第6至13号备忘录，现交给你，希望切实办理，以免贻误时机，并将办理情形，随时告诉我。
>
> 冈村说：自当秉承何总司令的计划办理。我遵照本国政府命令全权处理一切。但完全以贵国为对象，不须以中美联军为对象。
>
> 冷欣说：美国与中国是同盟国。目前一切交通治安，还望你们负责维持。
>
> 冈村说：我已下令日军停止作战。但摩擦仍时有发生，至今日军已伤亡500余人，所以交通的维持非常困难。重要都市的治安会尽力维持的。

冷欣说：上海、南京、北平、天津、汉口、青岛、广州、香港等重要城市，务请特别注意。

冈村说：我想移驻乡下，把总司令部房子空出。为了方便双方的联络，日方联络人员仍留在南京。以后今井以下幕僚，常与你们会面。

冷欣说：准备移驻什么地方？

冈村说：吴淞，以加强船舶的集中管理，但绝不进入上海。

冷欣说：请暂缓移动，等转报何总司令后再作决定。

冈村说：报载国民政府10月10日还都，我想让出房屋给你们办公，9月底迁移完。

冷欣说：待报何总司令核示后再作决定。

今井插话说：何总司令究竟什么时候抵南京？

冷欣说：待我获悉确切日期后再通知你们。

会谈结束后，冷欣立即将日军总司令部移迁吴淞一事向何应钦报告，何应钦旋即复电：希转饬冈村将军，在未得本总部许可前，冈村本人及其总部，不得离开南京。冷欣将何应钦电文的内容转告冈村，冈村无可奈何，只得仍旧留驻南京。

28日下午，冷欣在前进指挥所召开负责人会议。冷欣介绍了与冈村会谈的情况，讲解了"中字"第6至13号备忘录有关内容，要求大家做好各自的工作。

9月2日，中国陆军总司令部以"中字"第17号备忘录致冈村宁次。备忘录称："根据盟军最高统帅麦克阿瑟将军规定：第一，日军缴械时不举行收缴副武器之仪式；第二，日军代表于正式投降时不得佩带军刀；第三，凡日军所有军刀，均应与其他武器一律收缴，一俟正式投降后，日军即不得再行佩带军刀。以上规定，在中国战区一律适用，希贵官知照并转饬所属日军遵照。"9月5日，中国陆军总司令部以"中字"第19号备忘录通知冈村宁次，正式规定中国战区中国陆军总司令接受日军投降，地点在中华民国首都南京；时间是中华民国三十四年9月9日上午9时；日军投降

北京师范大学史学探索丛书

代表签字人是日本陆军大将冈村宁次；日军投降代表出席人有冈村宁次大将之总参谋长、越南北纬 16 度以北之日军最高指挥官或其全权代表、台湾澎湖列岛之日军最高指挥官或其全权代表、中华民国（东三省除外）越南北纬 16 度以北，台湾澎湖列岛之日本海军最高指挥官或其全权代表。①

9 月 5 日起，美国空运大队开始运输中国新六军到南京。5 日晨 4 时，美国运输机 32 架自湖南芷江起飞，8 时半起，各机陆续着陆。6 日晨，又有中国陆军总司令部参谋长萧毅肃中将偕美军作战司令部参谋长柏德诺准将率随从 70 余人飞抵南京。此外国民政府行政院还都接收委员会副主任委员谷正纲等一行数十人亦于同日飞抵南京。

受降签字仪式，原拟在国民政府礼堂举行，由新六军副军长舒适存少将、高参王连庆少将筹备。后经几度磋商，最后择定黄埔路中央军校大礼堂，负责人改由工兵指挥官马崇六少将。

为了强化南京的治安，加强戒备，经何应钦批准，成立南京警备司令部，由新六军第十四师师长龙天武兼任司令。

冷欣根据密报获悉，冈村宁次有可能在日军投降签字时当场剖腹自杀，以报效天皇。冷欣一方面火速电告何应钦；另一方面又秘密与今井武夫联系，要他采取预防措施。

萧毅肃飞抵南京后，即召开会议，传达了何应钦将于 8 日抵南京以及中国陆军总司令部迁入中央军校原址等事项。会上，冷欣谈了两个问题，一是受降典礼仪式，由于礼堂容量有限，邀请出席的人员规定武官少将以上，文官简任（文官第二级官阶）以上，党务工作者为中央委员和省市主任委员以及陆军总司令部的中校以上官佐。同时电呈何应钦，除美国驻华人员外，其他国家来宾的职级，请重庆速电复，以便签发请帖；二是冈村已有书面请求，他要求到机场迎接何应钦。冷欣的话还没有讲完，会场上便议论纷纷，一片喧哗，与会者纷纷表示反对。萧毅肃将此事请示何应钦，请他决定。何应钦复电，准许冈村宁次等 5 人站在机场的另一端。

---

① 《中国战区中国陆军总司令部处理日本投降文件汇编》（上卷），56、58 页，中国陆军总司令部编，1945。

8日上午，南京各界代表赴明故宫机场迎接何应钦，南京的学生和市民以及商店学徒、工人、苦力也都自动地举着大大小小的国旗和标语，去明故宫机场外面观看。在明故宫飞机场的外面，兴高采烈的学生和市民们把路的两旁全排满了，直到老远老远。在机场迎候何应钦的有党政接收计划委员会谷正纲、贺衷寒等，南京市市长马超俊、南京特别市党部主任委员卓衡之、陆军总司令部南京前进指挥所全体官兵、新六军军长廖耀湘和各盟国军事代表团等。中年12点刚过，何应钦乘坐"美龄号"双引擎专机，在9架战斗机的护卫下，在明故宫机场着落。萧毅肃第一个走下飞机。不一会，何应钦等走下飞机，邓朴、陈宗旭两位女学生代表南京市民向何应钦献花和献旗，锦旗是红底黑字，上面绣着"日月重光"四个字。另一位小姐贾传芬则代表国民党南京特别市党部献上一幅白底红字的锦旗，上面绣着"党国干城"四个字。何应钦手持鲜花向大家致意，任由摄影记者拍照。当何应钦走向欢迎行列时，冈村宁次和今井武夫等4人，在行列的正对面，冷清清地站着，敬着礼。行列的尽端是三列穿着墨绿制服，手持自动步枪，戴扁平钢盔的新六军士兵，何应钦检阅后，很快便乘车径赴中国陆军总司令部。随何应钦来南京的有副参谋长蔡文治、参议邵毓麟等7人。据中央通讯社报导，欢迎民众在3万人以上。

8日下午，何应钦在中国陆军总司令部召集军政要员开会，听取冷欣等人关于受降盛典准备工作的汇报；汤恩伯关于上海地区情况和受降准备进度的汇报；江苏省省长王懋功、南京特别市市长马超俊分别汇报江苏、南京工作的进展情况；顾祝同关于第三战区部队推进情况的汇报；廖耀湘汇报南京治安和日、伪军的情况；陈容泰、孙桐岗分别汇报了日海军、空军在南京的情况；邵毓麟、顾毓琇分别汇报了伪组织和日本经营的工商业及财政金融机构的情况等。何应钦听完汇报后，作了简短讲话。他首先阐述了蒋介石对日政策；其次是在接受日军投降和处置伪组织、伪军的时候要遵守的纪律，对日军缴来的军械物资要认真清点并妥为保管，防止破坏、转移，严禁私自处理与侵吞；再次要求各部入城后，要提高警惕，严格军风军纪，保持机动性，不要以为日军投降，就天下太平无事了。

随后，何应钦在陆军总司令部礼堂举行中外记者招待会，出席招待会的有参谋总长萧毅肃，美军麦克鲁将军、柏德诺将军等人。何应钦发表讲话："记得二十六年11月26日，我们离开首都的那天，我们都有一个沉痛的决心和坚强的自信，我们一定要奋斗到底，获到最后的胜利，重回到首都。果然在领袖蒋委员长英明领导之下，全国军民一致的努力，以及盟邦的协助，终于获得光荣的胜利，重回到首都，内心自然是无限的兴奋和愉快，同时想到这八年来为抗战而牺牲的将士和同胞，以及沦陷区同胞八年来所遭遇的痛苦，又不胜其感念。今天回到首都，首先要代表蒋委员长对陷区同胞和死难军民的家属，表示恳切的慰问。我们的胜利不是侥幸，不是偶然。今日的目标，惟在如何建设我们的国家，使成为一个真正富强康乐之国，来共同担负起安定东亚、维护世界永久和平的任务，这是今后全国同胞应有的努力。"①谈话毕，何应钦回答了记者提的问题。

记者问：中国战区受降地点、时间是否已确定？

何说：中国战区受降签字时间已定于9月9日上午9时，签字地点在中央军官学校大礼堂。关于签字程序及参加人员名单，业已确定。

记者问，日本投降代表是多少人？谁代表日本陆、海、空军签字？

何说：日本投降签字代表共计7人，冈村宁次将军代表其陆、海、空军签字。

记者问：解除日军武装需要多长时间？

何说：中国战区大约需要3个月时间。

（六）南京会永远记住这一天

9月9日，南京城披上了节日的盛装，到处喜气洋洋，人们比过节还要兴高采烈。一些主要街道，都搭起了五彩缤纷的牌楼，牌楼上悬挂着中国国旗和国民党党旗，有的还悬挂着中、美、英、苏四国首脑的画像，牌楼中间都嵌着英文"V"字的标记和"胜利"、"和平"等大字。受降签字典礼会场的中央陆军军官学校大礼堂的大门口，有一个高约25米，宽约30米用松柏枝扎起来的绿色大牌楼，顶上飘扬着一面中华民国国旗，牌楼中间嵌着一个大红"V"字，两旁悬挂着中、美、英、苏四国国旗，牌楼上悬挂

---

① 《何应钦将军九五纪事长编》(上)，776页。

着"中国战区日军投降签字典礼会场"横额，红绿相映，特别壮丽。进门后，第二座牌楼更高更大，中嵌"和平永奠"四个大字。会场前面是一片草地，绿茵如毯，中间是大道。自大门口至礼堂的大道两侧，每隔十步，竖有各同盟国的国旗，每个旗杆下面站着一名中国士兵，他们头戴钢盔，脚穿皮鞋，身着绿色秋季军装，手戴白手套，紧握冲锋枪，精神焕发，威武森严。

会场布置，简单庄严，正面墙上挂着孙中山遗像，遗像两旁是中国国

北京师范大学史学探索丛书

1945年9月9日，中国战区日军投降签字仪式会场。

旗和国民党党旗，遗像下面点缀了红色"V"符号和"和平"两字，遗像对面墙上挂着中、美、英、苏四国首脑的肖像。礼堂正中木梁下悬挂着中、美、英、苏四国国旗。礼堂正面放着一张大长桌，上铺白布，为受降席。受降席的对面有一张小些的长桌，是投降席。在受降席和投降席后面，各肃立着8名武装的中国士兵，警卫着会场。受降席和投降席的四周，环以白绸，其左侧为中国高级将领席及中国记者席，右侧为盟军军官席及外国记者席，楼上是中外一般官员的观礼席。

冈村宁次在投降签字前，一再要求事先了解投降书内容，经请示何应钦同意后，在8日晚，由冷欣派员将日军投降书内容和日军投降后中国战区最高统帅颁布的第1号命令抄件送给冈村宁次阅读，约定不许抄录、不准提修改意见、不得于签字前宣传和阅后随即取回。

9月9日上午8时30分以前，各中外来宾在签到后均在指定的休息室休息。8时30分之后，中外来宾依次入席，在会场左侧就座的有：汤恩伯、王懋功、李明扬、郑洞国、冷欣、廖耀湘、舒存适、蔡文治、彭孟

缉、马崇六、白雨生、卢致德、金奎璧、宫其光、龙天武、李涛、陈倬、弁廷芳、谷正纲、李惟果、丁惟汾、葛敬恩、顾毓琇、邵毓麟、卓衡之、马超俊、孙天放、赵思尧、刁作谦、陈行、钮先铭等人。在会场右侧就座的有：美国陆军麦克鲁将军、柏德诺将军、海军迈斯少将，英国海思中将，法国保义上校，此外还有加拿大、苏联、荷兰、澳大利亚等国军官10余人。楼上还有中外军官100余人。参加典礼的中外来宾和中外记者共计400余人，其中中国军官219人，文职官员51人，中国记者52人，同盟国家代表47人，外国记者36人。当时中央通讯社报道"参加者共达千人"，可能是包括工作人员和卫兵在内的约数。8时45分，日军投降代表乘车由中国王武上校引导，到中国陆军总司令部广场下车。50分，中外新闻记者及摄影记者入会场，各依席次坐定。51分，何应钦陆军一级上将率受降官陆军二级上将顾祝同、陆军中将萧毅肃、海军上将陈绍宽、空军上校张廷孟入场，各依席次坐定。52分，中国王俊中将引导日军投降代表驻华日军最高指挥官陆军大将冈村宁次、支那派遣军总参谋长陆军中将小林浅三郎、支那方面舰队司令长官海军中将福田良三、台湾军参谋长陆军中将谏山春树、支那派遣军总参谋副长陆军少将今井武夫、第三十八军参谋陆军大佐三泽昌雄、支那派遣军参谋陆军中佐小笠原进入会场，先到规定地点立定。冈村宁次进入席前，脸色惨白，眉头高耸，他们向何应钦总司令行一鞠躬，何应钦面呈微笑，欠身答礼，当时会场气氛异常紧张，所有目光像千万剑光直刺向冈村宁次，摄影记者更形忙碌，纷纷摄取精彩镜头。冈村宁次坐定后，将其军帽置于案头。何应钦命冈村宁次交出身份证明文件，冈村乃命小林总参谋长呈递何应钦，何应钦检视后，将证明文件留下。

9时正，何应钦将日军降书中文本两份，交由萧毅肃转交冈村宁次。冈村起立，双手接受。小林总参谋长在旁为之磨墨。冈村一面匆匆翻阅降书，一面握笔含毫，在两份降书上分别签字。签字时，手臂微抖。签字后，复从右口袋中，取出圆形水晶图章一枚，盖在其亲笔签名之下，所盖印鉴，略微向右倾斜，签字笔迹虽颇媚秀，惟其墨痕似嫌稍淡。签字时，中外记者莫不争取此稍纵即逝之机会，迅速摄取冈村握笔签字的姿态，一时投降席顿成电影机及照相机之焦点。冈村于签字盖章后，即将其图章放入原口袋中，一面命小林总参谋长将降书呈何应钦，一面点首，意在表示日本业已无条件投降矣。小林当将冈村宁次签名盖章之降书两份，谨慎持至受降席前，双手呈递何应钦。何氏加以检视后，即于日军降书上签字盖章。随即以降书一份，令萧毅肃交付冈村宁次，冈村起立接受。

北京师范大学史学探索丛书

中国战区日军投降签字典礼席次表

受降席

空军上校	海军上将	陆军一级上将	陆军二级上将	陆军中将
张廷孟	陈绍宽	何应钦	顾祝同	萧毅肃

陆军大佐 第三十八军参谋	陆军中将 台湾军参谋长	海军中将 支那方面舰队司令长官	陆军大将 驻华日军最高指挥官	陆军中将 支那派遣军总参谋长	陆军少将 支那派遣军总参谋副长	陆军中佐 支那派遣军参谋
三泽昌雄	谏山春树	福田良三	冈村宁次	小林浅三郎	今井武夫	小笠原清

投降席

（大　门）

降书全文如下：

降　　书

一、日本帝国政府及日本帝国大本营，已向联合国最高统帅无条件投降。

二、联合国最高统帅第一号命令规定"在中华民国（东三省除外）台湾与越南北纬16度以北地区内之日本全部陆海空军与辅助部队，应向蒋委员长投降"。

何应钦在受降席上。

三、吾等在上述区域内之全部日本陆海空军及辅助部队之将领，愿率领所属部队向蒋委员长无条件投降。

四、本官当立即命令所有上第二款所述区域内之全部日本陆海空军各级指挥官及其所属部队与所控制之部队向蒋委员长特派受降代表中国战区中国陆军总司令何应钦上将及何应钦上将指定之各地区受降主官投降。

五、投降之全部日本陆海空军立即停止敌对行为，暂留原地待命，所有武器、弹药、装具、器材、补给品、情报资料、地图、文献档案及其他一切资产等，当暂时保管。所有航空器及飞机场一切设备，舰艇、船舶、车辆、码头、工厂、仓库及一切建筑物，以及现在上第二款所述地区内日本陆海空军或其控制之部队，所有或所控制之军用或民用财产，亦均保持完整，全部待缴于蒋委员长及其代表何应钦上将所指定之部队及政府机关代表接收。

六、上第二款所述区域内日本陆海空军所俘联合国战俘及拘留之人民，立予释放，并保护至指定地点。

七、自此以后，所有上第二款所述区域内之日本陆海空军当即服从蒋委员长之节制，并接受蒋委员长及其代表何应钦上将所颁发之命令。

八、本官对本降书所列各款及蒋委员长与其代表何应钦上将以后对投降日军所颁发之命令，当立即对各级军官及士兵转达遵照，上第二款所述地区之所有日本军官佐士兵，均须负有完全履行此项命令之责。

九、投降之日本陆海空军任何人员，对于本降书所列各款及蒋委员长与其代表何应钦上将嗣后所授之命令，倘有未能履行或迟延情事，各级负责官长及违反命令者愿受惩罚。

奉日本帝国政府及日本帝国大本营命签字人中国派遣军总司令陆军大将冈村宁次（签字盖章）昭和二十年（公历 1945 年）9 月 9 日午前 9 时 0 分签字于中华民国南京。

代表中华民国、美利坚合众国、大不列颠联合王国、苏维埃社会主义共和国联邦，并为对日本作战之其他联合国之利益，接受本降书于中华民国三十四年（公历 1945 年）9 月 9 日午前 9 时 0 分在中华民国南京。

中国战区最高统帅特级上将蒋中正特派中国陆军总司令陆军一级上将何应钦（签字盖章）①

何应钦又将中国战区最高统帅命令第 1 号，连同命令受领证，命萧毅

---

① 《中国战区中国陆军总司令部处理日本投降文件汇编》（上卷），82～84 页。

肃交付冈村宁次。

命令全文如下：

中国战区最高统帅命令　第一号

中华民国三十四年 9 月 9 日

一、根据日本帝国政府、日本帝国大本营向联合国最高统帅之降书，及联合国最高统帅对日本帝国所下之第一号命令，兹对中国战区内中华民国（辽宁、吉林、黑龙江三省除外）台湾以及越南北纬 16 度以北地区之日本陆海空军，颁布本命令。

二、贵官应对上述区域内投降之日本陆海空军各地区司令官及其所属部队发布下列命令，并保证其完全遵行。

甲、日本帝国政府及日本帝国大本营，已令日本陆海空军全部向联合国作无条件之投降。

乙、在中国境内（辽宁、吉林、黑龙江三省除外）台湾以及越南北纬 16 度以北地区所有一切日本陆海空军及辅助部队，向本委员长无条件投降。凡此投降之日本部队，悉受本委员长之节制，其行动须受本委员长或中国陆军总司令陆军一级上将何应钦之指挥，且只能服从本委员长或何应钦上将所直接颁发或核准之命令及告谕，或日本军官遵照本委员长或何应钦上将训令而发之命令。

丙、投降之日本陆海空军，即停止一切敌对行为，暂留原地静待命令，以所有一切武器、弹药、装具、器材、物资、交通、通信，及其他作战有关之工具案卷，及一切属于日本陆海空军之资产等，予以暂时保管，不加损坏，待命缴纳于本委员长或何应钦上将所指定之部队长官或政府机关之代表。

丁、凡在上述区域，所有日军之航空器、舰艇及船舶，除本委员长于第一号告谕中所宣示者外，其他一律恢复非动员状态停留现地，不得加以损坏。船舰上、飞机上有爆炸物品者，须立刻将爆炸物品移入安全仓库。

戊、日本部队及附属部队之军官，须保证所属严守纪律及秩序，且须负责严密监视其部下，不得有伤害及骚扰人民，并劫掠或毁损有关文化之公私文物及一切公私资产。

己、关于日方或日方控制区所拘禁之联合国战俘及人民应如下之处置：

1. 联合国战俘及被拘人民，在本委员长或本委员长之代表何应钦上将接收以前，必须妥慎照护，并充分供给其衣食住及医药等。

2. 按照本委员长或本委员长之代表何应钦上将之命令，将战俘及被拘禁之平民送至安全地区听候接收。

3. 凡拘禁联合国战俘及平民之集中营或其他建筑，连同其中所有器材、仓库、案卷、武器及弹药，须听候本委员长之代表何应钦上将，与其指定之代表派员接收，在所派接收人员到达前，各集中营之战俘或被拘平民，应由其中资深官长或彼等自选之代表自行管理之。

4. 凡向本委员长投降之日本陆海空军各级司令部，在接到命令所限定之时间内，须将有关战俘及被拘平民之详情及地点，列具完备之报告。

庚、除另有命令外，凡向本委员长投降之日军，应继续供给其所属军民衣食及医药物品。

辛、日军及日军控制区之军政当局，须保证下列各事：

1. 按照本委员长或本委员长之代表何应钦上将之命令，扫除一切日方所敷设之地雷、水雷，及其他陆海空交通之障碍物，在此项工作进行中，其安全通道应予标明。

2. 对于航行方面之一切辅助工作，须立刻恢复。

3. 一切陆海空交通及运输方面之器材与设备，须保持完好。

4. 一切军事设备及建筑，包括陆海军航空基地、防空基地、海港、军港、军火库及各种仓库，永久及临时陆上及海岸防御工事要塞及其他设防区域，连同上述各种建筑及设备之计划与图样，须保持完好，并须将一切工厂、工场、研究所、试验所、实验室、试验站、技术资料专利品计划图样，以及一切制造或发明，直接间接便利作战所用之其他物品，或与作战有关之军事组织所用或意欲运用之物品，保持完好。

　　壬、凡一切武器、军火、作战器材之制造及分配，立即停止。

　　三、凡向本委员长投降而在中国台湾（含澎湖列岛）及越南之日军司令部，在接到此项命令后，须即将各该区有关下列各项之资料，向中国陆军总司令何应钦上将提出报告。

　　甲、一切陆海空及防空部队图表册籍，须表明其所在地及官兵之实力（含人马、械弹、装置、工具、器材等）。

　　乙、一切陆海军用及民用飞机图表册籍，须完全报告其数量、型式、性能、驻地及状况。

　　丙、日军及日军控制下之一切海军船只，包括水面、水中及其他辅助船只，不论现役、退役及在建造中者，均须以图表、册籍报告其位置及情况。

　　丁、日军控制下之商轮，在 100 吨以上，不论现役、退役及正在建造之中，或过去属于任何联合国，而目前在日方手中者，均须列具图表、册籍，说明其位置及情形。

　　戊、拟具详细及完备之报告，连同地图，标明布有地雷或水雷，及其他海陆空交通障碍之地点，同时须指定安全通道之所在。

　　己、凡一切日本方面所管理，或直接间接利用之工厂、修理厂、研究机关、实验室、试验站、技术资料专利设计图样，及一切军用或间接欲为军用之一切发明设计图样生产品，及为此项生产而行之设施及地点及其详情，皆须报告。

　　庚、凡一切军事设施及建筑，包括飞机场、海军航空基地、海港及军港、军火库、永久及临时之陆上及海岸防御工事要塞，及其他设防区之地位及详情，亦须报告。

　　辛、并须按照第二款己项之规定，报告一切拘禁联合国战俘及平民集中营，或此类建筑之地点，及其他有关情况。

　　四、向本委员长投降之各地日军司令部，须遵照各区受降主官之命，报告各该区日侨之姓名住地，并收缴日侨所有之一切武器，通知全体日侨，在本委员长之代表何应钦上将所指定之官吏未发布处置该项日侨命令以前，须留在其现住地，或指定之地点，不得离开。

五、日军及日军控制下之一切军政官员，须协助本委员长之代表何应钦上将所指定之军队收复台湾（含澎湖列岛）、越南北纬16度以北地区，及中华民国境内各日本军占领区。

六、本命令所规定之各项，及本委员长之代表何应钦上将嗣后所发布之命令，日军及日军控制下之一切文武官员及人民，须立刻敬谨服从，对于本命令或此后之命令所规定之各项，倘有迟延或不能施行，或经本委员长或何应钦上将认为有妨碍盟军情事，将立刻严惩违犯者及其负责之军官。

　　　右　令

驻华日军最高指挥官陆军大将冈村宁次

　　　中国战区最高统帅特级上将　　蒋中正

传达法：由中国战区中国陆军总司令陆军一级上将何应钦面交驻华日军最高指挥官陆军大将冈村宁次①

接着，冈村宁次在受领证上签字。

至此，何应钦宣布日军投降代表退席。日军代表肃立向何应钦一鞠躬，然后退出礼堂，何应钦曾起身作答。随后，何应钦发表广播演说："敬告全国同胞及全世界人士，我是中国战区中国陆军总司令何应钦，中国战区日军投降签字，已于本日上午9时，在南京顺利完成。这是中国历史上最有意义的一个日子，这是八年抗战艰苦奋斗的结果，东亚与全世界人类和平与繁荣，亦从此开一新的纪元。本人诚恳希望我全国同胞，自省自觉，深切了解今日为我国家复兴之机会，一致精诚团结，在蒋主席领导之下，奋发努力，使复兴大业，迅速进展，更切盼世界和平，自此永奠其基础，以进于世界大同之境域。"②演说完毕全场热烈鼓掌。并由译员译成

---

①　《中国战区中国陆军总司令部处理日本投降文件汇编》（上卷），84～89页。

②　《何应钦将军九五纪事长编》（上），777页。

英语。20分钟的日军投降签字仪式顺利完成。何应钦率受降人员退席，并将他本人签字所用之毛笔携出，留为永久纪念。中外来宾纷纷走到何应钦面前，与何应钦握手道贺，并在礼堂门口摄影留念。

中午，何应钦在励志社设宴款待各受降代表庆祝胜利。午后，何应钦率代表谒中山陵。同时，何应钦派副参谋长冷欣中将携带日本降书，由南京飞重庆，面呈蒋介石，并报告日本投降签字实情。10日上午，在国民政府举行向蒋介石呈递日本降书的仪式。当日下午，冷欣即由重庆飞返南京复命。

9日，何应钦发布了四项重要布告：

(1)布告地方维持治安：抗战已获胜利，战事业告结束，和平初奠，民困方苏。本总司令奉命来京主持军事，凡我市民均应各安本业，严守秩序；所有宪警，应尽忠职守，照常服务，维持治安。对于盟邦侨民，尤应切实保护，如有奸宄造谣惑众，扰乱治安，或有其他违法情事，定予依法严惩，合行晓谕，仰各凛遵。此布。

(2)布告废止伪政府法令规章：查伪政府所颁布一切法令规章，亟应完全废止，所有因爱国行为，致遭逮捕，及触犯伪订法律，而并不违反国法，业被拘禁判处徒刑人员，均得宣告无罪，予以恢复自由。除俟司法机关抵京后，从新审查核定，分别开释，用彰法纪外，特先公告周知。此布。

(3)布告豁免伪政府捐税：查伪政府横征暴敛，捐税繁苛，负担綦重，民困倒悬。本总司令奉命来京，病瘵在抱，上体蒋主席德意，下恤民众艰难，着先将南京市所有捐税，暂行豁免，用抒疾苦，俟税收人员到后，再依中央税则，公布实施。合行令仰知照。此布。

(4)布告处理伪钞办法：查伪组织所发钞券之处理办法，应俟我中央政府之命令。惟政府机关暨国营事业，以及一切税款之收支，自我政府所派人员接收后，即应完全使用法币，不得再用伪钞，京、沪区各银行，自民国34年9月12日起，凡一切往来交易，应一律使用法币，其以前用伪钞记账者，无论债权债务，着即自行清理。至于民间现有伪钞停止流通之日期，俟另行公布施行，统仰切实遵照，违者严惩。此布。①

9月10日上午8时30分，何应钦在中国陆军总司令部召见冈村宁次。中方出席人员有萧毅肃参谋长、钮先铭处长、王武科长、陈昭凯科长和陈桂华参谋。美方出席人员有中国战区美军作战司令部司令麦克鲁将军。日方有今井武夫、小笠原清和翻译木村辰男。

何应钦说：

一、我知道你的责任非常重大，因为日本在中国战区内，一百数十万官兵及数十万侨民，其生命之保障及一切善后问题之解决，责任均在你肩上，所以希望你今后善能自处，只要你能切实服从我的命令，遵照我方各种规定，相信完成你一切善后任务，甚为容易。

二、你为完成本身任务所顾虑到的几件事，我决定依照下面所说的原则办理：(1)关于自卫武器：我认为在安全地区，可以不必留自卫武器，在有借用自卫武器必要地方，可以借给少数之步枪。(2)关于粮食：你们现存的粮食，准许你们自用，但我方要派员检查监视，以免浪费。你们存粮用完后，我方当随时拨给。(3)关于运输：闻你们国内尚有27万吨船只，但须作日本国内运输之用，不能调来，所以将来你们200余万人回国时所需船只，我可负责拨用，使你们早日返国。(4)关于日本在华技术人员，拟斟酌情形，予以征用。

三、现在及今后东亚局势，必须中国统一强大，世界永久和平，始有希望。故日军一切武器、器材，必须完整缴交我所指定之部队长官，切勿损坏、散失及落于匪手，致扰乱地方。

四、我所规定缴械办法，是先集中在一个地区，然后缴存于指定仓库，这都是为日军实施上的便利而定的。

五、我军空运到各地的部队，抵达目的地后，需用车辆较多，你们所有车辆，必须全部先行交出，至于你们担任联络之高级军官所用少数乘车，我可酌予暂准借用。

① 《何应钦将军九五纪事长编》(上)，790～791 页。

北京师范大学史学探索丛书

六、在中国内地各地日本飞机，应先完全交出，日方所需通信联络用飞机，我已批准留给 5 架。

七、所有日方交通通信，均由我方接管，尔后你们通信，不能再用密码。

八、据报你们现在尚使用一部份中国人代做苦工，此项工人，应即释放。

九、此后规定命令系统，我各战区长官各方面军司令官，可下令于日军各方面军司令官及军长，至于我各战区长官及方面军司令官以下之指挥官，当以我高一级的军官下令于日军低一级的军官。

十、关于你提出的舰艇、船舶的资料太不够，应迅速提出详细报告。

十一、关于以后日本官兵，希望严守我之命令，不应发生受惩罚事情，万一发生时，处置办法分下列三种：（1）凡犯中国陆军惩罚令者交你们自己惩罚。（2）犯情轻者令你们交出，由我方处罚。（3）犯情重者由我径行惩罚，即凡属刑法范围者应完全由我方办理，因为你们 9 月 9 日起已无军法权。

十二、本人有军字第 1 号命令给你，此命令本来是昨夜办好的，因知你今晨来见，故待你来交给你。①

何应钦的军字第 1 号命令全文如下：

中国战区中国陆军总司令部命令　军字第 1 号
中华民国三十四年九月九日于南京

一、自本日上午 9 时起，以后奉总司令对于贵官之一切行文，用命令或训令。

二、在本日上午 9 时以前，本总司令送达贵官之中字第 1 号至第 23 号备忘录，除以后别有命令变更者外，一律视同命令。

---

① 《何应钦将军九五纪事长编》（上），792～795 页。

三、本日上午9时，贵官所签订之降书及所领受蒋委员长第1号命令，贵官应以最快方法转达于在中国本部（东三省在外）、台湾（含澎湖列岛）、越南北纬16度以北地区之日本陆海空军。

四、贵官及所属在中国本部（东三省在外）、台湾（含澎湖列岛）、越南北纬16度以北地区之日本陆海空军，应自本日上午9时起，完全受本总司令之节制指挥，不受日本政府之任何牵制。

五、贵官应于本日将"支那派遣军总司令官"名义取消，并自明（10）日起，改称中国战区日本官兵善后总联络部长官。

六、贵官之总司令部，应自明（10）日起，改称中国战区日本官兵善后总联络部。

七、中国战区日本官兵善后总联络部之任务，为传达及执行本总司令之命令，办理日军投降后之一切善后事项，不得主动发布任何命令。

八、依据本部中字第20号备忘录所区分之各地区日本代表投降部队之原有司令部，着均改为地区日本官兵善后联络部，其投降代表长官原有名义，着一律取消，改称地区联络部长。兹分别规定如附表。

九、表所列日本官兵地区善后联络部长，对中国各地区受降主官之职务，在传达及执行各受降主官之一切命令，办理该地区内日军投降后之一切善后事项，但不得主动发布任何命令。

十、香港地区日本官兵之善后处理，由英国海军少将哈考脱（Harcourt）规定之。

令

日本官兵善后总联络部长官冈村宁次大将

中国陆军总司令 陆军一级上将 何应钦[1]

对何应钦的指示和命令，冈村宁次回答说：

---

[1] 《中国战区中国陆军总司令部处理日本投降文件汇编》（上卷），89～90页。

一、刚才总司令所指各项。都已完全了解。

二、关于第三点日军武器移交问题，事实上须要向总司令说明，前(8)月 18 日我已规定办法通令各部队实施，即在中国大陆之日军武器，完全缴交中国中央政府，决不交与其他任何地方部队，此系在今井总参谋副长去芷江之前，即已规定，当时并未奉蒋委员长命令，我方已下令实施。

三、关于解除武器问题，我已完全了解，所谓地域安全及非安全，谅无问题，但实际为维持日军纪律，若无少许武器，则光有一部日军指挥官不能维持良好纪律。敝人意见，将武器全部缴交贵方，但日军在未归国以前，借用一小部分轻兵器，以为保持日军之军纪及秩序，此点，可否按照香港英军对日军接收办法处理之。（何应钦答：饬将香港方面英军对日军接收办法抄送本部参考，再行决定通知）。

四、关于日军粮食及运输问题，备承总司令关照，非常感激。以后一切当遵从总司令指示实行。

五、关于技术人员征用问题，如有所规定，当遵命办理。

六、关于汽车及联络用飞机，蒙准使用，十分感激。

七、关于传达命令问题，为求避免日军官兵受精神刺激而致逃散成为土匪游民计，各区联络部拟请仍由敝人担任联络，使彻底奉行总司令之命令，俾在返国之前，不致有不幸事件发生。

八、关于通信使用之各种密码本，当遵命呈送贵总部。①

何应钦对冈村宁次所下之命令及训令总计 359 件，详见《中国战区中国陆军总司令部处理日本投降文件汇编》。

冈村宁次接受何应钦面谕后，即返回住所。

---

① 《何应钦将军九五纪事长编》（上），795～796 页。

四、中国各地区受降

蒋介石于 8 月 18 日以中国战区最高统帅的身份，何应钦于 25 日以中国陆军总司令的身份，先后分别电示第三方面军司令官汤恩伯、第二战区司令长官阎锡山、第九战区司令长官薛岳、第四方面军司令官王耀武、第二方面军司令官张发奎、第六战区司令长官孙蔚如、第三战区司令长官顾祝同、第五战区司令长官刘峙、第一战区司令长官胡宗南、第十战区司令长官李品仙、第七战区司令长官余汉谋、第十二战区司令长官傅作义、第十一战区副司令长官李延年、第十一战区司令长官孙连仲、台湾行政长官陈仪、第一方面军司令官卢汉等为京沪、山西、南昌、长沙、广州、武汉、杭州、开封、洛阳、徐州、潮汕、热察绥、济南、平津、台湾、北越的受降官。从此，16 个受降区开始了受降工作。

1 至 15（略）

16. 受降总结

1946 年 5 月 13 日，在南京"国民政府"纪念周上，何应钦对抗战胜利后奉命办理受降之经过作了总结。根据何应钦的报告，中国战区（东北三省在外）包括台湾、澎湖及越南北部，共有日军总司令部 1 个、方面军 3 个、军 10 个、师团 36 个（内战车师团 1 个、飞行师团 2 个）、独立旅团 41 个（内独立骑兵旅团 1 个）、独立警备队或守备队（相当于独立旅）19 个、海军特别根据地队及陆战队 6 个，总投降兵力为1283240 人。其中华北方面军 326244 人，华中第六方面军 290367 人，京（南京）沪（上海）第六、十三军 330397 人，广东第二十三军 137386人，台湾第十方面军 169031 人，越南北纬 16 度线以北地区第三十八军 29815 人。①

---

① 《八年抗战之经过》，199 页。

北京师范大学史学探索丛书

伪军投诚总数为 68.3 万余人，至何应钦报告时业已解散 43.2 万余人。①

自 1945 年 9 月 11 日起，至 10 月中旬止，日军已大部分缴械完毕，唯苏北、山东、华北方面未能完全按照预定之日期完成。但到 1946 年 2 月初旬，除一小部分外，均已由国民政府军队缴械。自受降以来，国民政府军队已占领了广州、汕头、长沙、衡阳、武汉、南昌、九江、蚌埠、合肥、安庆、徐州、南京、上海、杭州、郑州、洛阳、开封、许昌、济南、青岛、保定、石家庄、北平、天津、山海关、归绥、包头、大同、太原等地。"惟古北口、张家口、承德、赤峰、多伦，因遭遇特殊障碍，未能到达。"②截至 1946 年 4 月中旬，国民政府军队共缴获日军主要武器数量如下：

一、主要步兵轻武器

步骑枪	685897 支
手 枪	60377 支
轻重机枪	29822 挺

二、各种主要火炮　　　　　12446 门

三、各种弹药

步机弹	180994000 余粒
手枪弹	2035000 余粒
各种炮弹	2070000 余颗

四、主要车辆

战 车	383 辆
装甲车	151 辆
卡 车	15785 辆（包括特种车辆）

五、马　　　　　　　　　　74159 匹

---

① 何应钦：《中枢纪念周何总司令报告》，见天津《大公报》，1946-5-14。

② 何应钦：《中枢纪念周何总司令报告》，见天津《大公报》，1946-5-14。

六、主要航空器材

各种飞机   1068 架

　内：

　　可用者   291 架

　　待修者   626 架

　　不堪用者   151 架

　炸弹   6000 吨

　飞机用汽油   1 万余吨(3101927 加仑)

七、海军舰艇船舶

　1400 艘(共计 54600 余吨，每艘平均不及 50 吨)

内主要舰艇计有：

　军舰   19 艘(90~1100 吨，仅有 3 艘可出海)

　驱逐舰   7 艘(每艘约百吨，内有 6 艘可用)

　鱼雷快艇   6 艘(15 吨、25 吨各 3 艘，可用)

　小型潜艇   3 艘(50 吨内，2 艘可用)

　小炮艇   200 艘(每艘 8~12 吨，大部不堪用)

其他多系小艇帆船，且多损坏待修，或不堪用。①

北京师范大学史学探索丛书

　　以上收缴日军武器装备的数字，是根据何应钦的报告。这个报告是对中国战区日军缴械投降的总结。何应钦认为，"因中国战区敌人分布区域甚广，交通困难，为使敌军迅速解除武装，并容易集中管理遣送起见。共分为 16 个受降区，指派 16 位受降主官，规定一切受降程序。关于缴械遣俘，以及一切军事接收，尚能步调整齐，顺利完成其任务"。②

　　在八年抗战中，中国军民伤亡人数在 2100 万以上，财产损失和战争消耗约达 1000 亿美元(其中财产损失约 600 亿美元)。抗战的胜利果实理应归中国人民所有。中国共产党在抗日战争时期广泛开展敌后游击战争，使大

---

① 《八年抗战之经过》，212 页。

② 何应钦：《中枢纪念周何总司令报告》. 载天津《大公报》，1946-5-14。

量侵华日军陷于人民战争的汪洋大海之中。在八年抗战中，八路军、新四军和其他人民抗日武装对敌作战 12.5 万余次，消灭日、伪军 171.4 万余人，其中日军 52.7 万余人，缴获各种枪支 69.4 万余支，各种炮 1800 余门。共产党领导的人民军队在战争中做出了极大的牺牲，指战员伤亡 60 余万人，敌后抗日根据地的人民群众更是牺牲巨大，伤亡达 600 余万人。抗日战争的历史证明：中国共产党及其领导的人民武装力量，是全民族利益的最坚定的维护者，是团结抗战的中流砥柱，是取得抗战胜利的决定性力量。因此，"中国解放区、中国沦陷区一切抗日的人民武装力量，在延安总部指挥之下，有权根据波茨坦宣言条款及同盟国规定之受降办法，接受被我军所包围之日伪军队的投降，收缴其武器资材，并负责实施同盟国在受降后之一切规定"。① 但是，国民党政府却要垄断受降权，蒋介石以中国战区最高统帅的合法名义，命令日军非他或何应钦"所指定之部队指挥官""不得向其他任何部队投降缴械，及接洽交出地区与交出任何物资"。也就是以全国合法政府的名义，叫日伪军不得向八路军、新四军缴枪，而只能把枪缴给国民党军队。抗战八年，国民党从华北、华中退到西南、西北，丧失国土 279 万平方公里。现在抗战胜利了，蒋介石和国民党却要出来垄断抗战胜利果实。这就是抗战胜利后在受降问题上尖锐斗争的实质。

　　从美国的全球战略利益出发，美国政府全力支持国民党政府抢夺抗战胜利果实。中国战区美军总司令魏德迈，8 月 16 日在中外记者招待会上宣布："美方决定派空军及大批运输机运送并保护中国受降官员及接防军队前往各地接受日军投降。"他还说："各地日军须候蒋委员长指派的代表到达向他们投降。"中国战区美空军总司令斯特梅耶说："美空军协助中国接受各地日军投降，一方面是空运中国军队；一方面是拿空军监视日军投降并保护前往受降军队，假如遇有抵抗，不论其射击我人者为谁，我们将予以还击。"②8 月 30 日，魏德迈又对记者说："美国支持中国中央政府，将

_____

　　① 《中国解放区抗日军朱总司令致美英苏三国说帖》(1945-8-15)，《中共中央文件选集》，第 15 册，240 页。

　　② 重庆《大公报》，1945-8-17。

以百分之九十九的力量运输中国军队至收复区。"①从9月初开始，美机把大批国民党军队运送到南京、上海、北平、天津等地。美军也在上海、塘沽、天津、青岛、秦皇岛等地登陆，以帮助国民党政府军队抢占战略要地。据报道：10月6日，停泊黄浦江以迄吴淞口的美国大小军舰有54艘之多。美国政府还把大批飞机、军舰、军车和军用物资送给国民党政府，从各方面大力加强国民党的力量。中国号称四大强国之一，而实际上是美国的附庸国，蒋介石和国民党成为美国统治中国的一个工具。

国民党政府在整个受降过程中，不但得到美国的全力支援，而且利用日伪势力来抢占抗战胜利果实。蒋介石命令日军在他指派的受降部队没有到达受降地区前，"应各就现驻地负责维持地方良好秩序"，"所有驻华日军，应向蒋委员长及何应钦总司令所指定之受降主官投降，不得接受其他任何部队之要求"，日军也"不应向任何其他部队接洽投降"。② 这是蒋介石利用日伪军队担任守备，抵抗人民军队收复国土。国民党军委会甚至委任南京汪伪政府的行政院长周佛海为上海市行动总指挥部的总指挥。大批伪军成了国民党的"地下军"、"先遣军"，受降地区一时出现了蒋伪合流的局面。日本投降后，国民党政府收编伪军达50余万人。他并且命令日伪军"负责"对人民军队作"有效之防卫"，甚至去"收复"被人民军队解放的地区。

在受降同时，国民党政府还派出大批官员去收复区接收。据不完全的统计，接收敌伪工厂2411个，价值约达20亿美元；接收日本侵占的大量物资、金银、房地产、仓库等，约值10亿美元以上。据国民党政府行政院公布的数字，共接收敌伪物资价值6200亿元法币。实际数字当远不止此数。在接收过程中，国民党政府各级接收机构和官员竞相抢掠金条、房屋、汽车等，瓜分、侵吞或盗卖敌伪资产。日本投降了，抗战胜利了，沦陷区人民欣喜若狂，忘形地欢迎"国军"和重庆派来的官员，对国民党和蒋介石抱有相当大的幻想。但是，短短几个月，希望破灭了，热情消失了。

---

① 重庆《大公报》，1945-8-31。
② 《中国战区中国陆军总司令部处理日本投降文件汇编》（上卷），45页。

第一，对国民党政府官员以接收为名侵吞财富，掠夺老百姓血汗极其不满，接收成了"劫收"。北平接收的敌伪物资，入库的数量不足 1/5，其余绝大部分被接收官吏据为己有。国民党上海市党部主任委员吴绍澍竟利用职权侵吞敌伪房产 1000 余幢，汽车 800 余辆，黄金 1 万多条。上海市市长钱大钧盗卖敌伪物资 42 亿元法币。在接收过程中，特别激起民愤的是国民党政府以大大压低币值的伪币收换办法，对各阶层人民进行残酷的掠夺。据统计，仅通过这种掠夺式的货币兑换手段，国民党政府就从收复区人民手中攫取达 2 亿美元。

1945 年 10 月 24 日，重庆《大公报》发表《为江浙人民呼吁》的社评。社评说：大江以南"归回祖国怀抱已两个月，家家户户，老老少少，谁都为胜利感泣过，谁都为胜利狂欢过，现在呢?""有很多很多的人发现自己破了产"，工商业也要破产。"这变化太大了，人人从日常生活中都切肤地感到这变化。这变化是什么呢? 是随着胜利而来的财富大转移。用封条作符号的财产转移，那是有形的，而且是有限的；而无形的无限的是用伪币的人的财富转移到用关金法币的人的手里，购买力与享受欲都跑到关金法币这一边来。在京（南京——引者注）沪吃阳澄湖大蟹，在夫子庙征歌选色，在崇楼杰阁上婆娑醉舞的，都是腰缠法币的人"，"在胜利到来之初，重庆人到京沪一带，是多么被仰座，被亲爱，简直是一切光荣的象征。现在呢? 时间真是快呵! 变化也真是快呵! 才只短短两个月，京沪一带人深深地由生活体味中厌恶了甚至憎恨了由重庆去的人。据说京沪间最近流行着一种口碑，京沪在怕着两种人。一是由天上飞下来的；二是从地下钻出来的。其言虽谑，甚堪玩味。"①当时流传的"想中央，盼中央，中央来了更遭殃"的说法，是老百姓对国民党政权失望和怨恨的表现。

第二，抗战胜利了，老百姓的负担不但没有减轻，反而更重了，当时老百姓埋怨赴指定地区受降的国民党军队"来也要粮，停也要粮，去也要粮"，"不饿死于沦陷时，将饿死于胜利后"，故社会上有"胜利殃民"之惨

---

① 重庆《大公报》，1945-10-24。

语。① "他们痛苦极了，比未胜利还要痛苦。"②

第三，物价飞涨，灾荒严重，豫、湘、粤、桂四省灾情最为严重，成千成万的老百姓在饥饿与死亡线上挣扎。据当时报纸报道，抗战胜利后的3个月中，收复区的物价上涨了三四倍。1945年12月的物价指数已超过抗战前1500倍。"'上有天堂，下有苏杭'，可是物价的重担也压得一些天堂里的人，没有了笑脸"。③ 在湘南衡阳、祁阳、零陵一带，除少数富户外，几乎全以糠皮、麦粉掺和藕根、莱叶、杂草煮熟充饥。灾害严重，尸体载道，惨不忍睹。

第四，抗战胜利后，按照蒋介石的计划，国民党政府在同中共进行和平谈判的同时，命令他的军队迅速抢占战略要地，加紧向各解放区进犯。国民党的战略企图是完全占领长江以南地区，着重夺取华北战略要地和交通线，以分割、压缩解放区，并打开进入东北的通道，依据中苏条约对他有利的规定，出兵占领全东北。蒋介石将大量军队迅速由西南、西北地区运往前线。截至9月中旬，已调集37个军73个师的兵力，其中大部用于进攻华北解放区。为了保卫抗战胜利果实，保卫解放区，人民军队理所当然地要对进犯的国民党军队进行自卫反击。国民党的内战政策，遭到人民的反对，很快丧失人心。正如当时记者所说，"中国抗战胜利了，而多少老百姓未享到胜利之福，反跌在痛苦的深渊中，""胜利就是胜利，怎么倒会成了灾难?""在大江以北，敌人已举手投降，而枪声、炮声流血砍杀的事还在不断地演着"，"这一带无数万的人民都曾为胜利狂欢过，而今却如水益深，如火益热，大家不得聊生。他们痛苦极了，比未胜利还要痛苦。"④

---

① 天津《大公报》，1946-2-21。
② 重庆《大公报》，1945-10-24。
③ 天津《大公报》，1945-12-6。
④ 重庆《大公报》，1945-10-24。

五、侵华日俘大遣返

日本投降后，中国战区的少数日军由于对投降有强烈的抵触情绪，以及战败后的绝望感，仍不服从无条件投降的命令。他们以最后的疯狂毁坏武器装备、炸毁弹药库、焚烧军用物资和军营，继续骚扰中国老百姓，抢劫、烧屋、强奸等事仍不断发生。

日本宣布投降后，驻河南鲁山的日军一直龟缩在军营里，每天只派几个士兵上街采购。9月12日，鲁山的日军接到日军第十二军司令官鹰森孝中将"速往郾城集结，向中国第五战区刘峙部队投降"的命令后，整个军营陷入一片混乱之中。将近中午时分，数十名日军持枪冲进几家酒店，不由分说，抬起酒坛就走。胆大一点的老板上前要他们付钱，但得到的却是枪托和拳脚。街上肉铺肉架上的猪肉被日军整片地扯下来抢走；卖鱼的不但鱼被抢走，连筐都搭上了，卖菜的商贩也遭了殃。日军这次抢劫不是一次性的，从中午到傍晚，不断有日军闯入店铺抢劫。有的店铺老板想以紧闭店门来阻挡日军的抢劫，但薄薄的门板哪里挡得住日本兵枪托的疯狂撞击！晚上，日军官兵在营房里狂喝滥饮，有的喝得烂醉躺倒在地上，有的狂呼乱叫，有的引吭作歌，有的捶胸号啕，整个营房到处弥漫着酒气和呕吐物的恶臭，即将成为战俘的日军官兵多数感到无路可走，歇斯底里大发作，变得失去理智和人性。入夜以后，军营中不断响起阵阵骤雨般的枪声。从军官到士兵，只要是未被烧酒灌倒而尚能立起者，都摇摇晃晃跑出营房外，端起枪对天乱射。翌日部队集合后，横田中佐下令将枪支和背包以外的军需辎重全部集中在操场上，在周围架起干柴。然后，他点燃了柴堆，面对熊熊大火，横田先是仰天狂笑，继又俯首呜咽。日军士兵又纷纷举枪对天空来了一阵猛射。待枪声停息后，横田又命令士兵把营房统统烧掉。数十间房屋顷刻间燃起冲天大火。在一片大火中，横田下令日军开拔。

驻河南临汝日军在撤离前，派数百名日军持枪冲进军营周围老百姓家中，将桌子、板凳甚至木板床强行搬走。日军将抢来的家具堆在粮仓、盐仓周围，又浇上汽油，然后将其点燃。大火持续了一夜，直到第二天上午仓库上空仍黑烟滚滚，整个临汝都弥漫着焦煳味儿。

河南南阳日军撤退时，焚毁军用品 400 余车，枪杀马 80 余匹，并毁枪炮弹药甚多。

在 9—10 月间，湖南岳阳、长沙、株洲、湘潭、宁乡等地的日军撤退时也将大量军用物资和弹药付之一炬。湖南沅江、益阳日军撤退时，抢掠老百姓的牛、猪及民用物品。湖南湘潭日军撤往长沙时，沿途奸淫掳掠，杀人烧屋。

驻安徽铜陵的日军，在 11 月 19 日午夜，引爆了弹药库，爆炸声持续了半个小时，不知焚毁了多少弹药。驻芜湖的日军将大炮推入滔滔长江中。驻上海的日军也有用小火轮装满军火，运至吴淞口外投入海中的。福建厦门的日军仓库及可用的器材也均遭破坏，并有用汽艇运至海外触礁下沉的。驻雷州湾的日军除将部分武器丢入海中外，还将一些枪支弹药拿去换钱。驻海南岛海口的日军，用卡车装着军需品到闹市上卖掉。驻越南北部的日军将武器和军需品运到市场上拍卖，在南京日军违令出卖武器和军需品的活动也很活跃，在街头巷尾也时常有日军掏出一支手枪，问"枪的要不要？"那些因运输问题无法解决而徒步往投降地集中的日军，沿途也不断将军用品或丢或卖。待这些日军到达集结地，武器已少掉大半，不少人成了真正的"徒手官兵"。也有一些地区的日军在撤退时，将武器和军需品藏匿起来。

在一些中小城市或县城，国民党军队还来不及去接收，或日军未接到撤退集中的命令，仍保持原有态势待命，因此仍有日军骚扰当地中国百姓的事件发生。驻河南商丘城北营房的日军在 10 月上旬一天深夜，出动百余名日军，悄悄开进附近一个村庄，持枪强奸和轮奸妇女。日军肆意奸淫后，又将村中的鸡鸭掠夺一空。随后，日军又将十余名年轻健壮、长相好的妇女押回军营。江西、安徽等地的日军也有类似暴行发生。

日军缴械后，即进入日俘集中营，等待遣送回国。各受降地区相继设立了日俘集中营。在北平集中的日俘达 5 万余人，集中营设在西苑和丰台等地。南京的集中营设在中华门外和汤水（现名汤泉）等地。集中在上海的日俘有 6.3 万多人，集中营分别设在江湾、吴淞一带。集中营的生活紧张而有规律，生活待遇高于当时中国的老百姓，有的日俘被征用参加市政和修公路等劳动。对日俘采取宽大政策，因此日俘进入集中营后，没有受到任何虐待和报复。

在中国的日侨以在东北的人数最多。日本投降后，陆续回日本的约有10 万余人。国民党军队进驻东北后，留在东北各地（包括旅大在内）的日侨共 110 万人左右。这些日侨中，大都是商人、小贩和一些科技人员。其中妇女占 70% 左右，儿童占 10%，在女日侨中，有关东军的后勤人员和下级军官家属、医务人员、教师、商店职工、食品店咖啡馆服务员，以及关东军营妓（随军慰安妇）、歌妓、舞女等。据统计营妓、歌妓、舞女等，在妇女中占 30%。东北的日俘日侨管理机构和内地有所不同，叫作"日侨俘管理处"。日侨遣返在东北划分为 5 个地区：第一地区以锦州为中心；第二地区以沈阳为中心；第三地区以四平为中心；第四地区以长春为中心；第五地区以营口为中心。从 1946 年 4 月起，东北百万日侨大遣返拉开了序幕。

日本投降以后，据日本官兵善后联络部统计，散居中国境内（东三省除外）的日侨总人数约 94 万。战后日本国民的悲惨生活，使日侨对遣送回国后的生活深感恐惧与忧虑。许多日本女侨无依无靠，不愿回国，纷纷嫁给当地中国人。在上海、北平、天津等日侨比较集中的地区，突击寻夫的女日侨数以千计。日军投降后，日本"随军慰安妇"是命运最悲惨的女人。

日本投降后，日俘和日侨总计 197 万多人（中国东北除外）。根据盟军总部的规定，中国战区要将他们遣送回国，这是一项十分艰巨的任务。1945 年 9 月，在重庆召开中美联席参谋会议，制订了遣俘、遣侨计划。遣俘、遣侨按以下计划进行：第一，广州区日俘、日侨，从广州回国；第二，南京、上海区的日俘、日侨，从上海回国。长沙区的日俘、日侨应逐渐东移，也从上海回国；第三，平、津、张（张家口）的日俘、日侨，集中大沽口、秦皇岛回国；第四，青岛，济南区的日俘、日侨，从青岛、烟台回国；第五，汉口区的日俘、日侨，从青岛、烟台回国；第六，在中国关内的日俘、日侨遣送完毕后，再开始遣送中国东北的日俘、日侨。最后遣送在越南北部和台湾的日俘、日侨。这个计划只是一个大框架的构想，即关内的：日俘、日侨按由东而西的原则遣返，先遣返沿海的，再遣返内地的，汉口区是最后一批。中国内地的日俘、日侨遣返之后，再遣返中国东北的日俘、日侨。当时美国的飞机和军舰，正忙着替国民党政府把西北、西南的军队运到沿海大城市和战略要地，还顾不上遣返日俘、日侨的事。遣返日俘、日侨任务的完成，关键是运输问题，特别是海上运输怎么解决，有许多情况需要摸清，才能进入实施阶段。

1945 年 10 月 25 日至 27 日，中美双方在上海召开第一次遣返日俘、日侨联席会议，制订了庞大而详细的"中国战区日本官兵与日侨遣送归国计划"。这项计划从负责指挥遣送的组织机构到中美双方在遣送过程中各自担负的工作，以及日俘日侨登船回国应遵照的种种条款，均作了规定。

总则规定在中国战区的日俘、日侨由中国政府负责遣送；遣送工作要尽量利用日方人员；在中国战区的美军总部要派人协助，并担任中国政府与盟军最高统帅及美国海军之间的联络工作。遣送过程分为两个阶段：第一阶段，是向港口输送和上船前的检查，由中国陆军总司令部担任；第二阶段，是由中国到日本之间的海运，用登陆艇遣送，由美国第七舰队担任，用其他船只运送，则由 Scajap 负责。由中国战区中国陆军总司令部和美军在华总部成立一个遣送日俘、日侨联络部，负责中国陆军总部与盟军总统帅及美国第七舰队的联络工作。

第一阶段遣俘、遣侨工作的具体规定是：第一，所有检查登记用的表册，由中国办理；第二，日俘、日侨上船前的卫生检查，由中国负责，有传染病者，不得上船；第三，潜逃或隐匿的战争战犯由中国检查和扣押；第四，日俘、日侨上船前，对违禁品进行检查；第五，限制日俘、日侨携带的钱款和物品数①；第六，对航程中的粮食供应等也作了具体规定。第二阶段遣俘、遣侨工作也作了许多具体规定。

---

① 对日俘、日侨登船时所准携带的钱款及物品，作了如下规定：钱款：军官日金500 元、士兵日金 200 元、侨民日金 1000 元。行李：原定为 30 公斤，后改为以一人所能负起之重量为限，不准雇用他人搬运。物品：盥洗具一套、毛毯（或棉花被褥一套）、棉花被一条、冬季衣服三套、夏季衣服一套、大衣一件、皮靴三双、短裤一条、衬衫三件、手提包一件、手提袋一件。

1945 年 11 月 17 日，第一艘遣送船从塘沽启航。此后，散在中国战区各地的日俘、日侨开始陆续集中，由青岛、上海、广州等港口登船回国。

遣送日俘情景。

1946 年 1 月 5 日，中美双方在上海召开第二次遣俘遣侨联席会议。这次会议公布：中国战区（不包括东三省）遣返的日俘、日侨总数为 2001600 余人。经过 7 个月的紧张遣送，到 6 月底中国战区的 200 万日俘、日侨已全部离开中国。存下的日本官兵善后总联络部人员约 400 人，也于 7 月 5 日在上海登船回国。东北百万日侨的遣返工作从 1946 年 5 月开始，历时 7 个月，至 1946 年 11 月底基本完成，遣返日侨约 110 万人。

据台湾《国防部史政局抗战史料》记载："中国战区日韩官兵总数，高达 2129826 人，内日军官兵计 1240471 人，日本侨民 779874 人，韩俘 14428 人，韩侨 50935 人，台湾同胞 44118 人。"对此一数量庞大之日方俘侨，"为尊重人类基本权利"，蒋介石特别指示何应钦："第一、对冈村宁次之投降，予以礼遇；第二、对日方俘侨之遣送，应予以宽大周到"；何应钦依据蒋介石的指示和意旨，"对业已解除武装之日军官兵，慷然交由冈村宁次自行编组，分地集中，自治自理，同时对遣送俘侨之工作，亦交由日军官兵自行负责编配，我国军官兵仅从旁监督指导而已。日方俘侨分别在中国大陆各地要点、台湾、海南岛、越北地区分别集中，然后分别由塘沽、青岛、连云港、上海、厦门、汕头、广州、海口、三亚、海防、基隆、高雄等 12 个港，依日俘、侨民之顺序分别遣送。由内地运送至港口，由我方负责；由港口海运至日本本土，则由美方供给船舰。"关于内运部分，因长江水浅，又缺船舶，而铁公路又屡遭破坏，且数量如此庞大，以致遣送工作，直到 1946 年 6 月底，始告完成。而海运部分，美方以登陆艇 85 艘、自由轮一艘、日船一部分任运输，亦于 6 月底遣送完毕。①

对这项日俘侨的遣返工作，1956 年日本《文艺春秋》杂志 4 月号，曾刊出何应钦访日时与冈村宁次会晤谈话片段：

> "冈村宁次：其次，我不能忘怀的，是您的宽容敦厚，本来预先排定我们进场的时候，应向全体敬礼，何先生等不必还礼，可是最后我在投降文件上盖章，而由小林总参谋长呈献给您的时候，您却站起来给他回礼，后来外国顾问团有没有抗议？
>
> 何上将：是的，他们曾经说道。
>
> 冈村宁次：我看到这种情形，大受感动，西洋的道德观念和我们的究竟有些不同，何先生的人品、风度，实在使我佩服。
>
> 何上将：哪里，彼此彼此。
>
> 冈村宁次：还有一件事，应该向您感谢，就是我们打了败仗，却没有一个人变成俘虏，这是您的鼎助所赐，照国际上的惯例，战败的军队应该缴械，分别拘集军官与士兵，并分开受战俘待遇，可是我们所受到的称呼，不是俘虏，而是'徒手官兵'，这就是说没有武器的军人。在签字投降次日，9 月 10 日清晨您召见我，您曾将中国的派令递交给我，把日本全军及侨民遣回的事务，委任我来办理，那派令是怎样写的？
>
> 何上将：中国战区日本官兵善后联络部长官。
>
> 冈村宁次：是的是的，是采用这样军队式的派令，承认我的指挥权，这样数达二百数十万的人，因此才获得顺利地遣回。

---

① 《中华民国重要史料初编——对日抗战时期》，第二编"作战经过"（三），806～807 页。

北京师范大学史学探索丛书

何上将：那个派令，会使你堂堂正正地发布命令。

冈村宁次：我想这样破例的办法，一定是何先生所提议的，我后来听说，当时有美国方面在中国，问题并不简单，可是您却考虑到日本的国民性，认为让我们自己维持秩序，保有组织，比较妥善。由于您这样高见，才决定这种办法。其次，中国曾准许我们各人可以带回行李30公斤，这一点在日本虽然很少提起，但实际到过中国战线的人，却非常感谢你们。

何上将：哪里哪里，日本受轰炸的情形，我们很明白，并且我看过了飞机上摄下来的照片，所以当时我想，如果日本军民不带他们的行李回去，他们回到日本，可能什么东西都没有，数达200万的侨民及官兵回到日本，如果身无一物，他们必定很窘很苦，且要埋怨我们，一如冈村先生所说的，中国与日本的战争到这里已告结束，今后是兄弟之邦，所以应该尽量促成和睦的关系……①

何应钦对日俘的"宽大为怀"和"极周到而礼遇"的"遣送"，与日军在中国的暴行形成多么鲜明的对比啊！

六、英国重占香港

(一)艰难的香港问题交涉

香港自古以来就是中国的一部分。我们所说的香港，实际上包括香港岛、九龙和"新界"三个部分，总面积为1061.8平方公里(1981年统计)。

英国统治香港是英帝国主义强加于中国的一系列不平等条约的结果。鸦片战争后，1842年8月29日(清道光二十二年七月二十四日)，英国逼迫清政府签订了中国近代史上第一个不平等条约——《南京条约》(也称《江宁条约》)。中英《南京条约》第三款规定"将香港一岛给予大英国君主及嗣

---

① 《中华民国重要史料初编——对日抗战时期》，第二编"作战经过"(三)，807～808页。

后世袭主位者常远据守主掌，任便立法治理"。从此香港岛被置于英国的殖民统治之下。第二次鸦片战争后，1860年10月24日（清咸丰十年九月十一日），英又迫使清政府签订了中英《北京条约》，该条约第六款规定割让九龙司地方一区（即九龙半岛南端）给英国。19世纪末，在帝国主义瓜分中国的狂潮中，英国趁机在1898年6月9日再迫清政府签订了《展拓香港界址专约》，其中规定：九龙半岛的其余大片土地，直到深圳河以南，以及附近二百三十多个岛屿（以上地区后称为"新界"）租给英国，期限九十九年。清政府被推翻以后，中国的历届政府都没有承认英国对香港的永久主权，在不同程度上都为香港回归祖国做过努力。

太平洋战争爆发后，日军立即进攻香港，港英当局即打起白旗，于12月25日向日军投降。日军占领香港，英国对香港的殖民统治由日本取代而不复存在。

1942年1月1日，美、英、苏、中等26个国家，在华盛顿签署了《联合国家宣言》，世界反法西斯联盟正式建立。10月5日，中国政府正式"希望美国率先自动表示放弃对华不平等条约"，"不必待之战后再出以双方谈判的形式"。7日，外交部长宋子文自华盛顿报告蒋介石说："关于从速取消不平等条约，原则上美方当无问题。"9日，美国国务院正式通知愿与中国商谈废除不平等条约办法。10日，美国国务院发表"美国政府准备立时与中国政府谈判，缔结一规定美国政府立时放弃在华治外法权，及解决有关问题之条约"的声明。① 同日，英国政府也发表愿与中国签订新约的声明。此后，中美、中英即进入商洽新约的阶段。

1941年7月，顾维钧受命接替郭泰祺任驻英大使。他在回忆录中说："我到伦敦任职不久便接到训令，要我研究并试探英国对香港问题的态度。训令不是直接要我进行谈判，只是指出香港是中国政府渴望尽快解决的问题之一。"于是他便拟订了一个计划，通过好几个月持续努力收集情况，得出了一个结论："英国——政府、金融巨头集团和普通老百姓——打算把

---

① 《中华民国重要史料初编——对日抗战时期》，第三编"战时外交"（三），710～713页。

北京师范大学史学探索丛书

香港全部归还给中国，不过人人都认为当前应先解决当务之急，香港问题最好留到战争胜利后去解决。"他还说："我跟丘吉尔长谈过几次。他说他不反对归还香港，不过目前时机还不成熟，要等到战后再说。他说英国希望有条不紊地交还。"①

英国首相丘吉尔果真同意战后把香港归还中国吗？从伦敦英国国家档案局有关档案中丝毫找不到上述说法的根据。② 太平洋战争爆发后，香港沦陷，英国在东南亚兵败如山倒，英国政界一些人曾对战后英国能否保持对香港的统治发生过怀疑，因而所谓战后"有条件地"归还香港的主张出笼了。事实上所谓战后"有条件地归还香港"的主张仅仅是英国政府内部研究对香港政策时提出的一种设想，从未形成过政府决定，而丘吉尔、艾登等决策人物是一贯坚决反对归还香港的，这在随后的中英新约谈判过程中可以得到证明。

由于中美的压力，1942 年 10 月 10 日，英国政府发表声明"愿于最近将来与中国政府进行谈判，并将以规定立时放弃在华治外法权及解决有关问题之草约，提交中国政府考虑"。③ 10 月 30 日，宋子文和英国驻华大使薛穆在重庆正式开始了中英新约的谈判。英方提出的《中英关系条约草案》的主要内容是：废除在华治外法权；废止 1901 年的《辛丑条约》；将上海及厦门公共租界之行政与管理权移交与中华民国政府；将天津及广州英租界，归还中华民国政府；保护英国现有在华不动产产权等。④ 草案中没有涉及归还香港的内容，原因是英国根本就不打算归还。10 月中旬，在英国议会会议上，议员索伦森询问艾登，正在考虑的对华条约"是否还包括将香港交还中国"时，英国议会外务次官 R. K. 劳答复说，此约"仅仅和放弃治外法权有关"，并书面写道："香港是英国领土。"11 月 10 日，丘吉尔更

① 《顾维钧回忆录》，第 5 分册，14～16 页，北京，中华书局，1987。

② 见刘存宽：《1942 年关于香港新界问题的中英交涉》，载《抗日战争研究》，1991(1)。

③ 《中华民国重要史料初编——对日抗战时期》，第三编"战时外交"（三），751 页。

④ 《中华民国重要史料初编——对日抗战时期》，第三编"战时外交"（三），752～756 页。

亲自出马发表演说称："我们的意思是再坚持下去。我当国王的首席大臣并不是为了主持清算大英帝国。"11 月 13 日，中国政府提出中方的《中英新约修正草案》，除了不同意给予英人以贸易国民待遇，要求结束英国在华的沿海贸易权及内河航行权外，还要求在新约中加上"应即废止"，"1898年 6 月 9 日在北京签订之中英展拓香港界址专条"，"英方在九龙租借地（如该专条附图所示者）之行政与管理权，连同其官有资产与官有债务，应移交中华民国政府"。① 中国政府力图说服英国终止它对九龙的租借权，并以此作为签署新约的条件。

英国政府收到中方的《修正草案》后，英国外交部远东司司长克拉克提出可供英国选择的三个方案，即：第一，同意中方此项要求；第二，直截了当地予以拒绝；第三，尽量拖延。克拉克认为第一个方案不行，因为"新界"无论从经济上还是战略上对香港来说都太重要了；第二个方案也不行，因为它得不到美国的支持，应当选择第三个方案。外交大臣艾登认为克拉克的意见不坚决会留下麻烦，表示反对。艾登倾向于第二个方案，主张直截了当地提出"新界"租借地问题不属于新约的讨论范围，即拒绝归还。在 11 月 30 日英国战时内阁会议上，艾登正式"建议拒绝放弃我们（即英国）在九龙（指'新界'）的地位"。会议在丘吉尔的主持下做出决定说："战时内阁赞成（艾登——引者注）所建议的方针。"②12 月 3 日，宋子文与薛穆会谈中提出"归还九龙租借地"的要求，薛穆答以"尚未奉到政府训令"。此后不久，薛穆正式通知宋子文：英国政府不准备谈"新界"问题。宋子文称，既然中英新约取消在华租界，而租借地与租界又属于同一范畴，理应谈判"新界"归还问题。新约如不解决"新界"问题，就不能消除中英之间的误解。蒋介石则表示，新约内容如果不包括收回"新界"，他就不同意签字。12 月 14 日，宋子文嘱亲英的杭立武将蒋介石的意见转告薛穆。薛穆 15 日急电致艾登，英方再次拒绝考虑中国的正当要求，中英新约谈判陷于僵局。

---

① 《中华民国重要史料初编——对日抗战时期》，第三编"战时外交"（三），761 页。
② 见刘存宽：《1942 年关于香港新界问题的中英交涉》。

北京师范大学史学探索丛书

12月19日，宋子文约见顾维钧。宋告诉顾维钧，他觉得九龙问题十分棘手，认为九龙租借地问题应予解决，应纳入新约谈判之中。顾维钧对宋子文说，他认为如果我们想及早结束条约谈判，就必须制定一项把两个问题分开的方案，以便先签署新约，以后再讨论终止九龙租借权问题。宋子文很重视顾维钧的看法，并告诉顾维钧，他将把谈判记录和有关文件统统给他送去。12月23日晨，薛穆去见顾维钧，并和顾维钧讨论新约问题。薛穆表示他对中国提出的问题表示担心，并认为如果双方各执己见，僵局便不能打开，条约也就缔结不成，顾维钧同意薛穆的说法，并敦促薛穆竭力避免这种僵局。

12月25日，顾维钧应邀去王宠惠寓所参加宋子文召集的会议。会上讨论了中英谈判情况，特别是九龙租借地问题，并向与会者分发了当天上午宋子文和薛穆的会谈记录。英方提出双方互换照会，由中国说明九龙问题不属于当前条约的范围，但如需讨论租借权的终止期可在战争胜利后进行。王宠惠、吴国桢等都说，蒋介石对九龙问题颇为坚持，如果找不到克服障碍的方案，谈判就可能破裂。如果问题得不到解决，蒋介石宁愿不缔结新约。宋子文征求顾维钧的意见，并问顾维钧有何妙计。顾维钧说，看来要在条约和九龙两者之间有所取舍。问题在于是缔结新约，还是坚持收回九龙租借地，那就是政策问题。如果除非九龙归还中国，否则我们宁愿不签署条约，那我相信，任何方案也无从打破僵局。如果是想签署条约，则不难找到处理九龙问题的办法，这种办法能使我们体面地退让而又不放弃原则，其关键是要英国声明两件事情：一是有将九龙归还中国的意愿；二是随时准备为实现这一意愿而进行谈判。顾维钧提出了一个会前拟好的计划草案。与会者看了一致认为计划可行，但说这应该是我们解决问题的最低限度。如这一计划遭到拒绝，那还不如不缔结新约为好。会上有人建议，把方案首先呈交蒋介石，但顾维钧主张先不呈送书面草案，而只向蒋介石汇报总的情况并解释我们打算提出的方案。顾维钧觉得，即使这一方案，英国也未必接受；并担心一旦蒋介石批准这一方案，定为不可再让的最低谈判条件，则和英国的会谈反会陷入僵局。宋子文问谈判破裂的后果将会怎样。吴国桢认为，英国终将让步，因为既然美国已成功地缔结了新约，英国不会想让人家看到自己的失败。顾维钧却不以为然，他认为对英国来说，九龙租借权是香港问题的一部分，而后者是事关原则的领土调整问题。英国认为，这类领土问题应在战后根据当时情况，通过与其他盟国协商来解决。英国人担心，如现在提出这些问题，盟国之间会产生意见分歧，从而损害盟国的团结。再者，所谈的领土仍在敌人手中，因此这种争论只是空谈。王宠惠和吴国桢都强调除非九龙问题解决，否则中国舆论是不会满意的。新约草案的文本变动如此之多，中国民众是不会把缔结这样的条约视为成功或胜利之举。王宠惠又问，如不缔结条约，英国将会如何，新约谈判失败在美国又会产生什么影响。顾维钧说，英国很可能会发表一项声明，说他们原来的提议是废除治外法权及其有关权利，而且已就此草拟了条约并达成了协议，但中国提出并一再坚持归还九龙，并坚持以废除九龙租借权为签署条约的条件，英国还会解释说，英国并非不愿讨论这个问题，但目前九龙不在英国手中，因此建议战争胜利后再行讨论。顾维钧说，英国发表了这样一个声明，就可任凭世界舆论来评论是非了。英美舆论看到这个问题并非当务之急，就会采取现实的态度，并觉得首要之事是协同作战，争取最后胜利，而非就现在敌人占领下的领土问题进行争吵。另外，他们会看到这个问题并不在英国承诺的范围之内。宋子文认为我们可以要求英国政府不发表任何声明。顾维钧回答说，这是不可能的，因为这个问题肯定要在英国议会中提出来。最后大家一致同意把这个问题呈报蒋介石，并极力主张尽量避免和英国的谈判破裂。大家要求顾维钧起草个方案并呈报蒋介石批准，顾维钧谢绝了。于是大家一致同意请王宠惠起草。①

12月27日，宋子文再次约见顾维钧，并让顾维钧看了蒋介石同意他们所提方案的批示。蒋介石批示的大意是：英方要宣布愿意归还九龙租借地。宋子文要顾维钧去会见英国驻华大使薛穆。顾维钧在回忆录中说，我们的会谈详尽而坦率，有时气氛还很紧张。顾维钧指出条约谈判有破裂的危险，并说我们应尽力避免。薛穆面带忧色，郁郁不乐，颇为沮丧。薛穆

---

① 《顾维钧回忆录》，第5分册，170～172页。

说，他已竭尽全力设法提出一项合适的折中方案，并已在圣诞节交给了宋子文，如谈判破裂，那不是英国的过错。薛穆认为中英关系具有一定程度的"厄运"。① 顾维钧离开大使馆，立刻去见宋子文。顾维钧建议和蒋介石密谈一下，以便向蒋介石汇报薛穆的答复和评论。顾维钧告诉宋子文，他个人的印象是，英国在九龙问题上不会过多迁就我们，这是英国政策上的重大问题。顾维钧认为即使暂时牺牲九龙，也要签署新约。英方并没有拒绝就归还九龙问题进行谈判，他们只是不愿在战争结束前讨论这一问题。宋子文要顾维钧一起去劝说蒋介石目前不要在九龙问题上坚持。② 当晚，蒋介石约见顾维钧，宋子文、王宠惠、吴国桢也在场。顾维钧向蒋介石汇报了同薛穆的谈话，最后蒋介石说，条约对中国是有利的，因此，如果坚持归回九龙租借地会导致条约谈判的失败，目前他就不再坚持。这真使顾维钧又惊又喜。③

　　鉴于中美新约的谈判已基本达成协议，美国政府希望安排在 1943 年元旦签字。中国政府将此事通报薛穆，希望中英新约于同一天签字。英国政府受到压力，于 12 月 21 日由丘吉尔主持再次召开战时内阁会议。会议作出决议称，"该租借地不属于本条约的范围"；"为了不致拖延条约的签字……我们应该声明我们准备于取得战争胜利后讨论该租借地的前途问题"；其所以要等到战后讨论，理由是：第一，英国把一些军事基地租给了美国，"新界"为"保卫香港所必不可少"，二者情况相似；第二，"新界"对英国的价值不限于防御方面，还有供水、机场等方面，而且市区及船坞已由港岛扩展至大陆；第三，丘吉尔首相认为现在不能考虑领土调整问题，此等事应在今后的和平会议上再说，这个原则同样适用于"新界"，这是英国一贯坚持的路线。在会议上，飞机生产大臣建议只应提"新界"的"租期"可以"重新考虑"，"此事应在和平会议上加以讨论"。会议最后决定按照飞机生产大臣提出的意见答复中国政府。12 月 25 日，薛穆将英国政府的上述立场通知了中国政府。以上事实说明，英国政府不愿明确允诺归

---

　　① 《顾维钧回忆录》，第 5 分册，173~174 页．

　　② 《顾维钧回忆录》，第 5 分册，173~174 页。

　　③ 《顾维钧回忆录》，第 5 分册，174 页。

回"新界",只同意战后同中国讨论"新界"的"租期"问题。①

12月28日,宋子文会见了薛穆。内部商定,由宋子文告知薛穆,九龙问题解决后才能缔结中英新约。对薛穆这样说,旨在使薛穆进一步做出有利于中方的努力。至于蒋介石在27日敲定的方案,至少等上一两天才可通知英方。12月28日,英国战时内阁召开会议,同意艾登的意见,一方面"坚持"英国对中国"已经做出的答复",同时将原答复中战后"重新考虑'新界'的租期问题"这句话中的"租期"二字删去。12月30日,薛穆根据12月28日英国战时内阁的决议照会宋子文,称:英国坚持既定方针,作此"让步"以后,决不再让,否则就"拒绝签订新约"。同日,宋子文又约见顾维钧,宋子文对英国的答复很沮丧。顾维钧说,现实的方针是,取现在之可取,其余则留在以后再争。而且,国策中的所有目标不是一蹴而就的。一次不行,我们再来第二次、第三次。顾维钧又补充说,即使决定缔约,我们仍须在九龙问题上努力争取可能的最好方案。如不能争取到我们满意的方案,我们就必须提出保留意见,阐明我方的观点和立场。保留意见应于条约签署后送交英方。宋子文说,"这个问题只能由委员长定夺"。②

12月30日,宋子文、顾维钧和王宠惠一起去晋见蒋介石,向蒋介石如实地汇报了当时情况。蒋介石说,对待目前的局势可能有两种办法。其一,拒绝签署新约;其二,目前根本不提九龙问题,而在以后用我们自己的军队收复它。宋子文说,目前这个条约还是不错的,我们不妨把现在能得到的先弄到手。由于最惠国条款的关系,拒绝签署中英新约将会在某种程度上使中美新约失效。九龙问题并不是迫在眉睫的实际问题,而由于双方在九龙问题谈判期间不能达成一致方案就不签署中英新约,这在美国看来将是不可理解的。顾维钧说,在签署中美新约后未能签署中英新约,将给人以这样的印象,即盟国内部存在着严重的分歧,盟国阵线的团结有缺口。目前可遵循的最佳途径似乎是先签约,然后声明保留随时再次提出九龙问题的权利。这样就向公众澄清了政府的立场,同时也可确保我们对英

① 见刘存宽:《1942年关于香港新界问题的中英交涉》。
② 《顾维钧回忆录》,第5分册,176页。

北京师范大学史学探索丛书

国的法律地位。蒋介石问英国是否会反对保留意见，而仍愿签署条约。顾维钧说，提出保留意见是单方面的行动，完全在我们的权限之内，也就是说，英方不能反对。如英国想阐明自己的立场，它也可以这样做。顾维钧还再次强调无论如何保留意见应在签约后送交英方。最后，蒋介石说，我要把问题再全盘考虑一下然后做出决定。①

12 月 31 日，蒋介石最后决定签署中英新约，并批准了正式保留意见的文本。蒋介石建议在把中国政府的决定告知薛穆时，宋子文应说明，只是出于盟国团结的考虑，中国才决定签署新约。蒋介石终于被迫让步。他在 1942 年 12 月 31 日的日记及"本月反省录"中表示了一种无可奈何的心情，说"对英外交，颇费心神"，"九龙交还问题英坚不愿在新约内同时解决"，他只得"暂忍之"，同意签署中英新约。他还写道："我虽不要求其对九龙问题作任何保留之约言，而彼反要求我声明九龙不在不平等条约之内，否则，彼竟拒绝签订新约。果尔，我政府惟有自动发表废除不平等条约之声明，以不承认英国在华固有之权；一俟战后，用军事力量由日本手中取回，则彼虽狡狯，亦必无可如何。此乃为最后之手段。""如彼无所要求，则我待签字以后，另用书面对彼说明；交还九龙问题暂作保留，以待将来继续谈判，为日后交涉之根据。"②

1943 年 1 月 11 日，中英新约《关于取消英国在华治外法权及其有关特权条约》③在重庆签字。同一天，中国外交部长宋子文照会英国驻华大使，严正声明中国政府对于"新界"租借地"保留日后提出讨论之权"。④ 这次中英新约谈判，中国要求英国归还香港地区"新界"租借地，英国拒绝的主要借口，即所谓"收回'新界'不属于本条约讨论范围"的说法是不能成立的。谈判既然是讨论取消英国在华特权，"新界"租借地自当包括在内。这次谈判未能达到收回"新界"的目的，中国政府外交部长宋子文等是难辞其咎

① 《顾维钧回忆录》，第 5 分册，176～177 页。
② 《蒋总统秘录》，第 13 册，42 页，台北，台湾"中央日报"社，1986。
③ 王铁崖：《中外旧约章汇编》，第 3 册，1262～1266 页，北京，生活·读书·新知三联书店，1962。
④ 《中华民国重要史料初编——对日抗战时期》，第三编"战时外交"（三），78 页。

的，他们态度软弱，害怕谈判破裂，屈服于英国的压力，向英国作出让步。蒋介石虽一再坚持新约应包括归回"新界"的内容，但在英国的压力下，几经宋子文和顾维钧等人的劝说，最终也向英国作了让步，他虽自我宽慰地解释道，如果英国坚持不归还"新界"，"一俟战后，用军事力量由日军手中收回，则彼虽狡猾，亦必无可如何"。而在日本投降后，蒋介石又是如何做的呢？

(二)中英香港受降之争

中英新约签订后，国民政府并没有为战后收回香港进行过认真准备。蒋介石在1943年3月发表的《中国之命运》一书中，对中国未能通过中英新约收回香港"新界"，仅淡淡地表示"遗憾"，并对战后收回香港持盲目乐观态度。他说："吾人对于此次新约之成立，亦不无遗憾之处，就是九龙租借地本为我国领土，而英国未能将此问题在新约内同时解决，实为中英两国间美中不足之缺点。但我国政府于中英新约签字之日，即向英国政府提出正式照会，声明我国保留有收回九龙之权。故九龙问题仍可随时提出交涉。"①1943年7—8月，外交部长宋子文访问伦敦，在长达3周的访问里，宋子文一次也未向英方提到香港问题。1943年11月举行中、美、英三国首脑会议(开罗会议)，蒋介石事先决定，如果英国不提香港问题，中国也不主动提，以免同英国发生争执。会议期间，罗斯福私下向蒋介石建议，战后由中国先行收回香港地区，然后宣布香港为世界自由港。蒋介石对此表示同意。但又说，在进一步考虑以前，可由总统(罗斯福)先与英国当局讨论此事。罗斯福的建议有美国自己的打算，但蒋介石却表现得畏首畏尾。

与此同时，英国在战后重占香港问题上采取寸步不让的方针。1943年3月英国外交大臣艾登访美时，即对罗斯福加强中国，以便在远东击败和控制日本的主张，表示不以为然，并表明了"不喜欢让中国人在太平洋地区跑上跑下的想法"。美国敦促英国改善与中国的关系，于战后将香港归

---

① 蒋介石：《中国之命运》(1943年3月发表)，见《先总统蒋公思想言论总集》，卷4"专著"，78页，中国国民党中央委员会党史委员会，1984。

回中国，艾登也装聋作哑。在开罗会议上，丘吉尔得知罗斯福关于战后英国归还香港、再由中国宣布它为国际自由港的设想后，宣布："我们的格言是'不许干涉大英帝国'，绝不许为了讨好国内那些悲观的商人和各色各样的外国人而淡化或玷污这个格言。"并气冲冲地说："不通过战争就休想从英国手中夺去任何东西。"在1943年12月13日英国战时内阁举行的第169次会议关于开罗会议和德黑兰会议的结论中，明确写道："战争结束时，我们并不要求给自己增加领土；同样，我们也不打算放弃任何领土。"这表明英国决心在战后重返香港，在香港地区恢复殖民统治。

德国投降后，英国将视线集中到对日作战上。1945年7月波茨坦会议期间，美军总参谋长告诉英方，日本正从华南撤退，中国军队有可能对广州、香港发动攻势。英国政府得知此事后，担心日军向中国军队投降或中国军队开来收复香港，急忙研究对策。在日本宣布投降的前一天，英国三军参谋长经国防委员会同意，已向盟军东南亚战区最高统帅蒙巴顿下令：由英国太平洋舰队执行重新占领香港的任务。据此，英国太平洋舰队海军少将哈考特奉命于日本投降后立即率舰队开赴香港，重新占领香港，接受驻港日军投降并组织以他为首的军政府。8月16日，英国驻华使馆奉命将一份备忘录交与中国政府，宣布英国要"确保对日本南支派遣军司令部的控制"，"正安排派遣必要的英军，前往重新占领香港并恢复英国政府"。①

根据"总命令第一号"，"凡在中华民国（满洲除外）、台湾、越南北纬16度以北地区的日军，均应向蒋委员长投降"，香港地区属于中国战区范围，理应由中国受降。而且，在战争时期，香港地区从未被盟国列为单独战区，一直属于中国战区。日军香港防卫队也是隶属日军南支派遣军第二十三军，该军司令官田中久一兼任香港总督，他常驻广州。这个"总命令第一号"是由美国制订，指令由日本大本营出面颁发的投降命令，美国于8月13日将副本送给各盟国。8月18日，中国战区最高统帅蒋介石任命张发奎为受降主官，负责广州、香港地区日军投降。当时国民政府外交部内许多人从国家和民族大义出发，建议趁日本战败之机一举收回香港，至少

---

① 见刘存宽：《英国重占香港与中英受降之争》，载《抗日战争研究》，1992(2)。

也应收回"新界"租借地。他们指出:"该岛控制珠江之出口,扼广州之门户,垄断粤汉铁路商运之源泉,为华南经济中心,与闽粤各省不能分离,应属于同一统治之下。"他们提出,英国当年割占香港岛,理由是为英国修船贮料之用,这个理由,今已不复存在;租借"新界",理由是为了"保卫香港",太平洋战争已证明此说毫无意义。现在日本投降,时机已到,应派兵假道广九铁路,捷足直入港九,再与英方交涉,至少可以收回"新界"租借地。① 但是,蒋介石并没有采纳这个意见,出于种种原因,他并没有打算立即收回香港,他坚持的仅仅是应该由他指派的受降官接受香港地区的日军投降。

8月16日,国民政府代理外交部长吴国桢发表备忘录,对英国送交中国政府的备忘录表示"遗憾",指出香港不属于东南亚战区最高统帅受降的范围,而是属于中国战区,香港日军应向中国投降,希望英国不要违反盟军最高统帅的命令,在没有得到中国战区最高统帅授权的情况下,不要在中国战区的任何地方登陆军队。英国政府对此置之不理。他采取了迂回战术,首先与美国达成谅解,然后压迫蒋介石就范。8月18日,英国新任首相艾德礼致电杜鲁门,声称英国曾通知美国参谋长联席会议和中国政府,有一支英国海军部队正在向香港进发,任务是从日本占领下接管香港,协助被日本抓去的殖民地俘虏和被拘禁的人们,并恢复英国的统治。艾德礼说:"在这个地方的日本指挥官,可能会把香港包括在'中国境内',因此我要求您指示盟国最高统帅麦克阿瑟将军命令日本最高统帅官保证驻英国殖民地香港的日本地方司令官,应在英国海军部队的司令官到达香港后,向他们投降。"② 同日,英国驻华大使薛穆照会吴国桢转告蒋介石:"无论战区若何,凡是主权有效之地,陛下政府均当恢复其权力并在其本国领土内接受日本投降。"中国政府也不让步,宋子文于同日致函美国国务卿贝尔纳斯称,香港位于中国战区内,香港日军向中国最高统帅或他指定的人投降,纯属顺理成章之事,至于香港问题的最终解决,可以暂予搁置。

---

① 国民政府外交部欧洲司:《收回香港问题》(1945 年 8 月),转引自吴东之主编:《中国外交史(中华民国时期 1911—1949)》,635~636 页,郑州,河南人民出版社,1990。

② 《杜鲁门回忆录》,第 1 卷,387~388 页。

北京师范大学史学探索丛书

罗斯福总统逝世后，随着反法西斯战争的结束，美国杜鲁门政府对香港的政策发生了一些微妙的变化，它日益倾向于认为香港问题是中英两国之间的事，不能因为这件事损害美英之间合作的基本关系。因此，杜鲁门在接到艾德礼8月18日的电报后，当即与国务卿贝尔纳斯商量，借口尊重英国的既得权利，于当天复电艾德礼，宣布"美国的立场是并不反对由一名英国军官在香港受降"。他将指示麦克阿瑟就香港日军向英军司令投降事做出安排。同日，杜鲁门还指示他的顾问海军上将李海通知美国海陆军总司令和国防部长："香港已明确划在中国战区之外。"①杜鲁门给艾德礼的复电，同美国先前的立场以及"总命令第一号"是对立的。杜鲁门在回忆录中辩解说："罗斯福总统并没有做出什么诺言，但是他却暗示过，他不愿妨碍中国人战后为争取收回香港而与英国人进行的谈判。这是和我们鼓励中国取消治外法权和外国租界的总的政策是一致的。但是我们认为这个问题须经过公开讨论，因此我们依然遵守我们承认既定权利的原则，指示麦克阿瑟将军部署香港向英国司令官投降的事宜。国务卿贝尔纳斯把这个情况通知了宋子文，并向他声明，这样做决不等于表示美国对香港未来地位的看法。"②美国的出尔反尔使英国更加无所顾忌。8月19日，英国驻华大使薛穆又将一份备忘录交给吴国桢，声称英国政府不能同意把香港解释为在"中国境内"，并说："委员长阁下（指蒋介石）作为一名军人，定能理解，由于联合王国被迫将其领土香港放弃给日本人，陛下政府在该地接收日本投降，事关荣誉"，但英国欢迎蒋介石"派代表参加受降式"。薛穆在送交备忘录时还告诉吴国桢，杜鲁门已电告艾德礼，授权英国接受香港日军投降。

蒋介石得知8月19日英国政府备忘录内容后，十分着急，立即致电杜鲁门查询美国的态度。电报称："在递交备忘录时，英国大使通知外交部次长吴国桢博士说您曾致电艾德礼首相，说明美国并不反对由一支英国海军部队去接收香港。英国大使还说您同意英国在香港'各地区'接受日本武

---

① 见刘存宽：《英国重占香港与中英受降之争》。
② 《杜鲁门回忆录》，第1卷，388页。

装部队的投降。我们却没有从宋子文博士或您，总统先生，听到任何承认或拒绝英国的要求的话。如果您没有向英国发出这样的电报，我要强烈地提出忠告，不要对波茨坦公告和盟国最高统帅所发布的投降条款作任何片面的改变，现在改变投降命令会制造不良的先例，会在香港以外的一些地方带来更为严重的后果。英国应该遵照总命令，撤回要在香港登陆的部队，打消在这一地区接受日本投降的企图。""如果正如英国大使所宣称的，您已致电艾德礼首相，为了不使您为难，我提出如下的建议：日本在香港的部队应向我的代表投降，在投降仪式上，将邀请美国和英国的代表参加。在投降后，由我授权英国部队登陆并重行占领香港。英国不得利用任何借口，命令部队在中国大陆登陆，我做出上述让步是不得已的。我希望阁下能支持这种立场，并在我和英皇陛下政府做出明确的安排以前，能得到您的答复。"①杜鲁门采用了个人函件的形式答复了蒋介石的询问电。他劝蒋介石说："关于日本人在香港投降的问题，在我看来，主要是一个军事行动性质的问题。关于英国在该地区的主权并没有发生什么问题，据我了解，您并不想提出这个问题。由于考虑到这些，我才向艾德礼首相发出上述电报。日本军队在实际可行的地区，向当地行使主权的国家当局投降，似乎是合理的。在香港，英国和您在行动上取得军事合作，在我看来，是完全可行的，这种协调将使日本在香港向英国军事当局投降成为可能。""我衷心地希望您能够用和我同样的观点来看这件事，并根据多年来我们两国政府与人民之间关系上所特别具有的合作和谅解的精神，澄清局势，同意我的劝告，与英国人取得军事协调。以便给予麦克阿瑟将军相应的命令，叫他部署香港日军向英国司令官投降的事宜。"杜鲁门最后说："我完全能体会您写信给我提出建议的动机，但是我相信，在把一切因素都加以考虑到之后，我所建议的程序可以提供合理的解决办法。"②蒋介石接获杜鲁门这封复电后，大为气馁，立即向英国做出让步。8月22日，美国国务卿贝尔纳斯在记者招待会上称：香港地位问题将于未来在伦敦举行

① 《杜鲁门回忆录》，第 1 卷，388～389 页。
② 《杜鲁门回忆录》，第 1 卷，389～390 页。

北京师范大学史学探索丛书

的中、美、英、法、苏五国外长会议中讨论。

蒋介石不再坚持香港日军向中国投降的要求，而是由他授权的英国司令官接受香港日军的投降。他在8月23日给杜鲁门的答复电称："赫尔利大使已将您就香港受降问题的电报转交给我。在中英两国之间有关香港行动事宜的军事协调，遵照您的嘱咐和建议，我已通知英国作为这个地区的最高统帅，我同意授权英国司令官接受在香港的日本部队的投降。我还指派一个中国官员和一个美国官员去参加那里的受降仪式，并请英国事先与我的参谋长魏德迈将军和中国军事司令部(应为中国陆军总司令部——引者注)在行动方面取得必要的军事协调。总统先生，对我来说，做出这些让步是很困难的，但是由于以各种可能的方式和您合作是我的衷心愿望，因而我终于这样做了。"①8月24日，蒋介石出席国防最高委员会和国民党中央常务委员会临时联席会议，在致辞中说："最后，我们要提到香港问题。香港与广东是安危与共的邻封，太平洋战争爆发以后，乃划入中国战区。今当日本帝国主义无条件投降之际，我们中国决不借招降的机会，忽视国际合作和盟邦的主权，所以我们不愿派兵接收香港，引起盟邦间误会。但我可以对世界与全国国民负责的声明，关于香港的地位，从前是以中英两国条约为根据，今后要有所改正，亦当依照中英两国友好的协商关系而建立。我们的外交方针和国际政策，主张尊重条约，根据法律，以及时代要求与实际需要合理的解决。现在中国全国各租借地均经次第收回，九龙的租借条约自非例外，但是我们中国亦必循两国外交及条约途径，以期解决此最后未了的一个问题。"②

对蒋介石的让步，杜鲁门认为"是十分合理的"，"以为这样就把问题解决了"。他赞扬蒋介石所做的让步是"审慎的措施"，"已解决了一个僵局"。但是，英国政府却寸步不让，8月27日，英国政府通过驻华大使薛穆口头通知蒋介石："英皇陛下政府迫切地希望取得一个双方满意的安排。"英国"并不怀疑委员长会了解大不列颠决心于日本战败以后在香港恢

---

① 《杜鲁门回忆录》，第1卷，390页。

② 重庆《大公报》，1945-8-25。

复战前的统治"。因此，英国"不能接受委员长关于英国部队军官应作为委员长的代表在英国的属地上接受投降的建议"，"受降将由英国军官来执行，他将根据'总命令第一号'的授权来实现这一目的"，"委员长所指派的中国和美国官员将以中国战区最高统帅代表的资格参加"，"预料届时还要签订投降书，他们得以证人资格签字"。薛穆还向蒋介石说："英国政府已指派海军少将 C. H. J. 哈考特作为总司令，接受香港日军的投降。"①美国驻中国大使赫尔利也拍给杜鲁门一封很长的电报，报告"困难根本没有解决"。同一天，蒋介石也向杜鲁门求助。他在给杜鲁门的电报中说："我告诉英国大使，我不能同意英国政府在这一问题上所采取的立场。英国愿意恢复香港的原状始终没有受到影响，因为从一开始我就向他们保证中国政府无意派遣中国军队占领香港。按照'总命令第一号'，香港并不包括在英国人受降内。香港明确地划在中国战区内。作为这个战区的最高统帅，我有履行和遵守与盟国签订的协议的义务。我做出让步，授权英国司令官在该地接受投降，纯粹是出于我的维持与盟国的友好关系的愿望，而在我做出这个让步时，曾得到您的赞同和认可。超出这种让步的限度，对我来说，既不符合与盟国签订的协议的精神，也与我作为这个战区最高统帅的职责不符合。""我还通知英国大使，既然英国政府已任命哈考特海军少将接受香港日军的投降，从今天起我便授权给他。""总统先生，正如美国人民和您在国际关系上，始终表示严格遵守公正原则和协议一样，我深信在这一事件上，您会支持我，而训令麦克阿瑟将军对哈考特海军少将发出必要的指示。"②对此，杜鲁门没有做出反应。蒋介石于是决定召见薛穆，明确告诉他："委托英军官接收香港之主张，必须贯彻，嘱其通知英国政府，如其不接受此委托而擅自受降，则破坏联合协定之责任在英国，余决不能放弃应有之职权，且必反抗强权之行为。"③中英交涉又陷入僵局。

英国政府鉴于英国的实际目的已经达到，决定在形式上稍作让步，建议由哈考特代表英国政府，由另一名英国军官代表蒋介石共同受降。蒋介

① 《杜鲁门回忆录》，第 1 卷，391 页。
② 《杜鲁门回忆录》，第 1 卷，391～392 页。
③ 《蒋总统秘录》，第 14 册，140 页。

北京师范大学史学探索丛书

石认为这种做法仍然践踏他作为中国战区最高统帅的权利，予以拒绝。接着，英国政府又建议哈考特代表英国政府和中国战区最高统帅蒋介石受降，蒋介石才表示同意。这种受降方式，实际上仍是英国独家受降。

当然，蒋介石曾为香港受降一事做过军事部署。8 月 18 日，中国战区最高统帅蒋介石命令第二方面军司令官张发奎指挥新一军、第十三军负责接收广州、香港地区。但是，军事行动迟缓，到 8 月 28 日，张发奎才电告蒋介石，已命令第十三军"即沿梧州、三水、广州道推进，以主力配置于广州（不含）至九龙广九铁路，沿线以一部推进香港，监视该方面之日军及受降实施"。① 8 月 30 日，何应钦才指示张发奎："派孙立人为广州、九龙、香港区受降官。令十三军先协助新一军接收九龙、香港，尔后船运杭州、宁波。"②但这已是马后炮，8 月 30 日哈考特率领的英国舰队已在香港登陆。9 月 3 日，何应钦电示张发奎，九龙、香港地区已决定授权英国军队受降。张发奎立即电告第十三军，不要接受九龙、香港地区的日军投降。9 月 16 日，经中英双方协商，哈考特以代表英国政府和中国战区最高统帅蒋介石的身份，在香港总督府接受了香港日军的投降，由香港防卫队队长冈田梅吉少将和日本华南舰队司令官藤田类太郎中将在投降书上签字。签字后，冈田取下佩刀，以示解除武装。参加受降式的有中国政府派出的代表团和美国、加拿大两国代表。中英关于香港受降之争，至此告一段落。

在英美的压力下，蒋介石在香港受降问题上对英国的让步以及英国重占香港，恢复在香港地区的殖民统治，表明抗日战争胜利后，中国并没有完全摆脱半殖民地的处境。

七、法国重返受降后的印支

（一）印支北纬 16 度线的由来

越南 1884 年起沦为法国的殖民地。法国入侵印度支那以后，采用"分

———

① 《中华民国重要史料初编——对日抗战时期》，第二编"作战经过"（三），637 页。
② 《中华民国重要史料初编——对日抗战时期》，第二编"作战经过"（三），638 页。

而治之"的手法，把越南分为东京、安南和交趾支那三部分，连同柬埔寨、老挝一起组成法属印度支那联邦。

中国全国抗战爆发后不久，日本即对我国东南沿海实行封锁，蒋介石为利用越南之国际通道运入军火与物资，以应抗战需要起见，曾迭令主管机关及驻法大使顾维钧，就中国假道越南运输问题，与法国政府不断交涉，法方因顾虑日本南进之威胁，不愿作肯定答复，只说等将来美、英等国有积极援华办法时，法国亦必赞成加入。其后，中国政府一再催促，到1938年初，仍没有明确的决定，只说尽可能以极秘密之方法予以援助。

1938年3月，德军占领奥地利，欧洲局势紧张，法国对远东已感无力兼顾。中国政府鉴于日本最终必将南进，中法两国实行互助之处甚多，乃令驻法使节与法方商讨中法合作事宜。是年6月，中国驻法大使顾维钧就法国派遣军事顾问来华及联合抵制日本侵略与法国政府进行谈判，法国对派遣军事技术人员一事，表示可借用后备军官，但对于联合防止日军侵占海南岛及抵制日军扩充在华军事区域等，则举棋不定。此时，国民政府立法院长孙科到法国考察，也与法国当局秘商中法合作事宜。蒋介石曾去电指示：对法交涉必须以供给武器、安南运输与顾问三事同时解决。8月，中国政府又派中国驻苏大使杨杰赴法，协助进行军事谈判。直到1939年1月间，始获法方具体答复：①对越南运输允予便利，凡军火各货抵海防后，即视同法货由军队代运；②中国所需军火，愿协助订购，但要求分期付现及分批以原料抵偿；③派遣现役军官白尔瑞等来华担任顾问。2月10日，日军侵占海南岛。3月15日，德国占领捷克斯洛伐克，欧洲形势益见紧张。蒋介石曾电杨杰，嘱其转询法国当局，应否由中法两国预定一共同作战计划，以利应付事变。5月中旬，杨杰电复接洽经过，因法方所提要求不甚合理，此事遂无结果。①

1939年9月1日，德国进攻波兰，欧战爆发。9月3日，英法对德宣战。法国对远东更无力兼顾，其对日委曲求全之心，益发迫切。是月下

---

① 见《中华民国重要史料初编——对日抗战时期》，第三编"战时外交"（二），719～720页。

旬，法国政府下令召回在华的顾问人员，而法越殖民当局对华货经越转运，更是顾虑重重，虽经中国驻法使节多次交涉，法方总以处境困难，希望中国谅解的话来搪塞。到 12 月间，法国态度始渐好转，双方曾拟订一项以中国钨砂等为原料交换法国军火之计划，到 1940 年 2 月间，法国政府核准叙昆铁路借款 4.8 亿法郎，以表示法国对中国抗战军事援助之诚意。

但是，不久德军侵占巴黎，1940 年 6 月 22 日法国签署投降书。贝当所组织的维希政府①宣告成立。日本帝国主义乘机把侵略魔掌伸进了印度支那。6 月 19 日，日本向法国驻印度支那总督嘉德罗提出最后通牒，要求封锁滇越铁路，共管中越边界。6 月 20 日，中越运输停止。8 月 2 日，日本再次向法国维希政府派驻印度支那的新总督德古提出通牒，要求法方允许日军在越北过境并占领印度支那机场。法方原则上同意给予日军过境越北的方便，并承认日本在远东的"优越"地位。9 月 22 日，法日签订协议，法方同意日本占领越南北部三处机场，并在印度支那驻扎军队 6000 人。但在当天夜晚，日本派遣它驻在中国广西和广东的军队，突然袭击越南北部谅山和同登的法军，同时又对海防进行了轰炸。日本侵略军就这样大摇大摆地开进了印度支那北部。10 月 26 日，法国驻华大使戈思默向蒋介石解释日法签订关于日本在越南军事协定之经过，希望中国政府谅解。此后，中国与法国维希政府依旧保持外交关系，而戴高乐所领导的自由法国政府，也于 1941 年 12 月派代表来重庆，与中国政府作非正式之接触。

1941 年 7 月 24 日，日军又侵入印度支那南部。29 日签订《法日共同防守法属印度支那议定书》。太平洋战争爆发的第二天，即 1941 年 12 月 9 日，德古又与日军司令部代表签订了《共同防守法属印度支那地方军事协定》，规定在日军进行军事活动时，由法方负责维持治安，"务使日军后方得到安全"。② 通过这一系列协定，印度支那在名义上仍然是法国的殖民地，日本承认法国在印度支那的"主权和领土权"，而实际上已成为日本在东南亚的军事基地和战略物资供应基地。

---

① 1940 年 6 月，德国占领巴黎后，以贝当为首的法国政府向德国投降．组成傀儡政府，7 月 1 日政府迁至法国中南部城市维希，故称维希法国。

② 《印度支那问题大事纪要(1940—1954)》，5 页，北京，世界知识出版社，1954。

美国对日本向印度支那的步步进逼，开始时采取"不介入"的态度。1940 年 6 月 30 日，美国副国务卿韦尔斯对法国维希政府驻美大使说："考虑到总的形势，美国政府并不认为它会同日本发生冲突，也不认为，万一日本进攻印度支那，美国会不反对这一行动。"①但当日军于 1941 年 7 月 24 日侵入印度支那南部后，美国改变了它的"不介入"态度。韦尔斯当天发表声明说，日军占领印度支那对包括菲律宾在内的美国太平洋属地构成了威胁。同一天，罗斯福接见日本驻美大使野村，要日军撤出印度支那，建议宣布印度支那为中立区；作为交换条件，美国保证日本有自由取得原料等供应的权利。没有等到日本政府作出答复，7 月 26 日，罗斯福就下令冻结日本在美国的全部资产。与此同时，美国又对法国维希政府施加压力，表示要"接管"印度支那。

1942 年 1 月，中国为阻遏日军在东南亚的攻势，计划派兵入越作战，经与法方一再磋商，而法方始终借口中立坚拒中国军队入越。1943 年 1 月，法国维希政府要求中国撤退在法使馆。2 月，又纵容日军侵占广州湾，并将北平、天津、上海、汉口、广州等处法租界交归汪伪南京"国民政府"。8 月 1 日，中国政府宣布与法国维希政府断绝外交关系，并于 8 月 27 日，宣言正式承认在北非的法国民族解放委员会。

美国在太平洋战场转入反攻之后，1943 年 3 月，罗斯福在华盛顿会见英国外交大臣艾登时，第一次提出了对印度支那实行"国际托管"制度的设想。艾登说："这对法国人未免过分强硬了"，他表示英国人将不能接受一种削弱法国并使之降为二等国家地位的建议。1943 年 11 月开罗会议期间，罗斯福曾同蒋介石讨论了印度支那问题。据记载，"罗斯福问蒋介石是否想要印度支那。蒋谢绝说，印度支那人'并非中国人，他们不会被中国人所同化'。当问到他关于印度支那前途的意见时，蒋认为印度支那不应归还法国……罗斯福又问蒋对于印度支那通过国际托管实现独立有何意见。当时罗斯福对蒋建议，印度支那的托管机构将包括'一名法国人，一二名印度支那人以及一名中国人和一名俄国人……也可以加上一名菲律宾人和

① 《战后世界历史长编》，第 1 编，第 1 分册，411 页。

北京师范大学史学探索丛书

一名美国人'. 蒋支持这一意见"。① 在德黑兰会议期间,罗斯福也多次表示印度支那战后应实行托管,斯大林也认为"法国不应当再回到印度支那"。

1944年1月24日,罗斯福在给国务卿赫尔的备忘录中,说:"上周我会见了哈利法克斯(英驻美大使——引者注),并坦率地告诉他,关于印度支那不应当再归还给法国,而应置于国际托管之下的意见完全是真实的,我表示这一意见已经有一年了。法国占有这个拥有三千万居民的国家快一百年了,人们的处境却比[法国占领]初期更坏。"罗斯福接着说:"蒋介石和斯大林衷心支持我关于这一问题的观点。我认为没有理由再与英国外交部纠缠下去了。看来他们反对这一主张的唯一理由是怕影响他们自己的和荷兰的属地。他们之所以不喜欢托管的意见,是因为托管在某种情况下,目的在于未来的独立,印度支那就是如此。"1945年2月,美国在雅尔塔会议再次提出托管问题,罗斯福又一次说,他愿意在印度支那托管理事会中包括一二名印度支那人,甚至还可以有一名法国人,但为了平衡力量,他坚持必须有一名菲律宾人、一名中国人和一名俄国人。由于丘吉尔的反对,托管计划没有通过。在从雅尔塔返回美国途中,罗斯福在巡洋舰上公开对记者说:"我建议……把印度支那置于托管之下……斯大林喜欢这个主张,中国喜欢这个主张,英国人不喜欢。因为如果印度支那人协同努力,并最终取得独立,缅甸人也会跟上,这样就会搞垮他们的帝国。"②

设在阿尔及尔以戴高乐为首的法国民族解放委员会,也力图恢复昔日法兰西帝国在各海外领地的殖民统治。早在1943年,戴高乐就开始了"重返"印度支那的活动。1944年8月,戴高乐返回巴黎,30日成立了以法兰西民族解放委员会为基础的法国临时政府。戴高乐在巴黎建立临时政府后,又于1944年11月向驻印度支那总督德古秘密下达命令,要他留职并接受已被任命为总代表的莫尔当的领导。此外,戴高乐还在英国同意下派出一个军事代表团进驻印度加尔各答,建立军事情报网,准备随时向印度

① 《1938—1954年的越南和中国》,转引自《战后世界历史长编》,第1编,第1分册,414页。
② 《战后世界历史长编》,第1编,第1分册,415~416页。

支那进行渗透。戴高乐采取这一行动的目的，在他写的《战争回忆录》里说得很清楚。他说："我希望在印度支那打起来。鉴于维希的政策对法国荣誉的损害，印度支那联邦人民的思想情况，亚洲和大洋洲的民族主义沸腾情绪以及盟国特别是美国对我国远东地位的敌意，我始终认为重要的是，不让那里的战争在我们没有参战的情况下就结束。否则所有的政治、所有的军队、所有的舆论，都将坚决地要求我们从那里退出。相反，如果我们参了战（哪怕战争将近结束），那么，法国人洒在印度支那土地上的鲜血将成为最有力的权利。"①戴高乐一方面积极准备重返印度支那；另一方面又竭力反对美国插手印度支那。1944 年 10 月，美军在菲律宾登陆后，德古认为美国下一步进攻目标可能是印度支那。他为了讨好戴高乐，曾于 1945 年 1 月底向其下属的法国军官秘密下令，一旦美军进攻，法军应予配合。但是德古并不了解戴高乐对美国的态度。1945 年 2 月初，戴高乐给德古的命令却是："一旦美军登陆，应宣布印度支那中立。"②

日本已完全掌握了印度支那法国殖民当局同戴高乐的联系，为了保住印度支那这一重要战略基地，消除后顾之忧，日本于 1945 年 3 月 9 日晚在印度支那发动了军事政变，包围了法军在印度支那各地的营房，利用请客吃饭等办法，拘留了包括莫尔当和德古在内的绝大多数法国高级军官。大部分法军没有进行什么抵抗就投降了。戴高乐临时政府在印度支那的地下组织也遭到沉重打击。被俘法军和法国侨民被关进集中营，法国的殖民机构也全部被日军接管。日本发动军事政变的第二天，日驻西贡大使就到顺化把越南傀儡皇帝保大抬了出来。3 月 11 日，保大宣布废除 1884 年法越保护条约，声称越南已经"独立"。4 月 17 日，组成了以陈重金为首的傀儡政府。

1945 年 3 月 24 日，以戴高乐为首的法兰西共和国临时政府发表关于印度支那的声明。声明说："印度支那联邦将和法国以及法兰西共同体的

北京师范大学史学探索丛书

---

① ［法］夏尔·戴高乐：《战争回忆录》，第 3 卷，158 页，北京，世界知识出版社，1981。

② 琼斯等：《1936—1946 年国际事务概览：1942—1946 年的远东》，转引自《战后世界历史长编》，第 1 编，第 1 分册，419 页。

其他部分组成一个'法兰西联邦'。法兰西联邦的对外关系，将由法国代表。印度支那在法兰西联邦内部享有应有的自由。"①这个声明表明法国"一定要回到印度支那"。

太平洋战争期间，美英为了协同作战，把太平洋战场分成若干战区。起始印度支那属于中国战区。由于美国不支持法国在印度支那的活动，英国便支持法国，乘机插手进来。美国对英国插手印度支那非常恼火。后经美英双方协商并由魏德迈和蒙巴顿②达成协议，在印度支那的军事行动由魏德迈统一协调指挥。1945年5月，蒙巴顿通知魏德迈，他为了支援法国人，将在印度支那上空出动飞机26架次。魏德迈问道："你如何能保证向游击队提供的装备只用于反对日本？"蒙巴顿未予理睬，照旧飞行。魏德迈大怒。5月25日，他向蒙巴顿提出抗议："我从未料到你可以未经通知毗邻地区司令官又未得到完全允许的情况下，有在该地采取军事行动的权力。"美国驻华大使赫尔利这时同魏德迈站在一起，主张对英国采取强硬措施。赫尔利在给杜鲁门的信中写道："先生，如果你反对路易斯（蒙巴顿）在印度支那的政治目的的话，我建议我国政府停止对他提供租借物资，并不许使用美国空军和其他美国资源。"他说，英国进入印度支那的"动机并不是为了参加对日作战这一主要目的"。但杜鲁门的答复只是简单地说，赫尔利提出的问题将在即将举行的波茨坦会议上进行讨论。实际上没有同意赫尔利的意见。③

在波茨坦会议前夕，英国参谋部向美国送了一份备忘录，以对日作战需要为理由，要求把印度支那列入英国东南亚战区司令部的指挥范围之内。

在波茨坦会议上，美英两国联合参谋部就印度支那作战范围的归属问题进行了讨论。美国作了让步。最后，双方同意在印度支那以北纬16度为界，划分作战范围。北纬16度以南，属英国东南亚战区，以北属中国战

---

① 《战争回忆录》，第3卷，464页。

② 魏德迈为中国战区最高统帅蒋介石的参谋长、驻华美军司令。蒙巴顿是英国"东南亚战区"盟军最高统帅。

③ 《战后世界历史长编》，第1编，第1分册，422～424页。

区。会后，蒋介石也同意了这一意见。美英以北纬16度线为界划分攻占印度支那的协议。当时的主要理由是为了对日作战的需要。但在日本投降后，美国便利用这个协议，把中国蒋介石的军队开进印度支那北半部；英国利用这个协议，把自己的、随后又把法国的军队运进印度支那南半部。这就是印度支那以北纬16度线划分受降区的由来。

(二)中国在北越受降

1945年8月，日本战败投降。8月16日，以印度支那共产党领导人胡志明为首的越南独立同盟，召开全国国民代表大会，通过越盟的十大政策和越盟总部的起义令，成立民族解放委员会即临时政府，8月19日，河内起义取得胜利。23日和25日，起义又先后在顺化、西贡取得胜利。8月24日，傀儡皇帝保大宣布退位。9月2日，胡志明在河内巴亭广场发表独立宣言，宣布越南民主共和国成立，"八月革命"在全国范围内取得胜利。

根据"总命令第一号"对受降区域的划分，北纬16度线以北的印度支那地区的日军，向中国战区最高统帅投降，北纬16度以南的印度支那地区的日军，向东南亚战区最高统帅投降。8月18日，中国战区最高统帅蒋介石指示，第一方面军司令官卢汉指挥第五十二、六十、六十二、九十三军，暂十九、二十三师，第九十三师负责接收越南北纬16度以北地区；但第五十二军抵北越海防后，即船运大沽口转赴张家口、大同。[①] 25日，何应钦电示卢汉，任命他为越南北纬16度线以北地区的受降主官，日军投降部队为第三十八军所属第二十二、三十七师团及不明部队等，日军集中地点由卢汉决定，日军投降代表为土桥勇逸，投降地点在越南河内。

8月24日，蒋介石在国防最高委员会和国民党中央常务委员会临时联席会议上致辞说："中国在抗战期间，因安南政府不能自保其主权，并供日本以侵华基地，因此中国的生命财产，皆受巨大的损失。但是我们今日除了恪守同盟国的协定，派遣军队接受北纬16度以北地区日军的投降之外，对于越南绝没有领土的企图。我们的希望是越南民族能从自治以渐臻

北京师范大学史学探索丛书

---

① 《中华民国重要史料初编——对日抗战时期》，第二编"作战经过"（三），621～622页。

于独立，以实现大西洋宪章之规定。"①

卢汉接受任务后，即派所部向越南北部推进，8月底进入越南北部。9月2日，侵越日军代表酒井中佐等抵云南开远，向第一方面军司令部洽降，由参谋长马瑛、副参谋长尹继勋、美军代表海门上校接见。马瑛参谋长宣读备忘录，并询问若干问题，酒井详细答复，并答应转交备忘录。卢汉为便利监督侵越日军投降，特派副参谋长尹继勋少将率随员先赴越南河内成立指挥所。9月4日，卢汉所属部队进抵河内附近。8日，卢汉所属黄涛部进入越南同登、谅山。10日，卢汉所属赵公武部进入河内。11日，卢汉率第一方面军司令部人员由云南开远乘机飞抵河内。

越南民主共和国临时政府根据"和缓与蒋介石的冲突，集中对付法国"②的策略，提出"越华亲善"的口号，并对干部进行教育。为了避免冲突，当中国军队入境时，在中越边境和滇越铁路沿线的一些省的临时政府，还从城市撤出了自己的政府机关和部队。卢汉刚到河内不久，便要越南民主共和国临时政府报告军队人数和组织。为了不引起中国军队的注意，越南解放军改称"卫国团"，部分支队并从河内市区撤往郊区。③

9月28日，卢汉在越南河内总督府举行日军受降仪式。受降仪式之后，卢汉发表文告称："中国军队非为越南之征服者或压迫者，而为越南人民之友人和解放者。凡越南北纬16度以北地区之一切行政之监督、军事之管理均归本司令官负责。各级行政机构照旧，互相发挥效能，保证和平，维持秩序。凡任何聚众骚扰，不论是何人发动，亦不问是何理由，均足危害社会治安，损害人民生命财产。本司令官对于破坏秩序的企图及行为，将执法以绳，予以制裁，毫不宽容。凡从事正当职业，虔诚信奉宗教及寻找合法权益之善良人民，不论任何国籍，本司令予以保护。全体人民应服从本司令官颁布的规章、命令，遵守现行法律，并与中国军队切实合作。在日本侵略者尚未完全遣回，和平秩序并未获得保障以前，本司令官实握越南北纬16度以北地区的最高权力，如有必要，决不惜使用此最高权

① 重庆《大公报》，1945-8-25。
② 《越南劳动党光辉的三十年》，23页，北京，世界知识出版社，1960。
③ ［越］武元甲：《难忘的岁月》，中文本，31、47页，越南外文出版社，1971。

力，以期同盟军的目的能够达到。"①

10月1日，何应钦由汉口经南宁，飞抵越南河内视察，何应钦对旅越侨胞致辞称："本人此次来越，系视察我第一方面军接收越南北纬16度以北地区日军投降事宜，并视察我到越部队。""此次抗战胜利，洗雪了甲午以来50年的国耻，收回了损失的台湾和澎湖列岛，东三省也完全收回了。同时百年来的不平等条约，因我国的努力抗战，对世界贡献极大，得各友邦的同情，已于去年完全取消。简单说，已完全恢复了我国领土主权行政的完整。但是，这个胜利，是付了很大的代价才换来的，我军抗战阵亡的将士达240余万人，受伤和失踪的170余万人，人民死难和一切有形无形的牺牲，尤不可以数计。"②应胡志明之请，何应钦还检阅了越南民众5万人的欢迎游行。2日，河内侨胞举行欢迎大会。

3日，何应钦在河内招待记者，并发表谈话。他说："中国战区之设立，系太平洋战事发生后，联合国在华盛顿决定。中国战区之范围，越南是包括在内，并由联合国最高统帅部推举我国蒋委员长为中国战区最高统帅。本人是中国战区所辖之中国陆军总司令。8月10日，日本政府正式宣布接受波茨坦宣言后，联合国最高统帅部决定中国与台湾、澎湖列岛及越南北纬16度以北地区之日军，应向蒋委员长投降。蒋委员长遂命令中国战区中国陆军总司令代表主持接受上述区域内日军投降一切事宜。进入越南之第一方面军卢汉所部，是属于中国战区中国陆军总司令所指挥，故此次中国军队进入越南，是根据联合国最高统帅之规定，执行联合国最高统帅之命令。第一方面军进入越南北纬16度以北地区之任务，是接受此一区域内日军之投降，收缴其武器，遣送其回国，并负有维持此区域治安秩序之责。故绝不容许有妨害治安之事发生。凡妨害治安秩序者，当即予以惩处取缔，对任何人或任何方面均持极公正之态度，毫不偏袒。""中国军队在越南原不准备设军政府，但我军之所必需，如粮食、燃料、副食、交通、通信、运输及一切军事上所必需，希望当地政府切实协助。""本人系中国

---

① 《中国战区受降始末》，154页。
② 《何应钦将军九五纪事长编》(上)，804页。

战区中国陆军总司令，对于越南政治问题，不拟发表任何意见。惟中国对越南之态度，蒋委员长于8月24日中常会席上演说，曾经有所说明。"①10月4日，何应钦命令日军于10月31日前缴械投降，解除武装；11月10日前，完成日俘集中。进入印度支那北纬16度线以北地区受降的中国军队总数约20万。

中国军队开入越南受降时，越南民主共和国已经成立，中国政府不得不在事实上承认以胡志明为主席的越南民主共和国临时政府并与之打交道。据报载，蒋介石原有在中国军队进入北越后组织军政府的打算，并在云南开远开始筹备，后又改变了这个想法。10月7日，卢汉接到命令，指示中国驻军必须切实掌握铁路沿线及海口；日军缴械投降、日俘遣送回国后，中国军队即行撤回中国境内；不要接管越南民政机构。

(三)法国重返印支

越南民主共和国成立后，全国反法情绪高涨。河内街头挂满了越南国旗和盟国国旗，唯独不挂法国国旗。日本投降前戴高乐即扬言"我一定要使法国回到印度支那去"。日本投降后又扬言要"以胜利者的姿态"，"一刻不能迟延地回到印度支那去"。② 9月12日，第一支英国军队（主要是印度人）约1400人，在格雷西少将率领下进入西贡。英军当局拒绝承认越南民主共和国临时政府，而且把被日军监禁的5000名法国殖民军释放，把他们武装起来，同时命令日军处于戒备状态。9月21日，法军乘英国军舰在西贡登陆。23日清晨，法国殖民军在英军和日军配合下，用突然袭击手段，进攻西贡人民委员会和各级机关，到处烧杀，市内一片白色恐怖。法国侵略军司令勒克莱尔率领增援部队于10月5日抵达西贡，同时又在金边投下空降部队，占领了柬埔寨。法国殖民主义者在侵占印度支那北纬16度以南地区之后，接着就竭尽全力企图重返越南北部地区。戴高乐认为，重返印度支那北部的主要障碍来自中国军队。他在回忆录中说："卢汉将军率领的中国军队占领着北部(东京)和中部(安南)以及老挝的一部分，都是最

---

① 《何应钦将军九五纪事长编》(上)，806～808页。
② 《战争回忆录》，中译本，第3卷，219页。

令人讨厌的事情。我们的政治和行政活动将长期受阻碍。中国人进来以后,什么时候才能撤走呢?他们要索取什么代价呢?"①日本投降后,美苏关系恶化,杜鲁门改变了罗斯福对法在印度支那的政策,表示美国政府不反对法国重返印度支那并在那里恢复其权力。②

1946年2月28日,在美国的压力下,中国国民政府与法国政府签订协定,要点是:废除法国同中国签订的一切不平等条约;取消法国在华治外法权;归还上海、天津、汉口、广州的法国租界和广州湾的租借地;滇越铁路中国境内部分的所有权归中国所有;开放海防为中国进行贸易的自由港,经滇越铁路运往越南的中国货物免税进口;中国军队从印度支那北纬16度线以北地区撤走,于1946年3月31日以前交防完毕,由法国担负北越日本战俘的管理,维持地方秩序及保护华侨之完全责任。1946年3月1日到15日,驻印度支那北纬16度以北地区的中国军队开始撤走。18日,法军在勒克莱尔司令率领下开入河内并进驻越南北部其他地区。驻老挝北纬16度以北地区的中国军队自1946年3月撤退后,法军分两路进入这一地区。4月24日,法军占领万象。中国军队除一部分由海道北运外,大部分由滇越铁路运返云南。

法国殖民主义者重返印度支那,遭到印度支那军民的坚决抵抗。法国殖民当局被迫于1946年3月6日与越南民主共和国签订了《法越初步协定》(简称"三六"协定)。协定规定"法兰西政府承认越南民主共和国为一个自由的国家,有它的政府、国会、军队和财政",但越南政府承认越南是"法兰西联邦的一分子"。但法国在越南增兵后,于1946年12月19日对河内发动总攻击,越南人民被迫进行抗法民族解放战争。

抗日战争期间,中国曾两次派远征军入缅作战,为什么日本投降后,中国没有派军队去受降呢?大家知道缅甸原是英国的殖民地。太平洋战争爆发后,日军迅速侵入缅甸,1942年3月7日,日军占领仰光,5月1日,缅甸故都曼德勒落入了日军手中。不到半年时期,差不多整个缅甸都被日

---

① 《战争回忆录》,中译本,第3卷,220~221页。

② [澳]布赖恩·克罗泽著:《戴高乐传》上册,438页,北京,商务印书馆,1978。

军所占领。1942年中国远征军第一次入缅作战。1943—1945年，为配合盟军反攻，中国驻印军在盟军东南亚司令部属下在缅甸与英美盟军联合作战。1944年8月，中美联军攻占密支那，全歼当地日军，控制了缅甸北部地区。滇西远征军为策应驻印军在缅北作战，于1944年4月，从云南西部出击，攻入缅甸东北部。1945年1月，中国驻印军和中国远征军在畹町会师，中印公路完全打通。3月，中国军队又攻克腊戍等地，与英军会师于乔梅地区，打通了滇缅公路，中国军队奉命回国。盟军在收复缅北和缅中后，1945年3月攻克曼德勒，打开了通向仰光的门户。5月，缅中盟军在起义的缅甸"国民军"配合下继续南下，英国第三十三军1个师在南岸登陆，向仰光推进。缅甸人民武装力量在反法西斯自由同盟领导下，发动武装起义，于1945年5月1日解放了仰光，2日，盟军进占仰光。在1945年8月日本投降前，缅甸抵抗日本侵略者的战争已经结束。但是，英国殖民者也已重返缅甸，英军又重新占领缅甸，恢复在缅甸的殖民统治。同时，缅甸本属东南亚司令部作战范围，日本投降后，"总命令第一号"也把缅甸划为东南亚司令部最高统帅受降范围。

八、东北被"解放"之后

（一）苏军占领东北

根据《雅尔塔协定》，苏联于1945年8月8日正式对日宣战。苏联参加对日作战，固然是对中国抗战的援助，但《雅尔塔协定》关于中国问题的条款，无论就其内容还是就其签署方式来看，都损害了中国的主权。9日，苏联军队从东、西、北三面沿1200里战线进入中国东北，日本关东军遭到沉重打击。在雅尔塔会议上，苏联领导人利用美国领导人积极要求苏联参加对日作战的心理，以出兵中国东北参加对日作战为交换条件。谋求在中国东北取得不冻的军事港口、贸易港口和铁路交通等优越的权益。而美国领导人奉行的是"一种利用苏联在华谋求利益的欲望去削弱共产党的政策"，①便以承认苏联方面的要求为条件，促使苏联领导人只支持国民党。为了使雅尔塔会议上美苏之间的秘密交易得以生效，美国政府极力推动中国国民政府与苏联政府订立一项同盟条约。1945年8月14日，中国国民政府同苏联政府签订了《中苏友好同盟条约》，以及《关于大连之协定》、《关于旅顺口之协定》、《关于中国长春铁路之协定》，并就有关外蒙古问题等进行换文。这些条约和协定的签订，使苏联在中国东北地区享有某些特权，并获得中国国民政府的承认。苏联领导人的意图是借此防止美国势力向东北伸入，以屏障其远东国防的安全。但显然，条约及有关协定的一些内容是有损于中国的主权和利益的。条约签订的同时，苏联领导人声明："苏联政府同意予中国以道义上与军需品及其他物资之援助，此项援助当完全供给中国中央政府即国民政府。"苏联政府并且确认，在中国东北"一俟收复区域任何地方停止为直接军事行动之地带时，中华民国国民政府即担负管理公务之全权"。②中苏条约签订后第二天，即8月16日，蒋介石即向赫尔利表示，感谢他帮助奠定中苏接近的基础，并说明自己理解中苏条约表明苏联方面"有意帮助促成中国军队的统一"，"有意支持中国创造一个统一、民主政府的努力"，"有意支持中国国民政府"。③美国政府也认为，这些"协议之存在，一如国民政府所承认的，已经给国民政府以精神上和法律上的利益"。④

根据盟国"总命令第一号"的规定，中国东北日本关东军向苏联远东军最高指挥官投降。8月15日中午，关东军机关人员收听了裕仁天皇的广播。23时，接到大本营停止战斗的命令。16日2时，关东军司令部在办公大楼的作战室，召集参谋人员开会，研究如何执行裕仁的广播诏书和大本营停止战斗的命令。会议由关东军参谋总长秦彦三郎主持。当秦彦三郎说明会议的本意后，争论随之开始，有些人情绪激动杀气腾腾。会上有3种主张，一种是主张坚决打下去，与苏军血战到底，为帝国拼到最后一个

北京师范大学史学探索丛书

---

① ［美］迈克尔·沙勒：《美国十字军在中国》，189页，北京，商务印书馆，1982。

② 《中华民国重要史料初编——对日抗战时期》，第三编"战时外交"（二），667页。

③ 《美国与中国的关系》，第1辑，182页。

④ 《美国与中国的关系》，第1辑，187页。

人；第二种主张是继续作战，在有利的形势下与苏军停战；第三种主张是遵照天皇的命令，立即停止战争。但赞成坚决打下去的人，占绝对的多数。此时司令官山田乙三、参谋总长秦彦三郎一直在静听。当争论的高潮过后，秦彦三郎讲话。他认为，作为军人必须服从天皇的命令，如果大家要坚决打下去，那么请先砍下他的头再去打。此时，会场先是肃静了一会，然后即有人开始呜咽、哭泣，接着山田乙三讲话，大意为：尽知各位对帝国之衷情，然而停战的圣旨已下，关东军一定按照命令，完成终战之各项事务。关东军于 8 月 16 日 18 时，收到大本营第 1382 号电令后，于 22 时向其所属部队下达了"关作命甲第 106 号"停战命令。

为使停战诏书得以顺利贯彻，日本皇室特于 8 月 17 日派出竹田宫陆军中佐恒德王到长春对关东军官佐进行安抚、慰问。17 日傍晚恒德王到达长春大房身机场。19 时在关东军司令部向山田乙三以下官佐具体传达了裕仁的旨意。恒德王准备第二天去临江，向伪满皇帝溥仪转达裕仁的旨意，并去敦化向第一方面军的嘉多诚一等传达天皇圣旨。原来与恒德王一起任关东军参谋、现任关东军作战班长的草地贞吾大佐从安全上考虑，劝恒德王急速离开东北战地。恒德王接受劝告，于 18 日上午回国时途经沈阳，向第三方面军的后宫淳及官佐们传达了裕仁的停战旨意后飞往朝鲜回日本。恒德王的座机由沈阳飞往汉城时，由第一〇一教育飞行团派出 4 架战斗机护航。当这 4 架战斗机 19 日由汉城返回沈阳，准备在北陵机场降落时，发现机场上已停有不少苏军飞机。这 4 架日机在无路可走的情况下，在较低的高度上一起作自杀性的"下滑倒转"，全部撞毁在北陵机场跑道上。

关于伪满皇帝溥仪，日本陆军省和参谋本部同意在其履行退位手续后，可以去日本京都居住。8 月 18 日下午，溥仪在宫廷列车内宣布退位。原拟 19 日由通化飞往平壤，再改换可乘 15 人的 MC—20 型运输机直飞京都。后又改变计划由沈阳改换大型客机飞往日本。当溥仪所乘的飞机到达沈阳北陵机场时，苏军已占领了机场，溥仪和关东军副总参谋长吉冈安直中将（专管伪满皇宫事务）等人当了俘虏。溥仪等被押上苏军运输机，当晚被押往苏联后贝加尔方面军驻地赤塔看管。

经与苏军联系，懂得俄语的关东军参谋长秦彦三郎等于 8 月 19 日乘飞机至绥芬河车站东北约 50 公里扎里科沃苏军远东第一方面军司令部。下午苏联远东军总司令华西列夫斯基元帅、后贝加尔方面军司令员马林诺夫斯基元帅、远东第一方面军司令员麦列茨科夫元帅、远东空军司令诺维科夫元帅、太平洋舰队司令尤马舍夫上将与秦彦三郎进行洽谈。秦彦三郎代表关东军 664000 人向苏军投降，并一再恳求苏方在日军投降交出武器后，能尊重日本军人的名誉，保护日本的侨民。苏方对日方的请求表示理解，即在当日作了以下较宽容的规定：

（1）武装解除后，向苏军交出市政等一切权力。

（2）除局部供应外，军队、军需品不得进行大规模之移动。

（3）日军解除武装后，允许仍佩戴军衔、携带军刀，将军之副官、军官之勤务兵，维持原状不变。

（4）在东北各要地，苏军尚未进驻时由日军担任警备，苏军到达后由日军自己解除武装和交出武器。

（5）关东军总司令部，在其所属部队全部交出武器后解散，其间所需之通信、车辆、联络飞机等，由苏军提供。

（6）武装解除后，日本军队之给养，由其自己解决。关于粮食运输之车辆使用、给养标准，仍按现在不变。

（7）其他。

由于苏军以多路、猛烈、快速向关东军发动进攻，使在东部牡丹江、图们一线关东军之第一方面军遭到了相当大的损失，部队处于极度混乱状态。在西部乌兰浩特、通辽、赤峰、锦州的第一方面军部队，因事先已主动将部队撤至长春、四平、沈阳铁路以西一线附近地区，所以主力并未与苏军交战，损失较小。关东军的部队，除分散、失去联系的单位之外，其他均在现作战地停止作战和交出武器。苏军是按方面军的作战地域进行受降。长春至大连铁路沿线及以西地区由后贝加尔方面军受降，以东、以北地区由远东方面军受降。长春地区的日军第三十军 8 月 19 日交出武器投降。8 月 19 日下午苏军命令沈阳地区的日军第三方面军投降。20 日，后宫淳大将等以下 17 名将官，以战俘身份被苏联后贝加尔方面军，用飞机送往赤塔附近之收容所。日军第一方面军在一线作战的师团，因没有接到停战的命令，部队损失严重。8 月 18 日，苏军远东第一方面军进至日军第一方面军司令部所在地敦化。19 日，东部敦化、延吉、牡丹江地区日军第一方面军投降。关东军第一方面军司令官喜多诚一大将及该方面军将官的一半，与副官、勤务兵一起作为战俘，于 8 月 23 日乘坐苏军的飞机送往伯力战俘收容所。北部孙吴、黑河、海拉尔地区的关东军也于 8 月 21 日前分别向苏军投降。关东军直辖部队第一二五师团，于 8 月 24 日至 26 日在通化地区向苏军投降。

8 月 23 日，斯大林宣布苏军已占领东北全境，到 8 月底，苏军已经全部接受了关东军的投降。9 月 5 日，关东军司令官山田乙三大将和参谋总长秦彦三郎中将等，也被苏军用飞机由长春送至哈尔滨，9 月 6 日，又从哈尔滨送至伯力，进入俘虏收容所。60 多万人的关东军解体崩溃。

1945 年 8 月 14 日签订《中苏友好同盟条约》时，苏联政府承诺"尊重中国在东三省之充分主权及领土行政之完整"。同时，还签订了《关于中苏此次共同对日作战苏联军队进入中国东三省后苏联军总司令与中国行政当局关系之协定》。协定后附有"中苏谈判苏军参战后由中国领土撤退之记录"，全文如下：

记　录

斯大林统帅与宋院长子文在一九四五年七月十一日第五次会谈时曾讨论苏联参加对日本作战后其军队由中国领土撤退之问题。

斯大林统帅不愿在苏联军队进入东三省之协定内，加入在日本战败后三个月内将苏联军队撤退一节；但斯大林统帅声明在日本投降以后，苏联军队当于三星期内开始撤退。

宋院长询及撤退完毕需要若干时间。斯大林统帅谓彼意撤军可于不超过两个月之期间内完竣。

宋院长继询是否确在三个月以内撤完。斯大林统帅谓最多三个月足为完成撤退之期。

中华民国三十四年

西历一九四五年

八月十四日

王世杰(简签)

莫洛托夫(简签)①

(二)国共争夺东北

当苏联对日宣战时，东北抗日联军在中苏边界营地召开反攻誓师大会，配合苏联军队作战，进入东北与其他人民武装会合，解放了东北一些城市和乡村。1945 年 8 月 29 日，中共中央发出《关于迅速进入东北控制广大乡村和中小城市的指示》，指出："苏联为了维护远东和平与受中苏条约之限制，必须将东三省交还国民政府，国民党军队亦将进入东三省。我党我军进入东三省后，红军必不肯和我们作正式接洽或给我们以帮助。"但"苏联不干涉中国内政"，"我党我军在东三省之各种活动，只要他不直接影响苏联在外交条约上之义务，苏联将会采取放任的态度并寄予伟大之同情"。"同时国民党在东三省与热、察又无基础，国民党派军队去尚有困难，现在道路还不通，红军将于三个月内全部撤退，这样我党还有很好的机会争取东三省和热、察。"中共中央还指出：晋察冀和山东准备派到东三省的干部和部队，应迅速出发，部队可用东北军及义勇军等名义，只要红军不坚决反对，我们即可非正式的进入东三省。"不要声张，不要在报上发表消息，进入东三省后开始亦不必坐火车进占大城市，可走小路，控制广大乡村和红军未曾驻扎之中小城市，建立我之地方政权及地方部队，大大的放手发展，在我军不能进入的大城市，亦须尽可能派干部去工作。""山东干部与部队如能由海道进入东三省活动，则越快越好。"②9 月 11 日，中共中央"为利用目前国民党及其军队尚未到达东北以前的时机，迅速发展我之力量，争取我在东北之巩固地位"，决定从山东抽调 4 个师 12 个团

---

① 《中华民国重要史料初编——对日抗战时期》，第七编"战后中国"(一)，24 页。

② 《中央关于迅速进入东北控制广大乡村和中小城市的指示》(1945-8-29)，见《中共中央文件选集》，第 15 册，257～258 页。

共 2.5 万至 3 万人，分散经海道进入东北活动。① 9 月 17 日，中共中央指出："我们必须在冀东、热河控制重兵，除现在派去东北部队外，并须屯集至少五万军队在冀东，以备红军撤退时能抢先进入东北。"②9 月 28 日，中共中央军委发出指示："我发展东北绝不是长期顺利的，而是长期与国民党争夺。因此我军进入东北的部署，应将重心首先放在背靠苏联、朝鲜、外蒙、热河有依托的有重点的城市和乡村，建立持久斗争的基点，再进而争取与控制南满沿线各大城市。"③10 月 28 日，中共中央指示东北局全力控制东北，拒止蒋军登陆着陆，与国民党展开了控制与争夺东北的斗争。④

当时，国民党军队远在西北、西南，东北无国民党一兵一卒，国民党要控制东北只能赶紧运兵去东北，这一点在中苏谈判时，蒋介石就考虑到了。8 月 10 日，蒋介石致电宋子文、王世杰："关于我政府派往东北之行政与经济人员之运输方法，务与苏联切实商定具体计划与步骤，予我以充分之便利，如能由我兰州空运至赤塔或满洲里，再转东北，则更为方便矣。此事重要，请特加注意。"⑤8 月 31 日，国民党中央常委会第九次会议暨国防最高委员会第 169 次常务会议联席会议，通过蒋介石交议的《收复东北各省处理办法纲要》。"国民政府为便于处理东北各省收复事宜，特在长春设立军事委员会东北行营，综理一切"，特派熊式辉为主任。并将"辽宁、吉林、黑龙江三省区域，重行划分为辽宁省、安东省、辽北省、吉林省、松江省、合江省、黑龙江省、嫩江省、兴安省九省"。9 月 4 日，"国民政府任命蒋经国为外交部驻东北特派员"。同日，"国民政府任命东北九

---

① 《中央关于调四个师去东北开辟工作给山东分局的指示》(1945-9-11)，见《中共中央文件选集》，第 15 册，274 页。

② 《中央关于确定向北推进向南防御的战略方针致中共赴渝谈判代表团电》(1945-9-17)，见《中共中央文件选集》，第 15 册，279 页。

③ 《军委关于争夺东北的战略方针与具体部署的指示》(1945-9-28)，见《中共中央文件选集》，第 15 册，299～301 页。

④ 《中央关于全力控制东北拒止蒋军登陆着陆给东北局的指示》(1945-10-28)，见《中共中央文件选集》，第 15 册，388 页。

⑤ 《中华民国重要史料初编——对日抗战时期》，第七编"战后中国"(一)，22 页。

省主席"和大连市、哈尔滨市市长。同时，国民党急于运输军队去东北接防。9月11日，蒋介石致电宋子文，嘱宋请美国政府提早供给船舶运输"国军"至东北接防。电文称："国军急待运往东北各省接防，如照月前运输计划，须待十二月初方能开始运输，如此则俄必借口我军届期未到，彼因急欲撤兵，对东北防务不能负责，因此可让共党占领东北，此为最险之事，希速即向美政府切实商洽，务于本月内先拨给若干船舶，以供东北军队运输之用为要。"①蒋介石任命杜聿明为东北保安司令长官，让美国帮助抢运军队到东北接收。后来，美国政府领导人也不能不承认："的确，在那一时期之内，很大一部分由于我们在运输、武器和补给上给予他们的部队的援助，他们遂能推广其控制及于华北和满洲的大部分。"②国民党政权在美国的援助下，以合法的中央政府的名义与苏联政府交涉，准备接收东北，把整个东北控制在自己手里。

（三）中苏接交东北的交涉

1945年10月1日，苏联政府通知中国政府，苏军主力将于1945年10月下半月自东三省开始撤退，以便于1945年11月底撤退完毕；苏联政府已派马林诺夫斯基元帅为全权代表，准备于10月10日至15日在长春与中国的全权代表，进行关于苏军自东三省撤退问题之谈判。中国政府决定派熊式辉、蒋经国赴长春与苏军代表会商接防办法。这一交涉大致可分为两个阶段：

第一阶段从1945年10月上旬到1946年1月16日，双方讨论的中心是行政和军事接收问题。10月初旬，东北行营进驻长春。双方开始交涉，苏方"称苏军现已开始撤退，并决定于11月底撤退完毕，其步骤为自南向北，预计至11月20日，撤至沈阳线，11月25日，撤至哈尔滨线，12月1日以前，全部撤回苏联国境"，希望中方"接防部队，能随苏军之后撤，逐步向北接收"。中方提出国民党第十三军部队，"自九龙乘美国船只，由海道前往大连登陆"，要求苏军能予协助。苏方声明："大连港根据中苏条

---

① 《中华民国重要史料初编——对日抗战时期》，第七编"战后中国"（一），115页。

② 引自《美国国务卿艾奇逊致美国总统杜鲁门的信（1949-7-30）》，见《中美关系资料汇编》，第1辑，36页。

约系一商港，为运输货物，而非运输军队之地，无论谁的军队在大连登陆，均系破坏中苏条约，故苏联政府坚决反对。"中方则认为，中苏条约明定"大连主权属于中国"，"因此中国政府对于派兵由大连登陆到东三省，决不能认为系违反中苏条约"。并"要求苏联供给所需要之铁路设备……以作运输第十三军自大连至沈阳之用"。苏方"谓最好由平津经山海关，或经过张家口，亦可来东北"。①

10月25日，国民政府外交部长王世杰与苏联驻华大使彼得洛夫谈话。王世杰表示"关于中国政府派兵赴东三省由大连登陆事"，"在中苏意见未趋一致前，我军暂不自大连登陆"；"现我军事机关决定，依照熊主任式辉与马林诺夫斯基元帅接洽之结果，派船运输军队至营口及葫芦岛。并定自本月29日起该项军队陆续由各该地登陆。并定自10月29日起派飞机在登陆附近一带察看，因中国缺乏运输工具，故所用运输船舶及侦察飞机系借自盟邦美国。惟登陆军队则纯为中国军队，请贵大使将我方决定转达贵国政府及马林诺夫斯基元帅，并请其通知贵国在各该地军队，藉免误会，并予我登陆军队以协助"。② 苏方对国民党军在营口、葫芦岛登陆，表示"无异议"。但中方要求苏军"掩护登陆"，并"保证安全"。

11月5日，熊式辉、蒋经国与马林诺夫斯基会谈。马林诺夫斯基声明：第一，十八集团军部队，已由锦州进入营口，苏军因力量过小，已由营口城退出，故今后对于中央军在营口登陆事，不能负责。第二，葫芦岛亦被十八集团军所占，苏军已经退出。第三，苏军自本月10日起，即由南向北撤退，至撤退后之地方情形，苏方概不负责，亦不干涉。熊式辉和蒋经国指责苏联"应负中央不能顺利接收东北之责"。马林诺夫斯基则认为"苏方并未阻碍中国军队进入东三省，全十十八集团军与中央军之纠纷，乃内政问题，不便干涉"。③ 致使国民党军在营口、葫芦岛登陆的计划搁浅。同日会谈中，苏方同意在苏军撤退前5日，国民党可开始空运，在长

① 《中华民国重要史料初编——对日抗战时期》，第七编"战后中国"（一），117～124页。

② 《中华民国重要史料初编——对日抗战时期》，第七编"战后中国"（一），125页。

③ 《中华民国重要史料初编——对日抗战时期》，第七编"战后中国"（一），138页。

春、沈阳两地降落，可用美国军用运输机。① 后因传长春附近已有人民军队集中，国民党考虑"运输机数有限，三四天期间内，亦不能运多数军队前往"，遂作罢。

从 10 月 13 日至 11 月 5 日，双方举行了五次正式会谈，但未能达成协议。蒋介石曾考虑万一"中央军""不能在葫芦岛登陆，则决心在秦皇岛与天津登陆，由山海关入东北也"。② 10 月 30 日，国民党军由美国运输舰载运，开始在秦皇岛登陆。11 月，已有两个军运达秦皇岛。11 月 14 日，蒋介石指示蒋经国："照目前局势以及根本之计，只有将东北行营迁移于山海关，决由山海关循铁道进入东北之一途，而对苏联仍与之继续周旋，不取决裂形势，不过明示其我政府在事实上已无法接收东北，行使主权，故不得不迁移行营地点，暗示其责任在彼而不在我也。"③

根据蒋介石的指令，东北行营自 11 月 17 日开始迁移至山海关，并派行营副参谋长董彦平为军事代表，驻在马林诺夫斯基之总司令部所在地，"随同进至，以资联系"。11 月 17 日，蒋介石致电杜鲁门，声称"苏联违反条约，东北行营移至山海关"，"不仅危及中国之领土完整与统一，实已构成东亚和平与秩序之重大威胁"，要求"中美双方""积极与协调的动作，以防止其继续恶化"。并说："如承阁下以尊见见示，余必郑重慎密视之，无任企盼。"④

蒋介石在对苏发动强大外交攻势的同时，在山海关地区对人民军队发动了大规模的军事进攻。蒋介石指令杜聿明"定要打出关东"，"可以两个军先从山海关打出去"，"击灭"进入东北地区的人民军队，独占东北。⑤

面对以美国为后盾的中国国民政府的强硬态度，中苏关系呈现危机，苏联采取了和缓政策。11 月 17 日，苏联远东军副参谋长巴佛洛夫斯基口头通知董彦平：奉马林诺夫斯基元帅命令转达，苏军暂缓撤军，并且要加

---

① 《中华民国重要史料初编——对日抗战时期》，第七编"战后中国"（一），143 页。

② 《中华民国重要史料初编——对日抗战时期》，第七编"战后中国"（一），130 页。

③ 《中华民国重要史料初编——对日抗战时期》，第七编"战后中国"（一），146 页。

④ 《中华民国重要史料初编——对日抗战时期》，第七编"战后中国"（一），148 页。

⑤ 杜聿明：《蒋介石破坏和平进攻东北始末》，见《文史资料选辑》，第 42 辑。

强几个城市的防务，以便中国政府在东北建立政权，并稳固其基础。① 11月17日和24日，苏联驻华大使彼得洛夫两次照会国民政府外交部：苏联政府已指示东三省苏军司令部，采取必要办法，保证中国政府军队无阻碍地在长春及沈阳降落。② 26日，国民政府外交部照会苏联驻华大使馆，决定立即派代表赴长春，恢复谈判。③ 中苏东北交涉又重新开始。

根据当时国内外形势的变化，为了尽一切努力争取国内和平，也为了照顾苏联方面履行中苏条约的规定，11月20日，中共中央给东北局发出指示，决定东北部队让出中长路沿线及大城市，将主要力量迅速转向东满、北满和西满建立巩固的基础，并加强热河、冀东的工作。④ 12月7日，中共中央又指示东北局："我们目前不应以争夺沈阳、长春为目标来布置一切工作，而应以控制长春路两侧地区，建立根据地，利用冬季整训15万野战军，建立20万地方武装，以准备明年春天的大决战为目标来布置一切工作。这是一个工作方针问题。"⑤12月28日，中共中央又给东北局发出《建立巩固的东北根据地》的指示，强调指出："我党现时在东北的任务，是建立根据地，是在东满、北满、西满建立巩固的军事政治的根据地。"党的工作重心，应放在群众工作方面。⑥ 到1945年年底，东北人民军队总兵力发展到28万多人。

1945年11月19日，国民政府提出"接收东北诸省办法要点"，11月30日，苏联政府照会国民政府外交部："苏联政府接受中国政府所表示之愿望，同意苏联军队自东三省延期一个月撤退，即延期至1946年1月3日为止。"⑦12月29日，苏联驻华大使致函王世杰，表示"苏联政府可迎合中

---

① 《中华民国重要史料初编——对日抗战时期》，第七编"战后中国"（一），224页。
② 《中华民国重要史料初编——对日抗战时期》，第七编"战后中国"（一），155页。
③ 《中华民国重要史料初编——对日抗战时期》，第七编"战后中国"（一），156页。
④ 《中央关于东北撤出大城市后的中心任务给东北局的指示》（1945-11-20），见《中共中央文件选集》，第15册，433～434页。
⑤ 《中央关于东北工作方针与任务给东北局的指示》（1945-12-7），见《中共中央文件选集》，第15册，465页。
⑥ 毛泽东：《建立巩固的东北根据地》（1945-12-28），见《毛泽东选集》，第4卷，1179页。
⑦ 《中华民国重要史料初编——对日抗战时期》，第七编"战后中国"（一），157页。

国政府之请求，准备将苏军自满洲撤退日期，延至 1946 年 2 月 1 日"。①
苏联政府两次同意延缓撤兵，为国民党军队进入东北争取了时间。在美国
援助下，大批国民党军开进东北。11 月 16 日，国民党军攻占山海关，接
着沿北宁路作"平压式"向东北推进，占领绥中、兴城、锦西、葫芦岛和锦
州等地，并继续向人民军队收复的地区展开进攻。

从 1946 年 1 月 16 日至 5 月 3 日，是中苏东北交涉的第二阶段。在这
一阶段中，双方就行政、军事接收问题继续进行交涉，但以谈判经济合作
为主。关于经济合作的谈判在第一阶段即已开始。1945 年 8 月 7 日，蒋介
石电示宋子文："关于东北原有各种工业及其机器，皆应归我国所有，以
为倭寇对我偿还战债之一部分，此应与苏方切商或声明。"②并于 9 月 4 日
任命张嘉璈为东北行营经济委员会主任委员。在第一阶段交涉中，苏方提
出将东北地区日营之工矿企业视为苏军战利品。双方为此进行了谈判。11
月中旬，苏军经济顾问斯拉特科夫斯基向张嘉璈提出一项中苏合办工矿事
业计划，即"经济合作方案"。12 月 15 日，蒋介石令蒋经国转告张嘉璈，
中国政府对"经济合作"的立场是，不能承认苏联视日营之工矿企业为其战
利品的要求，但可与之商谈中苏合办工矿公司及合办事业的种类。1946 年
1 月，张嘉璈代表中国政府对苏方明确宣布，在"中国东北领土内，日伪所
设工矿资产皆为中国所有。中国政府为敦睦中苏友谊起见，愿提出具体工
厂，与苏联政府商订合办办法"，"俟苏联军队在东北撤退后，中国政府即
与苏联政府商订此项合作办法"，③并提出《中苏合办东北工矿事业办法大
纲草案》。同月，苏方提出《东北经济合作问题备忘录》，重申"凡曾供应日
关东军之东三省（满洲）一切日本事业，概认为红军战利品，归苏联所
有"。④在此期间，蒋介石曾派蒋经国访苏，但没有结果。后来，苏军在撤
退过程中拆迁了大量东北工矿设备。

1946 年 3 月 6 日，国民政府外交部照会苏联驻华大使馆，询问东北苏

① 《中华民国重要史料初编——对日抗战时期》，第七编"战后中国"（一），170 页。
② 《中华民国重要史料初编——对日抗战时期》，第七编"战后中国"（一），241 页。
③ 《中华民国重要史料初编——对日抗战时期》，第七编《战后中国》（一），413 页。
④ 《中华民国重要史料初编——对日抗战时期》，第七编"战后中国"（一），427 页。

军逾期未撤退的原因，要求苏联政府"令饬现在仍驻中国东北诸省之苏军即行撤退"。3 月 19 日，又提出："在长春、哈尔滨及其他苏军未撤退地区，均有大批非法武装部队集结，以致在各该地区之中国政府接收人员之安全，感受威胁，特请苏联大使馆转达苏联政府电饬东北苏军总司令部，对于东北长春、哈尔滨及其他苏军未撤退各地区之中国政府接收人员，切实予以保护。"①3 月 22 日，苏联政府答复"因冬季条件及气候不佳，使苏军撤退受了阻碍"，现已恢复撤退，"至迟于四月底撤退完毕"。② 5 月 3 日，苏联政府宣布除在旅顺、大连按规定继续驻军外，苏军已全部撤离东北。

1946 年 3 月 12 日，苏军开始从沈阳北撤回国，国民党军队进占沈阳。

《浴血八年树丰碑——受降与审判》，桂林，广西师范大学出版社，1994

---

① 《中华民国重要史料初编——对日抗战时期》，第七编"战后中国"（一），187～188 页。

② 《中华民国重要史料初编——对日抗战时期》，第七编"战后中国"（一），188 页。

下　篇

中国现代史研究的范围、任务、方法和
中国现代史的体系、特点、教育作用

一、中国现代史的研究范围、对象和任务

中国历史可以分为古代史、近代史和现代史。中国现代史从何时开始？到何时结束？对于这个问题有多种不同看法。我们这本书把中国 1919 年至 1949 年的历史，即五四运动到中华人民共和国成立之间 30 年的历史称作"中国现代史"，是沿袭近几十年习用的名称，也是高等学校课程表上一直还在使用的名称。

中国现代史应从何时开始？50 年代中期就提出和讨论过这个问题，但直到今天，认识还是很不一致，大体有三种主要见解：

第一种意见认为应该以 1919 年的五四运动作为中国现代史的起点。从 1919 年五四运动到 1949 年中华人民共和国成立是中国现代史的上篇，中华人民共和国成立后的历史是中国现代史的下篇。主要论据有四：第一，从世界历史的发展来观察，1917 年的俄国十月革命改变了世界历史的方向，开始了一个世界无产阶级社会主义革命的新时代。"五四运动是在当时世界革命号召之下，是在俄国革命号召之下，是在列宁号召之下发生的。五四运动是当时无产阶级世界革命的一部分"。划分中国历史的发展阶段，不能不考虑这一重要因素。第二，五四运动是中国新民主主义革命的开端。五四运动以后的中国革命，尽管就其性质来说，仍然是反帝反封建的资产阶级民主革命，但是已经不是一般的旧式的资产阶级民主革命，而是特殊的新式的民主主义革命。这种新民主主义革命"和历史上欧美各国的民主主义革命大不相同"，也和我国五四运动以前的旧民主主义革命"大不相同"。我国新民主主义革命与我国旧民主主义革命有相同点（反帝反封建的革命性质），也有不同点（革命领导权、革命指导思想、革命目

标、革命前途和革命阵线等），而不同点则是更为重要的。特别是由于革命领导权的转换，决定了我国的新民主主义革命与我国的旧民主主义革命不是属于同一的历史范畴，而是属于不同的历史范畴。因此，不应该将我国新民主主义革命时期的历史与我国旧民主主义革命时期的历史不加区别地一并划入中国近代史的范围。第三，五四运动后30年的中国社会，虽然社会性质没有改变，仍旧是一个半殖民地半封建社会，但社会的政治结构和经济结构的具体情况却发生了很大的变化，半殖民地半封建社会已经开始崩溃，新民主主义的社会形态已经产生并不断发展，使中国社会开始了部分质变的历史过程。所以将五四运动前后的中国社会相提并论而不加区别是不妥当的。第四，我国无产阶级领导的新民主主义革命一方面与资产阶级领导的旧民主主义革命有着原则的区别，而另一方面又与无产阶级领导的社会主义革命有着十分密切的不可分割的联系。新民主主义革命和社会主义革命是中国共产党人领导的整个中国革命的两个紧密联系的组成部分，也是人民革命实践的不可分割的两部分。新民主主义革命的历史虽然已经过去几十年了，但从历史过程的内在规律的完整性考虑，把它与新中国建立后的历史一并划为现代史的范畴更为合适。同时，他们还认为必须从当前国内现代史教学和研究的实际出发来考虑这一问题。一方面，把五四运动作为中国现代史的起点，已有40年时间，全国大中学校及相当多的科研单位和已出版的教材都采用这一观点。新中国培养的一批中国现代史工作者的队伍已经初步形成，他们的教学和研究的重点还集中在新民主主义时期，对这一学科领域的全面开发现在仅仅是开始。另一方面，对于新中国成立后的40多年，作为历史的研究还需要一定的客观条件和积累过程。如果把1919年至1949年的中国历史归入近代史，而把1949年中华人民共和国成立作为现代史的起点，会不会引起不必要的混乱，以致削弱了对1919年至1949年历史的教学和研究呢？这也是一个不能不考虑的因素。总之，主张把1919年的五四运动作为中国现代史起点的意见，主要的是强调新旧民主主义革命的区别。他们认为，一般地说，马克思主义是按社会形态来划分历史时期的。但是中国近现代史的分期具有一定的特殊性，不应当笼统地抽象谈论一般的"社会形态"，而应当坚持具体问题具体分析的

北京师范大学史学探索丛书

原则。他们更多地强调划分历史时代的标准，区分不同时代的基本特征，是哪一个阶级成为时代的中心，决定着历史的主要内容、时代发展的主要方向。因此他们认为，所谓"近代史"，就是指以资产阶级为中心的时代的历史；所谓"现代史"，就是指以无产阶级为中心的时代的历史。而在中国，五四运动以后，中国无产阶级及其先锋队中国共产党是站在时代的前面，决定着历史的主要内容、时代发展的主要方向的。因此，中国现代史应以1919年的五四运动作为起点。

第二种意见认为应该以1949年中华人民共和国成立作为中国现代史的起点，而把1919年至1949年的中国历史划归近代史，作为中国近代史的下篇。主要论据有三：第一，十月革命以后，从全世界范围来说，开始了无产阶级革命时代，但并不意味着十月革命后，全世界每个国家都进入了社会主义时期。因此，每个国家的历史应该根据每个国家的具体情况来划分阶段。第二，以社会经济形态的不同划分人类历史发展阶段最为恰当。中国社会从1840年鸦片战争到1949年中华人民共和国成立是半殖民地半封建社会。中国没有经过完全的资本主义社会，但半封建半殖民地制度实际上属于资本主义范畴。从鸦片战争到中华人民共和国成立，是一个完整的半殖民地半封建社会，如果"五四"以后的30年的历史不归入近代史的范畴，那么近代史就不能反映半殖民地半封建社会的全过程，从而也割裂了中国近代历史的完整性和民主革命的连续性。所以主张以五四运动作为中国现代史起点的意见是不合理的。因为五四运动没有改变中国的社会性质。从经济上说，"五四"前后都是半殖民地半封建的社会经济。从政治制度上说，"五四"前后都是军阀统治。五四运动可以作为新民主主义革命开始的标志，但不能作为现代史开始的标志。决定历史分期，社会经济形态是根本的，但究竟从哪一年、哪一个具体日期算起，常常是以重大的政治事件作为划分的标志。但不能简单化，不能认为既然以政治事件作标志，就把阶级斗争作为历史分期的根本。把政治事件作为标志必须反映出生产方式变化这个根本。如果把五四运动作为中国现代史的开端，就是只考虑了政治事件，没有考虑社会经济这个根本。第三，1949年中华人民共和国成立后，中国进入社会主义历史时期，这是中国历史的新纪元，这才是中国现代史的真正开端。总之，反对以五四运动作为现代史起点，而主张以新中国成立作为现代史起点的意见的主要依据是强调以社会经济形态来划分历史阶段，认为只有用这样的标准，才是科学的。同时，他们还认为以五四运动划分近现代史终始时间的结果，不利于目前中国近代史研究领域的扩大和对中华人民共和国史的研究。

第三种意见认为应该以1911年的辛亥革命或1912年中华民国的建立作为中国现代史的起点。主要论据有三：第一，辛亥革命是真正意义上的资产阶级民主革命，它推翻了清王朝，从政治体制上结束了封建帝制，创立了具有划时代意义的中华民国，中国进入到进一步发展资本主义、建立资产阶级现代国家的历史阶段。第二，辛亥革命是一场思想启蒙运动，它把自由平等博爱和民主共和等资产阶级民主革命的观念播入人心，使中国的民族文化心理结构发生了巨大变化，传统的封建正统观念受到了有力冲击。辛亥革命后四年，即1915年又兴起新文化运动，1919年的五四运动只是新文化运动中的浪尖而已。如果把中国近代史和中国现代史从五四运动分开，便割断了历史的整体性。第三，从世界历史看，1917年俄国十月革命的胜利，开始改变世界历史的面貌，开创了一个新纪元。但各国历史有它自己的特殊情况。中国历史的分期在时间上与世界历史存在着某些不同点。因此，在划分中国近代史与现代史的历史界线时，不应拘泥于世界历史，硬把中国现代史划到1917年之后去，而应根据中国自身的历史特点来决定。

中国近现代史的分界，由于掌握标准的不同而得出多种不同的结论。客观地看，各种看法都有一定的道理。我们认为由于历史和现实的种种原因，可以把1919年五四运动作为中国近现代史的分界。随着历史的推移，1949年新中国成立后的历史日渐增长，研究的重要性日渐突出，研究的条件也日渐成熟，可以把新中国成立前的历史归入近代史的范围。其实，无论近代史还是现代史的时间范畴都是相对的和变动的。在我国史学的悠久历史中，并没有明确划分古代、近代、现代各阶段的传统。至于划阶段的标准，当前国内外、东西方都有不同看法。现代史这一概念首先给人们以时间范畴的直观感觉，大意是指当代人所处的这一时代，或者与当代联系最密切的那一段过去了的时代，并非绝对指社会形态的变化。有的国家就没有把近代史和现代史分开，而有的国家近代和现代的界线也不十分清楚。至于"现代"和"当代"这两个概念是一个同一概念还是两个不同概念，在史学上能否采用"当代史"的概念，尚是一个模糊而一时讨论不清的问题。

此外，还有的主张，对迄今为止的中国历史，不妨去掉古代、近代、现代的名称，直接按社会形态划分为中国原始社会史、奴隶社会史、封建社会史、半殖民地半封建社会史和社会主义社会史等。但是，这种直接按社会形态划分的办法，又带来了一个新的更不易一下解决的问题，即什么时间中国社会进入了奴隶社会和封建社会。史学界对于中国奴隶社会的开始时间：意见基本一致。但奴隶社会的下限封建社会的上限至今仍众说纷纭，莫衷一是，有西周封建说、战国封建说、魏晋封建说等，时间竟相差1000 余年。

中国现代史的研究对象，从宏观的角度来说，它应该是在现代中国这一时间和这一空间范畴之内，研究中国社会的各领域、各方面、各类矛盾及其关系，研究整个中国社会的运动过程及其规律。简而言之，1919 年至1949 年的整个中国社会都是中国现代史的研究对象，包括生产力和生产关系、经济基础和上层建筑诸方面。

明确中国现代史的研究对象是学科建设中的一个实质性问题。大家都知道，中国现代史是中国历史学的一门新的分科，它是在对中共党史、中国革命史的研究基础上发展起来的。由于对中国现代史的研究时间还短，基础薄弱，客观上也有种种困难、框框和禁区，因此，搞了几十年，具体成果也不少，但是这门学科的体系仍不完备。根据多年教学和科研的实践，大家有一个共同感觉，就是中国通史的学科体系到了近现代，特别是现代阶段就断裂了。中国现代社会较之近代社会、古代社会复杂得多，但现在人们对它的研究范围却大大缩小了。社会的经济、文化、外交、民族、科学技术、疆域变迁、典章制度等都很少涉及或没有涉及。大多数高等学校历史系也是在"中国现代史"的课程名称下，讲的实际上与中共党史、中国新民主主义革命史差不多。在"文化大革命"期间，干脆取消了中国现代史这门课，而代之以中共党史。而中共党史又变成了"十次路线斗争史"、"两条路线斗争史"。因此，社会上人们也把中国现代史与中共党史、中国革命史等同了。

从历史学分科来说，中国现代史与中共党史、中国革命史既有联系又有区别。为了建立中国现代史的学科体系，当前应强调它们的区别。中国现代史与中共党史、中国革命史不仅研究的对象不同，研究的范围和领域广狭不同，更重要的还在于体系不同。

顾名思义，中共党史是指中国共产党自身产生和发展的历史，应当以党的理论和实践作为直接研究对象，从而揭示中国共产党成长、发展、壮大的过程和它的活动规律。中国革命史是指中国人民反抗外国侵略者和本国反动势力的历史，应当以这一斗争的理论、实践和过程为直接研究对象，中国革命史要阐述革命斗争的历史和揭示其客观规律。中华民国史的研究对象主要是民国统治者及包含民国时期一切内容、反映民国史全貌的历史。总之，中共党史、中国革命史和中华民国史的研究对象是明确的，但过去由于对它们研究对象的研究重视不够，因此至今还没有形成一个准确的、一致的看法。

如果说中国现代史的研究对象是整个中国现代社会，那么中共党史、中国革命史和中华民国史的研究对象应是中国现代社会的某一方面。它们的研究对象之间有着密切的内在联系，是综合研究和专门研究的关系，中国现代史的研究必须建筑在各个专史研究的基础上，没有各种专史研究的基础，也就谈不上中国现代史的综合研究了。

中国现代史的研究任务就是要在各个专史研究的基础上建立自己的学科体系，而这个中国现代史的学科体系是与中国通史的体系一脉相承的。相对地说，多年以来，我们着重研究的是中共党史和中国革命史，也就是说对政治史的研究比较注重，当然还有许多空白点，如对北洋军阀、国民党及其政府的研究。而对于经济史、思想史、文化史，则大部分还是一片待开垦的处女地。至于军事史、外交史、民族史等，也很少看到比较全面、系统的研究成果。虽然已经有了多部中国现代史教材，有的还获得了读者和史学界的好评。但是，它们一般都是脱胎于中共党史与中国革命史的，是在对中共党史与中国革命史的研究基础上发展出来的，还没有对中国现代经济、政治、军事、文化思想做全面系统的综合研究，从而形成完整的中国现代史的学科体系。1941年，毛泽东在《改造我们的学习》中说："对于近百年的中国史，应聚集人才，分工合作地去做，克服无组织的状态。应先作经济史、政治史、军事史、文化史几个部分的分析的研究，然后才有可能作综合的研究。"这个任务，至今远未完成。中国现代史的研究任务就是应该在马列主义、毛泽东思想的指导下，坚持实事求是的精神，在原有的研究基础上，开拓研究领域，做各种专史的研究。在各种专史研究的基础上进一步做综合研究，争取早日有一部或多部与中国通史贯通又有自己完整体系的中国现代史专著出现。

二、中国现代史的体系问题

中国现代史应该是中国通史的现代部分。这个"通"字有两重含义：一重含义是从古到今是贯通的，再一重含义是从横断面看是通盘的，即全盘，应该包括社会的经济、政治、军事、文化思想各个方面，包括社会各阶级、阶层、集团、政党和各个民族的活动。总之，中国现代史的体系应该与整个中国通史的体系一致，能够反映出中国现代社会的全貌，勾画出中国现代社会发展的内在规律。这一点在原则上，大家的意见是比较一致的。

但是，具体说来，什么是中国现代史的主要线索、主要内容，中共党史和中国革命史在中国现代史中所占地位及其比重等问题，仍然有较大的分歧。一种意见认为，中国现代史是中国半殖民地半封建社会后期，即新民主主义革命时期的历史。中国共产党领导的中国人民反帝国主义、反封建主义、反官僚资本主义的革命斗争是它的核心、主线和主要内容。同时也要反映这一历史时期全国经济、政治和文化思想的全貌。另一种意见不赞成"核心论"或"主线论"的提法，认为既然党史、革命史是现代史的"核心"、"主线"，其他的内容只好作为叙述党史、革命史的背景和陪衬，甚至被排除在外，这就不能全面地反映中国现代历史的过程和规律。在中国现代史上，除了共产党的活动和人民革命斗争这条线外，还有帝国主义侵略这条线，军阀地主官僚买办统治这条线，民族资产阶级活动这条线，等等。这几条线都不是孤立存在的，而是交叉和纠缠在一起的，它们之间的关系和矛盾，时而激化，时而缓和，不断地演变，突出某一条线，是不能反映错综复杂的历史关系的。在现代史上，人民群众的革命斗争比较突出地表现于政治领域，除此之外，还有经济、军事、外交、文化、思想等多种多样的内容，以某一方面为"核心"或"主线"，反映历史的宏大领域和丰富内容是很难办到的。

我们认为"核心论"或"主线论"的提法不利于中国现代史学科体系的建立。长期以来，中国现代史研究对象的不明确，体系的不完备和这种片面认识的影响有直接的关系。当然，中国现代社会有它自己的特点，即产生了无产阶级政党，中国共产党，在中国共产党领导下进行了反帝国主义、反封建主义、反官僚资本主义的新民主主义革命并取得了胜利。这个特点，我们在编写中国现代史时应该充分注意，在建立中国现代史学科体系中也应该充分反映出来。但是，如果把这个特点不适当地扩大，变成了"主线"，不但不能客观地反映中国现代社会的全貌，也不可能建立一个与中国现代社会实际相符的中国现代史学科体系。中国现代史学科体系的建立是一项创新的工作。史学研究上的创新只能如哥伦布的发现新大陆，不能如瓦特的发明蒸汽机。这就是说中国现代社会是客观存在，我们的任务是去认识它，发现它内在的联系和发展的规律。中国现代史的学科体系应该是中国现代社会客观的反映，而不应该是人们主观的臆造。当然，这也不是说，中国现代社会有什么，中国现代史就写什么。一部中国现代史不可能也不必要包罗中国现代社会的一切。我们要建立的中国现代史体系不可能是包罗中国现代社会一切的一个体系，而应该抓住最本质最关键的人和事来勾画出中国现代社会的历史宏图。

关于中国现代史体系，史学界在研究和探讨之中，大致有四种构想：

第一种构想，认为应以早已被历史实践所证明的毛泽东阐述的近百年中国历史的两个过程为依据，来确立中国现代史的体系。也就是说，以帝国主义与中国封建势力相勾结把中国变为半殖民地半封建社会的过程为一方面，以中国人民反抗帝国主义及其走狗的过程为另一方面。这两个方面不仅表现于政治领域，还表现于军事、经济、思想、文化、外交各个领域，它们相互联系相互制约而构成一个整体，应成为中国现代史的基本体系。

第二种构想，认为应以中国现代社会的主要矛盾的产生、发展、转化和消失作为中国现代史的主要线索，构成中国现代史体系的基本框架。因为中国现代社会的主要矛盾及其对立面的相互斗争是通过人们的经济、政治、文化思想活动表现出来的，是贯串于人们的经济、政治、文化思想生活的各个方面的。离开了人们的政治、经济、文化思想活动也就不存在什么社会矛盾和阶级斗争了。在现代中国，帝国主义、封建主义和官僚资本主义代表反动落后的生产关系，它们掌握着国家的经济命脉，控制着全国性政权，严重地阻碍生产力的发展，它们是革命的对象，而中国共产党领导的工人、农民、城市小资产阶级和民族资产阶级是革命的动力。两个方面的对立统一关系构成我国现代社会的主要矛盾，这个主要矛盾对整个社会的发展变化起着支配作用。同时，反动营垒的各个部分，既互相依赖，又进行着你争我夺的斗争。人民革命营垒内部，既有利害一致的共同性（这是主要的），也存在各种各样利害差异的矛盾，其中主要是无产阶级同资产阶级的矛盾。这些矛盾的运动就构成了中国现代的社会。因此，以中国现代社会主要矛盾的演变作为中国现代史的主要线索可能比较合适。

第三种构想，认为可以根据结构论的方法，对现代中国社会的政治结构、经济结构、文化结构等及其相互关系作全面综合的考察，这样才能从整体上认清现代中国社会的全貌。这30年，中国社会主要存在五种政治势力，即帝国主义、地主买办阶级、民族资产阶级、工人阶级、农民阶级和城市小资产阶级。这五种力量在政治上表现了三个不同的方向，即半殖民地半封建方向，资产阶级共和国方向，新民主主义方向。这三种不同的政治方向表现在经济领域，则形成了殖民地、半殖民地半封建经济，民族资本经济，新民主主义经济三种不同的经济结构。在文化思想领域，表现为帝国主义和封建买办文化、资产阶级文化和新民主主义文化三种形式。因此，研究中国社会的政治结构、经济结构、文化结构及其相互关系和运动规律，即可认清中国社会的整体结构及其运动规律。中国现代史的体系应是中国现代社会整体结构及其运动规律的反映。

第四种构想，认为应采取与中国古代史基本上一致的体系。长期以来，中国近代史是以"两个过程"，"三次革命高潮"为基本体系的；中国现代史则是以"一个运动"、"两个过程"；"四次战争"为基本体系。这种体系割裂了数千年中国历史体系的系统性，把占社会支配地位和统治地位的主要方面置于一个不重要的地位，不符合历史实际，也不利于人们全面地了解历史，因此近现代史的学科体系，应是中国古代史学科体系的延续。不过应重视现代中国社会的特点，对人民革命斗争给予更突出的地位。

从以上几种构想看来，中国现代史学科体系的建立是一种创新的工作，它需要在科研和教学的实践过程中逐步建立和完善起来。总之，我们认为，用全面的、综合的、发展的历史观作指导，逐步建立一个完整地反映这段历史的面貌、体现历史发展规律的中国现代史学科体系是一项艰巨而又急迫需要完成的任务。

三、中国现代史的特点和中国现代史研究的特殊意义

中国历史同人类社会历史发展的普遍规律一致，经历了原始社会、奴隶社会、封建社会和半殖民地半封建社会等几个发展阶段。当然，中国历史的发展有自己的特点，而且各个社会形态也各有自己的特点。譬如在中国明朝嘉靖、万历年间，在中国的东南地区就已经出现了资本主义萌芽。但是，经历了好几百年，几经摧残，始终没有得到正常的成长。封建势力很顽固，资本主义萌芽没有能够突破这一桎梏。因此，中国也就不可能按常规由封建社会进入资本主义社会。从1840年英国发动侵略中国的鸦片战争，经过第二次鸦片战争、中法战争、中日甲午战争，到1900年八国联军侵略中国，帝国主义对中国发动了五次大规模的侵略战争，签订了十多个不平等条约，中国一步一步地沦为半殖民地半封建社会。

帝国主义列强侵略中国，在一方面促使中国封建社会解体，促使中国发生了资本主义因素，把一个封建社会变成了一个半封建社会；但是在另

一方面，它们又残酷地侵略压迫中国，把一个独立的中国变成了一个半殖民地的中国。帝国主义列强侵入中国的目的，绝不是要把封建的中国变成资本主义的中国，而是要把中国变成它们的半殖民地和殖民地。因此，帝国主义勾结中国封建势力压迫中国资本主义的发展，成了中国生产力发展的主要障碍。但是，帝国主义列强的经济侵略，破坏了中国自给自足的自然经济的基础，使中国农业和手工业日益破产，农民和手工业者日益贫困化。帝国主义列强在中国投资设厂，在客观上促使近代工业在中国的出现，使中国产生了第二批近代产业工人。此后，随着中国民族资本主义的出现，又产生了民族资产阶级。但是，在半殖民地半封建社会里，中国民族资本主义发展是很困难的。民族资产阶级受帝国主义的压迫，又受封建势力的束缚，所以，他们同帝国主义和封建势力有矛盾。民族资产阶级又同帝国主义和封建势力有割不断的经济上的联系。因此，中国民族资产阶级从它诞生的时候起，既具有反对外国资本主义和本国封建主义的一面，又有跟外国资产阶级和本国封建主义相妥协的一面：是一个带有两重性的阶级。民族资产阶级的软弱性决定了它不可能领导任何真正的革命到胜利。从 1895 年 10 月广州起义到 1911 年 4 月 27 日广州黄花岗起义，孙中山和同盟会先后领导了十次武装起义，起义是英勇的，但都失败了。1911年 10 月 10 日武昌起义胜利了，建立了中华民国，结束了中国 2000 多年的封建君主制度。但是它没有改变中国半殖民地半封建的社会性质。

辛亥革命失败之后，中国处于北洋军阀统治之下。但是，中国的资本主义究竟有了发展，中国无产阶级的队伍也就相应地壮大起来。"十月革命一声炮响，给我们送来了马克思列宁主义。"①列宁领导的 1917 年俄国十月革命胜利的消息传到中国后，中国的先进分子热烈欢呼，重新考虑和研究中国的问题。1919 年爆发了五四运动，标志无产阶级领导的新民主主义革命的开始。

以五四运动为标志，把中国半殖民地半封建社会分为前后两个时期。前期是中国半殖民地半封建社会形态形成的过程，可以称为中国近代社

---

① 毛泽东：《论人民民主专政》，见《毛泽东选集》，第 2 版，第 4 卷，1471 页。

会，后期是中国半殖民地半封建社会走向崩溃的过程，可以称为中国现代社会。中国现代社会和中国近代社会同属于半殖民地半封建的社会形态，但有其不同的特点，这些不同的特点就构成新旧民主主义革命两个不同时期。中国现代史与中国近代史相比较有哪些特点呢？

（1）中国殖民化程度进一步加深。巴黎和会上中国外交的失败，成了五四运动的导火线。1921年11月召开的华盛顿会议，打破了日本独占中国的局面，重新确定美国提出的"门户开放"和各国在华"机会均等"的原则，中国又回复到几个帝国主义国家共同侵略的局面。1931年"九一八"事变，日本帝国主义把中国的东北变成它独占的殖民地，开始了日本帝国主义变中国为它的殖民地的阶段，中国成了半殖民地和殖民地国家。1935年华北事变，日本帝国主义策划华北五省自治，中日民族矛盾上升为主要矛盾。1937年七七事变，日本帝国主义发动全面侵华战争，在沦陷区建立伪政权，实行殖民统治。中国人民经过八年的全民族战争，取得了抗日战争的伟大胜利。这个胜利扭转了100多年来中国同帝国主义屡战屡败的局面。在抗日战争的后期，中国的国际地位有所提高，但是事实上仍然摆脱不了半殖民地的总格局。战后美国又以国民党政府作为控制和侵略中国的工具。《中美友好通商航海条约》是战后美国奴役中国、国民党政府出卖国家主权和利益的一项条约。1949年国民党南京政权的崩溃宣告美国援蒋反共侵华政策的彻底破产。1949年10月1日，中华人民共和国的成立，帝国主义侵略和宰割中国的时代彻底结束，半殖民地半封建时代永远过去了。"中国人民从此站起来了。"

（2）国民党新军阀的统治替代了北洋旧军阀的统治。五四运动后，中国继续处在北洋军阀的统治下。军阀内部纷争不已。1924年国民革命运动的兴起和北伐战争的胜利进行，北洋军阀的统治被推翻，代之而起的是国民党新军阀的统治。国民党新军阀同北洋旧军阀一样，不仅是封建势力的代表，同时又是帝国主义势力的代表。但是，国民党新军阀的统治较之北洋旧军阀统治，它的资本主义色彩要多些。它的统治采取国民党一党专政和蒋介石个人独裁的形式，而国民党在中国资产阶级革命过程中曾经是一个革命政党，它领导了中国的资产阶级旧民主主义革命。国民党蒋介石集团在确立了它在全国统治地位后，对内实行独裁和内战的方针，与人民的民主要求背道而驰。国民党22年的反动统治终于在1949年被推翻。

(3)无产阶级领导的新民主主义革命的胜利。在"五四"以后中国无产阶级成长和发展成为独立的自觉的政治力量，产生了工人阶级政党中国共产党。中国共产党的成立，是中国历史上具有划时代意义的伟大事件。从此之后，中国革命有了新的领导核心，中国革命的面貌发生了根本的变化。中国共产党在领导革命的过程中，把马克思列宁主义和中国革命实际相结合，产生了毛泽东思想，提出了中国新民主主义革命的理论和开辟了农村包围城市的中国革命新道路，成功地总结出和熟练的运用了中国民主革命的三大法宝，从而取得了新民主主义革命的伟大胜利。

(4)国民党官僚资本的膨胀和新民主主义经济的产生。30年中，中国占统治地位的经济仍然是半殖民地半封建经济，帝国主义的经济侵略和封建地主经济仍然是阻碍中国生产力发展的主要障碍。中国民族资本的发展是艰难曲折的。在国民党确立在全国统治地位后，中国经济有两个大的变化。一个是国民党政府逐步实现了对全国经济的垄断地位。国民党政府依靠帝国主义的支持，凭借政治军事权力，巧取豪夺，迅速集中了大量财富，逐步形成了以蒋、宋、孔、陈四大家族为代表的国民党官僚资本。另一个变化是伴随着农村革命根据地的建立和发展而产生的新民主主义经济，是中国社会新的经济成分，代表着中国经济发展的前途。

(5)无产阶级领导的人民大众的反帝反封建的新民主主义文化生力军的产生。"一定的文化是一定社会的政治和经济在观念形态上的反映"。①在中国现代史上，有帝国主义文化和半封建文化，它们结成文化上的反动同盟，反对中国的新文化。"五四"以前兴起的新文化运动，开展了资产阶级新文化和封建阶级旧文化的斗争。但是旧的资产阶级民主主义文化无力领导战胜帝国主义文化和半封建文化的斗争。"五四"以后，中国产生了新的文化生力军，这就是中国共产党人所领导的共产主义的文化思想，即共产主义的宇宙观和社会革命论。无产阶级文化肩负起了领导中国新文化运

---

① 毛泽东：《新民主主义论》，见《毛泽东选集》，第2卷，694页。

动的重任，它与资产阶级文化、小资产阶级文化结成文化上的统一战线，同帝国主义文化和半封建文化做斗争，新民主主义文化生力军在文化"围剿"中茁壮成长，取得了丰硕的成果。

归纳起来，中国现代史的主要特点是：三种政治力量、三条中国道路、三种国家命运在政治、经济、军事、文化思想等各个领域长期的反复较量和斗争，而无产阶级及其政党——中国共产党在斗争中成熟起来，形成了毛泽东思想，取得了革命的领导权，与农民结成巩固的联盟，与小资产阶级、民族资产阶级结成广泛的统一战线，战胜了帝国主义和封建势力，推翻了国民党反动政府，取得了新民主主义革命的伟大胜利，开辟了通往社会主义的道路。

中国是一个历史悠久的国家，有文字记载的历史是3600多年。重视历史的研究是中国的优秀传统。马克思主义者更是重视对历史的研究，并把历史研究建筑在历史唯物主义的科学基础上。李大钊是我国马克思主义史学的第一个奠基人。在大革命失败后的十年中，在全国范围内，思想界、学术界展开了关于中国社会性质、中国社会史分期和中国农村社会性质的论战。1929年郭沫若写成了《中国古代社会研究》，这是中国史学史上第一部试图以马克思主义解释中国历史发展过程的著作。到40年代，我国马克思主义史学得到进一步发展，出版了一批中国通史著作。其中有：吕振羽的《简明中国通史》、范文澜的《中国通史简编》、翦伯赞的《中国史纲》等。毛泽东也一向十分重视历史的学习和研究，他曾说过："指导一个伟大的革命运动的政党，如果没有革命理论，没有历史知识，没有对于实际运动的深刻的了解，要取得胜利是不可能的。"因此，他向全党提出了学习历史，研究历史的任务，指出要"学习我们的历史遗产，用马克思主义的方法给以批判的总结"。"我们这个民族有数千年的历史，有它的特点，有它的许多珍贵品。对于这些，我们还是小学生。今天的中国是历史的中国的一个发展；我们是马克思主义的历史主义者，我们不应当割断历史。从孔夫子到孙中山，我们应当给以总结，承继这一份珍贵的遗产。这对于指导

北京师范大学史学探索丛书

当前的伟大运动，是有重要的帮助的。"①

    在中国历史上不仅有重视历史研究的优秀传统，而且在中国史学史上，注重当代史的研究和撰写有着长久的传统。比如孔子卒于鲁哀公十六年(公元前479年)，他作的《春秋》编年史，止于鲁哀公十四年；再比如司马迁所写的纪传体通史《史记》，记载着上自传说中的黄帝，下到汉武帝时期，将近三千年的历史事迹。《史记》虽是一部通史，但"其言秦汉详矣"。这就是说《史记》主要是撰写"近现代史"，而"当代史"更占有突出的地位，写了大量同时代的人和事。从司马迁"通古今之变"的历史观出发，《史记》最具价值的部分也主要在写当代史方面。中国历史上这种重视撰写当代史的传统，在近几十年来，没有受到应有的重视。从而造成在中国通史的研究上，对中国现代史的研究远远落后于对中国古代史、中国近代史的研究。

    中国现代史不仅是一部完整的中国通史的不可缺少的一部分，而且在中国通史中占有特殊的重要的地位。人们认识历史并不是最终的目的，人们认识历史是为了认识现实，认识历史和现实又是为了创造现在、预测未来。历代人们研究历史是明古以知今，鉴往而知来。司马迁写《史记》为的是"通古今之变"。司马光把他的史学巨著称为《资治通鉴》也是这个目的。历史的发展是有连续性的，一定的现实都是一定的历史的产物。现实社会生活中的许多现象、观念，都可以从历史中找到它的根源和影响。正确地认识历史，大有助于认识现在，反过来，深刻地认识现在，才能更深刻地认识历史。中国现代史上发生的一切重大事件往往与以往的历史相关，又与当今社会息息相通。因此，研究中国现代史不仅对掌握中国历史发展脉络和规律起着承上启下的作用，而且对了解中国的国情和现状，指导建设有中国特色的社会主义有着特殊的重要意义。以往我们在社会主义建设中所犯的错误，其中一个根本原因就是对中国的历史特点和国情了解不够，或者根本不了解。

其次，中国现代史从 1919 年到 1949 年，只有 30 年，30 年在中国历史的长河中只是很短暂的一段。但是，这 30 年的中国现代社会是中国古代社会和近代社会的延续和发展，它所展现的历史画面要比古代史、近代史丰富得多。这 30 年是中国历史发生翻天覆地变化的 30 年，是中国历史发生根本转折的 30 年。所以它所要研究的领域、它所要探讨的问题要比中国古代史、中国近代史广阔得多、复杂得多，而且随着历史的推移，中国现代史研究的时间范围也在不断向前延伸。

再次，对中国现代史的研究本来就落后于中国古代史、中国近代史的研究。从 1956 年提出编写中国现代史起，到 60 年代初出版了李新等主编的《中国新民主主义革命时期通史》四卷本，政治运动不断，在"左"倾错误的禁锢下，中国现代史的许多领域成了学术研究的禁区。由于中国现代史上的许多人和事，与现实政治脉络相通、息息相关，人们更无法对它进行实事求是的科学研究。在"文化大革命"期间，历史被扭曲，历史学成了林彪、江青反革命集团篡党夺权的工具，中国现代史研究的命运就更为悲惨了。中国共产党的十一届三中全会，确立了解放思想、实事求是的思想路线，批判了"两个凡是"的错误方针，人们开始从"左"倾错误的禁锢中挣脱出来，中国现代史的研究出现了前所未有的活跃局面。十多年来发表了几千篇文章、几十本专著和十来部中国现代史，把中国现代史的研究大大地向前推进了。但是，它还远远落后于社会主义现代化建设的需要，中国现代史的许多领域基本上还是待开垦的处女地，已有的研究成果也有待于深化和系统化。

四、中国现代史在历史教育中的一般意义和特殊作用

历史犹如一条连绵不断、长流不息的大河。它的每一瞬间，既是昨天，又是今天，也是明天。历史、现实、未来的关系犹如昨天、今天、明天的关系。历史是过去的事，现实是当前的事，未来是尚未发生的事。现实和未来都在事物的运动中转化为历史。它们之间的连续性是无法割断的。历史是客观世界的发展过程。人们为了认识人类历史发展的进程，求

北京师范大学史学探索丛书

得历史的发展规律，用以指导现实，预测未来，因而重视对历史的研究。由此看来，历史学绝不是可有可无的。中国史学发达，史料史著绵延不绝，与史学的政治功能受到特别重视有极大的关系。司马迁的"究天人之际，通古今之变"，司马光的"鉴前世之兴衰，考当今之得失"，讲的都是历史学的政治功能。

历史学的功能是多方面的，比如认识功能、政治功能、教育功能、知识功能、借鉴功能和预测功能等。由于史学以人类历史为研究对象，而作为研究客体的人类社会是在不断向前发展的，作为史学研究主体的史学工作者的认识也是在不断向前发展的，因而历史学也是在发展变化的。历史学同社会科学其他学科以及自然科学、技术科学愈益融合、渗透和交叉，兴起了许多交叉学科、边缘学科，诸如历史人口学、生态史学、心理历史学、历史地理学、历史文学、计量史学等。史学研究同现实生活更加紧密结合以及研究手段的革新将更有效地发挥史学的社会功能。

史学的功能是多方面的。我们这里着重说一说史学的教育功能问题。史学的教育功能也是多方面的，如个人和阶级、民族、国家关系的教育，爱国主义和革命传统的教育，总结历史经验和观察历史前途的教育，人类社会和自然关系的教育等。史学的教育功能也有不同层次的问题，如小学、中学、大学和干部的历史课的教育功能的要求就不同。史学在教育上是有很重大意义的，是应该起很大作用的。史学工作在当前的主要任务之一，是发挥它在教育上的重要作用。那种认为史学工作跟建设现代化国家、跟建设社会主义物质文明和精神文明没有直接联系的看法，是一种近视的、肤浅的看法。

中国现代史只是历史学的一个小小分科，由于它和当代社会离得最近，因此它在教育上具有特殊的意义：

首先，通过中国现代史可以直接进行毛泽东思想的教育。毛泽东思想是马列主义普遍真理同中国革命和实践相结合的产物。毛泽东思想的形成过程与中国新民主主义革命的过程是密不可分的。学习中国现代史能够帮助我们更好地理解和掌握毛泽东思想。而学习毛泽东、周恩来、刘少奇、朱德等老一辈无产阶级革命家的著作以及中共中央的历史文献又能帮助我们更好地掌握中国现代史、指导中国现代史的研究。

第二，通过中国现代史可以进行中国国情和中国近现代社会的特点的教育。为什么在中国资本主义道路走不通，而只有社会主义才能救中国，这是中国人民从五四运动到现在几十年的切身体验中得出的不可动摇的历史结论。现在的年轻人不可能有这个切身体验，通过中国现代史教育可以使这个历史结论在青年头脑里形象化具体化，从而坚定不移地走社会主义道路。

第三，通过中国现代史可以进行热爱和拥护中国共产党的教育。没有共产党就没有新中国，这是中国人民从长期的、前赴后继的革命斗争中得出的科学结论。中国现代史的教育可以使我们懂得中国共产党是一个用马克思列宁主义、毛泽东思想武装起来的无产阶级政党，是一个全心全意为人民服务的、不谋取任何私利的政党，是敢于并且善于领导人民百折不挠地向敌人做斗争的党，是一个久经考验的、有能力领导人民排除万难去不断夺取革命和建设胜利的党。它在中国人民革命事业中的核心地位和领导作用，是在历史中形成的，是中国各族人民的利益和意志所决定的，是任何力量也不能改变和动摇的。

第四，通过中国现代史可以进行爱国主义和革命传统教育。在中国现代史上，人民的革命精神、创造精神得到高度发扬，为民族生存和国家富强，千千万万的革命烈士英勇献身。中国现代史是中华各民族昂扬奋进的历史。在中国现代革命史上涌现的千万个革命先烈和英雄人物以及革命队伍中形成的革命传统，如井冈山精神、延安精神等，都是我们进行爱国主义教育和革命传统教育的好教材，都是培养一代有理想、有道德、有文化、有纪律的新人的好教材。

第五，通过中国现代史进行历史经验的教育。中国的史学家，有一个古老的传统，就是讲历代的治乱兴衰，是为当时的统治阶级提供参考、借鉴的。我们总结中国现代史上的经验为的是国家和民族的命运，为社会主义现代化建设服务。这种教育对干部的培养更具有重大意义，对提高干部的政治觉悟、观察政治问题的能力和兴趣有很大的启示和帮助。

北京师范大学史学探索丛书

五、一般历史研究方法在中国现代史上的应用和
中国现代史研究方法上的特点

科学研究工作，本质上乃是创造性工作。科学的生命在于创新。但是史学研究有它的特点，史学研究上的创新只能如哥伦布的发现新大陆，不能如瓦特的发明蒸汽机。史学研究的方法与自然科学的研究方法有相同的也有不同的，同其他社会科学研究方法相比也有它的特点。

当代我国的历史科学，应建立以马克思主义唯物史观基本原理为指导的，由多角度、多层次、相互联系并互为补充的多样化统一的史学方法体系。历史学研究方法包括哪些内容，现在一般认为应包括史料的搜集、考据、整理的方法，在弄清史实基础上研求真理的方法和历史编纂法，以及史学方法论的探讨等。关于史料的搜集、考据和整理的方法，这是中国传统的史学研究方法，有丰富的经验，可以说是史学研究的基本功。关于在弄清史实基础上研求真理的方法，现在流行着种种方法，有历史研究中的唯物主义方法、历史主义方法、阶级分析法、历史比较法、以系统论控制论信息论为代表的系统方法、历史研究中的数量方法（包括电子计算机、统计分析、数理模式、模拟方法等的使用）、模糊方法、假说的方法、史论关系的处理方法、跨学科方法等。关于历史编纂的方法是指叙述、编写历史的方法。总之，在我国史学研究方法已呈现多样化的趋势，"史学研究正在经历一场伟大的革命"。

我们现在的历史研究方法陈旧、手段落后，应该在总结和继承中国传统的史学研究方法的基础上，推陈出新，同时采用新的研究方法。在坚持马克思列宁主义、毛泽东思想指导的原则下，对各种历史研究方法广采博引、兼收并蓄。这里包括吸取马克思主义著作中已经提供给我们的有关史学方法论和方法的成果及吸收外国传统史学有关方法论和方法的研究成果，也包括吸取现代自然科学及现代社会人文科学有关方法论和方法的一切有价值的成果。由于每一种方法都有其适用范围和一定的局限性，因此我们在吸取和运用任何一种方法时都应力求扬其所长，避其所短，采用得

越多越广越好。方法越多，我们对历史的认识就越丰富、越全面、越深刻。历史本身是极其丰富和复杂的，往往不同的问题采取不同的研究方法，才能揭示其中的奥秘，而且历史工作者各人的研究方法的特长不尽相同，因此对历史研究方法的采用和探讨，不妨在马克思主义唯物史观基本原理指导下，不拘一格，自由选择，大胆探索。

历史学的研究方法，有的是应用非常广泛具有普遍意义的方法，如史料的搜集、鉴别和考据方法。无论研究古今中外历史必须从事实出发，也就是说历史研究首先以历史资料作为研究工作的实际的最初的出发点，而对历史资料都有一个搜集、鉴别和考据的过程。关于史料的搜集、鉴别、考据的方法，应该说在我国史学界有很深的功底，是中国史学的优良传统和宝贵遗产。但是，随着科学技术的进步，不少同志提出必须采用现代化的技术手段，以改变过去那种个体的依靠手工进行的落后的搜集、整理资料工作的方式。电子计算机不仅可以整理、贮存、检索大量历史资料，同样也可以对大量史料进行各种形式的分析、辨伪和考证，从而在一定程度上代替人的智能，并使之日趋完善。再如在弄清历史事实的基础上研求真理的方法，其中阶级分析方法、历史比较方法、用历史的观点考察问题的方法等，也是应用非常广泛的。但是，系统方法、数量方法和模糊方法等，如何应用于历史研究尚处于探索阶段。至于历史编纂法，中国有丰富的经验，中国史书的体裁也是丰富的，但需要发展。

上述一般的历史研究方法在中国现代史的研究中得到广泛的应用。但是历史学的各个分科，在研究方法上可以有各自的特点。中国现代史相对来说是一门年轻的学科，很多领域、很多问题尚处于刚刚开垦和未开垦的阶段，因此中国现代史研究方法有哪些特点，我们只能说说自己的感受。

关于指导思想问题：我们主张研究历史要以马克思主义作为指导，是因为马克思把辩证唯物主义的基本的原理运用到研究人类社会和人类社会史上，阐明了一系列根本性的问题，形成了指导史学工作的历史唯物主义的理论体系，使历史学成为科学。这在历史学发展史上是一次巨大的进步。马克思的历史唯物主义理论体系是打开历史奥秘的钥匙。研究历史，如果只知道一件一件的事实，只看见历史上一个一个的现象，而没有正确的理论指导，那就会在令人眼花缭乱、纷繁复杂的现象中，无所适从；或者只见树木，不见森林，就事论事。研究历史需要指导思想，需要理论武器，是为了更深刻、更科学地说明历史，阐明人类历史的发展规律。坚持马克思主义的唯物史观，并把它运用于具体的研究工作，使历史学沿着正确的方向前进，这是马克思主义史学工作者的光荣职责。

马克思、恩格斯曾经反复指出，他们所创立的学说是指示方向的指南针，而不是为各种社会问题包医百病的药方。历史学正是由于有了马克思主义的唯物史观的指导，才从各种唯心主义的谬误中超脱出来，变成真正的科学。但是，它不可能对历史上的种种问题提供现成的答案。他们十分厌恶那种教条主义地把唯物史观变成僵死的现成的公式，拿这些现成公式套在无限复杂、错综变化的历史事实上，就轻易地宣布已经建立起唯物主义的史学体系的做法。这种教条主义的态度，名曰尊重马克思主义，实际与唯物史观所要求的严肃的科学精神是不相容的。这样做的结果，既糟蹋马克思主义，又堵塞历史成为科学的道路。在历史研究中，要坚持唯物史观的原则，还必须注意克服经验主义倾向。经验主义者轻视理论指导的意义，以为研究历史主要是史料的考证排比，把史料当成史学，甚至误认为用理论做指导是一种偏见，从而错误地认为只有历史资料的整理、考订和鉴别，才叫科学。马克思主义史学工作者是十分重视历史资料的，认为社会历史研究"必须从最顽强的事实出发"①，但不能说史料学即是历史科学。历史研究的根本任务是总结历史经验，说明历史发展规律，以指导当前的行动。要做到这一点，就必须有唯物史观的指导。同时，历史资料的整理、考订和鉴别，也应当运用唯物史观的理论和方法，以提高史料工作的科学性和目的性。

对中国现代史的研究更要重视马克思主义唯物史观的指导意义，离开了历史唯物主义的指导不可能对纷繁复杂的中国现代社会做出科学的本质的说明，揭示它的客观规律。

认真学习和掌握毛泽东思想，对学习和研究中国现代史具有特殊的重

---

① 《马克思恩格斯选集》，第 2 卷，120 页。

要意义。毛泽东思想是马克思列宁主义的普遍原理和中国革命具体实践相结合的产物，是以毛泽东同志为主要代表的中国共产党人，根据马克思列宁主义的基本原理，把中国长期革命实践中的一系列经验作了理论概括，而形成的适合中国情况的科学指导思想。毛泽东思想的萌芽、发展和成熟，和中国共产党的历史、中国革命发展的历史是紧密相连的，也和中国现代史是密切相关的。毛泽东关于中国历史的理论，内容很丰富，对中国现代史的研究具有重要的指导意义。由于林彪、"四人帮"对毛泽东思想的篡改和歪曲以及毛泽东晚年的严重错误，使毛泽东思想蒙受损失。有的人因此而轻视毛泽东著作的价值，忽视对毛泽东著作的学习，这是不对的。研究中国现代史，认真读一读毛泽东、刘少奇、周恩来、朱德、任弼时、张闻天、李大钊、瞿秋白等的著作会受益很大的，学习他们的著作不仅可以帮助我们了解历史情况，而且更重要的是帮助我们提高理论水平。

关于史料问题：史料是人类社会历史在其长期发展过程中遗留下来的资料，包括史迹遗存、遗物和文字记录等。人类过去的社会已经过去，而且无法使之重现。因此，研究历史只能凭借史料，舍此就谈不上对历史的认识。历史科学，离开历史资料，是无从进行研究的。故马克思强调，"研究必须充分地占有材料，分析它的各种发展形式"，然后才能做到"探寻这些形式的内在联系"，有所发现。可以说历史资料是研究工作的最初出发点，是对历史作进一步研究工作的基础，而且历史资料的搜集、考订和整理工作是整个研究过程中不可缺少的一道工序。恩格斯说："整理资料的工作"，是研究过程中"最困难的工作"，并指出从众多的历史资料中"选出可靠的材料，那是一个艰难的任务"。[1]

中国现代史的研究同样首先以历史资料作为研究工作的实际的最初的出发点。中国现代史的资料是极其丰富的，真是浩如烟海，这是研究中国现代史的有利条件。国家很重视这项工作，1954年成立了国家档案局。中央档案馆和中国第二历史档案馆所藏档案，卷帙浩繁。有关单位正在编辑出版《中共中央文件选集》和《中华民国史档案资料汇编》。但是，中国现代

北京师范大学史学探索丛书

---

① 《马克思恩格斯全集》，第27卷，11页；第36卷，659页。

史的资料由于数量庞大，大部分尚未整理出版，使用上有很多困难。还有大部分档案资料尚未公开，也给研究工作带来困难。研究中国现代史，弄清资料真伪很重要，作为研究问题的历史资料应要求可靠、全面、准确。我们使用历史资料需要进行考证，分辨真伪，去掉水分。对于文字记录来说，即使是亲见其事的人的记录，也往往由于记录人受到感觉能力、记忆能力，对事物的认识能力和了解的深度，人为的隐讳和溢美，以及偏见和外界影响等条件的限制，记录不能完全符合事实，以致出现谬误。由于种种原因，故意歪曲事实假造历史的事情也是屡见不鲜的。因此，我们可以这样说，治史不能不依靠文献史料，但是对文献史料要采取分析的态度，不是凡文字记载就是可靠的史料。至于历史过去后人们根据回忆写的资料，我们在研究使用时更要采取分析的态度。研究中国现代史还要充分注意运用外国的史料。在中国现代史上，帝国主义和中华民族的矛盾是"最主要矛盾"，帝国主义各国对中国的侵略活动构成中国现代史的一部分。特别是日、美、英等国有关与中国关系的资料，对研究现代中外关系史有重要的价值。苏联和共产国际与中国关系的资料有特别的重要意义。外国所藏有关中外关系史的材料，分量庞大，主要是出自外国人之手的公私两类文献。在中国现代史研究中，特别是在中共党史和中国革命史研究中，过去由于受"左"倾错误的影响，曾经普遍出现过根据结论描述历史的现象，如果事实和结论不一致，也要以事实附会结论。这是错误的。应该如毛泽东一再强调的，研究历史和研究现状，应当"不凭主观想象，不凭一时的热情，不凭死的书本，而凭客观存在的事实，详细地占有材料，在马克思列宁主义一般原理的指导下，从这些材料中引出正确的结论"。

关于阶级分析方法。阶级分析是根据马克思主义阶级观点，从社会阶级的产生、发展及其相互作用中把握历史发展内在联系的一种社会科学研究方法，它是人们认识文明社会历史事物本质的科学的逻辑方法之一。恩格斯认为，阶级分析是认识文明历史进程的一把"钥匙"。① 列宁说："人类史上的每一个大的时期(奴隶占有制时期、农奴制时期和资本主义时期)都

---

① 《马克思恩格斯选集》，第 1 卷，602 页。

长达几千年或几百年，包含许许多多的政治形式，各种各样的政治学说、政治见解和政治革命，要认清这一切异常繁杂的情形，特别是与资产阶级的学者和政治、哲学等等学说联系着的情形，就必须牢牢把握住社会阶级划分的事实，阶级统治形式改变的事实，把它作为基本的指导线索，并用这个观点去分析一切社会问题，即经济、政治、精神和宗教等等问题。"①这就是说阶级分析方法是研究阶级社会历史的基本方法。

我们研究中国现代史更要始终记住社会划分为阶级这一基本事实，运用马克思主义阶级分析的方法来分析中国现代社会的各种现象。但是我们不应该把阶级分析方法简单化、教条化、绝对化。在研究复杂而又变化多端的中国现代社会时更要防止简单化、教条化、绝对化。首先，我们应重视阶级和阶级斗争赖以存在的经济关系，揭露隐藏在政治思想斗争背后的物质利益，把经济研究作为基础。马克思说：各个阶级"以不依自己意志为转移的经济条件作为自己的基础，并因这些条件而彼此处于极尖锐的对抗中"。故进行阶级分析，无疑必须对各个阶级和阶级斗争产生的经济条件进行考察。其次，我们必须对阶级和阶级斗争进行具体的分析，估计到阶级斗争现象的复杂性和特殊性，防止公式化、简单化。第三，除阶级分析，还要重视阶层分析，以对各个阶级内部进行更加深入细致的分析。第四，要注意阶级关系的变化和重新组合。第五，应对剥削阶级和统治阶级的历史作用进行全面估计，不要以阶级义愤代替科学研究。总之，阶级分析方法是研究历史的基本方法，离开了马克思主义分析阶级关系的正确立场，不可能对错综复杂的社会现象做出科学的解释，从中找出事物发展的规律。但是，我们也应注意到马克思主义史学方法是由多种方法组成的方法论系统，阶级分析方法是其中最基本的方法，而不是唯一的方法。同时，我们还应吸收随着社会和科技进步而新提出的科学的研究方法，以充实和发展马克思主义史学方法论系统，马克思主义史学方法应是不断发展和更加丰富的。再有马克思主义史学方法有不同的层次，阶级分析方法应属于哲学思维方法的范畴，应该和具体的技术性的方法加以区别。在研究

---

① 列宁：《论国家》，见《列宁选集》，第2版，第4卷，45页。

中国现代史中各种科学的有价值的方法都可以运用，但是应该牢牢地掌握好阶级分析方法这个最基本的方法。

关于中国现代经济史的研究。根据马克思主义经济基础和上层建筑作用与反作用的基本原理，对经济基础的研究当然成为对上层建筑研究的基础，或曰突破口。应该说中国现代经济史的研究是中国现代史研究的基础。从史学发展史的角度来看，在中国是先有中共党史和中国革命史这门学科，后来才有中国现代史这门学科，可以说中国现代史是脱胎于中共党史和中国革命史，在中共党史和中国革命史基础上发展起来的。因此，中国现代经济史的研究是整个中国现代史研究中最薄弱的一个环节。由于北洋政府和国民党政府统治的腐败，加之战争的破坏，中国现代经济史的资料残缺不齐，散佚严重，更缺少系统的整理。全国解放后对中国现代经济史的研究，相比较起来也是一个薄弱环节，许多问题弄不清楚，例如中国民族资产阶级 30 年发展变化的脉络、官僚资本的形成和膨胀、1927—1937 年中国经济发展概况、抗日战争时期西南和西北经济的变化、30 年中国农村经济的变化等。因此，研究中国现代史必须加强中国现代经济问题的研究。不论从哪个方面看，在中国现代史研究中，经济史研究都占着极重要的地位。

六、中国现代史工作者素质的培养和提高

史学人才的培养很不容易，这一点史学工作者都有同感。这主要是从事史学工作在要求上有它的特点，最重要的有史德、史才、史学、史识和史学上的创新精神等几个方面的要求。目前，史学工作者年龄老化十分突出，而历史学在社会主义建设中的地位和作用还没有为人们所充分认识，物质文明建设和精神文明建设一手硬一手软的现象还没有根本扭转，重理轻文的心态还普遍存在，所以史学人才的培养和壮大史学队伍的建设是一项十分紧迫的任务。

史德，也就是史学工作者的职业道德问题。清人章学诚曾明确提出"史德"的问题。他说"德者何？谓著书者之心术也"。章学诚所说的"著书

者之心术"，指的是史家追求历史真实的忠实心。他认为有的史家"似公而实逞于私，似天而实蔽于人，发为文辞，至于害义而违道"，故"心术不可不慎"。① 这是中国史学史上秉笔直书传统的发展。在当今对我们史学工作者来说，史德的问题，首先要做到实事求是，尊重历史，反对主观主义，反对形而上学，更反对不负责任地随便编造历史和篡改历史。这一点对中国现代史工作者来说更为重要。其次，史学作为意识形态的一个组成部分，它是有阶级性的，它要反映时代的要求，反映人民大众的愿望，否则它就会失去它的社会价值，这是立场问题，也是史德问题。史学工作者，特别是中国现代史工作者，所从事的中国现代史研究是具有鲜明的党性的学科，他不可能也不应该采取客观主义立场，也不应该只埋头于"故纸堆"，不关心当前历史的发展，不考虑时代提出的要求。

史学，也就是详细地占有材料的问题。巧妇难为无米之炊。刘知几把"学"比作材料和工具是很恰当的。中国现代史的材料浩如烟海，而且缺少系统的整理，要详细地占有材料，并不是一件容易做到的事情。在这里，"详细"不仅指材料的多少，而且更重要的是指材料要全面，这是很不容易的，是要下硬功夫的。但要做到"占有"，还须下一番分析的功夫，不是说看到了、记住了、抄成卡片、放在书柜里就是"占有"了。真正的占有，一是要辨别材料的真伪、轻重，剔除水分，这就是"去伪存真，去粗取精"的过程；没有这个过程，材料再多也不能说是已经"占有"了。二是要研究材料与材料之间的关系，找出材料之间的内在联系，这是"由此及彼"的过程，没有这个过程，材料再多，也是支离的，互相孤立的，不能用来说明一定的历史问题，这也不能说是已经"占有"了。三是要通过对材料的分析，揭示事物的本质，这就是"由表及里"，没有这个过程，材料再多，只是在表面现象上兜圈子，同样不能说是已经"占有"了。所以我们说"详细地占有材料"的要求是很高的，收集资料和对资料作思考分析，这是历史研究的基本功，也是中国现代史工作者的必备素养。

史识，也就是理论水平和知识广狭的问题。理论水平，主要指的是马

---

① 《文史通义·史德》。

北京师范大学史学探索丛书

克思主义理论的修养，包含着对马克思主义的理解和运用这两个方面。由于马克思主义揭示了社会发展的客观规律，所以它的诞生也就破天荒第一次建立起唯一科学的历史观，第一次系统地提供了指导人们对历史进行宏观考察的科学理论和科学方法。我们坚信马克思主义是正确探索世界和社会问题的总钥匙，特别是研究历史，马克思主义确是最锐利的武器。因此，在理解上要求多读马克思主义的主要著作，完整地、准确地理解马克思主义，掌握马克思主义的基本原理，特别注意不要离开当时的历史条件和经典作家的意图去理解经典著作。要培养自己对理论的兴趣。中国现代史工作者更要熟读毛泽东等同志的著作。在运用上，要求理论结合实际，善于运用马克思主义的立场、观点和方法来分析和研究问题。从知识广狭来说，因为史学是一门综合性的学科，所以要求史学工作者视野开阔，知识面广博。

史才，也就是史学工作者的才能。才能主要包含两个内容：一是历史家对历史的文字表述能力，也就是写作能力；一是历史编纂，主要指对史书的编著、史书的体裁和体例的造诣。这个问题，我们重视不够，也不大注意在这方面提高自己的素养。

总体来看，史德、史学、史识、史才是历史工作者的素养问题，也是学风问题，中国现代史工作者也应当从这几个方面严格要求自己，不断提高自己的能力和水平。

历史工作者的素质，还有一个很重要的方面，就是史学上的创新精神。科学的生命在于创新，历史学的生命也在于创新。历史学的发展和活力，当然离不开社会条件，但也在很大程度上跟历史工作者的创新精神有关。所以，史学工作者应该培养自己的创新精神，敢于在理论上和学术上不断提出新的意见，不断开创新的研究局面。

中国现代史是历史学的一门新学科，许多领域有待我们去开垦，许多问题有待我们去研究，时代的任务要求我们把中国现代史的研究提高到一个新水平。

原载《中国现代史研究入门》，郑州，河南人民出版社，1994。

中国新民主主义革命理论的
形成、发展与成熟

一、新民主主义革命基本思想的形成

(一)中国革命目标与步骤的探讨

毛泽东在《论人民民主专政》中说:"十月革命一声炮响,给我们送来了马克思列宁主义。十月革命帮助了全世界的也帮助了中国的先进分子,用无产阶级的宇宙观作为观察国家命运的工具,重新考虑自己的问题。走俄国人的路——这就是结论。"①毛泽东在这里所说的"走俄国人的路",就是走十月革命的路,走社会主义道路。列宁领导的俄国十月社会主义革命,推翻了地主资本家的政权,建立了世界上第一个无产阶级专政的社会主义国家。十月革命的胜利,开辟了人类历史的新纪元,给中国革命带来了新时代的曙光。十月革命在东西方之间架起了一道桥梁,把欧洲的无产阶级社会主义革命和殖民地半殖民地民族解放运动联系起来,从而为马克思主义在殖民地半殖民地落后国家的传播开辟了现实而广阔的道路。

最早在文章中对资本主义制度提出怀疑而主张向俄国十月革命学习的是李大钊。李大钊在 1918 年 7 月 1 日发表《法俄革命之比较观》,论述1789 年法国资产阶级革命同 1917 年俄国十月革命的区别时指出:"俄罗斯革命是二十世纪初期之革命,是立于社会主义上之革命。"同法国大革命预示着世界进入资产阶级革命时代一样,俄国十月革命预示着社会主义革命时代的到来,是"世界的新文明之曙光","惟有翘首以迎"。② 他在同一年写的《庶民的胜利》和《布尔什维主义的胜利》两篇文章中,热烈地赞扬十月

---

① 《毛泽东选集》,第 2 版,第 4 卷,1471 页。

② 李大钊:《法俄革命之比较观》,见《李大钊文集》(上),572~575 页,北京,人民出版社,1984。

革命，指出无产阶级的社会主义革命"是二十世纪中世界革命的先声"。①
他热情欢呼："试看将来的环球，必是赤旗的世界！"②随后，他在1919年
发表《我的马克思主义观》，系统地介绍了马克思主义的基本原理。李大钊
是在中国传播马克思主义的先驱。

五四运动促进了马克思主义同中国实际的结合，同中国工人运动的结
合。五四运动以后的一两年，是中国先进知识分子思想发生急剧变化的时
期。经过学习、宣传马克思主义和与工人群众初步结合的实践，中国出现
了一批共产主义知识分子，这就为建立中国共产党作了准备。

陈独秀在五四运动的推动下，逐步否定了过去信仰的资产阶级民主主
义，开始转向社会主义，并参加工人运动。1919年12月他发表的《〈新青
年〉宣言》指出，帝国主义和资本主义已经造了无穷的罪恶，"现在是应该
抛弃的了。"③同月，他又在《告北京劳动界》中说，十八世纪以来的民主，
是资产阶级向封建阶级做斗争的旗帜，二十世纪的民主，乃是无产阶级向
资产阶级做斗争的旗帜。1920年9月，他发表长篇论文《谈政治》。他说：
"若不经过阶级战争，若不经过劳动阶级占领权力阶级地位底时代，德谟
克拉西必然永远是资产阶级专有物，也就是资产阶级永远把持政权抵制劳
动阶级的利器。""我承认用革命的手段建设劳动阶级（即生产阶级）的国家，
创造那禁止对内对外一切掠夺的政治、法律，为现代社会第一需要。"④陈
独秀这些言论表明，他已经把立足点移到无产阶级一边，主张中国走社会
主义道路。由于陈独秀是新文化运动的倡导者，在思想界有很大的影响，
所以他的转变，就带动更多的人接受马克思主义。

从1920年8月起，半年左右的时间内，在上海和其他一些有共产主义
知识分子活动的城市及旅法、旅日学生中，先后出现了共产党的早期组
织——共产主义小组。各地共产主义小组以在中国实现共产主义作为自己

---

① 李大钊：《庶民的胜利》，见《李大钊文集》（上），595页。
② 李大钊：《Bolshevism的胜利》，见《李大钊文集》（上），603页。
③ 《陈独秀文章选编》（上），427页，北京，生活·读书·新知三联书店，1984。
④ 《陈独秀文章选编》（中），9～10页，北京，生活·读书·新知三联书店，
1984。

的理想和奋斗目标。1920年11月，上海共产主义小组曾起草一篇《中国共产党宣言》，阐明了中国共产主义者的奋斗目标，在经济方面提出要消灭剥削制度，"主张将生产工具——机器、工厂、原料、土地、交通机关等收归社会共有，社会共用"；在政治方面提出要废除资产阶级的政权，因为"现在所有的国家机关和政府"，"是保护少数人的利益，压迫多数劳动群众的"；在社会方面提出要最终消灭阶级。宣言说："共产主义者的目的是要按照共产主义者的理想，创造一个新社会。"即建立一个没有阶级剥削、没有阶级压迫、最终消灭阶级的共产主义社会。要创造新社会，就"要组织一个革命的无产阶级的政党——共产党"。"共产党将要引导革命的无产阶级去向资本家争斗"，"用强力打倒资本家的国家"，"并要从资本家手里获得政权"。"要将这政权放在工人和农人的手里，正如1917年俄国共产党所做的一样"。"无产阶级专政的任务是一面继续用强力与资本主义的残余势力作战，一面要用革命的办法造出许多共产主义的建设法"。① 这个宣言第一次比较系统地表达了中国共产主义者的理想和奋斗目标。

上海共产主义小组在1920年11月7日（即俄国十月革命胜利三周年纪念日）创办了《共产党》月刊。这个刊物第一次在中国树起了"共产党"的大旗，阐明了中国共产党人的基本主张。该刊第一号《短言》明确指出："经济的改造自然占人类改造之主要地位。吾人生产方法除资本主义及社会主义外，别无他途。"又说："我们只有用阶级战争的手段，打倒一切资本阶级，从他们手里抢夺来政权；并且用劳动专政的制度，拥护劳动者的政权，建设劳动者的国家以至于无国家，使资本阶级永远不致发生"，"一切生产工具都归生产劳动者所有，一切权都归劳动者执掌，这是我们的信条"。② 这个短言，相当于《共产党》月刊的发刊词。它的这些基本思想，对各地共产主义者建党具有重大的指导意义。

1920年下半年，在蔡和森、毛泽东建党通信中，也对中国革命的目标作了探讨。1920年8月13日，蔡和森写给毛泽东的信说："我针对各种主

---

① 《"一大"前后》（一），1～5页，北京，人民出版社，1980。

② 《〈共产党〉月刊第一号〈短言〉》，1920-11-7。

义综合审缔[谛]，觉社会主义真为改造现世界对症之方，中国也不能外此。"他认为"现世革命唯一制胜的方法"是"阶级战争——无产阶级专政"。他还说："我对于中国将来的改造，以为完全适用社会主义的原理和方法。"12月1日毛泽东回信，对蔡和森的主张"表示深切的赞同"。①

　　1921年7月召开的中共一大，通过了党的第一个纲领，它规定：革命军队与无产阶级一起推翻资本家阶级的政权；承认无产阶级专政，直到阶级斗争结束，即直到消灭社会的阶级区分；消灭资本家私有制，没收机器、土地、厂房和半成品等生产资料，归社会公有。它还明确提出：要把工农劳动者和士兵组织起来，党的根本政治目的是实行社会革命。② 这个纲领表明，中国共产党一成立，就是以实现社会主义、共产主义作为它的奋斗目标的。中国的先进分子经过长期的艰苦探索，才找到马克思列宁主义这个唯一正确的革命理论，认识到只有社会主义、共产主义才能救中国，这是对中国革命认识上的一次具有划时代意义的飞跃。但是，中国共产党对在中国这种带有很大特殊性的社会条件下，是否能够立即实行社会主义革命，要经过什么步骤才能最终实现社会主义、共产主义，还没有进行深入的思考。

　　中国共产党对中国革命具体步骤的探讨，开始于1922年。这同列宁和共产国际的启示与帮助密切相关。中国共产党成立后，一方面进行革命实践活动，一方面接受列宁关于民族和殖民地问题的理论，并开始把这两个方面加以结合。这样，一个大体上符合中国国情的革命纲领就逐渐形成起来。1922年1月15日，社会主义青年团团刊《先驱》出版，在创刊号上第一次摘译了列宁《民族和殖民地问题提纲初稿》的前五条。这表明列宁关于民族和殖民地问题的理论已引起中国共产党的重视。同年3月，参加远东民族大会的中共代表返回上海，带回这次大会关于中国革命的意见。4月1日，《先驱》以"记者"名义发表《关于中国少年运动的纲要》。这个纲要在初步分析中国国情的基础上，第一次提出中国革命要分两步走的思想。它指

---

　　① 《新民学会会员通信集（第三集）》，见《新民学会资料》，129～130、150页，北京，人民出版社，1980。

　　② 《中共中央文件选集》，第1册，3页，北京，中共中央党校出版社，1989。

出：“经济的和政治的状况，影响了中国阶级战争，使它分成两段程途。第一段是大的和小的有产阶级起来推倒封建主义的战争，第二段是新起的无产阶级起来推倒有产阶级的战争。”“为了要使我们的事业得到胜利，中国劳苦的群众，应分两步去做：第一步是完全倾覆封建主义，促成中国真正独立；第二步是推翻有产阶级的政治，把政权掌握在自己手中。”1922年5月召开的社会主义青年团第一次全国代表大会制订的团纲，进一步体现了这一思想。团纲指出：“现时正在奋进途中”的“反抗封建的民主革新战争，在政治和经济进化之历史的过程中有重大的意义”，它的胜利“是在能够得着对外的民族独立对内的言论出版集会结社自由及普通选举各种权利”。鉴于中国政治经济现状，“我们无产阶级和最苦的农民都应该援助这种革命争斗，造成无产阶级的真实力量，不应该取旁观或反对态度使封建制度延长生命”。但“民主革命的胜利，我们无产阶级虽可以得着些自由与权利，然而不能得着完全解放”，“接着民主的革命成功，便会发生无产阶级对抗资产阶级的革命运动”。就中国革命要分反封建的民主革命和反资产阶级的社会主义革命两步走这一点说，这里已表达得很清楚了。

1922年6月，陈独秀写成《对于现在中国政治问题的我见》一文。陈独秀说：中国经济的及政治的现状，“遂使中国的阶级争斗不得不分为两段路程：第一段是大的和小的资产阶级对于封建军阀之民主主义的争斗，第二段是新起的无产阶级对于资产阶级之社会主义的争斗”。他还说：“我主张解决现在的中国政治问题，只有集中全国民主主义的分子组织强大的政党，对内倾覆封建的军阀，建设民主政治的全国统一政府，对外反抗国际帝国主义，使中国成为真正的独立国家，这才是目前扶危定乱的唯一方法。”①

1922年6月15日，《中国共产党对于时局的主张》（即《中共中央第一次对于时局的主张》，陈独秀起草）发表，它指出：“依中国政治经济的现状，依历史进化的过程，无产阶级在目前最切要的工作，还应该联络民主

---

① 《东方杂志》，第19卷，第15号。

派共同对封建式的军阀革命，以达到军阀覆灭能够建设民主政治为止。"①
这表明党对现阶段中国革命的任务和应该采取的策略，已经有了比较明确
的认识。

1922 年 7 月，中国共产党在上海举行第二次全国代表大会，正式制定
了党的民主革命纲领。大会宣言说："各种事实证明，加给中国人民（无论
是资产阶级、工人或农人）最大的痛苦的是资本帝国主义和军阀官僚的封
建势力，因此，反对那两种势力的民主主义的革命运动是极有意义的。"宣
言在分析国际国内形势、中国的社会性质和革命性质的基础上，确立了中
国革命要分两步走的构想，并制定党的最高纲领和最低纲领。党的最高纲
领是"组织无产阶级，用阶级斗争的手段，建立劳农专政的政治，铲除私
有财产制度，渐次达到一个共产主义的社会"。党的最低纲领，即党在民
主革命阶段的主要纲领：消除内乱，打倒军阀，建设国内和平；推翻国际
帝国主义的压迫，达到中华民族完全独立；统一中国为真正的民主共和
国。党的第二次全国代表大会在中国近代历史上第一次明确地提出反对帝
国主义、反对封建主义的民主革命纲领，并指出要通过民主主义革命进一
步创造条件，实现社会主义和共产主义。这是党对中国革命认识的一个重
大进步。

党的二大宣言和其他文件不仅将民主革命和社会主义革命相互区别开
来，而且开始探讨二者之间的联系。宣言说："我们无产阶级有我们自己
阶级的利益，民主主义革命成功了，无产阶级不过得着一些自由与权利，
还是不能完全解放。如果民主主义成功，幼稚的资产阶级便会迅速发展，
与无产阶级处于对抗地位。因此无产阶级便须对付资产阶级，实行'与贫
苦农民联合的无产阶级专政'的第二步奋斗。如果无产阶级的组织力和战
斗力强固，这第二步奋斗是能跟着民主主义革命胜利以后即刻成功的。"②
从这里反映出当时中国共产党人估计民主革命的前途有两种可能性：一种
是如果无产阶级的力量在民主革命中发展得很大，民主革命胜利后便能够

① 《中共中央文件选集》，第 1 册，45 页。
② 《中共中央文件选集》，第 1 册，114～115 页。

即刻实行社会主义革命，并取得成功；另一种是民主革命胜利后，资产阶级"从封建夺得政权"，"无产阶级不过得着一些自由与权利"，无产阶级要经过一个长时期使自己的力量壮大之后，才能实行第二步奋斗。当时中国共产党刚刚成立，理论准备不足，还缺乏革命经验，因此对民主革命和社会主义革命二者的区别与联系还不可能有统一的正确的认识。有些共产党人受欧美资产阶级革命历史经验的影响，对民主革命的前途更多地考虑的是后一种可能。也有些共产党人从俄国二月革命到十月革命的历史经验出发，考虑的是从民主革命很快发展到社会主义革命的前一种可能。这两种认识对中国革命产生了重大影响，后来发展为"二次革命论"和"无间断革命论"（即"一次革命论"）。经过相当长的一段时间，总结了正反两方面的历史经验之后，才真正弄清了民主革命和社会主义革命二者的区别和联系。

（二）联合战线思想的确立及认识限度

在中共一大上曾讨论过共产党与其他党派的关系问题，并有不同意见的争论。最后大会决议："对现有其他政党，应采取独立的攻击的政策。"在政治斗争中，"我们应始终站在完全独立的立场上，只维护无产阶级的利益，不同其他党派建立任何关系"。① 大会之所以做出这样的决定，一是当时共产党人把社会主义革命作为直接目标，不但外国帝国主义者和本国的军阀、官僚是革命的敌人，一切中外资本家也是革命的对象，都在打倒之列，作为无产阶级政党的共产党，对资产阶级性质的政党当然只能"断绝一切联系"，"采取独立的攻击的政策"。二是当时共产党人对中国现有政党（包括中国国民党在内）普遍地没有好感，这与民初以来的政治腐败和政党政治的消极影响分不开的。这说明，"一大"时中国共产党还不了解建立革命联合战线的必要。

1922年1月召开的远东各国共产党及民族革命团体第一次代表大会和共产国际来华代表的具体建议，推动了中国共产党民主联合战线思想的确立。共产国际代表马林最早提出共产党同国民党合作的问题。马林在调查

---

① 《中共中央文件选集》，第1册，8页。

研究的基础上于 1922 年春向中国共产党提出建议：放弃"对于国民党的排斥态度，到国民党中去进行政治活动，通过这一切，会获得通向南方工人和士兵的更方便的门径。党则不需放弃独立"。① 马林的这一建议遭到中共领导人的拒绝。1922 年 4 月 6 日，陈独秀致信共产国际远东局负责人维经斯基，提出反对共产党和青年团加入国民党的六条理由。这反映了当时中国共产党人对国民党的恶感和对马林建议的不理解。1922 年 4 月下旬，少共国际代表达林到达广州。经达林提议，中国共产党于 4 月底 5 月初召开了在广州的党、团负责干部会议。在会上达林力陈"与孙中山以及他的党结成反帝民族革命统一战线"的必要，而结成统一战线的具体形式，就是"共产党加入国民党"。经过讨论，与会者大都同意反帝统一战线的策略，但反对加入国民党。这次会议没有通过具体决议，但同国民党建立联合战线的主张被初步确定下来了。1922 年 5 月 23 日，陈独秀在《共产党在目前劳动运动中应取的态度》中说："共产党、无政府党、国民党及其他党派在劳动运动的工作上，应该互相提携，结成一个联合战线"，如此"才能够指导劳动界作有力的战斗。"②6 月 15 日，中国共产党发表对于时局的主张，明确指出："中国现存的各政党，只有国民党比较是革命的民主派，比较是真的民主派"；但"他们的党内往往有不一致的行动及对外有亲近一派帝国主义的倾向，对内两次与北洋军阀携手"，"这种动摇不定的政策，实有改变的必要"。中国共产党是为无产阶级奋斗的革命党，但"无产阶级在目前最切要的工作，还应该联络民主派共同对封建式的军阀革命，以达到军阀覆灭能够建设民主政治为止"。"中国共产党的方法，是要邀请国民党等革命的民主派及革命的社会主义各团体开一个联席会议，在上列原则的基础上共同建立一个民主主义的联合战线，向封建式的军阀继续战争"。③ 这个对时局的主张，表明了共产党对国民党认识的改变，明确提出了民主联合战线的主张，建议通过召开"联席会议"的方式，建立起同国民党等革命民主派的联合战线。

---

① 《"一大"前后》（一），429 页，北京，人民出版社，1980。
② 《陈独秀文章选编》（中），182 页，北京，生活·读书·新知三联书店，1984。
③ 《中共中央文件选集》，第 1 册，37、45～46 页。

中共二大在制定民主革命纲领的同时，通过了《关于"民主的联合战线"的议决案》。议决案指出："在中国的政治经济现状之下，在中国的无产阶级现状之下，我们认定民主的革命固然是资产阶级的利益，而于无产阶级也是有利益的。因此我们共产党应该出来联合全国革新党派，组织民主的联合战线，以扫清封建军阀推翻帝国主义的压迫，建设真正民主政治的独立国家为职志。我们应该号召全国工人农人在本党旗帜之下去加入此种战争。"同时指出："无产阶级加入此种战争，不是为了民主派的利益，做他们的牺牲，乃是为了无产阶级自己眼前所必须的自由而加入此种战争，所以无产阶级在战争中不可忘了自己阶级的独立组织。"这是对联合战线条件下仍应保持共产党组织和工人运动独立性原则的正确规定。组织联合战线的具体办法和途径是：①共产党邀请国民党和社会主义青年团开一代表会议，商讨如何加邀其他各革新团体及如何进行；②运动倾向共产主义的议员在国会联络真正民主派的议员结合民主主义左派联盟；③在全国各城市集合各团体组织"民主主义大同盟"。① 二大的宣言和这个议决案表明中国共产党正式放弃了一大时排斥任何其他党派，不同其他党派建立任何关系的观点，而确立了"民主联合战线"的方针。但这时在同国民党联合的方式上，仍然主张党外联合，对马林提出的"党内合作"方式仍抱怀疑态度。

1922年6月陈炯明叛变，孙中山领导的护法运动失败。8月，共产国际发出指示，肯定了国共两党实行党内合作的形式。指示认定"国民党是一个革命政党"，要求中共"教育党员保持思想上的独立性"，"在未来的国民党内组成核心"，要以"组织劳工群众作为自己最主要的任务"。② 根据马林的提议，中共中央于1922年8月底举行杭州会议，专门讨论共产党员加入国民党问题。马林在会上反复申述共产党员加入国民党是实现国共联合战线的唯一可行的具体步骤。经过讨论，与会者基本接受了马林的主张。"从这时起，我们党的政治主张有了重大的改变。"③

---

① 《中共中央文件选集》，第1册，65～66页。

② 该指示信内容转载《党史通讯》，1987(2)。

③ 《"二大"和"三大"》，170页，北京，中国社会科学出版社，1985。

北京师范大学史学探索丛书

1923 年 1 月，共产国际执委会做出《关于中国共产党与国民党的关系问题的决议》。决议指出：国民党是"中国唯一重大的民族革命集团"，"它既依靠自由资产阶级民主派和小资产阶级，又依靠知识分子和工人"。"由于中国的中心任务是反对帝国主义者及其在中国的封建代理人的民族革命，而且由于这个民族革命问题的解决直接关系到工人阶级的利益，而工人阶级又尚未完全形成为独立的社会力量"，所以，"年青的中国共产党"与国民党"合作是必要的"。但是，共产党员加入国民党"不能以取消中国共产党独特的政治面貌为代价"，"党必须保持自己原有的组织和严格集中的领导机构"，绝对不能与国民党合并，也绝对不能在民族革命运动中卷起自己的旗帜。[1] 这个决议强调在民族革命运动中国共合作的必要性，以及在国共合作中必须保持共产党原有组织与领导机构，这是正确的，对中国共产党执行国共合作的方针起了推动和指导作用。但是，这个决议对工人阶级的力量估计偏低，认为"尚未完全形成为独立的社会力量"。对国民党则只看到它构成中进步的和中间的成分，没有指出它构成中还包含有大地主、大资产阶级分子甚至军阀、官僚等成分。这种对国民党和工人阶级估计偏高偏低的倾向，不利于联合战线政策的正确执行。

1923 年发生二七惨案，京汉铁路罢工被反动军阀用武力镇压下去了。二七惨案使共产党进一步认识到"工人阶级独立斗争是不能得到胜利的，而还要有各阶级的援助"，"因此工人阶级应联合各阶级引导群众做自由的解放运动"。[2] 从而推进了国共合作的进程。为此，中国共产党于 1923 年 6 月召开第三次全国代表大会，制定国共合作政策。在大会讨论中，发生了激烈的争论。张国焘、蔡和森等承认反帝反封建的国民革命是当前中国革命的重要任务，但是认为共产党还有它的特殊任务，即领导工人运动，同资产阶级做斗争，这两个任务同等重要，应当同时进行。他们反对全体共产党员，特别是产业工人加入国民党，认为那样会取消共产党的独立性，把工人运动送给国民党。他们强调保持共产党的独立性和加强共产党

---

① 见《共产国际有关中国革命的文献资料》，第 1 辑，76～77 页，北京，中国社会科学出版社，1981。

② 《蔡和森的十二篇文章》，41 页，北京，人民出版社，1980。

对工人运动的领导虽然是对的，但是由于脱离了建立统一战线的任务，这样做只能导致孤立自己。同这种看法相反，陈独秀和马林则认为：中国革命目前的任务，只是进行国民革命，不是进行社会主义革命；国民党是代表国民革命运动的党，应成为革命势力集中的大本营；共产党和无产阶级现在都很幼弱，还没有形成一个独立的社会力量；因此，全体共产党员、产业工人都应参加国民党，全力进行国民革命；凡是国民革命的工作，都应当归于国民党，由国民党组织进行，即所谓"一切工作归国民党"，只有这样，才能增强国民革命的力量。这种看法低估了共产党和无产阶级的作用，高估国民党和资产阶级的作用，会使共产党在同国民党合作中降到从属地位，这是错误的。但是，他们强调民主革命是党在当时阶段的中心任务，不要忽视国民党和资产阶级的革命性，主张把一切革命力量汇合起来，实现国民革命，则是正确的。两种意见都有它正确的一面和错误的一面。经过讨论，大会接受了共产国际的建议，决定采取共产党员以个人身份加入国民党的形式实现国共合作。这是当时能够为孙中山和国民党所接受的唯一合作方式。大会通过了《关于国民运动及国民党问题的议决案》。议决案指出：在"半殖民地的中国，应该以国民革命运动为中心工作，以解除内外压迫"。"依中国社会的现状，宜有一个势力集中的党为国民革命运动之大本营，中国现有的党，只有国民党比较是一个国民革命的党"。中国共产党与中国国民党合作，共产党员加入国民党是必要的。"我们加入国民党，但仍旧保存我们的组织，并须努力从各工人团体中、从国民党左派中，吸收真有阶级觉悟的革命分子，渐渐扩大我们的组织，谨严我们的纪律，以立强大的群众共产党之基础"。"我们须努力扩大国民党的组织于全中国，使全中国革命分子集中于国民党，以应目前中国国民革命之需要"。① 这个决议的通过，标志着全体共产党员加入国民党即实行"党内合作"，同时保持共产党组织独立性的国共联合战线方针的最后确定。这个问题的解决，是党的三大的巨大历史功绩。

但是，大会没有提出工人阶级对民主革命的领导权问题。大会认为，

---

① 《中共中央文件选集》，第 1 册，146～148 页。

中国工人阶级尚未成为一个"独立的社会势力","中国国民党应该是国民革命之中心势力，更应该立在国民革命之领袖地位"。① 大会后，陈独秀又发展了这个错误思想。

在半殖民地半封建的中国，革命的敌人异常强大，无产阶级虽然具有坚强的战斗力，但人数很少，没有各革命阶级的联合战斗，不可能把强大的敌人打倒。半殖民地条件下的中国民族资产阶级，具有革命与妥协两重性格。中国无产阶级登上政治舞台以后，资产阶级不是中国革命的领导者了，但它还有革命性，还是革命的动力。无产阶级不但有必要而且有可能与它结成联盟。孙中山是中国民主革命的一面旗帜，国民党虽有各种各样的缺点，但仍是当时力量最强、影响最大的革命政党。中国共产党还是一个幼年的党，力量和影响还很有限。实现同国民党的联合，可以为大力开展工农运动打开一条新的门径。确定"党内合作"的方式，是由当时具体的历史条件决定的。国民党是一个以资产阶级为主体的政党，但组织不严密，成分又十分复杂，需要进行改造，"党内合作"便于共产党人从内部来影响和改造国民党，使之成为广泛的民主革命联盟；同时可以通过国民党这面公开的旗帜，发动群众，推进革命，并壮大自己的力量。当时孙中山也只同意中共党员及青年团员加入国民党，而不承认党外联合。② 可见，不采取加入国民党的办法，联合战线就难以成立。但是，这种"党内合作"的方式又带来了不少复杂的问题。

(三)无产阶级领导民主革命思想的逐渐明确

党的三大决定实行国共合作、共同进行国民革命后，无产阶级在资产阶级民主革命中的地位和作用问题就提出来了。共产国际执委会曾为中共三大的召开在 1923 年 5 月发来了指示，指出："不言而喻，领导权应当归于工人阶级的政党。"③但是，中共中央直到 7 月中旬才收到这一指示，此时，中共三大已经闭幕。大会没有提出工人阶级争取民主革命的领导权的问题。但当时在这个问题上，党内的认识并不是完全一致的。

---

① 《中共中央文件选集》，第 1 册，165 页。
② 《"二大"和"三大"》，521～522 页。
③ 《中共中央文件选集》，第 1 册，586。

陈独秀在中共三大前后写了若干文章，强调指出：当前最急需要做的是打倒军阀打倒帝国主义的国民革命，而不是社会主义革命。这种特殊形式的革命——国民革命，"是殖民地半殖民地的政治及经济状况所自然演成的。"①他还指出："殖民地半殖民地的国民革命，其性质其结果不是属于一个国家的革命，乃是世界的革命；不仅是民主主义对于军阀的革命，还是平民主义对于国际帝国主义的革命"。"所以殖民地、半殖民地幼稚的劳动阶级和幼稚的社会主义者，要想在推翻帝国资本主义的世界革命中，做他能做的工作，除了国民革命运动，还有何路可走？"②他反复说明，各民主阶级的革命力量必须集合起来，以国民党为中心，形成广大的群众运动，才能取得胜利。共产党人不可轻视这一革命的重大意义，不可有贪图超越现实的空想，而要"一心不乱的干国民革命。"③陈独秀的这些主张，对于帮助党员投身国民革命是有积极作用的。但是，陈独秀对民主革命中无产阶级地位的认识，表现了很大的动摇。二七惨案后，随着工人运动走向低潮，他对工人运动抱着消极悲观的态度，由重视无产阶级转为重视资产阶级。他认为："产业幼稚的中国，工人阶级不但在数量上是很幼稚，而且在质量上也很幼稚"，"所以不能成为一个独立的革命势力"。"工人阶级在国民革命中固然是重要分子，然亦只是重要分子而不是独立的革命势力。"他也讲资产阶级幼稚，但认为"资产阶级的力量究竟比农民集中，比工人雄厚"。他认为："在普通形势之下，国民革命的胜利，自然是资产阶级的胜利。"陈独秀对中国社会各阶级的分析和对民主革命的认识不可能提出民主革命中无产阶级领导权问题。

与陈独秀的观点不同，在中共三大前夕，瞿秋白为党中央理论刊物《新青年》季刊写了发刊宣言——《〈新青年〉之新宣言》。宣言说："无产阶级在社会关系之中，自然处于革命领袖的地位。""中国的真革命，乃独有劳动阶级方能担负此等伟大使命"，"即使资产阶级的革命，亦非劳动阶级

bibliography
---

① 《陈独秀文章选编》（中），362 页。

② 《陈独秀文章选编》（中），302～303 页。

③ 陈独秀：《中国国民革命与社会各阶级》（1923-12-1），载《前锋》，第 2 号。

为之指导，不能成就"。① 这是中国共产党人中关于无产阶级领导民主革命思想的最早表述。1923年9月23日，瞿秋白又写了《自民权主义至社会主义》。他指出："中国客观的政治经济状况及其国际地位，实在要求资产阶级式的革命"；中国共产党应当"勉力栽培无产阶级之组织及训练的根本，而同时在总的民权运动中勉力做主干"，"劳工阶级在国民革命的过程中因此日益取得重要的地位，以至于指导权"。无产阶级的最近目标，是"平民之革命民主的独裁制"，"最后目标在社会主义"，"到国民革命的最高度，很可以与世界革命合流社会主义"。② 瞿秋白提出"民权革命中无产阶级领导革命的问题"是正确的，但在该文中已含有"一次革命论"的思想成分。

邓中夏对工人阶级在民主革命中地位的估计更前进了一步。他在1923年12月写的《论工人运动》中说：在国民革命中，"最重要的主力军，不论现在或将来，总当推工人的群众居首位"。③

1923年11月，中共三届一中全会在讨论与国民党关系时，曾指出："我们的同志在国民党中为一秘密组，一切政治的言论行动，须受本党之指挥"。"我们预须努力站在国民党中心地位，但事实上不可能时，断不宜强行之"。④ 1924年1月，国共合作正式成立后，中共对与国民党的关系是采取"扶助"、"督促"，"尽力避免不必要的冲突"的态度。⑤ 当时，许多共产党员对国民党的复杂情况认识不足，对在国民党内如何工作又缺乏经验，因而在实际活动中出现一些过于忍让迁就的右的偏差。为了总结经验，1924年5月，中共在上海召开中央执委会扩大会议。会议通过了《共产党在国民党内的工作问题议决案》。会议强调要坚持国民党一大宣言中的革命政纲，以这个政纲作标准来正确对待国民党左右派之间的斗争。决议指出："照现在的状况看来，国民党的左派是孙中山及其一派和我们的

---

① 《瞿秋白文集——政治理论编》，第2卷，6～12页，北京，人民出版社，1988。

② 《瞿秋白文集——政治理论编》，第2卷，193～226页。

③ 《邓中夏文集》，42页，北京，人民出版社，1983。

④ 《中共中央文件选集》，第1册，200～201页。

⑤ 《中共中央文件选集》，第1册，223页。

同志——我们同志其实是这派的基本队；因此所谓国民党左右派之争，其实是我们和国民党右派之争。所以假使现在我们因为巩固扩大国民党起见而取调和左右派的政策，那就是一种错误。"①中央局报告还说："我们的政策是：①向目前的左倾分子宣传，使他们左倾观念坚固不至摇动；②向国民党员中工人学生宣传，使之左化；③努力介绍革命分子进国民党，以增加左派的势力；④在一般社会做反帝国主义之广遍的宣传，以迫全[令]国民党全体左倾，此层更是根本政策。"②这次会议，对纠正党对国民党工作中的偏差起了积极作用。7 月 21 日，中共发出《中央通告第十五号——对国民党右派的斗争》，提出对国民党右派做斗争的五条意见，其中第四条说："须努力获得或维持'指挥工人农民学生市民各团体的实权'在我们手里，以巩固我们在国民党左翼之力量，尽力排除右派势力侵入这些团体。"③这表明对这个问题党的认识比三大时有了提高。

1924 年上半年，共产国际东方部和中共旅莫斯科支部讨论了中国革命问题，认为工人阶级应该是中国国民革命的领导者。中共旅莫斯科支部书记彭述之回国后，带回了他们讨论的意见。他于 1924 年 12 月发表《谁是中国国民革命之领导者?》，具体分析了中国资产阶级和无产阶级的状况及其他阶级的"利益之趋向"，得出结论说："中国的国民革命，只有中国的工人阶级配作领导者，也只有它能作领导者。"彭述之认为无产阶级的革命性、觉悟力都是"天然的"，所以无产阶级"天然是国民革命的领导者"。这里从历史的规律上认定了无产阶级居于革命领导地位的必然性。几乎和彭述之发表文章同时，邓中夏发表了《我们的力量》一文，把领导权问题提得更明确了，他说："中国将来的社会革命的领袖固然是无产阶级，就是目前的国民革命的领袖亦是无产阶级。"④

在共产国际和党内其他领导人的推动下，同时由于二七惨案后跌入低潮的工人运动从 1924 年起又重新恢复和发展起来，陈独秀对工人阶级的认

北京师范大学史学探索丛书

---

① 《中共中央文件选集》，第 1 册，230～231 页。
② 《中共中央文件选集》，第 1 册，253 页。
③ 《中共中央文件选集》，第 1 册，283 页。
④ 《中国工人》，第 2 期。

识也有了提高。他在 1924 年 12 月写的《二十七年以来国民运动中所得教训》一文说："二十余年来国民运动给我们的总教训是：社会各阶级中，只有人类最后一阶级——无产阶级，是最不妥协的革命阶级，而且是国际资本帝国主义之天然对敌者；不但在资本帝国主义国家的社会革命他是主力军，即在被资本帝国主义压迫的国家之国民革命，也须他做一个督战者"，"督促一切带有妥协性的友军"，向外国帝国主义者及其走狗"进攻"，"才能够达到国民革命之真正目的——民族解放"。① 陈独秀的认识同其他领导人比还有距离，但毕竟前进了一步。这为随后召开的中共四大统一全党的认识，创造了条件。

1925 年 1 月召开的中国共产党第四次全国代表大会更充分地说明了无产阶级在民族革命运动中的地位问题。大会通过的《对于民族革命运动之议决案》指出："中国民族革命运动，是十月革命后广大的世界革命之一部分"。它既"是一个资产阶级性的德谟克拉西革命"，又"含有社会革命的种子"；因此"无产阶级参加民族运动，不是附属资产阶级而参加，乃是以自己阶级独立的地位与目的而参加"。决议分析了中国社会各阶级在民族革命运动中的政治态度，特别指出上层阶级富于妥协性，"最受压迫而最有集合力的无产阶级是最有革命性的阶级"；"中国的民族革命运动，必须最革命的无产阶级有力的参加，并且取得领导的地位，才能够得到胜利"。决议总结了一年来国共合作的经验教训，指出无产阶级在民族革命运动中既要反对"左"的倾向，也要反对右的倾向，特别指出右的倾向是当时党内主要的危险。共产党要在国民党内和党外坚持彻底的民主革命纲领，保持自己的独立性。"在思想上组织上尤其是在民众宣传上扩大国民党的左派"。对于国民党中派要"纠正其右倾政策之错误"，"使之离开右派，从事不妥协的争斗"。对右派要"指摘"其"和帝国主义妥协和反动的军阀妥协和买办地主阶级妥协及压迫农工一切劳动平民的每个反革命事实"。② 在党的全国代表大会的决议中明确肯定无产阶级在民主革命中的领导权，是新民

---

① 《陈独秀文章选编》（中），620 页。
② 《中共中央文件选集》，第 1 册，329～341 页。

主主义革命理论发展史上的重大进步，是党系统总结二大以来的革命经验，探索中国革命规律进程中的重大进步。但是，领导权的完整含义是什么？它的具体内容包括哪些方面？无产阶级怎样去实现对资产阶级民主革命的领导？这仍然需要继续探索。

(四)对农民问题重要性的认识

在中国共产党成立后不久，即有少数共产党人开始从事农民运动。1921年9月27日在浙江省萧山县成立的"衙前农民协会"，是中国共产党领导的第一个农民协会。1922年6月，彭湃在广东海丰开始从事农民运动，1923年元旦，成立了海丰县总农会。这是中国现代史上第一个县级农会。

中共二大宣言指出："中国三万万的农民，乃是革命运动中的最大要素。"宣言把农民分为三类：富足的农民地主；独立耕种的小农；佃户和农业雇工。第二、第三两种的贫苦农民至少也占百分之九十五。"如果贫苦农民要除去穷困和痛苦的环境，那就非起来革命不可。而且那大量的贫苦农民能和工人握手革命，那时可以保证中国革命的成功"。[①] 1922年11月，中共中央起草的《中国共产党对于目前实际问题之计划》，专门列了"农民问题"一项，指出："无产阶级在东方诸经济落后国的运动，若不得贫农群众的协助，很难成就革命的工作。"农业是中国国民经济之基础，农民至少占全国人口百分之六十以上，其中占农民半数的佃农，"自然是工人阶级最有力的友军"，中国共产党"不应忽视"它。"中国共产党若离开了农民，便很难成为一个大的群众党"。[②] 这是中国共产党对农民问题的最初认识。

1923年6月瞿秋白为党的三大起草的中国共产党党纲草案认为，农民占中国人口百分之七十以上，"占非常重要地位，国民革命不得农民参与，也很难成功"。[③] "三大"通过了《农民问题决议案》认为："有结合小农佃户及雇工以反抗牵[宰]制中国的帝国主义者，打倒军阀及贪官污吏，反对地

---

① 《中共中央文件选集》，第1册，113页。
② 《中共中央文件选集》，第1册，124页。
③ 《中共中央文件选集》，第1册，138～139页。

痞劣绅，以保护农民之利益而促进国民革命运动之必要。"①

　　党的三大之后，陈独秀、邓中夏等发表文章，论述对农民问题的认识。陈独秀1923年7月在《前锋》创刊号上发表了《中国农民问题》一文。他认为："在经济落后的殖民地半殖民地，不但农民占全人口之大半数，其国民经济之真正基础，还是农业；在这些地方之各种革命都不可忽视了农民的力量。"但同时他又认为：中国是自耕农居多数的国家，"不容易发生社会革命的运动"，在目前只是"国民革命之一种伟大的潜势力"。② 12月陈独秀在《前锋》第二期上发表《中国国民革命与社会各阶级》一文。他虽然在理论上认为："中国之国民革命若不得农民之加入，终不能成功一个大的民众革命。"但他又认为："农民居处散漫势力不易集中，文化低生活欲望简单易于趋向保守，中国土地广大易于迁徙而难苟安，这三种环境是造成农民难以加入革命运动的原因"。"然而外货侵入破坏农业经济日益一日，兵匪扰乱。天灾流行，官绅鱼肉，这四种环境却有驱农民加入革命之可能。"③邓中夏是从事工人运动的，但对农民运动很支持。他主张："我们现在要积极分出精力来做农民运动。"他不指名地批评了中国农民"不容易唤醒起来"，"不容易组织起来"的观点。他说："事实可以证明中国农民并不是不可以唤醒与组织"，事实更"可知中国农民都已动了，只盼我们同志投身其中去做有计划的宣传与组织运动，不愁不成为我们革命的一个有力的军队"。④ 1923年12月，他又写了专论农民运动的文章认为："固然农民的思想保守，不如工人之激进；农民的住处散漫，不如工人之集中；在理论上讲，农民革命似乎希望很少。但是我们如从实际上看，中国农民在……种种恶劣的环境的当中、生活的困苦、家庭的流离，何时何地不是逼迫他们走上革命的道路。所以我们敢于断定中国农民有革命的可能"。"中国农民已到了要革命醒觉时期了"，"我们要做农民运动是刻不容缓的

---

① 《中共中央文件选集》，第1册，151页。
② 《陈独秀文章选编》(中)，312页。
③ 《中共中央文件选集》，第1册，598页。
④ 《邓中夏文集》，32页。

事了"。① 邓中夏对农民革命性的估计比较全面。1923 年 11 月，中国共产党召开三届一中全会，在讨论国民运动计划时指出："农民在中国国民运动中是最大的动力。"②

1924 年国共合作建立后，有了公开进行农民运动的条件，农民运动迅速开展起来。1925 年 1 月召开的党的四大明确提出：农民"天然是工人阶级之同盟者"。③ "中国共产党与工人阶级要领导中国革命至于成功，必须尽可能地系统地鼓动并组织各地农民逐渐从事经济的和政治的争斗。没有这种努力，我们希望中国革命成功以及在民族运动中取得领导地位，都是不可能的。"④中国共产党提出工农联盟的思想是探索中国革命规律进程中的重大进步。1925 年 7 月，中共提出：农民"有武装自卫之权"。⑤ 10 月召开的中共中央执行委员会扩大会议指出："中国共产党对于农民的要求，应当列成一种农民问题政纲，其最终的目标，应当没收大地主军阀官僚庙宇的田地交给农民"。"没收土地的问题是革命中的重要问题"，"如果农民不得着他们最主要的要求——耕地农有，他们还是不能成为革命的拥护者"。"中国共产党应当使一般民主派知道没收土地是不可免的政策，是完成辛亥革命的一种重要职任"。会议强调共产党只有和农民"结合巩固的同盟，才能尽自己的历史上的职任"。⑥ 这是中国共产党第一次提出在政纲中列入解决农民土地问题的要求，具有重大的理论意义和现实意义。10 月 10 日，中国共产党发表《告农民书》说："亲爱的农友们，你们要解除你们的困苦与逼迫，只有大家起来结团体，组织农民协会，再由协会组织农民自卫军"。"解除农民的困苦，根本是要实行'耕地农有'的办法，就是谁耕种的田地归谁自己所有，不向地主缴纳租课；此外，废止盐税和厘金，关系农民生计也非常之大"。⑦ 李大钊著文考察了中国农民破产日益严重的趋

---

① 《邓中夏文集》，50～52 页。
② 《中共中央文件选集》，第 1 册，201 页。
③ 《中共中央文件选集》，第 1 册，333 页。
④ 《中共中央文件选集》，第 1 册，358 页。
⑤ 《中共中央文件选集》，第 1 册，430 页。
⑥ 《中共中央文件选集》，第 1 册，462～463 页。
⑦ 《中共中央文件选集》，第 1 册，509～517 页。

势，并指出："在这种情形之下，'耕地农有'便成了广众的贫农所急切要求的口号。"①

1926 年 5 月，中共领导召开的广东省第二次农民代表大会专门做出《农民运动在国民革命中之地位决议案》，指出："半殖民地的中国国民革命便是一个农民革命"。"农民问题是国民革命中的一个中心问题，国民革命能否进展和成功，必以农民运动能否进展和成功为转移"。9 月，毛泽东为《农民问题丛刊》写序，题为《国民革命与农民运动》。文章开头即强调："农民问题乃国民革命的中心问题。"他深刻地指出：在经济落后的半殖民地的中国，封建地主阶级"乃是国内统治阶级国外帝国主义之唯一坚实的基础，不动摇这个基础，便万万不能动摇这个基础的上层建筑"。"全国大小军阀都是地主阶级……挑选出来的首领"。中国革命的最后结局"不是帝国主义军阀的基础——土豪劣绅贪官污吏镇压住农民，便是革命势力的基础——农民起来镇压住土豪劣绅贪官污吏"。毛泽东抓住了中国社会的一个最本质的内容——地主阶级是国内外反动势力的根基，从而更深刻地揭示了农民问题是革命的中心问题的意义。

(五)新的民主革命基本公式的提出

五卅运动把中国革命推向高潮，中国社会各阶级的政治态度都在五卅运动中表现出来，革命统一战线内部争夺领导权的矛盾也日益显露。生动丰富的革命实践为中国共产党人进一步探讨中国革命的基本问题和规律性提供了条件，同时也把许多缺乏现成答案的新问题摆到中国共产党人的面前。从五卅运动到 1926 年上半年，中共中央的一些会议和党的一些领导人李大钊、毛泽东、蔡和森、瞿秋白、邓中夏、周恩来、恽代英等，对中国革命基本问题做了多方面的思考和探索，把马克思列宁主义和中国实际进一步结合起来，使党对中国革命基本问题的认识提高到一个新水平。

1. 对革命性质的论述

从党的二大提出中国革命分民主主义和社会主义两步走的思想之后，这个中国现阶段的民主主义革命与历史上欧美国家的资产阶级革命以及与

---

① 《李大钊选集》，532 页。

中国辛亥革命的区别问题，就成为中国共产党人思考和探索的一个重要问题。

1922 年 9 月，陈独秀以"国民革命"来代替"民主革命"这个口号，就是要从革命基础的广泛性上把中国民主革命与欧美纯资产阶级的革命区别开来。蔡和森在 1923 年对包括中国革命在内的殖民地半殖民地资产阶级民主革命与十八、十九世纪欧美资产阶级民主革命的区别点，做了如下论述："各资本主义先进国的民主革命，可以说完全是对内的革命，他的敌人只有一个，就是封建阶级；殖民地及半殖民地的革命则不然，不仅是对内的革命而且是对外革命，他的敌人有两个，一是封建阶级，一是外国帝国主义。"殖民地半殖民地的革命运动"已不是纯粹资产阶级民主革命的问题，事实上业已变成国民革命(亦可称民族革命)的问题"。其"特性就是：一面打倒国内的封建势力，一面反抗外国帝国主义"。① 1926 年 1 月，毛泽东发表的《国民党右派分离的原因及其对于革命前途的影响》一文，对这个问题作了进一步考察。他指出：欧美日本各国的资产阶级革命，"乃资产阶级一阶级的革命"，"其对象是国内的封建贵族"，"其目的是建设国家主义的国家即资产阶级一阶级统治的国家"，"其终极是发展了全世界的殖民地半殖民地造成了国际资本帝国主义"。而中国的国民革命"乃小资产阶级半无产阶级无产阶级这三个阶级合作的革命"，"其对象是国际帝国主义"，"其目的是建设一个革命民众合作统治的国家"，"其终极是要消灭全世界的帝国主义建设一个真正平等自由的世界联盟"。② 毛泽东还分析了国民革命与辛亥革命不同之点。瞿秋白也对国民革命的特点作了分析，指出：在帝国主义时代，也就是社会革命开始的时代，殖民地弱小民族里的国民革命，"必定含孕着无产阶级革命的种子"，"在国际范围内，这不过是世界无产阶级革命的一部分；在一国范围内，虽然性质上还是资产阶级的，而在革命力量上，却大半须以无产阶级为主力军"。③ 尽管这时共产党人还没有提出新民主主义革命这个概念，但他们已经开始从时代条件、革命的领

① 蔡和森：《中国革命运动与国际之关系》，载《向导》，第 23 期。
② 《政治周报》，第 4 期，1926 年 1 月。
③ 《瞿秋白文集——政治理论编》，第 3 卷，459 页。

导力量和主力军以及革命目标等根本问题上，把这个革命同以往的资产阶级民主革命区别开来。这就为党后来明确提出新民主主义革命的理论提供了思想基础。

2. 对资产阶级的分析

在中国革命中，怎样认识和对待资产阶级，是一个复杂问题。陈独秀在 1923 年 4 月写过一篇《资产阶级的革命与革命的资产阶级》。他把中国资产阶级分为"革命的资产阶级"、"反革命的资产阶级"、"非革命的资产阶级"三部分。主张"容纳革命的资产阶级"，"提携中立"的"非革命的资产阶级"，而对"反革命的官僚资产阶级"，"绝对不可和他们妥协"，"和革命的资产阶级合作"，"是中国无产阶级目前必由之路"。[1] 12 月，陈独秀又写了《中国国民革命与社会各阶级》一文。他说：在殖民地半殖民地，除"商业工业资产阶级而外"，"每每还有一种官僚资产阶级"，"他不但是不革命的，而且是反革命的"。"工商业幼稚的资产阶级，他的懦弱心理，自然不容易赞成革命"，但产业发展到一定程度，自然会促起他们"趋向革命"。因此，陈独秀认为"殖民地半殖民地的各社会阶级固然一样幼稚，然而资产阶级的力量究竟比农民集中、比工人雄厚，因此国民运动若轻视了资产阶级，是一个很大的错误观念"。[2]

在五卅运动中，民族资产阶级政治上的两面性得到较多的展现，从而为共产党人对民族资产阶级的特性进行较深入的剖析提供了客观条件。

恽代英在五卅运动后指出："资产阶级做事，只问于自己利益有何关系，他一方挟无产阶级以与帝国主义争自己的利益，一方挟帝国主义以制无产阶级使不敢动摇自己的权利"。[3]"工业资产阶级与国货商人，为自己利益是爱国的，他们是热心收回海关、抵制外国经济侵略的，但因为人少而资本又每与军阀、帝国主义有关系，故每懦弱而妥协"。[4] 邓中夏总结五卅运动经验教训说："本来资产阶级在争政权或反对国内外压迫势力于他

---

① 《陈独秀文章选编》(中)，254～259 页。

② 《陈独秀文章选编》(中)，363～365 页。

③ 《恽代英文集》下卷，737 页，北京，人民出版社，1984。

④ 《恽代英文集》下卷，836 页。

们自己有利益的时候，会与工人阶级携手的，……可是一达到自己阶级利益或工人行动与自己利益冲突时，则压迫无产阶级之事便发生了。"他们"宁可抛弃民族利益而与敌人妥协"。① 瞿秋白写了许多文章，着重揭露资产阶级的妥协性。他说：资产阶级"只顾私利而破坏联合战线"。② 资产阶级"只求自己利益的满足，而赶紧要和帝国主义者妥协"。③ 他总结五卅运动的经验说：五卅运动"是在经验上证明国民革命中资产阶级的妥协性和小资产阶级的犹豫畏怯，足以破坏联合战线而使革命运动失败，同时，也就证明无产阶级在国民革命中取得指导权之必要"。④

1925 年 12 月 1 日，毛泽东在《中国社会各阶级的分析》中对民族资产阶级作了更深刻的剖析。他指出：中产阶级"代表中国城乡资本主义的生产关系"。中产阶级主要是指民族资产阶级，"他们对于中国革命具有矛盾的态度：他们在受外资打击、军阀压迫感觉痛苦时，需要革命，赞成反帝国主义反军阀的革命运动，但是当革命在国内有本国无产阶级的勇猛参加，在国外有国际无产阶级的积极援助，对于其欲达到大资产阶级地位的阶级的发展感觉到威胁时，他们又怀疑革命。其政治主张为实现民族资产阶级一阶级统治的国家"。其右翼在革命斗争加紧时一定很快地跑入帝国主义军阀的队伍，和买办阶级做很好的伙伴；其左翼在某种时候颇有革命性，但极易妥协，不能持久，因此可以把他当做我们的朋友，但"要时常提防他们，不要让他们扰乱了我们的阵线"。⑤ 毛泽东对民族资产阶级所做的分析，比较客观地反映了当时阶级斗争的实际状况，为党正确处理同民族资产阶级的关系，提供了重要的依据。

五卅运动后，共产党人认识到必须同资产阶级争夺领导权。怎样与资产阶级争夺革命领导权呢？1926 年 7 月召开的中共中央扩大会议对此做了回答。第一，是对"各种社会势力及其趋向"做出恰当的估计，采取正确的

北京师范大学史学探索丛书

---

① 《邓中夏文集》，213～214 页。

② 《瞿秋白文集——政治理论编》，第 3 卷，311 页。

③ 《瞿秋白文集——政治理论编》，第 3 卷，354 页。

④ 《瞿秋白文集——政治理论编》，第 3 卷，429 页。

⑤ 《毛泽东选集》，第 2 版，第 1 卷，4、9 页。

政策。扩大会议把现时中国社会势力划分为四种：第一，军阀买办官僚新旧士绅之反赤运动；第二，工农群众及急进的知识者之革命运动；第三，中小商人(小资产阶级)之反抗运动；第四，资产阶级的改良运动。

在这四种势力中，"工农群众是革命的基本力量"。对小资产阶级(中小商人)，"应该拉拢他们"，以免工农阶级"陷于孤立"。对资产阶级应该努力促进其"革命化"，"明知其为将来之敌人，或者即是一年或三年后之敌人，而现在却不可不视为友军，且为有力之友军，以共同打倒国外的敌人(帝国主义)和国内的敌人(半封建势力)"。① 第二，是在国民党内执行正确的策略。在国共合作成立初，共产党曾把国民党内的各种势力划分为左、中、右三派，采取扩大左派、指摘中派之游移、抵御右派进攻的策略。1925 年 10 月的中央执委会扩大会议，根据形势变化做出新的分析，认为"从前的所谓中派，一部分是现在的左派，一部分变成了新右派"，"所以此时的国民党，只有左右两派"。② 共产党员应称作"共产派"。1926 年 7 月的中央扩大会议进一步把"国民党内部之分化"，与前面所讲社会上"四种社会势力"相对应，认为"反动的右派"代表第一种；"共产派"代表第二种；"左派"代表第三种；"新右派"(即中派)代表第四种。"我们对于国民党的态度应该与对全国各种社会势力之政策是一致的"，就是"联合左派并中派向反动的右派进攻"。对左派我们只能"扶助"而不能"替代"，对中派只能联合左派"控制"它，"使之左倾""而不能希图消灭"，"有时还需要扶助中派"。我们要"和左派国民党结合强大的斗争联盟，以与资产阶级争国民运动的指导，如此才能保证无产阶级政党争取国民革命的领导权"。"所以现时我们在国民党内的政策，应当是：扩大左派，与左派密切的联合，和他们共同的应付中派，而公开的反攻右派"。③ 中央扩大会议确定的既同资产阶级结成联合战线、又要与资产阶级争夺领导权的方针，以及在国民党内与左派结成强大的斗争联盟，以此保证无产阶级政党领导地位的政策，无疑是正确的。但是，当时握得国民党实权的是以蒋介石为代表的

---

① 《中共中央文件选集》，第 2 册，166～169 页。
② 《中共中央文件选集》，第 1 册，490 页。
③ 《中共中央文件选集》，第 2 册，174～178。

新右派势力，即所谓"武装的中派"，中共中央恰恰是对这一右翼势力的反动本质和它向共产党进攻的严重性缺乏清醒的估计，也没有采取切实有效的反击措施。当时，就全党来说，对"领导权"含义的理解带有很大的片面性，"仅仅指群众运动中的领导权，至于政权与军权是在无产阶级领导以外的"。① 当时也有少数共产党人提出无产阶级争夺领导权不能局限在群众运动方面，还应当重视政权和武装问题。

3. 对政权问题的认识。

瞿秋白为党的三大起草的党纲草案提出："以革命的方法建立真正平民的民权。"②1925 年 10 月召开的中共中央扩大会议指出："最近的革命运动，当然不仅是反对帝国主义，而且是力争革命民众政权的实现"；"革命民众政权之建立和中国之统一，是全国各阶级共同的口号"。③ 在中共中央文件里，"革命民众政权"和"革命平民政权"是同义语。而所谓"民众政权"、"平民政权"，通常是指工人阶级、农民、城市小资产阶级的联合政权。五卅运动后，瞿秋白在他写的文章中较多地谈到平民政权，并提出了"实现平民的政权"、"建立统一的真正平民共和国"等口号。瞿秋白所说的"平民政权"是不包括资产阶级在内的。当时有少数共产党人在探索无产阶级争夺民主革命领导权时接触到了政权问题。邓中夏曾明确写道："我们对于国民革命，即为了取得政权而参加的"，但是"政权不是从天外飞到我们工人手中的，是要我们从实际政治斗争去一点一滴的以至于全部的取得"。他强调指出："政权我们不取，资产阶级会去取的。""假使我们不努力，听资本家安然去取得一切权力，那末我们将来的命运一定更要坏。""无产阶级因无政权的缘故，目前固踏践在帝国主义和军阀的铁蹄下，将来必箝束在新兴资产阶级的铁网里，其痛苦永不能解除，幸福永不能够得到。"无产阶级从事国民革命，只有参加政权，才能"防范资产阶级在革命中之妥协软化，并制止其在革命后之政权独揽"，并"为将来建设'工人政

① 瞿秋白：《论中国革命中之三大问题》，见《瞿秋白文集——政治理论编》，第 4 卷，594 页。

② 《中共中央文件选集》，第 1 册，139 页。

③ 《中共中央文件选集》，第 1 册，463～464 页。

府'或'无产阶级专政'预为准备"。①

4. 对武装斗争问题的认识。

当时共产党还缺乏对武装斗争在中国革命中极端重要地位的认识，往往专做工农运动而忽视军事工作。但随着革命运动的进展，一些共产党人的认识也在逐渐提高。1925 年 6 月，周恩来在随军东征回师途中向黄埔军校作题为《军队中政治工作》的演讲。他指出：阶级分为压迫与被压迫阶级，凡压迫阶级都是维护其自身利益的。军队"是工具不是一个阶级"，"压迫者拿这工具去压迫人"，被压迫阶级觉悟的时候"也可利用这工具去反抗他们的压迫者，推翻压迫者的势力"，"造成他本身的武力，达到世界革命的成功"。因此，"军队的组织更有重大的意义！这军队便是实现我们理论的先锋"。② 1925 年 7 月，中国共产党提出："农民工人有武装自卫之权。"③1925 年 9 月，中共中央扩大会议讨论了武装工人阶级的问题，提出要"有组织地去预备武装工人阶级中最勇敢忠实的分子"，"继续扩大工人自卫军的组织"。④ 1926 年 4 月瞿秋白所写《中国革命中之武装斗争问题》一文，比较系统地阐述了武装斗争和革命军队的问题。他指出：中国人民已经以示威、抵制、罢工等方式进行斗争，"但是，从'五四'、'二七'、'五卅'、'三一八'和广州战争直到现在，革命的波澜旋起旋落地昂然前进。运用这种斗争方式，已经到了武装直接决战的准备时期，已经到了将近决死战争的时机"。"尤其在这一时期，革命战争是主要的方式"。其他方式都是直接的或间接的做革命战争的准备。瞿秋白还指出："中国国民革命里极端需要革命的正式军队"，草创的民间武装和民间的武装暴动，始终难以战胜强大的敌人，必须编制和训练工人、农民、小资产阶级群众组成正式的革命军队。他说："政治上以革命民众的政党为主体，军事上以正式的革命军队为主体，从事于革命的作战……而后中国平民才有彻底

---

① 《邓中夏文集》，127～131 页。

② 周恩来：《军队中政治工作》(1925-6-2)，转引自《周恩来年谱》，77 页，北京，人民出版社、中央文献出版社，1989。

③ 《中共中央文件选集》，第 1 册，430 页。

④ 《中共中央文件选集》，第 1 册，469 页。

解放的希望。"①这是党内最早专门论述武装斗争问题的著作，它为后来党探索中国革命道路做出了开拓性的理论贡献。

5. 关于农民问题。

党的四大肯定农民是无产阶级的同盟者。五卅运动后期，由于民族资产阶级动摇妥协而使工人陷于孤立的痛苦经验，"更证明农民斗争的奋起，是国民革命成功所必不可少的条件，是工人阶级最需要最靠得住的同盟军"。农民同盟军思想的提出，对新的民主革命基本公式的形成具有重大意义。

以上几个方面的论述，初步构成了关于中国新的民主革命的一些基本设想，这就是：无产阶级领导农民及其他小资产阶级，争取部分民族资产阶级，进行反对帝国主义、反对封建主义的民主革命斗争，推翻以军阀政权为代表的帝国主义和大买办、大地主阶级的反动统治，建立各革命阶级的联合专政；在中国所处国际国内的历史条件下，民族资产阶级企图领导这个革命达到胜利，建立资产阶级专政，是行不通的；这个革命作为世界无产阶级革命的一部分，将为中国走向社会主义准备条件。这些设想，是当时中国共产党的许多重要成员分别在各自的探索中提出的。虽然他们提出的这些思想中还有不确切、不完备的地方，彼此间的认识也不完全一致，然而，这些设想是中国共产党人努力"应用马克思主义于中国国情的工作"②的宝贵成果，对于后来完备的新民主主义革命理论的形成，具有重大的首创意义。

(六)革命"非资本主义前途"的讨论

中国革命的前途是社会主义，这在共产党人中间是不成问题的。中国共产党人所讨论的中国革命前途问题，实际是民主革命同社会主义革命的关系问题，也就是民主革命向社会主义革命转变的问题。

党的二大认为："我们无产阶级有我们自己阶级的利益，民主主义革命成功了，无产阶级不过得着一些自由与权利，还是不能完全解放。而且

---

① 《瞿秋白文集——政治理论编》，第4卷，50、51、60、62页。

② 《〈瞿秋白论文集〉自序》，见《瞿秋白文集——政治理论编》，第4卷，415页。

北京师范大学史学探索丛书

民主主义成功，幼稚的资产阶级便会迅速发展，与无产阶级处于对抗地位。因此无产阶级便须对付资产阶级，实行'与贫苦农民联合的无产阶级专政'的第二步奋斗。如果无产阶级的组织力和战斗力强固，这第二步奋斗是能跟着民主主义革命胜利以后即刻成功的。"①这里明确地指出，中国革命要分为民主主义和社会主义两步走，并论述了二者的关系。

中共三大前后，陈独秀写文章分析中国社会各阶级及其在革命中的地位和作用，认为："在普通形势之下，国民革命的胜利，自然是资产阶级的胜利"，国民革命成功后，"自然是资产阶级握得政权。"②这个观点后来发展成为"二次革命论"。"三大"之后，瞿秋白写了《自民权主义至社会主义》的文章，他在阐明国民革命的指导权属于无产阶级这一思想的同时，提出："劳工阶级的最后目标在社会主义，那么，到国民革命的最高度，便可以与世界革命合流而直达社会主义。"③这是"一次革命论"的最早表述。

党的四大，原来决议草稿上有"中国革命前途是非资本主义前途"的话，但讨论后删掉了。④"四大"之后，党的一些领导人继续思考着这个问题。1926年9月，陈独秀在《我们现在为什么争斗？》一文中，一方面认为"国民革命成功之后之建设时期"，"必然是革命的民主的民众政权"；另一方面又认为："在那时革命的民主的民众政权之下，中国的资本主义当然要发展起来，也只有到那时，真正中国的资本主义才能够自由发展。我们不是乌托邦的社会主义者，决不幻想不经过资本主义，而可以由半封建的社会一跳便到社会主义社会。不过那时的中国资本主义，已经经过国民革命的洗礼，已经是民族的民主的资本主义，他的发展影响到全民族的经济生活。"⑤瞿秋白在五卅运动之后认为："革命虽然是资产阶级的，胜利却不会是资产阶级的。"⑥如果由资产阶级来领导革命，它很快便会和敌人妥协。

---

① 《中共中央文件选集》，第1版，114～115页。

② 《中共中央文件选集》，第1版，599、603页，北京，中共中央党校出版社，1989。

③ 《瞿秋白文集——政治理论编》，第2卷，221页。

④ 《维经斯基在中国的有关资料》，428页。

⑤ 《陈独秀文章选编》（下），264页，北京，生活·读书·新知三联书店，1984。

⑥ 《瞿秋白文集——政治理论编》，第4卷，39页。

他还指出：现在已经是帝国主义和开始社会主义革命的时代，因此"弱小民族及殖民地上的幼稚的私人资本主义，便根本无继续发展之必要与可能"，可以由劳动平民组织的国家有计划的发展经济，以渐进于社会主义和共产制度。他认为这是"适合于中国的国情"的。[①] 他反复强调中国民主革命是"行向共产主义的第一步"。[②]

1926年底，北伐战争已推进到长江中下游，工农运动迅猛发展，全国处在高涨的革命洪流之中。与此同时，帝国主义为维护他们在中国的统治，加紧策划对中国革命的武装干涉和"分离政策"。国民党中以蒋介石为首的新右派军人势力进一步膨胀，他们仇视和压迫工农群众的面目日益公开化了。与革命高潮同时，革命又处在严重的危机之中。革命向何处去的问题摆在中国共产党面前。正是在这样的形势下，共产国际执委会第七次扩大会议于12月16日通过了《关于中国形势问题的决议》。决议指出："虽然历史地看，现阶段的中国革命是资产阶级民主主义性质的，但它应该具有更广泛的社会运动的性质。中国革命的结果并非一定要造成导致国家向资本主义发展的社会政治条件。中国革命发生在资本主义没落时期，它是推翻资本主义和建立社会主义共同斗争的一部分。革命国家的结构决定于其阶级基础。这个国家将不是纯粹资产阶级民主国家。这个国家将是无产阶级、农民和其他被剥削阶级的民主主义专政。这将是向非资本主义（社会主义）发展的过渡时期的反帝革命政府。"决议说："中国共产党应该竭尽全力争取最终实现过渡到非资本主义发展轨道的这种革命前途。"[③]

1927年初，中共中央政治局接受共产国际执委会的指示，并对国际指示做出解释。中央政治局认为：党中央过去对中国革命的认识"有一个根本错误"，就是"把国民革命和无产阶级革命之间划了很大的'天然的不可以人力逾越的'一道鸿沟"，而按照国际指示和中国的内外条件，"中国国民革命前途的发展，得超过资产阶级的民主革命"。"不必再造成发展资本

---

① 《瞿秋白文集——政治理论编》，第3卷，465页。

② 《瞿秋白文集——政治理论编》，第3卷，331页。

③ 《共产国际有关中国革命的文献资料》，第1辑，278页，北京，中国社会科学出版社，1981。

主义的政治环境，而是要造成从资本主义过渡到非资本主义（社会主义）之政治环境"，"即是不断的努力，由现在的国民政府做到工人农民及其他被压迫阶级的民主独裁制，集中铁路、航业、矿山、大工业，于国家机关支配之下，以行向社会主义"。应该"把国民革命和无产阶级革命，看作整个的中国革命"，"抓住这两种革命的连锁，使之一气呵成，不能够机械的将它划为截然不相衔接的两个时期"；也"不可在主观上注定了我们必须有第二次革命，准备还有第二次革命，对于现在的革命遂以资产阶级的民主革命为限，一步也不能超越，一切都等待到第二次无产阶级革命再说"。① 说两个革命应相衔接是对的，说"一气呵成"则是错误的。中央政治局认为国际关于中国问题的决议案，"抓住了要害"，"大刀阔斧的说明了中国革命的根本性质，并且指出了中国革命的前途及整个的中国革命之一贯的方针与战略"，"影响到我们党的政治生命非常之大"。中共中央提出四个问题要求在全党展开讨论。这四个问题是：关于中国革命非资本主义发展；民主独裁制；和民族资产阶级争领导权；农民政纲。此后展开的讨论中，值得注意的是彭述之、瞿秋白、罗易等人的意见。

1927 年 1 月，彭述之发表文章提出"永续革命"的观点，用以否定"二次革命论"。他说：那种认为"从资产阶级的德谟克拉西革命到社会革命，必经过一道万里长城"，即"还须经过资本主义的长期发展"的理论，"已被列宁打倒了，并且已被俄国革命的事实证明是不对了"。中国的民主革命"必然是很快的向社会主义革命的方面走"。"我们应了解'永续革命'的意义，要从国民革命作到无产阶级革命"。② 彭述之这篇文章，除了提出一个"永续革命"的概念外，其他同中央政治局对国际决议的解释并没有什么大的不同。但是不久彭述之的"永续革命"论受到瞿秋白的严厉批评。瞿秋白认为"永续革命"论不是革命转变论，而是"中国式的杜洛茨基主义"，"是非常之错误的"。他说："彭述之在 1924 年 10 月写的是：中国无产阶级'一方面须竭力领导国民革命，推动国民革命到底；另一方面又须准备将来之

---

① 《中共中央文件选集》，第 3 册，19～23 页。

② 彭述之：《列宁主义是否不适合于中国的所谓"国情"？》，载《向导》，第 184 期。

无产阶级革命'。"这种论调把"国民革命"和"无产阶级革命"割裂开来，把"民权主义"和"革命独裁"对立起来。所以彭述之"设想国民革命的民权主义胜利之后，将要很快的实现无产阶级的第二次革命"，于是产生了"永续革命"论。瞿秋白认为："中国的国民革命同时是资产阶级性及社会主义性的，中国革命之民权主义是应当和革命独裁相合为一的"，这是"一件事物的两方面，而绝不是两个互相独立互相相对待的'主义'"。瞿秋白认为彭述之的"永续革命"论实质上是"二次革命论"。① 瞿秋白是以他的"一次革命论"来批判彭述之的"永续革命"论的。这反映了当时对民主革命和社会主义革命二者关系的不同认识。

瞿秋白于 1927 年 2 月写的研究共产国际决议的长文《中国革命中之争论问题》是一篇极重要的文献，它几乎论述了中国革命的所有重大问题。关于中国革命的性质，瞿秋白认为中国革命现时的性质"多分是资产阶级民权主义性的革命"，这是因为"农地革命"是"中国革命的中枢"。"军阀统治，实际上是大地主（官僚买办）和小地主（土豪士绅）阶级之政权"。"所谓推翻军阀，就是推翻帝国主义代理人之官僚买办地主阶级之统治"。但是中国现时的革命"绝不是无条件的资产阶级性的革命，而只是有条件的资产阶级性的革命"，"因为中国的农地革命是反帝国主义的革命，推翻地主阶级（官僚买办土豪——军阀）的统治，同时就是对于列强帝国主义的一个最严重的致命的打击"。"而且这一革命是世界社会革命中的不可分离的一部分，是中国无产阶级革世界资产阶级的命"。因此，中国现时的国民革命"不仅得着世界社会革命的'辅助'，并且自己也带着社会主义革命的性质了"。瞿秋白的结论是："中国现时的革命，既是资产阶级的，又不是资产阶级的，既不是社会主义的，又的确是社会主义的。"这就混淆了民主革命和社会主义革命的界限。关于中国革命的前途，瞿秋白认为："中国革命虽是资产阶级性的，然而他与世界无产阶级联盟而反抗列强帝国主义；他胜利的前途，不能不超出资产阶级性的范围，而过渡于非资本主义的发

---

① 《中国革命中之争论问题》，见《六大以前》，696～697 页，北京，人民出版社，1980。

展——直达社会主义。"这表现在："无产阶级将与农民等建立革命民权独裁制(政府)"，这就使"无产阶级有了转变国民革命使成社会革命的可能"；革命政府将"夺取中国经济之最高权于帝国主义军阀官僚买办之手，使中国加入世界无产阶级的经济机体，共同建设社会主义"。瞿秋白的结论是："中国革命虽是资产阶级的中国反抗帝国主义的革命，然而农民的彻底的资产阶级民权主义性的革命要求，必定和世界的中国的无产阶级之社会主义要求相结合，而形成直接从国民革命生长而成社会革命的革命。"[1]瞿秋白的文章强调无产阶级的领导地位和农民的主力军作用，指出农民是无产阶级"最有力最伟大最主要的同盟军"。他分析了民族资产阶级妥协性，强调无产阶级要同民族资产阶级争夺民主革命的领导权，以保证中国革命的社会主义方向，即非资本主义前途。这些都是正确的。但瞿秋白在论证中国民权革命和社会革命的联系时，忽视了二者的严格区别。他错误地认为：中国"革命现在的职任，非仅反对买办，而是要推翻买办，同时已进于反对民族资产阶级之阶段"。[2] 瞿秋白在批判"二次革命论"的同时，却在理论上犯了"一次革命论"的"左"倾错误。

1927 年 5 月，在中共五大期间，共产国际代表罗易对中国革命"非资本主义发展前途"问题做了进一步的解释。他把"非资本主义发展"明确地看作是一个"过渡时期"，是一个从封建主义到社会主义的"中间阶段"。罗易说："中国革命的前途是向社会主义发展的前途，但不是经过一个资本主义时期，而是经过一个建立在非资本主义基础上的经济发展时期。""在中国，非资本主义发展时期是封建主义到社会主义的一个经济发展的中间阶段。在这个非资本主义发展时期，并不立即完全废除私有财产，私有财产将在非资本主义发展过程中逐渐地废除"。这个时期的政权是工人、农民、小资产阶级"三个阶级组成的联盟"为基础的"民主专政"，将"利用资本主义方法"，使国家经济"上升到一个适当的水平"。[3] 彭述之在 1927 年 5 月发表《中国革命的根本问题》的长篇演讲。他的观点与罗易大体相似。

---

① 《六大以前》，695~697 页，北京，人民出版社，1980。

② 《六大以前》，702 页。

③ 《罗易赴华使命》，266、232、229 页，北京，中国人民大学出版社，1981。

彭述之认为："非资本主义发展"，是一个"过渡阶段"。在这个阶段上，"于全国国民经济有关的大产业，将要限制私人资本经营"；"无关全体国民经济的产业"，不但"让给私人去经营"，而且将保证其发展。国家以自己的力量经营国有企业，"渐渐减少私人资本剥削的程度，使中国的经济建设，渐渐地经过非资本主义的过渡阶段，渐渐地走向社会主义"。①

1927 年春，中国并不具备使革命走向非资本主义前途的条件，不久国民革命就失败了。但是，当时对中国革命非资本主义前途的提出和讨论有重大理论意义。它提高了共产党对中国革命性质和前途的认识，使党对两个革命关系的认识加深了。

二、苏维埃革命和"工农武装割据"思想

(一)苏维埃政权口号的提出

1927 年大革命失败后，中国共产党所领导的人民革命进入最艰苦的斗争年代，这就是土地革命战争时期。

共产党领导发动了八一南昌起义。这次起义仍打着国民党的旗帜。8 月 7 日，中共在湖北汉口召开紧急会议，确定实行土地革命和武装起义的总方针。会议按照中共中央 7 月 20 日通告中提出的"中国革命进到一个新阶段——土地革命的阶段"的精神，进一步指出："现时主要的是用'平民式'的革命手段解决土地问题，几千百万农民自下而上的解决土地问题，而共产党则应做这一运动的领袖，而指导这一运动"。② 对国共关系，会议认为："以后还是要与国民党联合，但是要与国民党的左派联合，与他的下层群众、与他的劳动群众的党员、与他的下层的组织联合，那种与武汉国民党中央领袖联合的路，已经走不通。"所谓与左派联盟，实是与革命小资产阶级联盟，我们党应当首先注目于下层群众……而时时记着一切和小资产阶级上层领袖的联络，大都是靠不住的，只有这样，才能真正实现与

---

① 《六大以前》，791 页。
② 《中共中央文件选集》，第 3 册，266 页。

小资产阶级的联盟。"①

8月21日，中央常委通过《中国共产党的政治任务与策略的议决案》。决议指出：民族资产阶级的各种成分，"甚至其中最急进的分子，都已完全走入了反革命的营垒，而成为反革命之最积极的动力之一。革命营垒中，阶级分化，已经表演完结"。"据一般的客观形势看来，资产阶级军阀的反动，其胜利是极不巩固的，而革命之重新高涨，不但在最近期内是可能的，而且是不可免的"。根据对形势的分析，提出："在一切客观上有可能的地方，都立刻准备组织革命的暴动"，"推翻资产阶级军阀的政权，而建立无产阶级及农民的民权独裁制。"同时决议指出：中国共产党要在革命的左派国民党旗帜之下组织工农暴动。并提出了三条理由：第一，国民党是各种革命阶级的政治联盟之特殊的形式；第二，国民党是一种民族解放运动之特别的旗帜，中国共产党党员加入国民党，而且一直形成了国民党内左派的中心；第三，便于吸引小资产阶级的革命分子。因此，中国共产党"现在不应当让出这个旗帜"，而应当和革命的左派合作"组织秘密的革命的国民党"，"应当做恢复左派革命的国民党工作"。② 在组织工农暴动中政权的形式问题，决议指出："工农兵代表苏维埃，是一种革命的政权形式，即是保证工农民权独裁制直接进于无产阶级的社会主义独裁制。这种形式之下，最容易完成从民权革命生长而成社会主义革命的转变，而且是保证中国之非资本主义发展的唯一方式。"决议还说："本党认为照现在的形势，资产阶级民权主义革命与社会主义革命之间，并没有截然分为两段的界线，而且从民权革命生长而成社会主义革命的前途，完全只要看无产阶级的组织力量之程度如何而定。所以我们现在就应当在党的机关报与劳动群众之中开始宣传苏维埃的意义，以便到了必要的时期，立即可以开始组织苏维埃。"这就是说现时党组织工农暴动仍在左派国民党的旗帜之下进行。现时"还只限于宣传苏维埃的意义"，"本党现时不提出组织苏维埃的口号——城市、乡村、军队之中都如此"。"只有到了组织革命的国民党之

---

① 《中共中央文件选集》，第 3 册，279～280 页。
② 《中共中央文件选集》，第 3 册，327、332、334、335～337 页。

计划完全失败，同时，革命又确在高涨之中，那时本党才应当实行建立苏维埃"。①

　　大革命失败后，中国共产党在左派国民党的旗帜下坚持斗争，发动武装起义。但实际情况已证明："中央以前复兴左派国民党的估计不能实现"，"资产阶级军阀的反动已经很快地把国民党变成政治的尸首"；群众把国民党的旗帜看作是"资产阶级地主反革命的象征"、"白色恐怖的象征"、"空前未有的压迫与屠杀的象征"。同时"土地革命的急剧的发展，已经使一切动摇犹豫的上层小资产阶级脱离革命的战线"。共产党认为："彻底的民权革命——扫除封建制度的土地革命，已经不用国民党做自己的旗帜。"中共中央政治局在 1927 年 9 月 19 日通过了《关于"左派国民党"及苏维埃口号问题决议案》。决议说：中央政治局"认为八月决议案中关于左派国民党运动与在其旗帜下执行暴动的一条必须取消。假设在国民党中有这些单独的、革命的、'对抗派'的成分发现时，我们应当赞助他，推动他到继续革命斗争的道路，使他完全与国民党的反革命上层分子断绝关系；但同时应当知道，这种工作比起党的主要任务(组织暴动)是占次要的意义。以后关于组织群众的革命斗争，当然无论如何说不上再在国民党的旗帜下进行"。由于放弃了"左派国民党"的旗帜，决议指出："现在的任务不仅宣传苏维埃的思想，并且在革命斗争新的高潮中应成立苏维埃。"②"成立苏维埃"口号的正式提出，是按照斯大林关于中国革命的三个阶段理论，在经过"左派国民党阶段"之后，即是"苏维埃革命阶段"决定的。这里用的"苏维埃"是俄文的音译，意即会议或代表会议。使用这样的为中国人民难以理解的名词，也是当时机械地照搬苏联模式的一个表现。11 月中央政治局扩大会议更明确指出："现时革命阶段之中，党的主要口号就是苏维埃"。③

(二)中共六大对中国革命的分析

　　中国共产党第六次全国代表大会是 1928 年 6 月 18 日至 7 月 11 日在莫斯科召开的。这是一次有着重大历史意义的大会。它认真总结大革命失败

---

① 《中共中央文件选集》，第 3 册，337～338 页。
② 《中共中央文件选集》，第 3 册，369～370 页。
③ 《中共中央文件选集》，第 3 册，459 页。

以来的经验教训，在一系列存在严重争论的有关中国革命的根本问题上做出了基本正确的回答。

1. 关于社会性质。

中共六大《土地问题议决案》指出："现在的中国经济政治制度，的确应当规定为半封建制度"。"帝国主义握有管理中国全体经济之权。农村的封建关系之余孽，还有帝国主义压迫半殖民地的制度维持它"。"中国现在的地位是半殖民地"。在半殖民地经济条件之下，资本主义不能发展。[①] 六大对中国社会性质的分析，"半殖民地"、"半封建制度"这两个概念都提到了，但还没有形成"半殖民地半封建社会"这一完整的概念。

2. 关于革命性质和任务。

中共六大《政治议决案》明确规定："中国革命现在阶段的性质是资产阶级性的民权革命，如认中国革命目前阶段为已转变到社会主义性质的革命，这是错误的。同样，认为中国现时革命为'无间断革命'也是不对的"。这是因为："①国家真正的统一并未完成，中国并没有从帝国主义之下解放出来；②地主阶级的私有土地制度并没有推翻，一切半封建余孽并没有肃清；③现在的政权，是地主军阀买办民族资产阶级的国家政权，这一反动联盟依靠着国际帝国主义之政治的经济的威力"。因此，"推翻帝国主义及土地革命是革命当前的两大任务"。[②] "六大"的《土地问题议决案》还明确指出："农民的土地革命，仍旧是中国革命现时阶段的主要内容"。[③]

3. 关于革命形势。

大会指出：革命高潮已经过去，但是革命的新的高潮不可避免。当时中国的政治形势是处在两个革命高潮之间，即低潮时期。大会还指出："中国革命运动发展的速度是不平衡"，因此，"在总的新高潮之下，可以是革命先在一省或几省重要省区之内胜利。目前没有革命高潮的条件之下，这种胜利没有可能实现，然而这种前途是可能的"。大会还认为："新

---

① 《中共中央文件选集》，第 4 册，336～342 页。

② 《中共中央文件选集》，第 4 册，298、299 页。

③ 《中共中央文件选集》，第 4 册，329 页。

的高潮的征象已见，但不可过分的估量。"①

4. 关于革命动力。

大会认为："中国革命的动力已经只有无产阶级和农民"，中国民族资产阶级已经背叛革命，走到帝国主义豪绅地主的反革命营垒。"中国之反对帝国主义的彻底变更土地制度的资产阶级性的民权革命，只有反对中国的民族资产阶级，方才能够进行到底。因为民族资产阶级是阻碍革命胜利的最危险的敌人之一"。② 对富农，"六大"认为：富农是"农村资产阶级"，但中国的富农既剥削雇佣工人，又出租土地，还经营商业和高利贷，因此具有"资本主义的与资本主义以前的半封建剥削的形式"。"富农在农民运动发展的过程中，常表现消极、中立或仇视的态度，最后常常更快的走入反革命的营垒中去。"党对富农的政策应视其对革命的态度而定。"凡富农现在已成为反动力量的地方，那么反富农的斗争，应与反军阀、反地主豪绅的斗争同时进行"；"在富农还没有消失革命的可能性"时，"党应吸收富农于一般农民反军阀反地主豪绅的斗争之内"；"当富农动摇于革命与反革命之间的时期"，"不应该故意加紧对富农的斗争"，应"使这种富农中立，以减少敌人的力量。但贫农与雇农的斗争应同时进行，决不能因联合战线而对富农有所让步"。③ 大会认为：贫农与雇农"是土地革命的主要动力"，"与中农联合是保证土地革命胜利的主要条件"，应建立"从雇农起至中农止"的"农民群众的统一战线"。"无论在任何条件之下，要特别注意于贫农中的工作，防止富农的夺取农民组织的领导权，并须在农民组织中，巩固贫农与雇农的思想上和组织上的领导"。④ 大会指出：对城市小资产阶级的策略，应分为二部分："对雇用劳动的上层的小资产阶级的态度，与对一般资产阶级一样；对于无雇用劳动的（自己劳动或家庭劳动）下层的小资产阶级，应帮助他们的利益（如赞助废除苛捐杂税等）以取得对于我们的同情

---

① 《中共中央文件选集》，第 4 册，311～313 页。
② 《中共中央文件选集》，第 4 册，297～300 页。
③ 《中共中央文件选集》，第 4 册，344、355、356 页。
④ 《中共中央文件选集》，第 4 册，356～357 页。

与帮助。"①

5. 关于政权问题。

大会通过了《苏维埃政权的组织问题决议案》，指出：苏维埃的正式名称应当是工农兵代表会议；中国的苏维埃政权的正式名义应当是：中国工农兵代表会议（苏维埃）政府。

6. 关于革命前途问题。

大会认为："中国革命的动力已经只有无产阶级和农民，而且无产阶级的领导权又已经能在资产阶级性的民权革命阶段之中便建立起来……所以，这就可以开辟中国革命将来发展的道路，使它有非资本主义的前途，亦就是社会主义的前途。"大会还认为："民权革命转变而成社会主义革命的过程必须由斗争的力量来决定。"苏联在政治上经济上威力的"生长"，足以帮助中国无产阶级去力争革命的社会主义前途。同时，"以苏维埃为国家政权形式的工农民权独裁，就可以成为转变到无产阶级独裁的出发点"。②

党的六大对中国革命的性质和形势的分析，对党的任务和政策的规定，基本上是正确的，对中国革命起了积极的推动作用。但是，也存在着一些严重的错误，主要有三点：第一，是对中间阶级的两面性缺乏必要的分析和正确的政策，把反对资产阶级与反对帝国主义、反对封建势力并列，错误地断定整个民族资产阶级是"阻碍革命胜利的最危险的敌人之一"，城市小资产阶级也由动摇而堕入反动营垒，把革命的动力局限在工农。第二，大会接受共产国际关于资本主义总危机"第三时期"的理论，对中国革命的长期性估计不足，虽然指出革命高潮已经过去，现在不具备立即举行全国性起义的条件，但又认为全国革命高潮很快可以到来，那时就可以使革命首先在一省或数省之内取得胜利，以至推翻整个国民党新军阀的统治。第三，大会决议中虽然肯定建立根据地和工农红军是决定革命高潮的"更大发展的基础"和"主要动力之一"，但仍然把城市工人运动的兴起

---

① 《中共中央文件选集》，第 4 册，374 页。

② 《中共中央文件选集》，第 4 册，301 页。

看作是新的革命高潮到来的决定条件。

(三)"工农武装割据"思想

大革命失败后，以毛泽东为主要代表的一大批共产党人，为寻找中国革命新道路进行了艰苦的探索，提出了"工农武装割据"的思想。

在八七会议前后，中共中央曾多次召开会议讨论农民运动和农民武装的去向问题，毛泽东提出了"上山"的意见。1927 年 7 月 4 日，中央政治局常委会议讨论湖南局势和农民武装的对策问题。毛泽东提出：农民武装必须保存，"不保存武力则将来一到事变我们即无办法"。保存的办法，一是"上山"，二是"投入军队中去"，"上山可造成军事势力的基础"。① 在八七会议上，毛泽东提出："以后要非常注意军事"。"须知政权是由枪杆子中取得的"。② 8 月 9 日的中央政治局会议上，毛泽东根据他 7 月底起草的"湘南暴动大纲"，提出"要在湘南形成一师的武装，占据五六县，形成一政治基础，发展全省的土地革命。纵然失败也不应去广东而应上山"。③ 会后毛泽东即返回湖南领导秋收起义。8 月 18 日、30 日，改组后的湖南省委先后召开会议，根据八七会议精神讨论和制订秋收起义计划。中央特派员毛泽东指出：湖南秋收暴动"单靠农民的力量是不行的，必须有一个军事的帮助"。我们党从前的错误是忽略了军事，党"现在应以百分之六十的精力注意军事运动。实行在枪杆上夺取政权、建设政权"。④ 湘赣边界秋收起义受挫后，毛泽东率领工农革命军上了井冈山，创建井冈山革命根据地。

1927 年 10 月 1 日《中央对于长江局的任务决议案》指出：长江局的第一个最大任务是"坚决的发展土地革命"。两湖的土地革命如一时不能发展到最大的限度，取得两湖政权，"则须普遍的发展游击战争与没收地主的土地及杀戮土豪劣绅等工作。依两湖农民暴动的形势，某几县的农民可握

① 转引自《党的文献》，1988(1)。
② 《毛泽东文集》，第 1 卷，47 页，北京，人民出版社，1993。
③ 转引自《党的文献》，1988(1)。
④ 转引自《毛泽东年谱》，上卷，210 页，北京，人民出版社、中央文献出版社，1993。

得某几县的政权，以发展各地的农民暴动"。① 11 月 15 日，中共中央致信两湖省委，要求两湖"在乡村中大发展游击战争"，"集中力量割据某县或数县"，② 并具体规定了湖北省委、湖南省委创造"割据局面"的任务。广州起义后，中共中央在 12 月 14 日发出《中央通告第二十三号》，要求两湖党团组织全体动员，立即开始"农民割据的局面"，"特别是湘南应立刻割据起来，使之变成海陆丰第二"；要求江西"集中党团的力量到赣南赣西发动，与湘南湘东联合造成割据的局面"。中央认为："赣南湘南须立即发动，可以直接声援广东。"③这些指示信把领导农民暴动实行"割据"的思想已表述得十分清楚。

1927 年 12 月 10 日，瞿秋白在《武装暴动的问题》一文中，根据海陆丰农民暴动"从游击战争进一步而创立革命的地域"的经验，要求各地农民暴动都要"明显的树立创造革命地域的目标"，"以创造尽可能的大范围内工农政权胜利的局面"。④ 12 月下旬，中共中央两次发出致朱德并转军中全体同志信，要求朱德率南昌起义保留部队与毛泽东领导的农军"确实联络"，共同以"武力造成割据的暴动局面，建立工农代表会议——苏维埃政权"。并指出："造成海陆丰农暴割据东江的同样局面，这是你们队伍存在和发展的唯一途径。"1928 年 1 月 12 日，中共中央发出第二十八号通告，指出："农民暴动中游击战争的胜利，其目的当然在于创立革命的地域"。"这种革命区域的创立（或所谓农民割据）自然有发展其他区域的农民群众暴动的前途——以进而创立一省或几省的总暴动的局面。"⑤1928 年 1 月，以李立三为书记的广东省委在《目前党的任务及工作的方针决议案》中提出："当前主要策略是要极力发展各种农民暴动，在东江、西江、北江、南路都造成一县至数县的割据局面，形成包围广州的形势。"⑥这个决议不

---

① 《中共中央文件选集》，第 3 册，376 页。
② 《中共中央文件选集》，第 3 册，522 页。
③ 《中共中央文件选集》，第 3 册，571 页。
④ 《布尔塞维克》，第 1 卷，第 10 期。
⑤ 《中共中央文件选集》，第 4 册，62 页。
⑥ 转引自《中共党史通讯》，1990(5)。

但重申了党中央关于造成"割据局面"的主张，而且最早提出了在一个省的范围内以农村包围城市的思想。1928 年 3 月 30 日，中央通告第三十九号中，出现了"工农割据"的提法。6 月 4 日，中央致朱德、毛泽东并前委的信，对局部地区的农村包围城市的思想有了更清楚的表述。指示信认为："一省的暴动夺取政权"，必须具备各方面的条件，其中之一是"工农武装也要有相当的准备，全省范围内的几个重要区域事实上形成了割据的局面，向全省暴动中心区作包围的发展"。"如此全省总暴动才有胜利的可能"。"全省政治中心的暴动"，"一定是全省暴动的完成而不是全省暴动的开始"。"至于一县的暴动，也必须是先从城市的工人运动士兵的工作以及四乡形成了事实的割据，城乡有了相当的联系然后才能暴动夺取县政权"。这里无疑还是城市中心，把夺取全省、全县政权的最后希望，寄托在省城、县城的暴动上面。但是先占城市四周的农村，造成割据局面，由四周重要区域向中心城市作包围发展，最后夺取省县城的思想，也是很清楚的。指示信还认为当时湘、鄂、粤、赣四省割据局面的创造，"是一个工农斗争的最高形式"。①

以上事实说明，从八七会议前后到 1928 年上半年，党对中国革命新道路的探索，已初步提出了建立割据区域和局部农村包围城市的思想。最早提出"上山"，并率领起义部队走上建立农村革命根据地的毛泽东，在总结实际斗争经验的基础上，吸取全党智慧，进一步明确地提出了"工农武装割据"的概念，并对建立农村革命根据地问题做了理论上的阐述，把全党对中国革命新道路的探索向前推进了一大步。

1928 年 10 月，湘赣边界党的第二次代表大会讨论并通过了毛泽东起草的《政治问题和边界党的任务》的决议（《中国的红色政权为什么能够存在？》是这个决议的一部分）。这个决议论证了中国红军和根据地为什么能够存在和发展的问题，并提出"工农武装割据"的重要思想。毛泽东根据中国社会和中国革命的特点，科学地论证了之所以能够实行"工农武装割据"的主客观条件。这些条件主要是：第一，中国是帝国主义间接统治的经济

① 《中共中央文件选集》，第 4 册，239～257 页。

落后的半殖民地国家。半封建的地方性的农业经济(不是统一的资本主义经济)和帝国主义对中国实行划分势力范围的政策,使反动统治阶级内部继续不断地发生分裂和战争。这种分裂和战争既然总是继续不断,小块的红色政权就能够利用这种矛盾而发生并长期坚持下去。第二,红色政权首先发生和能够长期存在的地方,是在大革命过程中工农群众曾经发动起来的地方,也就是有好的群众基础。第三,小块红色区域能否长期存在,还取决于全国革命形势是否向前发展。第四,有相当数量的正式红军的存在,是红色政权存在的必要条件。第五,共产党组织的有力量和它的政策的不错误,更是一个要紧条件。此外,还需要有便利于作战的地势和能提供足够给养的经济能力等。阐明"工农武装割据"存在和发展的条件是非常重要的。"这是一个最基本的问题,不答复中国革命根据地和中国红军能够存在和发展的问题,我们就不能前进一步"。① 只有正确回答这个问题,才能既同那种怀疑红色政权能够存在的右倾悲观思想划清界限,又同那种认为可以无条件地在农村发动武装暴动的"左"倾冒险主义划清界限,使中国革命沿着正确的轨道向前发展。

上述决议和同年 11 月 25 日毛泽东给中共中央写的报告(即《井冈山的斗争》),总结了湘赣边界工农武装割据的经验,提出了割据地区应采取的政策和策略。这就是:"坚决地和敌人做斗争,造成罗霄山脉中段政权,反对逃跑主义";"建立中心区域的坚实基础","深入割据地区的土地革命";"军队的党帮助地方党的发展,军队的武装帮助地方武装发展";"对统治力量比较强大的湖南取守势,对统治力量比较薄弱的江西取攻势";"用大力经营永新,创造群众的割据,布置长期斗争";"红军以集中为原则,赤卫队以分散为原则","集中红军相机迎击当前之敌,反对分兵,避免被敌人各个击破";"割据地区的扩大采取波浪式的推进政策,反对冒进政策"。毛泽东还提出:"全国革命低潮,割据地区最困难的问题,就在拿不住中间阶级","打击小资产阶级的过左的政策,把小资产阶级大部分驱到豪绅一边,使他们挂起白带子反对我们"。他提议中央制订一个整个民

---

① 《毛泽东选集》,第 2 版,第 1 卷,188 页。

权革命的政纲，使各地有所遵循。毛泽东认为："中国现时确实还是处在资产阶级民权革命的阶段。中国彻底的民权主义革命纲领，包括对外推翻帝国主义，求得彻底的民族解放；对内肃清买办阶级的在城市的势力，完成土地革命，消灭乡村的封建关系，推翻军阀政府，必定要经过这样的民权主义革命，方能造成过渡到社会主义的真正基础。"①以上论述，把"工农武装割据"的概念具体化了。实行"工农武装割据"，就是在中国共产党领导下，把武装斗争、土地革命、建立革命政权三者结合起来。这时，就全党来说，还没有解决以农村为工作中心的问题，但"工农武装割据"的思想的提出为解决这个问题奠定了基础，使党对中国国情和中国革命特点的认识大大地提高了。

（四）对中国革命性质问题认识的深化与出现的谬误

在土地革命战争时期，对中国革命性质问题有过多次争论，一直到1935年12月瓦窑堡会议后，全党才统一了认识。党内先后出现的三次"左"倾错误都同对中国革命性质的认识有密切关系。

1927年11月中共中央在上海召开的临时政治局扩大会议，通过了《中国现状与共产党的任务决议案》。这个决议案断定中国革命无论在性质上或速度上，都是所谓"无间断的革命"。在革命性质上，决议认为："因为中国资产阶级没有能力实行推翻封建军阀的民权革命，所以中国革命进展的过程中决不能有民权革命自告一段落的局势"。中国革命"必然是急转直下从解决民权革命的责任进于社会主义的革命"。在革命速度上，决议认为："中国革命的进程虽然受着历次的挫折，但是他始终继续不断地发展"。"这种继续不断的革命爆发，显然证明中国革命之无间断性"。决议从革命性质和革命速度两方面论证了中国革命的"无间断性"后，得出结论说："总之，中国革命虽然简直还没有开始其民权主义任务的解决，但是现在的革命斗争，已经必然要超越民权主义的范围而急遽的进展；中国革命的进程，必然要彻底解决民权主义任务而急转直下的进于社会主义的道

北京师范大学史学探索丛书

---

① 《毛泽东选集》，第2版，第1卷，57~81页。

路。"①瞿秋白曾写《中国革命是什么样的革命?》一文，对所谓"无间断性的革命"进行解释。他说：中国革命的任务仍旧首先是国民革命——土地革命，但国民革命的任务必须工人阶级负起全部的责任联合农民来完成。彻底的土地革命，它本来是民权主义性质的革命，但如今它显然是工人阶级（共产党）领导的革命。他又说："中国革命中民权主义的任务，要在工农反对豪绅资产阶级的革命的阶级斗争之中，方能实现"，"中国革命要推翻豪绅地主阶级，便不能不同时推翻资产阶级"。因此，"中国革命要彻底推翻旧社会关系（半封建制度的资本主义前期的社会关系），也就不能不超越资产阶级的民权主义的范围"。这就是说，中国的土地革命本来是民权主义性质的革命，但由于它现在是工人阶级领导的，在推翻豪绅地主阶级的同时也要推翻资产阶级，"所以中国当前的革命，显然是由解决民权主义任务急转直下到社会主义的革命"。他最后说："总之，中国革命，不论是在速度上或在性质上，都是无间断性的革命，要说中国革命已经是纯粹社会主义的革命，固然不对，要说中国革命仅仅是民权主义的革命，仿佛革命之后，只开辟些'民治气象'得着纯粹资本主义的，更是不对。"②

所谓"无间断的革命"的观点，无疑是错误的，它混淆了民主革命和社会主义革命的界限，在反帝反封建的同时，还要反对民族资产阶级和上层小资产阶级。1928年2月25日，共产国际执委会会议通过了《关于中国问题的议决案》，肯定"中国革命现时的阶段是资产阶级民权革命的阶段"，"认为中国革命现时的阶段已经生长成了社会主义的革命之主张，是不对的"。"同样，认为中国革命是'无间革命'也是不对的"。共产国际认为"无间革命"是"想跳过资产阶级民权革命的阶段"，"其错误与脱洛茨基1905年时的错误相类似"。③ 4月30日，中共中央发出通告，表示接受共产国际关于中国问题之"一般方针"，但又申明：中央政治局1927年11月扩大会议政治决议案所说中国革命是无间断的革命，只是要指出"中国之反对帝国主义豪绅资产阶级统治的'资产阶级民权革命'是有确定的生长而成社会

---

① 《中共中央文件选集》，第3册，453～454页。
② 《中共中央文件选集》，第3册，635～640页。
③ 《中共中央文件选集》，第4册，757页。

主义革命的趋势与前途"。① 表现了对共产国际批评的保留态度。

中共六大讨论了中国革命性质问题，得出结论是："中国革命现在阶段的性质是资产阶级性的民权主义革命"，"推翻帝国主义及土地革命是革命当前的两大任务"。如果认为中国革命目前阶段"已转变到社会主义性质的革命"，这是错误的。同样，认为中国现时革命是"无间断革命"也是不对的。但"六大"又认为：现在的国民党南京政权，是"地主军阀买办民族资产阶级的国家政权"，因此"中国之反对帝国主义的彻底变更土地制度的资产阶级性的民权革命"，"必须反对民族资产阶级方能胜利"。② "六大"继续把反对民族资产阶级与反对帝国主义、反对封建势力并列，这又是错误的。

中共六大以后，以陈独秀为代表的大革命时期的右倾机会主义者与托洛茨基反对派结合形成托陈取消派。陈独秀认为：中国大革命失败后阶级关系转变的特征，"主要的是资产阶级得了胜利，在政治上对各阶级取得了优越地位"；而"封建残余在这一大转变时期中，受了最后打击"，已经"变成残余势力之残余"。③ 国民党南京政府已经是以资产阶级为中心为领导的政权。中国已经走上资本主义和平发展的道路，无产阶级应待资本主义高度发达之后，再去进行社会主义革命。这样，他就在实际上取消了反帝反封建的革命任务，由过去的"二次革命论"变成了取消革命的取消派。中国共产党对托陈取消派的观点进行了批判。

当时中共中央既肯定现阶段中国革命是资产阶级民主革命，又把反对民族资产阶级与反对帝国主义、反对封建主义并列起来，这在理论上是自相矛盾的。对此如何解释呢？党中央领导人李立三认为："现在南京政府中资产阶级已成为主要势力之一"，现在南京政府是"买办、地主、资产阶级联合的政权"，国民党是"买办、地主、资产阶级的反革命联盟"；④ 因此

① 《中共中央文件选集》，第 4 册，177 页。
② 《中共中央文件选集》，第 4 册，298～300 页。
③ 《陈独秀关于中国革命问题致中共中央的信》(1929-8-5)，见《中共中央文件选集》，第 5 册，727 页。
④ 《中共中央文件选集》，第 5 册，629 页。

北京师范大学史学探索丛书

推翻国民党政府统治的同时，必须反对资产阶级。1930年3月15日，中央发出《关于打倒资本家口号的解释给广东省委的指示》。指示说：中国革命目前的任务是反帝国主义、反封建势力军阀制度，但"中国资产阶级已经成为革命的障碍"，所以反帝反封建的同时，也要打倒资产阶级。无产阶级在实行反帝反封任务当中，"绝不应停止在民主革命的阶段，发展的前途，必然很快就要转变成为社会主义的革命"，"从民权革命到社会主义革命之间绝没有横隔着一道万里长城"，所以我们更应加紧提出"打倒资本家"这一口号来号召广大群众的斗争。中央指示还说："但是'打倒资本家'这一口号，不能解作'没收一切私有财产'的意义，尤其不是现在的苏维埃区域马上把一切私有财产没收。"①

　　1930年上半年，李立三在《红旗》、《布尔塞维克》等党的机关刊物上发表《新的革命高潮前面的诸问题》等文章，提出了关于中国革命的一系列"左"的观点。其中对中国革命性质和革命转变问题的看法，又回到已被党的"六大"批判过的"不间断革命"上来了。李立三认为：目前革命斗争的主要任务，是推翻帝国主义的统治，是消灭封建势力的土地革命，所以无疑是民主革命的性质，"可是中国资产阶级已经是反动联盟的一部分，因此民主革命是反对帝国主义与封建势力，同时也必须反对资产阶级"，"民主革命的彻底胜利与推翻资产阶级的统治不可分离"，"这就决定民主革命的胜利必然要转变为社会主义的胜利"，李立三不但混淆民主革命和社会主义革命的界限，而且他把革命转变问题与"革命在一省与几省首先胜利"的问题联系在一起。他说：革命已经在一省与几省首先胜利的时候，革命政府为着力争全国革命的胜利，不只是要没收土地，没收帝国主义的银行企业工厂，"而且要没收中国资产阶级的工厂企业银行以削除资产阶级反革命的武器"，"并且为着对付严重的经济封锁必然要实行组织生产，管理生产"；"同时在政治上，为着对付这样顽强的反革命的进攻，必然需要更集中独裁的政权，这就必然需要从工农专政进到无产阶级的专政"。李立三认为："政治上是无产阶级专政，经济上没收资本家的工厂企业和银行，

---

　　①　《中共中央文件选集》，第6册，46～48页。

由革命政府来组织生产管理生产，这就是社会主义的性质了。"李立三得出的结论是："革命胜利的开始，革命政权建立的开始就是革命转变的开始，中间绝不会有丝毫的间隔。"他还批评指责说："如果以为革命一定要在全国胜利之后，才能开始革命的转变，这是严重的错误。""革命转变的阶段论，无疑的是极端危险的右倾观念。"①

李立三的"左"倾观点，不久被中共中央接受。在 1930 年 6 月 11 日召开的中央政治局会议上，通过了由李立三起草的《目前政治任务的决议》（即《新的革命高潮与一省或几省的首先胜利》），使以李立三为代表的"左"倾冒险错误在党中央占了统治地位。决议的第五部分标题是："准备革命的转变"，几乎完全是照抄李立三上述文章的观点。

1930 年 9 月党的六届三中全会后，以李立三为代表的一些"左"的错误在实际工作中逐步得到纠正。但是，共产国际不久说李立三的错误是路线错误，"这条路线是和国际执委的路线互相对立的"。② 于是派代表来中国指示召开党的六届四中全会，使以王明为代表的"左"倾冒险主义在党中央占了统治地位。四中全会指责李立三的错误，"不是个别的偶然的错误，而是联系许多错误观点形成一贯的反列宁主义的系统"，"是用'左倾'词句掩盖着实际上的右倾机会主义"。③ 对李立三关于中国革命性质的认识，四中全会指责他"与中国革命性质和阶段的正确了解，处于完全矛盾的地位"。"他用托洛茨基否认革命之资产阶级民权主义阶段的观点，来代替列宁的革命转变的理论。这就表现他对于中国革命现在阶段的任务，完全的不了解"。④ 那么，以王明为代表的"左"倾冒险主义是怎样认识中国革命性质的呢？

王明在他的代表作《为中共更加布尔塞维克化而斗争》中，详细论述了他对"中国革命底根本问题"的认识，主要观点如下：

中国经济性质问题。王明认为："中国是半殖民地地位的国家，所以

① 《中共中央文件选集》，第 6 册，580～581 页。
② 《中共中央文件选集》，第 6 册，651 页。
③ 《中共中央文件选集》，第 7 册，17～27 页。
④ 《中共中央文件选集》，第 7 册，20 页。

中国的经济充分表现出殖民地经济的特点"。"国家一切主要的经济命脉都握在帝国主义者手里","帝国主义在全国经济生活中,占着统治和支配的地位"。"在农村经济中封建余孽仍然占剥削关系中的统治地位。商业资本与高利贷资本都与封建剥削关系密切关联着"。"民族资本主义在极端痛苦、迂回、畸形的形态之下发展着,而且主要地只限于一部分轻工业,并对于帝国主义有极大的依赖性"。王明对李立三进行了严厉的批判。他说,李立三在 1930 年 7 月间的中央工作人员政治讨论会上,公开地拥护"中国经济主要的只是封建经济和半封建经济"的理论。他指责李立三"不了解他这一经济分析的危险是否认了帝国主义侵入中国的事实,否认了中国资产阶级与无产阶级的存在,否认了乡村中阶级分化(农民分化为富农、中农、贫农和雇农)的过程,结果不仅否认了中国无产阶级在革命中的领导权与革命转变的前途,否认了中国现在阶段革命有转变到社会主义革命的可能与必然,并且根本取消了现在阶段的反帝国主义与土地革命为中心内容的资产阶级民主革命"。① 王明认为:"托陈取消派从'左方'来取消革命,李立三同志从右方来取消革命"。事实上当时全党对中国经济性质的认识还没有得到全面的科学的认识,特别是对资本主义经济在整个经济中的地位,更缺少具体的分析,往往是估计高了。王明认为李立三是"从右方来取消革命",实际上是王明比李立三更"左"。

中国革命的动力问题。王明指责李立三"始终把富农看成小资产阶级","以为富农可以革命,也可以反革命";"把小资产阶级看成整个阶层",不知道"上层小资产阶级在武汉时代后已转入反动的营垒,现在有革命作用的只是小资产阶级的下层";"不了解资产阶级的大中阶层及一切资产阶级改良的派别","都各是反动营垒的一翼"。王明认为:"中国现在革命阶段的革命主要动力是:工人阶级、雇农和贫农,中农是巩固的同盟者,加上城乡的广大的半无产阶级成分和小资产阶级的下层。"②

中国现阶段革命性质问题。王明认为:"现在阶段的中国革命还是资

---

① 《中共中央文件选集》,第 7 册,602 页。

② 《中共中央文件选集》,第 7 册,603~604 页。

产阶级民主革命的性质，主要的是因为现在阶段革命的中心内容——反帝国主义与土地革命——客观上还未能超过资本主义关系发展的范围"，而"工人阶级反对资本主义的斗争，在经济制度上社会发展上及社会矛盾力量上的比重和地位，还决于民族解放及土地革命的地位和比重"。但中国革命"已跨过了俄国 1905—1907 年革命的进程"，只是还未跨进十月革命的前夜。王明指责李立三不懂得上述观点，"以为在资产阶级民主革命的阶段中，不应该反对资产阶级"。这与 1905—1907 年的俄国孟塞维克、1925—1927 年的中国孟塞维克的观点"正相符合"。[①]

革命领导权与前途问题。王明说共产国际执委历次对中国问题的决议和中共六大都确切指明"中国革命发展的非资本主义（社会主义）前途"；并且指出："由现在阶段的资产阶级民主性的革命转变到社会主义革命，必须经过相当的一定的必经的阶段，这一转变阶段的时间的长短，要由国际的和国内的斗争环境和力量来决定。"转变条件之中的"最主要的条件，还是无产阶级在革命中的领导权"。王明认为李立三对于革命转变前途问题，始终不曾有过正确的了解，说李立三一方面"企图跳过由资产阶级民主革命转变到社会主义革命的一切必经步骤和阶段"；另一方面"不相信可以经过苏维埃形式的工农民主专政政权而来逐渐实行革命的转变，以为还须再来一次武装起义推翻现在阶段革命胜利的既存政权而再去创造无产阶级专政，事实上就是根本否认中国革命的转变前途"。[②]

王明《为中共更加布尔塞维克化而斗争》的小册子，虽然对李立三的"左"倾冒险主义进行了一些批评，但它认为李立三的错误总的说来是右倾，"是以'左'倾词句掩盖的右倾机会主义的路线"。而实际上王明的许多看法比李立三的看法更"左"。

1931 年发生九一八事变，中国的政治形势开始发生巨大的变化。中等资产阶级和上层小资产阶级中的许多人发出了要求国民党当局在政治上"改弦更张"、抵抗日本、实行民主的呼声。反对日本帝国主义侵略的民族

---

① 《中共中央文件选集》，第 7 册，604 页。
② 《中共中央文件选集》，第 7 册，606～608 页。

革命斗争正在成为中国各族人民的主要斗争。中国一切不愿做亡国奴的阶级阶层都有可能参加到这一革命斗争中来，中国民族革命的阵营将空前扩大。但是，中共临时中央的领导者看不到日本的侵略引起的中国社会阶级关系的新变化，否认以民族资产阶级为主体的中间势力的抗日要求，否认国民党内部在抗日问题上正在发生分化。他们认为当时形势的特点是革命与反革命的决战，中间势力"是帮助国民党来维持它的统治，来使群众不去反对与推翻国民党统治"的，因而"这些派别是最危险的敌人，应该以主要的力量来打击这些妥协的反革命派"。① 他们认为"两个政权的尖锐的对立这是目前中国政治生活的核心"，因此，在反对日本帝国主义的同时，"必须同时进行推翻国民党统治的斗争"，甚至说："推翻卖国、辱国的国民党政府，是胜利的进行民族革命战争的先决条件。"② 他们所讲的统一战线，是排斥一切上层分子，排斥一切中间势力，只要"兵"不要"官"的所谓下层群众的统一战线。他们提出"民众政权"的口号，说："民众革命与民众政权是全中国民众自救灭亡的唯一出路。"③ 但是，他们所说的"民众政权"，实际上还是"苏维埃政权"。1932 年 1 月 1 日，中国共产党对于时局的主张说："用民众的革命力量去粉碎帝国主义与国民党在中国的统治，去建立工农民众自己的政权！这一政权就是工农兵的代表会议（即苏维埃）；这一政权，是反对帝国主义、地主资产阶级与一切剥削者的全中国最大多数民众的政权；这一政权是全中国最大多数民众，工农群众，对少数剥削者的专政；这一政权，将取消一切地主资产阶级剥削者的政治权利，将用工农群众的武装力量镇压一切他们企图恢复旧制度的阴谋与反革命。"④ 博古在《论民众革命与民众政权的口号》一文中明确指出："苏维埃政权是民众政权的唯一形式。"⑤

"左"倾冒险主义、关门主义方针背离了中国的形势和国家民族的主要

---

① 《中共中央文件选集》，第 8 册，41 页。

② 《六大以来》（上），253、644 页。

③ 《中共中央文件选集》，第 8 册，4 页。

④ 《中共中央文件选集》，第 8 册，4～5 页。

⑤ 博古：《论民众革命与民众政权的口号》，载《红旗周报》，第 29 期，1932-1-25。

任务。这个方针的推行，把大批可以争取、可以团结的同盟者推到敌人方面去，孤立了自己，使党和革命遭到严重的挫折和损失。

三、新民主主义革命理论体系的形成与进一步发展

(一)对苏维埃时期革命教训的总结和新的正确路线的确立

中国共产党在苏维埃革命时期曾先后犯过三次"左"倾错误，其中，以王明为代表的第三次"左"倾错误时间最长，给革命造成的危害最大。这三次"左"倾错误的共同特点是教条主义、冒险主义和关门主义。他们混淆民主革命和社会主义革命的界限；把反对资产阶级与反帝国主义、反封建势力并列；把民族资产阶级和上层小资产阶级统统看作是反革命势力，作为革命的打击对象，甚至是主要的打击对象；否认"中间营垒"、"第三派"的存在，把他们当作革命"最危险的敌人"；搞所谓"下层统一战线"，推行"关门主义"政策，把浩浩荡荡的革命同盟军推到敌人那边去。九一八事变后，临时中央政治局继续推行"左"倾冒险主义错误。中央机关于1933年1月迁入中央根据地后，"左"倾领导者在各个革命根据地更变本加厉地推行"左"倾冒险主义、关门主义的政策。1934年1月召开的六届五中全会，把以王明为代表的"左"倾错误发展到顶点，最终导致中央红军第五次反"围剿"战争的失败，红军被迫长征。1935年1月召开的遵义会议，在极端危急的历史关头，挽救了中国共产党，挽救了红军，挽救了中国革命，成为中共历史上一个生死攸关的转折点。当然，在紧急的战争形势下，遵义会议还不可能全面地讨论党多年来的政治路线方面的问题。

1935年，日本帝国主义策动华北事变，中华民族面临生死存亡的紧要关头。如何挽救民族的危亡，如何联合尽可能多的力量进行抗日斗争，成为摆在中国共产党面前的最紧迫的问题。8月1日，中国共产党驻共产国际代表团草拟了《为抗日救国告全体同胞书》(即《八一宣言》)。这个宣言是根据共产国际第七次代表大会关于建立反法西斯人民统一战线的精神提出的。《八一宣言》呼吁全国各党派、各军队、各界同胞，不论过去和现在有任何政见和利害的不同，有任何敌对行动，都应当停止内战，集中一切国

力去为抗日而奋斗。《八一宣言》宣告：只要国民党军队停止进攻苏区，实行对日作战，红军愿立刻与之携手，共同救国。《八一宣言》建议一切愿意参加抗日救国的党派、团体、名流学者、政治家和地方军政机关进行谈判，共同成立国防政府；在国防政府领导下，一切抗日军队组成统一的抗日联军。当时中共中央正在长征途中，并未获悉宣言的内容。11 月下旬，中共驻共产国际代表团所派代表张浩（林育英）到达陕北瓦窑堡，向中共中央传达了共产国际关于建立广泛的反法西斯统一战线的精神和《八一宣言》的内容。于是中共中央以中华苏维埃共和国中央政府主席毛泽东和中国工农红军革命军事委员会主席朱德的名义在 11 月 28 日发表了和《八一宣言》内容基本相同的《抗日救国宣言》。

1935 年 12 月，北平发生"一二·九"运动，它标志着中国人民抗日民主运动新高潮的到来。12 月中共在瓦窑堡召开政治局会议。12 月 25 日通过《关于目前政治形势与党的任务决议》。27 日毛泽东根据会议精神，在党的活动分子会议上作了《论反对日本帝国主义的策略》的报告。瓦窑堡会议关于政治形势和任务的决议以及毛泽东的报告，解决了长期以来没有解决的党的政治路线问题。

决议指出："党的策略路线，是在发动、团聚与组织全中国全民族一切革命力量去反对当前主要的敌人：日本帝国主义与卖国贼头子蒋介石。不论什么人、什么派别、什么武装队伍、什么阶级、只要是反对日本帝国主义与卖国贼蒋介石的，都应该联合起来，开展神圣的民族革命……只有最广泛的反日民族统一战线（下层的与上层的），才能战胜日本帝国主义及其走狗蒋介石。"决议还指出："中国工人阶级与农民，依然是中国革命的基本动力。广大的小资产阶级群众，革命的智识分子是民族革命中可靠的同盟者。工农小资产阶级的坚固联盟，是战胜日本帝国主义与汉奸卖国贼的基本力量。一部分民族资产阶级与军阀，不管他们怎样不同意土地革命与苏维埃制度，在他们对于反日反汉奸卖国贼的斗争采取同情，或善意中立，或直接参加之时，对于反日战线的开展都是有利的。……为达到此目的，党应该采取各种适当的方法与方式，争取这些力量到反日战线中来。不但如此，即在地主买办阶级营垒中间，也不是完全统一的。……他们中间的矛盾与冲突，党亦应使用许多的手段，使某些反革命力量暂时处于不积极反对反日战线的地位。对于日本帝国主义以外的其他帝国主义的策略也是如此。"决议说："反日反卖国贼的民族统一战线之最广泛的与最高形式，就是国防政权与抗日联军组织。"决议宣布把苏维埃工农共和国改变为"苏维埃人民共和国"。苏维埃人民共和国宣布"改变对待富农的政策"，用比较过去宽大的政策对待民族工商业资本家，即"在双方有利的条件下，欢迎他们到苏维埃人民共和国领土内投资，开设工厂与商店，保护他们生命财产之安全，尽可能的减低租税条件，以发展中国的经济。在红军占领的地方，保护一切对反日反卖国贼运动有利益的工商业"，"并欢迎华侨资本家到苏区发展工商业。"①瓦窑堡会议是一次极其重要的会议，它表明党已经克服了长征前一段时期内"左"倾冒险主义、关门主义的指导思想，不失时机地制定了抗日民族统一战线的政策。

毛泽东的报告对于民族资产阶级的两面性和利用地主买办营垒内部矛盾的可能性问题，作了精辟的分析。他指出，民族资产阶级和地主买办阶级是有区别的。民族资产阶级的特点是动摇。他们一方面不喜欢帝国主义；一方面又害怕革命的彻底性。在中国面临变成殖民地的危险的时局下，民族资产阶级有起变化的可能性，其一部分（左翼）有参加斗争的可能；其另一部分则有由动摇而采取中立态度的可能。地主买办营垒内部也不是完全统一的。由于中国是几个帝国主义国家争夺的半殖民地，所以"当斗争是向着日本帝国主义的时候，美国以至英国的走狗们是有可能遵照其主人的叱声的轻重，同日本帝国主义及其走狗暗斗以至明争的"。"我们要把敌人营垒中间的一切争斗、缺口、矛盾，统统收集起来，作为反对当前主要敌人之用"。毛泽东指出："革命的动力，基本上依然是工人、农民和城市小资产阶级，现在则可能增加一个民族资产阶级。"②

瓦窑堡会议后，中国共产党逐步地解决了许多中国革命的重大问题，推进了中国新民主主义理论的发展。

---

① 《中共中央文件选集》，第 10 册，598～623 页。
② 《毛泽东选集》，第 2 版，第 1 卷，148、160 页。

北京师范大学史学探索丛书

从"抗日反蒋"向"逼蒋抗日"和"联蒋抗日"的政策转变。瓦窑堡会议时，党认为蒋介石是卖国贼头子，日本帝国主义与卖国贼头子蒋介石是"当前主要的敌人"。因此，党的基本策略仍是"抗日反蒋"。在主要革命任务上，"把土地革命与民族革命结合起来"，"把国内战争与民族战争结合起来"。① 国民党五大之后，蒋介石的对日政策开始发生若干变化，也就是对日态度开始转硬，同时对共产党的策略也开始发生微妙变化，即蒋介石派人通过各种渠道与共产党秘密接触。由于客观形势发生了变化，中国共产党从 1936 年 2 月开始重新考虑对蒋介石的政策。5 月 5 日《停战议和一致抗日通电》，实际上是向全国宣布："抗日反蒋"政策已转变为"逼蒋抗日"政策，而"逼蒋抗日"是"联蒋抗日"的一个步骤。后在两广事变中，对"逼蒋抗日"的政策的实施产生过摇摆。在共产国际的推动下，9 月 1 日中共中央发出《关于逼蒋抗日问题的指示》。指示说："目前中国的主要敌人，是日帝，所以把日帝与蒋介石同等看待是错误的，'抗日反蒋'的口号，也是不适当的"。"我们的总方针，应是逼蒋抗日"。"逼蒋抗日"就是：一方面继续揭破他们的每一步退让，丧权辱国的言论与行动，另一方面"要向他们提议与要求建立抗日的统一战线，订立抗日的协定"。同时，指示也指出："在逼蒋抗日的方针下并不放弃同各派反蒋军阀进行抗日的联合。我们愈能组织南京以外各派军阀走向抗日，我们愈能实现这一方针。"②"逼蒋抗日"是实现全民族抗战、争取国民党南京政府及其军队参加抗日战争的必要条件。在西安事变中，中国共产党主张和平解决事变的方针，实际上是"逼蒋抗日"政策的继续和发展。而西安事变的和平解决又促进了中共中央的"逼蒋抗日"方针的实现。

第二次国共合作问题。1936 年 8 月 25 日，中共中央发出致中国国民党中央并转全体国民党员的信，倡议在抗日的大目标下，国共两党实行第二次合作。信中说："只有国共重新合作以及同全国各党各派各界的总合作，才能真正地救亡图存。"③9 月 17 日，中共中央政治局通过《关于抗日

① 《中共中央文件选集》，第 10 册，604、622 页。
② 《中共中央文件选集》，第 11 册，89～91 页。
③ 《中共中央文件选集》，第 11 册，86 页。

救亡运动的新形势与民主共和国的决议》，指出："推动国民党南京政府及其军队参加抗日战争，是实行全国性大规模的严重的抗日武装斗争之必要条件。"①

西安事变和平解决后，1937年2月10日，中共中央致国民党三中全会电，提出五项要求和四项保证，核心是取消国内两个政权的对立，组成抗日民族统一战线，一致反对日本的侵略。4月15日，中共中央发出《告全党同志书》，指出："自西安事变和平解决与国民党三中全会之后，中国革命的形势已经进入了一个新的阶段。这个阶段的任务，即是要巩固已经取得的国内和平，争取民主权利与实现对日抗战。"②5月，在延安召开中国共产党全国代表会议，毛泽东在会议上的报告更明确地指出：争取国内和平的任务基本上实现后，"争取民主"是目前发展阶段中革命任务的中心一环"，"看不清民主任务的重要性，降低对于争取民主的努力，我们将不能达到真正的坚实的抗日民族统一战线的建立"。③毛泽东在会议上作的结论对民主与抗日的关系作了精辟的分析。他说："对于抗日任务，民主也是新阶段中最本质的东西，为民主即是为抗日。抗日与民主互为条件，同抗日与和平、民主与和平互为条件一样。民主是抗日的保证，抗日能给予民主运动发展以有利条件。""目前阶段里中心和本质的东西，是民主和自由"。④在党的全国代表会议和白区代表会议后，中国共产党积极开展以争取民主为中心的各项巩固和平、促进团结、实现抗战的工作。1937年七七事变，日本帝国主义发动全面侵华战争。9月22日、23日，《中共中央为公布国共合作宣言》和蒋介石关于国共合作的谈话的发表，宣布了国共两党第二次合作的成立。

人民共和国和民主共和国问题。瓦窑堡会议提出：为了使抗日民族统一战线得到更加广大的与强有力的基础，苏维埃工农共和国及其中央政府宣告，把自己改变为苏维埃人民共和国。苏维埃人民共和国"不但是代表

① 《中共中央文件选集》，第11册，93～94页。
② 《中共中央文件选集》，第11册，193页。
③ 《毛泽东选集》，第2版，第1卷，255页。
④ 《毛泽东选集》，第2版，第1卷，274～275页。

工人农民的，而且是代表中华民族的"。它"愿意把广大的小资产阶级群众团结到自己的周围"；它"用比较过去宽大的政策对待民族工商业资本家"；它"改变对待富农的政策"。[①] 这就是说，在苏维埃工农共和国改变为苏维埃人民共和国后，它的政策将放宽，民族资本家和乡村富农都将成为团结的对象。1936 年 8 月 25 日，《中国共产党致中国国民党书》中又正式宣布：中国共产党"赞助建立全中国统一的民主共和国"，"在全中国统一的民主共和国建立之时，苏维埃区域即可成为全中国统一的民主共和国的一个组成部分，苏区人民的代表将参加全中国的国会，并在苏区实行与全中国一样的民主制度"。[②] 毛泽东后来说：民主共和国的阶级性是各革命阶级的联盟，其前途可能是走向社会主义。它应该是一个工农小资产阶级和资产阶级联盟的国家，而不同于一般的资产阶级共和国。[③]

革命领导权和革命转变问题。革命领导权问题在瓦窑堡会议上就突出地提出来了。决议认为：共产党要取得中国革命的领导权，不能单靠宣传鼓动，"必须使他的一切党员在实际行动中，在每日的斗争中，表现出他们是群众的领导者"；"只知道如何在下层群众中间进行工作（这是主要的），是不够的"，必须知道如何同别党别派的"上层领袖进行谈判、协商、妥协、让步、以期争取其中可能继续合作的分子"；"单靠在工人阶级中的活动是不够的（这是要紧的），共产党员必须在农村中、兵士中、贫民中、小资产阶级与智识分子中以至一切革命同盟者中，进行自己的活动，为这些群众的切身利益而斗争，使他们相信共产党不但是工人阶级的利益的代表者，而且也是中国最大多数人民的利益的代表者，是全民族的代表者"。只有共产党员在实际工作中"表现出他们是无坚不破的最活泼有生气的中国革命的先锋队，而不是空谈抽象的共产主义原则的'圣洁的教徒'，共产党才能取得中国革命的领导权"。决议还指出：为了更大胆地运用广泛的统一战线，争取领导权，"党必须同党内'左'的关门主义倾向做坚决的斗争。在目前形势下，关门主义是党内的主要危险。"与此同时，丝毫也不要

---

① 《中共中央文件选集》，第 10 册，609～617 页。

② 《中共中央文件选集》，第 11 册，83 页。

③ 《毛泽东选集》，第 2 版，第 1 卷，263～264 页。

放松反对右倾机会主义的斗争。① 毛泽东在《论反对日本帝国主义的策略》的报告中更明确指出：共产党和红军"在将来的抗日政府和抗日军队中必然要成为坚强的台柱子"。②

国民党三中全会后，中共中央指出："苏区中苏维埃制度取消，施行普选的民主制度，并不能放弃工人农民已经获得的政治权利，而要继续保障之。红军改名为国民革命军，并不能放弃工农主要成分与党的政治上组织上的领导而要继续保障之"。③ 同时，强调在抗日统一战线中，要"坚持共产党的独立性，利用批评的武器，善用一切适当的斗争方法，提出自己的正确的主张，批评朋友的每一个动摇，使广大群众团结在党的周围"。④ 1937 年 4 月 4 日，中共中央书记处在给刘少奇的信中说："在联蒋过程中必须为争取领导权而斗争"，但这"只能在正确的运用策略与艰苦的实际工作中去取得"。⑤ 4 月 15 日，中共中央发出告全党同志书，指出：我党给国民党三中全会的"四项保证"，在某种意义上说来是一种让步，但这种让步是必要的与许可的。但是，"这种让步与妥协，决不是等于取消或降低共产党组织的独立性与批评的自由，也不是等于对于本党在长期革命斗争中所创造的有组织的与有高度觉悟的革命力量放弃领导。保持本党组织的独立性与批评的自由，对于本党所创造的革命力量保持领导，是本党对国民党让步与妥协的最后限度，超过这种限度，则是不能容许的"。中央号召全党："每一个同志应该深入到农村、城市、工厂、兵营中去、唤醒千千万万的同胞到抗日战争中来，并成为他们的领导者，没有千千万万人民的参加，抗战的胜利是不可能的。没有共产党的领导，抗战的胜利也是不可能的。"⑥

在 1937 年 5 月召开的中国共产党代表会议上，毛泽东尖锐地指出：

---

① 《中共中央文件选集》，第 10 册，617～620 页。

② 《毛泽东选集》，第 2 版，第 1 卷，157 页。

③ 《中共中央文件选集》，第 11 册，160～161 页。

④ 《中共中央文件选集》，第 11 册，174 页。

⑤ 《中共中央文件选集》，第 11 册，177 页。

⑥ 《中共中央文件选集》，第 11 册，195～202 页。

"使无产阶级跟随资产阶级呢，还是使资产阶级跟随无产阶级呢？这个中国革命领导责任的问题，乃是革命成败的关键。"毛泽东还阐述了无产阶级怎样经过它的政党实现对于全国各革命阶级的政治领导的问题。第一，是根据历史发展行程提出基本的政治口号及为了实现这种口号而提出关于每一发展阶段和每一重大事变中的动员口号；第二，是按照这种具体目标在全国行动起来时，无产阶级，特别是它的先锋队——共产党，应该提起自己的无限的积极性和忠诚，成为实现这些具体目标的模范；第三，在不失掉确定的政治目标的原则上，建立与同盟者的适当的关系，发展和巩固这个同盟；第四，共产党队伍的发展，思想的统一性，纪律的严格性。毛泽东说："共产党对于全国人民的政治领导，就是由执行上述这些条件去实现的。这些条件是保证自己的政治领导的基础。"①在白区党代表会议上，张闻天指出："我党在中国革命新时期内的中心任务是建立全民族的统一战线战胜日寇，实现民主共和国，并在这一统一战线内与民主共和国内取得共产党的领导权"。②

抗日战争爆发后，中共中央和毛泽东一再强调在抗日战争中存在两条不同的抗战指导路线，即共产党的全面抗战路线和国民党的片面抗战路线；强调在国共合作中坚持党的独立自主，八路军要坚持"独立自主的山地游击战争"。中共中央在 1937 年 9 月 25 日《关于共产党参加政府问题的决定草案》中指出："在原有红军中苏区中及一切游击区中，共产党绝对独立领导之保持，是完全必要的，共产党员不许可在这个问题上发生任何原则上的动摇。"③1937 年 11 月上海、太原失陷后，毛泽东又尖锐地指出："在党内，反对阶级对阶级的投降主义"，每个共产党员都不应忘记1927年陈独秀的投降主义引导革命归于失败的血的教训。"阶级投降主义实际上是民族投降主义的后备军"。④ 在党的六届六中全会上，批判了关于统一战线问题上的迁就主义的错误。毛泽东在全会上的报告和结论中，论述了中

---

① 《毛泽东选集》，第 2 版，第 1 卷，261～264 页。

② 《中共中央文件选集》，第 11 册，224 页。

③ 《中共中央文件选集》，第 11 册，345 页。

④ 《毛泽东选集》，第 2 版，第 2 卷，396 页。

国共产党在民族战争中的领导地位和统一战线中的独立自主问题，系统地总结了党成立以来在这方面的经验教训。

革命转变，是共产党长期讨论的一个问题。毛泽东在《论反对日本帝国主义的策略》的报告中说："革命的转变，那是将来的事。在将来，民主主义的革命必然要转变为社会主义的革命。何时转变，应以是否具备了转变的条件为标准，时间会要相当地长。不到具备了政治上经济上一切应有的条件之时，不到转变对于全国最大多数人民有利而不是不利之时，不应当轻易谈转变"，"中国在政治上经济上完成民主革命，较之俄国要困难得多，需要更多的时间和努力"。① 在党的全国代表会议上，毛泽东又论述了民主革命和社会主义革命的关系，他说："两篇文章，上篇与下篇，只有上篇做好，下篇才能做好。坚决地领导民主革命，是争取社会主义胜利的条件"，"现在的努力是朝着将来的大目标的，失掉这个大目标，就不是共产党员了。然而放松今日的努力，也就不是共产党员"。他还说："我们是革命转变论者，主张民主革命转变到社会主义方向去"，但"不是托洛茨基主义的'不断革命'论者"，"我们主张经过民主共和国的一切必要的阶段，到达于社会主义"。"不流血的转变是我们所希望的，我们应该力争这一点，结果将看群众的力量如何而定"。②

(二)"三大法宝"

1939 年 10 月，毛泽东在《〈共产党人〉发刊词》中，把中国革命中的三个基本问题：统一战线、武装斗争和党的建设概括为新民主主义革命的三大法宝，并进行了系统的阐述。这是 18 年来，中国共产党领导中国革命基本经验的总结，对新民主主义革命理论体系的形成具有重大意义。

毛泽东指出："由于中国是半殖民地半封建的国家，政治、经济、文化各方面发展不平衡的国家，半封建经济占优势而又土地广大的国家，这就不但规定了中国现阶段革命的性质是资产阶级民主主义革命的性质"，而且规定了中国资产阶级民主革命过程中的两个基本特点："①无产阶级

北京师范大学史学探索丛书

---

① 《毛泽东选集》，第 2 版，第 1 卷，160~161 页，

② 《毛泽东选集》，第 2 版，第 1 卷，276 页。

同资产阶级建立或被迫分裂革命的民族统一战线；②主要的革命形式是武装斗争"。因此"党的失败和胜利，党的后退和前进，党的缩小和扩大，党的发展和巩固，都不能不联系于党同资产阶级的关系和党同武装斗争的关系"。"十八年来，党的建设过程，党的布尔什维克化的过程，是这样同党的政治路线密切地联系着，是这样同党对于统一战线问题、武装斗争问题之正确处理或不正确处理密切地联系着的"。"倒转来说，党更加布尔什维克化，党就能、党也才能更正确地处理党的政治路线，更正确地处理关于统一战线问题和武装斗争问题"。

中国无产阶级同中国资产阶级和其他阶级的统一战线，18 年中，经历了三个不同的发展阶段。毛泽东总结了六条规律：第一，由于中国最大的压迫是民族压迫，在一定的时期中，一定的程度上，中国民族资产阶级是能够参加反帝国主义和反封建军阀的斗争的。因此，无产阶级在这种一定的时期内，应该同民族资产阶级建立统一战线，并尽可能地保持之。第二，由于中国民族资产阶级在经济上、政治上的软弱性，在另一种历史环境下，它就会动摇变节。因此，中国革命统一战线的内容不能始终一致，而是要发生变化的。第三，中国的带买办性的大资产阶级，是直接为帝国主义服务并为它们所豢养的阶级。因此它历来都是革命的对象。但是，由于中国的带买办性的大资产阶级的各个集团是以不同的帝国主义为背景，在各个帝国主义间的矛盾尖锐化的时候，在革命的锋芒主要地是反对某一个帝国主义的时候，属于别的帝国主义系统的大资产阶级集团也可能在一定程度上和一定时期内参加反对某一个帝国主义的斗争。在这种一定时期内，中国无产阶级可以同这样的大资产阶级建立可能的统一战线，并在有利于革命的一定条件下尽可能地保持之。第四，在买办性的大资产阶级参加统一战线并和无产阶级一道向共同敌人进行斗争的时候，它仍然是很反动的。第五，无产阶级的坚固的同盟者是农民。第六，城市小资产阶级也是可靠的同盟者。毛泽东总结的这几条规律，把中国民主革命中某些阶级的动向和无产阶级与他们的关系说得更清楚了。毛泽东针对中国资产阶级在资产阶级民主革命中的二重性，阐述了对这个阶级的正确政策，即又联合又斗争的策略。所谓联合，就是同资产阶级的统一战线；所谓斗争，在同资产阶级联合时，就是在思想上、政治上、组织上的"和平"的"不流血"的斗争；而在被迫着同资产阶级分裂时，就转变为武装斗争。毛泽东还指出：中国资产阶级在资产阶级民主革命中的二重性，"对于中国共产党的政治路线和党的建设的影响是非常之大的"，"中国共产党的政治路线的重要一部分，就是同资产阶级联合又同它斗争的政治路线"。"中国共产党的党的建设的重要一部分，就是在同资产阶级联合又同它斗争的中间发展起来和锻炼出来的"。

关于中国共产党的武装斗争，毛泽东指出："武装斗争是中国革命的主要斗争形式"，而"中国共产党的武装斗争，就是在无产阶级领导之下的农民战争"。18 年来，我们党逐步学会了并坚持了武装斗争。"我们懂得，在中国离开了武装斗争，就没有无产阶级的地位，就没有人民的地位，就没有共产党的地位，就没有革命的胜利"。这就是武装斗争在中国革命中所处的地位，它也是同党的政治路线和党的建设密切地联系着的。离开了武装斗争，就不能了解共产党的政治路线，也就不能了解共产党的建设。毛泽东说："十八年来，我们党的发展、巩固和布尔什维克化，是在革命战争中进行的，没有武装斗争，就不会有今天的共产党。这个拿血换来的经验，全党同志都不要忘记。"

共产党的建设过程，它的发展、巩固和布尔什维克化的过程，18 年同样经历了三个阶段，即幼年阶段、土地革命战争的阶段和目前的抗日民族统一战线的阶段。18 年来党的建设的主要经验就是"把党的建设问题同统一战线问题、同武装斗争问题联系起来"，"把党的建设问题同联合资产阶级又同它做斗争的问题联系起来"，"同八路军新四军坚持抗日游击战争和建立抗日根据地问题联系起来"。这也就是说党的建设必须紧密结合党的政治路线和党的中心任务来进行。

毛泽东还阐明了统一战线、武装斗争和党的建设三者的相互关系。他说："统一战线和武装斗争，是战胜敌人的两个基本武器。统一战线，是实行武装斗争的统一战线。而党的组织，则是掌握统一战线和武装斗争这两个武器以实行对敌冲锋陷阵的英勇战士。"①

（三）新民主主义革命理论体系的建立

30 年代末 40 年代初，以毛泽东为代表的中国共产党人以马克思列宁主义为指导，在对中国国情、中国革命经验作更深入的探讨和总结的基础上，系统地形成了有关中国革命的理论。《中国革命和中国共产党》和《新民主主义论》的发表，标志着新民主主义革命理论体系的形成。

毛泽东科学地分析和论证了中国现阶段的社会性质、主要矛盾和革命发生发展的根本原因。他说："自从 1840 年的鸦片战争以后，中国一步一步地变成了一个半殖民地半封建的社会。自从 1931 年九一八事变日本帝国主义武装侵略中国以后，中国又变成了一个殖民地、半殖民地和半封建的社会"。"帝国主义和中华民族的矛盾，封建主义和人民大众的矛盾，这些就是近代中国社会的主要的矛盾"。"而帝国主义和中华民族的矛盾，乃是各种矛盾中的最主要的矛盾"。"伟大的近代和现代的中国革命，是在这些基本矛盾的基础之上发生和发展起来的"。

认清中国社会的性质，乃是认清中国革命问题的前提。既然中国现时社会的性质，是殖民地半殖民地半封建社会，么，中国现阶段革命的主要对象或主要敌人就是帝国主义和封建主义。二者互相勾结压迫中国人民，而以帝国主义的民族压迫为最大的压迫，因而帝国主义是中国人民的第一个和最凶恶的敌人。"在日本武力侵入中国以后，中国革命的主要敌人是日本帝国主义和勾结日本公开投降或准备投降的一切汉奸和反动派"。中国革命的敌人是异常强大的，"不但有强大的帝国主义，而且有强大的封建势力，而且在一定时期内还有勾结帝国主义和封建势力以与人民为敌的资产阶级的反动派"。在这样的敌人面前，再加上其他条件，"中国革命的长期性和残酷性就发生了"，中国革命的主要形式必须是武装斗争。这就发生了革命的根据地问题。如毛泽东所说："必须把落后的农村造成先进的巩固的根据地，造成军事上、政治上，经济上、文化上的伟大的革命阵

---

① 以上均见毛泽东：《〈共产党人〉发刊词》，见《毛泽东选集》，第 2 版，第 2 卷，602～614 页。

地，借以反对利用城市进攻农村区域的凶恶敌人，借以在长期战斗中逐步地争取革命的全部胜利。"由于中国经济发展的不平衡，由于中国土地的广大，由于中国的反革命营垒内部的不统一和充满着各种矛盾，由于中国革命主力军的农民的斗争是在无产阶级政党共产党的领导之下，这样，就使得一方面，中国革命有在农村区域首先胜利的可能；而另一方面，则又造成了革命的不平衡状态，给争取革命全部胜利的事业带来了长期性和艰苦性。"对外推翻帝国主义压迫"，"对内推翻封建地主压迫"，是现阶段中国革命的两大任务。这民族革命和民主革命两大任务是"互相区别，又是互相统一的"。

中国现阶段的社会性质、革命性质和任务，规定了中国革命的对象和动力。在这里，中国资产阶级是一个复杂的问题。毛泽东说：带买办性的大资产阶级是中国革命的对象。但是，它是分属于几个帝国主义国家的，"在几个帝国主义国家间的矛盾尖锐地对立着的时候，在革命主要地是反对某一个帝国主义的时候，属于别的帝国主义系统之下的买办阶级也有可能在一定程度上和一定时间内参加当前的反帝国主义战线。但是一到他们的主子起来反对革命时，他们也就立即反对革命了"。"民族资产阶级是带两重性的阶级"。一方面，民族资产阶级受帝国主义的压迫，又受封建主义的束缚，因此可以成为革命的一种力量。另一方面，由于他们在经济上和政治上的软弱性，由于他们同帝国主义和封建主义并未完全断绝经济上的联系，因此又有跟在买办大资产阶级后面，作为反革命的助手的危险。根据对中国社会各阶级的分析，毛泽东指出："农民是工人阶级的坚固的同盟军，城市小资产阶级也是可靠的同盟军，民族资产阶级则是在一定时期中和一定程度上的同盟军，这是现代中国革命的历史已经证明了的根本规律之一。"

对现阶段中国革命的性质，毛泽东提出"新民主主义革命"的概念。他说："现阶段中国革命的性质，不是无产阶级社会主义的，而是资产阶级民主主义的"，但是"已不是旧式的一般的资产阶级民主主义的革命"，"而是新式的特殊的资产阶级民主主义的革命"。"我们称这种革命为新民主主义的革命"。"这种新式的民主革命，虽然在一方面是替资本主义扫清道

北京师范大学史学探索丛书

路，但在另一方面又是替社会主义创造前提"，"所谓新民主主义的革命，就是在无产阶级领导之下的人民大众的反帝反封建的革命"。由于中国资产阶级民主主义革命，不是一般的旧式的资产阶级民主主义的革命，而是特殊的新式的民主主义革命，是新民主主义革命，因而中国革命的全部结果是：一方面有资本主义因素的发展，又一方面有社会主义因素的发展。中国资产阶级民主革命的最后结果，避免资本主义的前途，实现社会主义的前途，具有极大的可能性。

毛泽东说：新民主主义的政治经济文化的基本纲领是：在政治上，要建立"无产阶级领导下的一切反帝反封建的人们联合专政的民主共和国，这就是新民主主义的共和国"。在经济上，要使一切"大银行、大工厂、大商业归这个共和国的国家所有"；"在这个共和国并不没收其他资本主义的私有财产，并不禁止'不能操纵国民生计'的资本主义生产的发展"；"这个共和国将采取某种必要的方法，没收地主的土地，分配给无地和少地的农民"。在文化上，要挣脱帝国主义、封建主义文化思想的奴役，实行人民大众的反帝反封建的文化，即"民族的科学的大众的文化"。实行这些新民主主义纲领的中国就是新民主主义的中国，这样的中国社会就是新民主主义社会。

毛泽东对新民主主义革命的完整论述，标志着马克思列宁主义同中国革命实践相结合的毛泽东思想有了进一步发展。新民主主义革命理论是共产主义思想体系的一个重要组成部分，是对马克思列宁主义的丰富和发展。毛泽东的新民主主义理论使党和人民清楚地看到中国革命的发展规律和前景，极大地鼓舞了他们的胜利信心，有力地指导和促进了抗日战争和中国革命的胜利发展。

《中国新民主主义理论研究》，第二章，北京，党建读物出版社，1998。

如何评价中共四届三次扩大会议

对 1926 年 7 月中共四届三次扩大会议的评价，是目前党史研究中有争议的问题。过去史学界一般认为，这次会议"是陈独秀右倾机会主义思想发展到右倾机会主义路线的标志"，会议通过的议决案"形成了陈独秀的投降主义的理论"，是陈独秀的"右倾机会主义纲领"。① 1979 年在一次学术讨论会上，我们对这个说法提出了质疑。我们认为，从这次会议的《中央政治报告》和十二个议决案来看，它的主要方面是正确的，不能把这次会议看成是陈独秀右倾机会主义形成的标志。近二三年来，不少同志相继著文，重新评价这次会议。有的文章，虽然也肯定这次会议"在党的历史上占有重要地位"，"在一些重要问题上，坚持并在一定意义上发展了党的'四大'的正确方针和策略"，但又认为这次会议"把陈独秀等人一直坚持的'二次革命论'变成了党的实践纲领"，这次会议"成了陈独秀右倾投降主义形成的重大转折点"，向陈独秀右倾投降主义路线的形成迈出了"具有决定意义的一步"。② 我们对此仍有不同意见，想在本文中再作一些探讨。

(一)无产阶级在资产阶级民主革命中的领导权问题

中国的资产阶级民主革命由资产阶级来领导，还是应该由无产阶级来领导？这次中央扩大会议明确提出"与资产阶级争此革命运动的领导地位"问题。③ 中央政治报告认为当时中国社会势力，可以分为四种：第一种是军阀、买办、官僚、新旧士绅，他们是"中国的半封建势力"，是反革命力量；第二种是工农群众及急进的知识者，他们是"新的革命势力"；第三种是中小商人，他们属于小资产阶级的范畴；第四种是资产阶级，主要是指

---

① 分别引自《中国现代革命史》、《中国新民主主义革命时期通史》等专著。

② 《试论中国共产党四届中央七月扩大会的历史作用》，载《近代史研究》，1982(1)。

③ 本文所引这次中央扩大会议的文件均见《六大以前》的《中国共产党第三次中央扩大执行委员会议决案》。

民族资产阶级。报告明确指出："当然的只有第二种工农群众是革命的基本力量"。小资产阶级"固然不容易脱离大资产阶级的政治思想之统治"，但是他们受帝国主义和军阀的压迫剥削，对于革命的态度是"站在大资产阶级与工农群众之间"，"工农阶级应该拉拢他们，才能免自己陷于孤立"。对资产阶级，报告指出他们与买办阶级不同。他们"想用改良方法向帝国主义要些东西"，对军阀的苛税勒捐和战争"深恶痛绝"。他们中间的一部分急进的分子"深表同情于革命，且想利用工农群众势力，反抗帝国主义与军阀，以得到他们的要求"。因此，他们"在客观上是有倾向革命之可能的"，我们应当把资产阶级看作反帝国主义和反封建军阀的"友军"。报告分析了民族资产阶级的两重性，指出中国现时的革命"毫无疑义的是一个资产阶级的民族民主革命"，资产阶级是革命的力量之一，同时又指出妥协性是资产阶级的"特性"，"一旦得到些小胜利，稍稍能够安慰其阶级的要求，便立刻发挥其妥协根性，离开民众，背叛革命而与敌人合作，他们不能革命到底，这也是毫无疑义的事"。这个分析是很正确的。

正是根据对资产阶级两重性的分析，报告明确地指出：我们此时应该一方面"努力拉住小资产阶级，使之接近工农群众，而不完全为资产阶级的政治思想所统治，以与资产阶级争此革命运动的领导地位，以防其将来之妥协"；又一方面"极力巩固各阶级的联合战线，促进资产阶级之革命化，明知其为将来之敌人，或者即是一年或三年后之敌人，而现在却不可不视为友军，且为有力之友军，以共同打倒国外的敌人（帝国主义）和国内的敌人（半封建势力）"。

报告还指出，在对待资产阶级问题上要反对右倾和"左"倾两种错误。"我们若妄信资产阶级可以革命到底，不预防将来之危险，不能从资产阶级夺取小资产阶级，让他们完全受资产阶级之统治，这便是右倾的错误"；我们"若现在即否认资产阶级在民族运动中之作用，不能从帝国主义夺取中国的资产阶级，敌视他们过早，逼他们为帝国主义利用，这便是'左'倾的错误"。

总之，中央政治报告对中国社会各阶级以及它们在民主革命中的地位和作用所做的分析，基本上是正确的。在敌我友这个革命首要问题上界线是清楚的。特别是对资产阶级两重性所做的分析是比较切实、比较透彻的，并且明确提出"与资产阶级争此革命运动的领导地位"问题。所以我们认为报告还是坚持了党的"四大"提出的无产阶级在民主革命中领导权的思想。

除了中央政治报告外，《职工运动议决案》、《农民运动议决案》等文件也都强调了无产阶级领导权问题。在《组织问题议决案》中还说："从全国革命运动的实质看来，本党确成了一个政治核心"，"在许多方面，本党确已渐渐的站在领导地位"，为了领导群众，推进革命运动，"拿住运动的重心"，在"最大可能的范围内指挥一切"，必须加强党的指导力量，健全各级组织，扩大队伍，征集更多的革命工人、农民与知识分子入党。

有的同志也承认会议"对于资产阶级作了比较透彻的分析"，明确提出了"同资产阶级、国民党争夺革命领导权的方针"，但却认为"会议没有把这种正确分析和方针坚持到底"，"表现了会议前后不一和自相矛盾的机会主义立场，在明确提出同资产阶级争夺革命领导权的同时，又否定和取消了争夺的必要性和可能性"。

我们认为报告在分析资产阶级时，说在民族民主革命运动中，资产阶级"乃站在非常重要的地位"，"中国的国民革命若没有资产阶级有力的参加，必陷于异常困难或至于危险"。这个分析确实把资产阶级在民主革命中的地位和作用估计得过高了。但是，报告并没有因此而认为中国的资产阶级民主革命应该由资产阶级来领导，无产阶级只能充当资产阶级的助手。在这个根本问题上，报告的指导思想和陈独秀的《资产阶级的革命与革命的资产阶级》、《中国国民革命与社会各阶级》两篇文章的观点是不同的。陈独秀这两篇文章的有些观点当然是错误的。但是批判也要恰如其分。大家知道，这两篇文章是陈独秀在党的"三大"前后写的，而"三大"时还没有提出民主革命中无产阶级领导权问题。无产阶级领导权问题的提出是在"三大"之后。1923年6月，中共中央机关刊物《新青年》季刊出版，发表了《新青年之新宣言》。其中说："即使资产阶级的革命亦非劳动阶级为之指导，不能成就"。9月，瞿秋白在《自民治主义至社会主义》一文中分析说："劳工阶级在国民革命的过程中……日益取得重要的地位，以至于指

北京师范大学史学探索丛书

导权。"①12月，邓中夏在《论工人运动》一文中说："工人的群众不论在民主革命或社会革命中，都站在主力的地位。"②1924年11月，邓中夏在《我们的力量》一文中更明确地说："中国将来的社会革命的领袖固是无产阶级，就是目前的国民革命的领袖亦是无产阶级"，并不指名的批判陈独秀怀疑无产阶级力量的错误观点。③ 1925年1月党的"四大"，才把民主革命中无产阶级领导权的思想作为全党的意志写进了决议。可见我党对无产阶级在民主革命中领导权问题的认识有一个过程。即使"四大"，在指导思想上是明确了，但对怎样取得领导权，因没有经验，还缺乏具体明确的意见，还没有明确认识到掌握领导权，不仅要掌握工农运动，还要掌握政权和军队。这次中央扩大会议，就其总的指导思想来说是要争取无产阶级的领导权，是坚持了党的"四大"提出的民主革命中无产阶级领导权的思想的。我们不能因为这次会议没有很好解决怎样取得领导权这样一个复杂的课题，就认为会议在提出争夺革命领导权的同时，又否定和取消争夺领导权的必要性和可能性；也不能因为这次会议有一些提法不当，或陈独秀作的中央政治报告中有些提法表现了他的右倾思想，就判定这次会议否认和取消无产阶级在民主革命中的领导权，接受并发展了陈独秀上述两篇文章的错误观点。

至于中央政治报告中说的"自'五卅'以来，中国的资产阶级已渐渐成了民族运动中之重要成分，且有领导此运动之倾向……"的话，应对它做切合实际的分析。报告中这段话的意思是说，"五卅"以来，资产阶级的力量在扩展，在同无产阶级争夺革命运动的领导权，我们"万不应忽视"，应该对资产阶级有个正确的分析，采取正确的政策和策略，"以与资产阶级争此革命运动的领导权"，而不是说"五卅"之后，资产阶级已经"具有"领导革命运动的"条件"，革命应该让给资产阶级来领导。事实上，"五卅"之后，中国革命运动高涨，工农的力量有了新的发展；但是，资产阶级的力量也在扩展，资产阶级新的军事集团在逐渐形成，资产阶级为实现其一个

---

① 《新青年》季刊，第2期，1923-12-20。
② 《中国青年》，第7期，1923-12-15。
③ 《中国工人》，第2期，1924-11。

阶级统治的国家，正在加紧同无产阶级争夺领导权。这次会议意识到这点，应该说是正确的。不能因"且有领导此运动之倾向"的话，就忽略了整段话的完整意思，而说会议否定和取消了无产阶级领导权。

(二)国共关系和统一战线策略问题

这次中央扩大会议很重视统一战线问题。统一战线的核心问题是国共关系问题。会议专门讨论了这个问题，并做出了《中国共产党与国民党关系问题议决案》。

中央政治报告分析了国民党内部左右派的分化，指出国民党内部可分为四派，即共产派(代表工农群众和急进的知识分子)、左派(代表小资产阶级)、中派(代表新右派代表资产阶级)、右派(代表军阀、买办、官僚、新旧士绅等反革命势力)。这个分析基本上是正确的，因为它承认国民党内部左右派的分化，并指出了他们各自代表的阶级利益。当时右派有新、老之分。老右派公开反对"三大政策"，与帝国主义、封建势力相勾结，反对革命。新右派则一面高喊反帝国主义、反封建军阀的口号，一面在暗中进行反对"三大政策"的活动，阴谋篡夺革命领导权。当时我党对新右派的本质认识还不很清楚。但是，这次会议对新右派的阴谋活动是有警惕的，对他们的反共篡权活动是反对的。国共关系议决案明确指出："广州三月二十日事变，(国)民党中央五月十五日会议，黄埔军校六月七日又提出的处置共产派问题——凡此一切，都是一贯的对共产党的进攻"，"广东方面，现时攫得政权者是武装的中派，而全国则有右派的反赤运动，他们都向共产党进攻"。我们应当向全党宣传解释这次右派及一部分中派国民党对我们的进攻，"是和帝国主义军阀反赤运动相呼应的，实质上确是反革命的行动"。

面对国民党内部左右派之分化和右派加紧篡夺革命领导权并向我们进攻的事实，我党对国民党应采取什么政策呢？国共关系议决案指出：一九二五年十月中央扩大会议关于国民党问题的意见是正确的。十月扩大会议的意见是"我们留在国民党里，与'左'派结合密切的联盟，帮助他们发展国民党并且反对右派"，同时使"我们自己的党政治上更加独立起来"。议决案在肯定十月扩大会议的意见后又指出：我们在国民革命中的策略应当更加明确规定，一方面"我们的党应当更加加紧在政治上表现自己的独立"，"确立自己在工人及多数农民中的势力"，扩大自己在广大革命群众中的政治影响；另一方面应当组织广大的小资产阶级革命群众参加国民党，来充实国民党左派，并以无产阶级和农民的群众革命力量影响国民党。这样去和左派国民党结合强大的斗争联盟，"以与资产阶级争国民运动的指导。"只有这样"才能保证无产阶级政党争取国民革命的领导地位"。议决案还规定："现时我们在国民党内的政策，应当是扩大左派，与左派密切的联合，和他们共同的应付中派，而公开的反攻右派。"这些政策虽有不足之处或不够明确的地方，但整个说来还是坚持了十月扩大会议的正确意见，并得到了充实。

有的同志认为这次会议所制定的对国民党的政策和策略，"决不是要同资产阶级、国民党争夺革命的领导权，而是在尽心竭力的为资产阶级国民党争夺革命的领导权"。分析问题要从第一次国共合作的历史实际情况出发。当时我党还是一个幼年的党，还不是一个全国范围的、广大群众性的党，为了集合全国各革命阶级的力量共同进行国民革命，和国民党合作，建立革命统一战线是完全必要的。改组后的国民党成为工人阶级、农民阶级、小资产阶级和民族资产阶级的革命统一战线的组织形式。这样，中国国民党就成了国民革命的一面旗帜。国民革命的公开的领导者是国民党。工农大众是国民革命的主力，共产党是代表工农利益、领导工农群众参加国民革命，这实际上是共产党通过各革命阶级联盟的国民党领导国民革命的一种方式。因此，不能说"积极发展国民党左派"，组织"小资产阶级革命化的群众"参加国民党，"扩大国民党的基础"是"为资产阶级国民党争夺革命领导权"。这种误解在国民党改组的当时即存在。1924年1月，瞿秋白在《中国革命史之第二篇》一文中，解释了为什么要组织革命力量加入国民党的问题。他说："平民应当以国民党为工具，达到自己的目的，以国民党为先锋，领导自己的斗争；加入国民党是我们自己组织起来，并不是国民党利用我们。"①因此，问题的实质是哪个阶级实际上掌握了国民

① 《民国日报》特刊，1924-1。

党的领导权，也就掌握了国民革命的领导权。

由于国民党是各革命阶级的联盟，因此国民党内左中右派之分化是不可避免的，各派争夺领导仅的斗争也是不可避免的。特别在孙中山先生逝世和左派领袖廖仲恺先生被暗杀后，国民党内新老右派的反动活动加剧。在这种情况下，共产党和无产阶级更应在国民党内造成强大的左派力量，和国民党左派结合，开展反对右派的斗争。为此，会议做出五条决定（实行一九二五年十月中央扩大会的议决，坚持我党的独立性，同时积极发展国民党左派，积极发展左派的群众组织，扩大国民党的基础，和左派共同进行更实际的反对右派的经常斗争），它的基本出发点还是要掌握领导权。有的同志认为议决案所说的"反右派斗争"仅仅指反对老右派，而不包括反对新右派，因此反右派斗争实际上是一句空话。由于当时我党对新右派的本质认识还不很清楚，因此没有突出强调对新右派的斗争，这是一个很大的不足。但是从议决案全文看，并没有不反对新右派反共篡权活动的意思，这我们在前面已经说过了。

至于议决案最后一段话说："我们在现在国民政府与国民党中央反对广东内外的反革命势力之斗争里，虽然他们在中派指导之下，当然还要竭力赞助他们；我们同时应当有拥护劳动民众利益的自己的政策，而且以这一政策做赞助他们的根本条件"。有的同志认为"这是一条根本错误的方针"。我们认为在当时国共合作的条件下这个方针是正确的。1926 年 12 月，周恩来在《人民周刊》上发表的《现时政治斗争中之我们》一文，其中有一段话对正确理解这个问题是有帮助的。他说："我们知道，国民革命的唯一目的是解放目前的中国，同时中国国民革命又是世界革命的一部分，所以我们承认革命的中国国民党是中国国民革命的领导者，中国共产分子必须加入国民党共同奋斗。但这不是说中国共产党便失其独立性质而不应再有何种独立主张。国民党的联共政策和共产分子加入国民党，事实上是表示了两党的密切关系和国民党的领导地位。在这个原则之下，共产党除赞助国民党和国民政府之外，它还应为工农阶级在民主政治范围内提出政治上、经济上的要求，并督促国民党政府次第实施。"①当然议决案说的和实际上做的是否一致，当另作分析。

(三)农民问题

这次中央扩大会议的《农民运动议决案》，一向受到批评责难最多。那么，它是不是一个关于农民运动的右倾机会主义纲领呢？

议决案对农民运动的趋势和它的重要性是这样说的：近年来，已经"形成"了"弥漫全国的农民暴动"，"农民已经起来参加国民革命的战线了"，在农民运动比较进步的广东，更要求取得一部分地方政权(县长民选等)，农民运动"在中国民族解放运动中占着重要的地位"。照这种趋势看来，农民"将成为民族解放运动中之主要势力"，"我们的党要想领导中国民族解放运动顺利地进行，就在取得这项农民的势力，取得农民运动的指导权"。这无疑是正确的。

议决案提出了当时农民运动在经济上和政治上的要求，属于经济方面的六项：(甲)限定最高租额，农民所得至少要占收获量的百分之五十；(乙)限制高利盘剥，每月利息最高不能过二分五厘；(丙)反对预征钱粮及苛捐杂税；(丁)要求免除陋规，一切征收按市价计算；(戊)统一度量衡；(己)禁止囤积居奇，提倡农村消费合作运动。属于政治方面的六项：(甲)农民集会结社自由；(乙)县长民选；(丙)乡村自治机关及一切公益机关，均由乡民开大会选举；(丁)地方财政公开；(戊)反对民团执行逮捕、审判等司法职权；(己)剔除诉讼积弊，禁止差役需索。并且说明这十二项经济的和政治的要求"不是要有系统的说明农民之要求，而只是找出全国最急切需要的那几项是马上就要行动的。至于整个的农民政纲之提出，须待至第五次大会时方能议及"。当时全国绝大部分地区仍在反动军阀统治之下，国民政府统辖地区仅限广东一省，农民运动刚刚兴起，发展极不平衡，就全国来讲还处在发动和组织阶段。共产党提的口号和要求必须从当时运动的实际情况出发，把上述十二项作为"全国最急切需要"而"马上就要行动"的临时政策提出来是符合实际情况的。有的同志认为议决案没有提出解决

---

① 《周恩来选集》上卷，3页。

农民土地问题的政纲，是"抛弃了"一九二五年十月中央扩大会议关于"应当没收大地主、军阀、官僚、庙宇的田地交给农民"的土地政纲，是从一九二六年二月中央特别会议"关于北伐政纲必须以解决农民问题作主干的方针""后退了一大步"。因此，上述十二项要求是"改良主义"、"机会主义"的方针。我们认为这样说的理由是不充分的。议决案明确地说十二项要求不是作为农民运动的完整纲领提出来的，而是作为临时的具体的马上行动的要求提出来的，完整的农民运动政纲，要由党的"五大"来解决。从全部会议的文件来看，实在看不出有放弃解决农民土地问题的意思来。我党解决土地问题的政纲是坚定不移的，但实现这个纲领的步骤和方法要视具体情况而定。因此不能说十二项要求是"改良主义"、"机会主义"的纲领。

关于农民的组织问题。议决案指出：我们此时农民运动的口号是"全体农民起来反抗贪官污吏劣绅土豪，反抗军阀政府的苛税勒捐"。这样的口号，对在反动军阀统治下处在发动和组织阶段的农民运动来说，是适宜的。议决案说："现在农民协会的组织，尚不能带有阶级色彩。"过去把这句话当作典型的右倾机会主义语言来批判是误解。它的意思是说现在农民协会的组织应包括全体农民，不能成为单纯的贫农的组织，也不要"单提出雇农组织或佃农组织"。议决案又说："各种农民组织不必带政党色彩，不必用政党名义去做。"这是说农民运动与国民党的关系。议决案指出：在"已有国民党农民运动工作的地方，我们当与国民党合作"，但农民协会"在组织上应是独立的，不可成为党的附属品"。这里说的是农民协会不可成为国民党的附属品，并不是说要农民协会脱离共产党的领导。议决案明确规定加强共产党对农民运动的领导："我们的党，在一切农民运动中，应努力取得指导的地位，应在每个最低级的农会内，均有本党支部的组织，为这个农会行动指导的核心。"

关于农民武装。议决案首先肯定"农民现时要求武装自卫是必要的"。但又说须注意两点：一不要超出自卫的范围；二不可有常备的组织。在中央政治报告里陈独秀也说："农民运动在各地均发生左倾的毛病，或提出口号过高、或行动过左，往往敌人尚未打着而自己已受很大的损失。"陈独

北京师范大学史学探索丛书

秀认为这是我党指导农民运动存在的缺点。这些规定和看法是错误的，反映了陈独秀等人害怕农民运动过火和对农民武装不信任的思想状态，这些规定后来成为右倾机会主义者压制农民运动的框框。我们指出这个错误是完全必要的，但不能因此而否定整个农民运动议决案，说它是"右倾机会主义纲领"。

(四)军事问题

这次会议通过的《军事运动议决案》说："本党是无产阶级革命的党，随时都须准备武装暴动的党，在民族革命的进程中，应该参加武装斗争的工作，助长进步的军事势力，摧毁反动的军事势力，并渐次发展工农群众的武装势力。同时，此项工作就是使本党获得有条理的准备武装暴动的经验。"有的同志认为议决案"根本不提出建立在党直接领导下的人民军队的任务，却想方设法为发展、扩大和加强国民党军事武装力量卖力，显然是完全错误的"。第一次国共合作成立后，在苏联的帮助下，国民党建立了黄埔军校，组织了革命的军队。当时苏联的军事援助是很大的，但全部给了国民党。国民党的军事力量有了很大的发展。我党在此期间已经开始注意军事问题，并有不少同志从事军事工作。但当时的军事工作主要是：①在国民革命军中从事政治工作，促进国民革命军的革命化；②在旧军阀军队的士兵和下级军官中做宣传和策动工作，促进旧军阀军队的瓦解；③组织工农武装。这些工作是有成绩的。但是，在这期间，全党多数同志的指导思想认为军事工作虽不可无，但民众运动比起军事运动来更为重要。五卅运动后，我党对武装斗争的重要性有了进一步的认识。在当时国共合作的历史条件下，要建立在共产党直接领导下的人民军队是不可能的。但是，在国民党组织国民革命军时，我党应该去掌握这支军队的领导权。由于我党对掌握革命军队的领导权的极端重要性还没有应有的认识，思想还束缚在宣传、组织、训练群众、武装工农，最后在城市领导武装起义夺取政权的经验里，结果国民革命军的实权大部分落到了以蒋介石为首的新右派军人手里。1926年4月，瞿秋白指出："中国国民革命里极端需要革命的正式军队"，"只有这种革命军，能做革命战争的主体"，"革命军队既有这样的必要，同时也有充分的可能"，因此，对于"造成革命军队的必要，我们应当真切的认识，而造成革命军队的可能，我们应当尽量的应用"。①这篇文章说明至北伐战争前夕，我党对建立革命军队的重要性思想上已经比较明确了。但是，也没有明确提出掌握革命军队的领导权问题。因此，我们认为这次中央扩大会议通过的《军事问题议决案》，基本上表达了我党当时对武装斗争的认识水平。议决案所说的：我党"在民族革命的进程中，应该参加武装斗争的工作，助长进步的军事势力，摧毁反动的军阀势力，并渐次发展工农群众的武装势力"，这还是对的，问题是没有提出掌握革命军队的领导权问题。这是党的幼年性的表现，是历史的局限性。不能简单地斥之为右倾机会主义，说这是"想方设法为发展、扩大和加强国民党的军事武装力量卖力"。

北京师范大学史学探索丛书

这次会议召开期间，北伐已经开始了。当时广大工农群众积极行动起来，拥护国民政府出师北伐，支援北伐战争。形势处在革命高潮即将到来的前夜。但这次会议没有估计到这种形势的迅速发展。中央政治报告说："南方国民政府之出兵，亦尚只能是防御反赤军攻入湘粤的防御战，而不是真正革命势力充实的彻底北伐。"在这个问题上反映了陈独秀右倾思想的影响。当时陈独秀写了《论国民政府之北伐》一文，说："革命的北伐时期尚未成熟"，"现在的实际问题，不是怎样北伐，乃是怎样防御。"这种估计显然是右倾保守的。但陈文并不是根本反对北伐，他认为当时革命力量不足以进行北伐，北伐时机不成熟。文章也不无正确的地方，如指出北伐军之北伐必须真是革命的势力向外发展，然后北伐才算是革命的军事行动，若其中夹杂有投机的军人政客个人权位欲的活动，即有相当的成功，也只是军事投机之胜利，而不是革命的胜利。这里指出的问题，确是当时值得注意的问题。由于北伐战争很快取得了重大胜利，会议对北伐采取的消极态度迅速得到了纠正。

总之，这次会议在军事问题上的错误，主要是由于党的幼年性，对掌握革命军队领导权的极端重要性缺乏应有的认识。我党没有掌握军队的领导权，这是1927年大革命失败的最根本原因。我们事后总结革命经验时，

---

① 瞿秋白：《中国革命中之武装斗争问题》，载《新青年》，第4号，1926-5。

这样分析问题是完全应该的。但不能拿以后达到的认识水平苛求当时幼年的党，把当时全党没有认识到的问题笼统地说成是右倾机会主义。

(五)革命政权问题

政权问题是革命的中心问题。但在 1924 年至 1927 年大革命中，国民革命胜利后建立一个什么样的政权，是没有解决的问题。当时有人提出"平民政权"（瞿秋白），有人提出"三个阶级组成的联盟"的"民主专政"（罗易）等。但都是原则性地提出问题，没有作具体一些的阐述。这是党的幼年性的一个重要表现。这个问题很复杂，这里不能多说，只讨论一下关于国民会议的问题。

有的同志认为在北伐开始后，"仍旧主张国民会议是解决中国政治问题的道路"，这是"一种政治上的机会主义倒退"，是从根本上放弃了革命领导权。这种看法还需要斟酌。

1926 年 7 月 12 日，《中共中央第五次对于时局的主张》明确指出："我们所主张的国民会议及国民会议的运动，并不似一般人所想象的那样简单，也不限于一般人所希望的那样速成"，"国民会议的运动，就是国民革命时代'国民的联合战线'之具体的表现"。并说："由人民团体自己召集发表政纲的国民会议，或者还可以在军阀政权时代实现，接受政权的国民会议决无在军阀政府之下实现的道理"，"至于希望军阀政府采纳民意召集真正民众的国民会议，并执行国民会议之议决，那更是做梦"。只有参加国民会议运动之各阶级的民众，首先在各地一致奋斗，推翻当地的军阀政权，建立地方的人民政府，"如此方能汇合全国民众的力量，由发表政纲的国民会议，进行到接受全国政权的国民会议，由此会议建立全国的人民政府"。

瞿秋白是积极主张召开国民会议的人之一。他说："五卅以后，国民会议的运动已经从宣传的口号变成实行的方针"。[①]"平民是要以实现国民会议为旗帜而战；革命平民不但反对军阀买办的专政，并且反对民族资产阶级之新式的军事专政；于是乡民会议、县民会议、省民会议、市民会议

————————

① 《国民会议与五卅运动》，载《新青年》，第 3 号，1926-3-25。

的呼声，便发出了。"①地方的临时革命政权是建立全国革命政权的基础。又说："只有工农代表参加的国民政府，能够实行革命战争，而得到胜利，能够有召集国民会议之权，才能执行目前革命的行动、政纲。"②

仔细分析一下以上的引文，无疑其中包含着下面的内容：

（1）国民会议运动是"'国民的联合战线'之具体的表现"。革命统一战线是工人阶级领导的。这次中央扩大会议关于无产阶级对革命的领导权有明确的论述。从文件关于国民会议的直接论述中，看不出有放弃革命领导权的意思。

（2）由国民会议的召开而建立全国的人民政府，并不是幻想由军阀政府来实现，而是要由工人、农民、小资产阶级一致奋斗，推翻军阀买办政权来实现。这不是机会主义的政策。

（3）以国民会议为旗帜，利用革命战争的胜利，建立地方的临时革命政权，是建立国家政权的途径。这里看不出党的主张从过去的"革命民众政权"后退了，反而可以说大大前进了。

（4）召开国民会议，成立全国性的人民政府，并不抛开已存在的革命政权，广州国民政府应是国民会议的拥护者，不久又有人提出要由有工农代表参加的国民政府来召集。

这些意见不是"机会主义倒退"，不是放弃领导权。关于国民会改的政治主张，是中国共产党在1923年到1927年春提出并坚持的政治主张。它在中国工人阶级政治思想发展史上，占据重要的一章。这种主张虽然有很多不明确不完备的地方，但基本上是正确的。

（六）革命前途问题

关于革命前途问题只是在中央政治报告里讲到。陈独秀认为，中国民族运动的前途有两条道路："一是由工农阶级领导小资产阶级，推动资产阶级，以革命手段达到民族的资本主义之建设；一是由买办性的资产阶级拿住小资产阶级，并结合买办阶级，与帝国主义妥协，扑灭革命运动，实

---

① 《北伐的革命战争之意义》，1926-8。
② 《中国革命中之争论问题》，1927-2。

406
北京师范大学史学探索丛书

现道威士的资本主义之侵略。"我们的责任，就在努力扩大工农群众的力量拿住小资产阶级，推动资产阶级，巩固民族运动的联合战线，争取第一条道路。如果"工农阶级不能取得革命运动的领导地位"，"不能从帝国主义夺取中国的资产阶级，使革命运动流产"，或者"不能从资产阶级夺取小资产阶级，使革命运动中道夭折"，"均不免要有第二条道路的运命"。从上述论述来看，陈独秀对无产阶级是否掌握革命领导权是中国革命前途的决定因素是不明确的，因而认为我们的责任是在争取中国民族运动的第一条道路，即"以革命手段达到民族的资本主义之建设"。这个结论是不符合中国实际的。

资产阶级民主革命中的无产阶级领导权问题和中国民主革命胜利后的前途问题是两个互相关联的问题。中国革命应该分两步走：第一步是搞民主革命，第二步才是搞社会主义革命。这个问题在党的"二大"已经提出并初步解决了。但"二大"没有明确指出民主革命必须由无产阶级领导，也没有解决民主革命胜利后的政权性质问题，而这个问题是和革命前途问题密切相关的。党的"四大"明确提出了无产阶级在民主革命中的领导权问题，但关于中国民主革命胜利后的前途问题也还没有给予明确的解决，只是说如果无产阶级自己的和客观的条件具备，国民革命胜利后，可能不必"经过资产阶级民主制度"的阶段。这次中央扩大会议似乎没有讨论这个问题，也没有解决这个问题。

有的同志认为这次会议的政治报告关于"民族动运前途"的分析，是"把陈独秀的'二次革命论'变成了党的实践纲领"。长期以来，习惯于把陈独秀的右倾机会主义错误简单地概括为"二次革命论"，但这是不科学的。陈独秀一直主张中国革命分两次进行。陈独秀这个主张不能笼统地说是错误的。陈独秀的根本错误，一是放弃或不积极争取无产阶级在民主革命中的领导权；二是看不见中国民主革命胜利后的社会主义前途。陈独秀放弃无产阶级领导权的错误，同他对中国革命前途的分析有关，但用"二次革命论"来概括表述陈独秀的右倾机会主义错误是不准确的。据我们接触到的不全面的文献资料看，还未见到党的正式文件把陈独秀的右倾机会主义概括为"二次革命论"。《毛泽东选集》中多次批判了陈独秀的错误，但没有用过"二次革命论"一词。相反,毛泽东同志在《新民主主义论》中用较多的篇幅阐述了中国革命必须分两步走,反对"一次革命论"。我党关于中国革命的历史进程必须分为两步的论断已被历史证明是完全正确的。因此说这次中央扩大会议"把陈独秀的'二次革命论'变成了党的实践纲领"的说法是不确切的。

综合以上几个问题,我们认为这次中央扩大会议正确方面是主要的。它坚持了党的"四大"的正确路线,在资产阶级民主革命中无产阶级领导权这个根本问题上指导思想是明确的。这次会议也存在一些缺点和错误。如对资产阶级在民主革命中的地位和作用估计过高,对国民党新右派的本质认识不很清楚,对农民运动特别是农民武装做了一些不适宜的限制,没有提出掌握革命军队的领导权以及没有指出中国革命运动发展的正确前途等。但对这些缺点和错误,应作实事求是的具体分析,进行科学的批判。有的确实是受了陈独秀右倾思想的影响,有的则是由于历史条件的限制。当时我党是一个幼年的党,革命经验很少,对中国革命的客观规律还弄不清楚。因此,我们不同意把这次中央扩大会议说成是"陈独秀右倾投降主义形成的重大转折点",在陈独秀右倾投降主义路线形成过程中迈出了"具有决定意义的一步","为新的更加严重和系统的右倾错误开辟了道路"。

由于第一次国内革命战争时期历史情况非常复杂,对这次中央扩大会议的是非功过存在不同的看法是正常的。我们过去也同意这次会议是陈独秀右倾机会主义形成标志的结论。粉碎"四人帮"以来,对党内长期存在的"左"倾思想和"左"倾错误的批判,使思想得到了解放,总觉得这个结论与历史事实不相符合,需要重新加以研究。对这次会议的评价进行讨论,将有利于对第一次国内革命战争时期的历史做出更全面更准确的总结。这是我们写此文和史学界同志讨论的目的。

与王桧林合写,原载《近代史研究》1983年第1期。

北京师范大学史学探索丛书

中国走社会主义道路是历史的必然

在当今世界风云变幻，苏联解体，社会主义遭到严重挫折的时候，来回顾一下中国走上社会主义道路的历史，对我们坚定不移地走有中国特色的社会主义道路具有很大的现实意义。

一、中国走资本主义道路行不通

自从 1840 年鸦片战争失败时起，先进的中国人就一直在探索救国救民的真理和使中国富强起来的道路。在马克思主义系统传入中国之前，最重要的有三个代表人物，开列了三个救国方案，即洪秀全的《天朝田亩制度》和洪仁玕的《资政新篇》、戊戌变法和康有为的《大同书》、孙中山的三民主义和辛亥革命。这三个救国方案的共同点是要变革当时中国的封建制度，学习西方的资本主义制度。因为"那时的外国只有西方资本主义国家是进步的，它们成功地建设了资产阶级的现代国家。"[1]这三个救国方案都曾经吸引过千百万人为之而抛头颅洒热血，也都在不同程度上推进了中国历史的发展，但是都没有能够改变中国的半殖民地半封建社会性质。

为什么在中国走资本主义道路行不通呢？

首先，资本主义帝国主义列强不允许。"帝国主义列强侵入中国的目的，绝不是要把封建的中国变成资本主义的中国。帝国主义列强的目的和这相反，它们是要把中国变成它们的半殖民地和殖民地。"[2]为此，它们对中国进行了残酷的掠夺，企图"从一条牛身上剥下两张皮来"[3]。据有关材料的粗略统计，从 1840—1859 年，西方各国共向中国出口鸦片近百万箱，合银元近 7 亿元。而从 1864—1927 年，输入中国的鸦片总值达 201.8 亿两

---

① 《毛泽东选集》，第 2 版，第 4 卷，1470 页。
② 《毛泽东选集》，第 2 卷，628 页。
③ 《列宁选集》，第 2 卷，835 页。

白银，约合银圆272亿元。据不完全统计，从19世纪中叶到20世纪20年代，被贩卖到世界各地的华工多达1200万人。这些被绑架、被欺骗去的华工囚禁在"猪仔馆"，被烙上贩卖目的地的字号。在中国近代史上，外国侵略者通过强迫中国签订不平等条约掠去了惊人的战争赔款，其中《南京条约》、《马关条约》、《辛丑条约》等8个不平等条约就勒索赔款19.53亿两白银，相当于清政府1901年收入的16倍。而日本仅通过《马关条约》勒索的赔款2.3亿两白银，就相当于当时日本国家财政四年半的收入。据粗略估计，近百年中帝国主义列强共从中国掠夺去约1000亿两白银的财富，人均达200多两。所以，中国近代的贫穷落后，是帝国主义制度压迫中国的结果。中国无论在政治上经济上都无法独立发展资本主义，只能在半殖民地半封建的深渊中挣扎。一旦中国人民的反抗威胁到帝国主义在中国的统治，它们就与中国封建势力勾结在一起，把革命运动残酷地镇压下去。太平天国后期的革命运动在中外反动派的联合进攻下终于失败，作《资政新篇》的洪仁玕也在战败后被清兵俘获，于1864年11月23日在南昌被杀害。1911年10月10日，武昌起义后，帝国主义各国一方面极力破坏和阻挠，增兵中国，准备武装干涉，并企图宰割中国；另一方面从中国内部寻找新的代理人，窃夺革命果实，埋葬革命，把拥有军事实力的袁世凯作为它们的唯一人选。它们攻击南京临时政府，并向南京临时政府施加压力，而为袁世凯助威。南京临时政府曾多次要求列强承认，列强均置之不理。袁世凯镇压二次革命后当上了正式大总统，帝国主义列强立即承认北洋政府。总之帝国主义列强为了把中国变成它们的半殖民地和殖民地，采用了一切军事的政治的经济的和文化的压迫手段，这是幅血迹斑斑的图画。毛泽东说："帝国主义侵略中国，反对中国独立，反对中国发展资本主义的历史，就是中国的近代史。"[1]

　　其次，中国的封建势力不允许。中国的封建社会延续了几千年，它的发展比较缓慢。明朝中期以后，中国开始走向衰落。而与此同时，自15世纪末开始，整个16、17世纪，西欧国家相继进入资本主义原始积累时期。

---

　　[1] 《毛泽东选集》，第2卷，679页。

1640 年英国爆发资产阶级革命，开辟了资产阶级世界革命时代，而当时中国正处在明末清初的动乱年代，满族入关，使社会生产力受到很大破坏，资本主义萌芽横遭摧毁。经过清朝康熙、雍正、乾隆一百年的经营，国家达到极盛局面。但清朝的统治从乾隆中期以后走向衰落。在清朝统治走向腐化之时，18 世纪 60 年代，英国发生工业革命，开始工业资本主义时期。1776 年美国宣布独立。1789 年至 1794 年法国爆发资产阶级革命。因此，当西方殖民主义者用鸦片和大炮轰开中国的大门，中国沦为半殖民地半封建社会的命运已无法避免。19 世纪 60 年代至 90 年代，洋务派要求引进西方先进技术和兴办近代企业。它们办洋务目的是为了清王朝的统治，只是在客观上促进了中国资本主义的发展。但是仍遭到顽固派的责难和反对。洋务运动既没有达到强化清朝封建统治的目的，也没有能阻止外国资本主义的侵略，找不到一条在中国顺利发展资本主义的途径，只能以失败和破产而告终。中日甲午战争之后，迅速形成具有一定群众性的变法维新运动。这场变法维新运动的主要领导人是康有为，他认为变法维新的根本是变封建君主专制为资产阶级的君主立宪，1898 年 6 月 11 日，光绪皇帝宣布变法。光绪皇帝颁布的一百多道诏书，谕令只是对原有制度作一些改革，根本没有提到设议院、立宪法，没有能引起实质性的政权变动，康有为也主张对议院、宪法不可操之过急。但即便这样的改良，清廷以慈禧太后为首的顽固派都不能容忍。9 月 21 日凌晨，慈禧太后发动政变，将光绪皇帝囚禁在中南海的瀛台，并下令搜捕维新派，康、梁逃亡，谭嗣同等 6 人被杀害于北京菜市口，其他维新志士和与新政有牵连的官员，有的被罢官，有的被流放。不流血的"戊戌变法"以流血的戊戌政变而告终。"百日维新"的结局唤醒国人，在半殖民地半封建的中国，想用和平的改良的方法使中国走上资本主义道路，这条路是走不通的。

戊戌变法失败后，康有为流亡国外，游历欧美；当时世界资本主义已进入帝国主义阶段，他目睹了欧美帝国主义国家尖锐的社会矛盾和阶级斗争，对西方空想社会主义学说也多少有所接触。他把这些与"公羊三世说"、《礼运篇》小康大同说、佛教慈悲说等糅合在一起，精心构思了他的《大同书》，设计了一个未来社会的蓝图。毛泽东指出："康有为写了《大同书》，他没有也不可能找到一条到达大同的路。"①

第三，中国资本主义发展的不充分和民族资产阶级的软弱性，决定了它没有彻底的反帝反封建的勇气，因而也不可能领导中国资产阶级民主革命取得胜利。从一定意义上说，中国资本主义的发展和不发展，决定着中国革命所走过的路。从中国资本主义发展史来考察，中国本国的资本主义经济有买办资本、官僚资本和民族资本三种不同资本形态。中国民族资本的近代工业出现较晚，大约出现于19世纪70年代，而且它一开始就受到外国资本的压迫和官僚资本的排挤。可以说，在甲午战争前，中国民族资本主义的发展十分缓慢，甲午战争后，才有了比较迅速的发展。据统计从1895—1911年共设厂404家，资本额8219.2万元。在20世纪初民族资产阶级形成一支独立的政治力量。1905年8月中国同盟会正式成立。孙中山在《民报》发刊词中，把同盟会的十六字纲领，概括为民族民权民生三大主义。三民主义是一个比较完整的资产阶级民主革命纲领。但是三民主义没有明确的反对帝国主义、封建主义的战斗口号，没有提出彻底的土地纲领。它反映了中国民族资产阶级的软弱性和妥协性。19世纪末20世纪初，世界主要资本主义国家相继进入帝国主义阶段，加紧对中国的宰割，中国独立发展资本主义的路已经走不通。中国民族资产阶级的双重性格决定了它没有能力担负起完成资产阶级民主革命的任务。从1895年到1911年孙中山和同盟会先后领导了十次起义，起义是英勇的，但都失败了。辛亥革命后，1912年1月1日，孙中山宣告中华民国成立。临时政府一成立就面临种种困难和压力。当时在革命队伍里弥漫着把总统职位让给袁世凯的气氛，孙中山也表示自己是暂时担负组织临时政府之责，随时准备让位。这也是民族资产阶级软弱性和妥协性的表现。4月1日，孙中山颁布《中华民国临时约法》并正式宣布解除大总统职权，政权落入袁世凯手里，开始了北洋军阀统治时期，中华民国名存实亡。孙中山辞去临时大总统职务后，致力于"社会革命"。他说："民族、民权两主义俱达到，唯有民生主义尚

---

① 《毛泽东选集》，第4卷，1471页。

未着手，今后吾人所当致力的即在此事。"①他愿退为在野党，经营实业。然而，在袁世凯军阀专制统治下，这是不切实际的幻想。以宋教仁为代表的一部分同盟会会员则主张实行政党政治。1912年8月，同盟会联合几个小党派改组为国民党，准备在国会议员选举中取得多数，从而组织责任内阁，借以制约袁世凯的专制独裁，在中国实行民主制度。这次国会议员选举，国民党获得大胜。但袁世凯下了毒手，于1913年3月20日在上海暗杀了宋教仁。国民党被迫举行"二次革命"，但在袁世凯镇压下很快失败了。之后，孙中山又重组中华革命党，进行讨袁。袁死之后，从1917年到1923年，孙中山曾先后三次在广东建立革命政权，进行护法运动，但都没有成功。正如毛泽东所总结的："资产阶级的共和国，外国有过的，中国不能有，因为中国是受帝国主义压迫的国家。"②

二、从新民主主义走向社会主义是中国的必由之路

辛亥革命失败后，中国处于北洋军阀统治之下。原来的幻梦破灭了，中国的先进分子曾经沉浸在极度的苦闷和彷徨之中。资产阶级民主共和国的方案并不是包治中国百病的良药。多党制议会制这一套西方学来的东西在民国初年都尝试实行过，结果却不能解决中国的任何实际问题。旧的路走不通了，就会寻找新的出路。

在1914—1919年的第一次世界大战期间，由于欧洲几个主要帝国主义国家忙于战争，中国民族资本主义获得了空前未有的发展。中国无产阶级的力量也迅速发展起来，到1919年已达200万人。无产阶级力量的迅速增长，为马克思列宁主义在中国的广泛传播和在中国建立无产阶级革命政党准备了阶级基础。1915年兴起的新文化运动，在政治上思想上给封建主义以空前沉重的打击，在中国人民特别是在知识青年中起了巨大的启蒙和觉醒作用。"十月革命一声炮响，给我们送来了马克思列宁主义。"③五四后，

---

① 《孙中山全集》，第2卷，319页。
② 《毛泽东选集》，第4卷，1471页。
③ 《毛泽东选集》，第4卷，1471页。

新文化运动发展成为以学习和传播马克思主义为主流的思想运动。马克思列宁主义在中国的传播，为在中国建立无产阶级革命政党准备了思想基础。

"十月革命"第一次把社会主义从书本上的学说变成活生生的现实。十月社会主义革命给正在苦闷中摸索、在黑暗里苦斗的中国先进分子指明了一条新的出路，即资本主义的路走不通，可以走社会主义的路。五四后，改造社会的呼声迅速高涨。当时，在数以百计的主张"改造社会"的刊物上，公开赞美"法兰西文明"，鼓吹走资本主义老路的论调已很少找到。相反，大部分是对它的揭露、谴责和唾弃。而社会主义成了最时髦的东西。在那时就存在走什么路的争论。1920年年底1921年年初，张东荪、梁启超挑起关于社会主义的争论。他们声称："中国唯一病症就是贫乏"，救中国只有一条路，就是增加富力，而增加富力就是开发，开发实业只能用资本主义方法。他们一方面宣称"资本主义必倒，社会主义必兴"，但是又说世界上并没有不经过资本主义而达到社会主义的。"中国若想社会主义实现，不得不提倡资本主义"。他们借口中国产业落后，说中国没有真正的劳动阶级，攻击正在兴起的工人运动，反对建立工人阶级政党。他们表示信奉罗素所鼓吹的基尔特社会主义，即打着社会主义旗号的资产阶级改良主义，张、梁的言论，立即受到马克思主义者和社会主义拥护者的批判。他们指出："物质文明不高，不足阻社会主义之进行"。中国"今日而言开发实业，最好莫如采用社会主义"，中国只有走上社会主义道路才能真正开发实业，彻底解决"穷"的问题。中国不但有讲社会主义的可能，而且有急于讲社会主义的必要。他们认为要解决中国的社会问题，必须"采用劳农主义的直接行动，达到社会主义革命的目的"。通过暴力革命"夺取国家权力"，建立无产阶级专政。这是一场关系到中国走社会主义道路，还是走资本主义道路问题的争论。马克思主义者和社会主义拥护者对张、梁的批判肯定了中国社会发展方向是社会主义，这是完全正确的。但他们主张直接进行社会主义革命则脱离了当时中国的具体情况，还不善于把科学社会主义原理同中国国情作统一的理解。

1921年中国共产党的成立，给灾难深重的中国人民带来了光明和希望。党的二大在全国人民面前破天荒第一次提出了明确的反帝反封建的民主革命纲领。中国的民主革命，长时间里没有明确地弄清革命的对象，没有正面提出反帝国主义和封建势力的主张。中国共产党刚刚成立一年，就把这个问题基本上解决了。"二大"还初步分析了中国社会的半殖民地半封建性质，提出中国革命分"民主主义"和"社会主义"两步的构想。这说明只有用马克思主义武装起来的中国共产党才能为中国革命指明方向。当然，当时中国共产党还处在幼年时期，对怎样领导当前的反帝反封建的民主革命和将来消灭资本主义的社会主义革命，对这两个革命相互间的关系，不可能一下子完全弄清楚，这只有在革命实践中探索前进。在大革命时期，陈独秀犯了右倾机会主义错误。他认为"在普通形势之下，国民革命的胜利，自然是资产阶级的胜利"，"自然是资产阶级握得政权"。到 1926 年北伐开始之后，他又断言："我们不是乌托邦的社会主义，决不幻想不经过资本主义，而可以由半殖民地半封建社会一跳便到社会主义"。这就是所谓"二次革命论"。陈独秀的右倾错误在党中央占了统治地位，导致了大革命的失败。大革命失败后，在清算陈独秀右倾错误的过程中，党内的一部分同志认为"民族资产阶级是阻碍革命胜利的最危险的敌人之一"，中国民主革命"只有反对中国民族资产阶级，方才能够进行到底"，从而将民主革命和社会主义革命之间的界限混淆起来，犯了"左"倾冒险主义错误。三次"左"倾错误，以王明为代表的第三次"左"倾冒险主义错误最为严重。结果导致了土地革命战争的失败。

　　以毛泽东为主要代表的中国共产党人，把马克思列宁主义基本原理和中国革命具体实际相结合，既反对陈独秀的"二次革命论"，也反对王明的"不断革命论"，系统地总结了北伐战争、土地革命战争、抗日战争的经验教训，系统地总结了建党以来处理民主革命和社会主义革命二者关系的经验教训，完整地提出和论述了新民主主义革命的理论和政策。首先，毛泽东明确地提出中国革命分两步走的思想。他科学地指出："中国现时社会的性质，既然是殖民地、半殖民地、半封建的性质，它就决定了中国革命必须分为两个步骤。第一步，改变这个殖民地、半殖民地、半封建的社会形态，使之变成一个独立的民主主义的社会。第二步，使革命向前发展，建立一个社会主义的社会。"①第二，毛泽东论述了民主革命和社会主义革命二者之间的区别和联系。他说，"中国共产党领导的整个中国革命运动，是包括民主主义革命和社会主义革命两个阶段在内的全部革命运动，这是两个性质不同的革命过程，只有完成了前一个革命过程才有可能去完成后一个革命过程。民主主义革命是社会主义革命的必要准备，社会主义革命是民主主义革命的必然趋势"，"只有认清民主主义革命和社会主义革命的区别，同时又认清二者的联系，才能正确地领导中国革命。"②第三，毛泽东完整地提出和论述了新民主主义理论。毛泽东指出，这种无产阶级领导的前途不是资本主义而是社会主义的民主革命，和资产阶级领导的以建立资本主义社会为目的的旧民主主义革命，是有很大不同的。这是一种"新式的特殊的资产阶级民主主义的革命"，我们称这种革命为新民主主义革命。中国共产党提出了新民主主义革命的总路线、总任务。毛泽东指出："所谓新民主主义的革命，就是在无产阶级领导之下的人民大众的反帝反封建的革命。"③中国共产党还开辟了以农村包围城市为特征的中国式的武装夺取政权的道路，系统地总结了统一战线、武装斗争、党的建设的经验，把马克思主义中国化，形成了伟大的毛泽东思想，从而引导中国新民主主义革命取得了胜利。后来，毛泽东总结说："在民主革命时期，经过胜利、失败、再胜利、再失败，两次比较，我们才认识了中国这个客观世界。在抗日战争前夜和抗日战争时期，我写了一些论文，例如《中国革命战争的战略问题》、《论持久战》、《新民主主义论》，《〈共产党人〉发刊词》，替中央起草过一些关于政策、策略的文件，都是革命经验的总结。那些论文和文件，只有在那个时候才能产生，在以前不可能，因为没有经过大风大浪，没有两次胜利和两次失败的比较，还没有充分的经验，还不能充分认识中国革命的规律"，"在抗日战争，我们才制定了合乎情况的党的总路线和一整套具体政策。这时候，中国民主革命这个必然王国才被我们认

---

① 《毛泽东选集》，第 2 卷，666 页。
② 《毛泽东选集》，第 2 卷，652 页。
③ 《毛泽东选集》，第 2 卷，647 页。

识，我们才有了自由。"①在中国新民主主义革命取得全国胜利的前夕，在总结新民主主义革命的经验基础上，中国共产党又提出建立人民民主专政的新中国及新民主主义转变的理论和政策。实践证明由新民主主义走向社会主义是中国的必由之路。

在中国共产党探索中国革命道路的同时，民族资产阶级及其政治上的代表人物，既不满意国民党一党专政和蒋介石个人独裁，又不赞同共产党武装革命主张，企图走第三条道路。他们主张建立资产阶级共和国，使中国社会走上独立发展资本主义的道路。但是，第三条道路在中国也是走不通的。举例来说：

蒋介石和汪精卫背叛革命后，国民党左派邓演达等人组织了中国国民党临时行动委员会，简称第三党。第三党的基本主张是进行"平民革命"，建立"平民政权"。第三党的活动受到国民党政府的镇压。1931年8月17日，由于叛徒告密，邓演达被捕。11月29日深夜，蒋介石命其侍卫长秘密将邓演达押至南京麒麟门外沙子岗杀害。第三党也在无形中解体。

大革命失败后，严重的农村问题和农民土地问题，始终是社会舆论所注目的一个中心问题。各个党派或个人提出了种种解决方案和办法。如第三党的纲领《政治主张》中，提出了"实现耕者有其田的具体方案与程序"。他们想采用"和平收买"的办法来解决农民的土地问题，但因始终没有取得过政权，他们实现耕者有其田的方案也就成了泡影。当时，主张通过"和平收买"的途径来解决中国土地问题的方案很多。如北大教授高一涵提出对地主实行"和平的逐渐征收"（由国家出钱购买地主的土地），"慢慢儿达到'耕者有其田'的主张"。经济学家、社会学家吴景超提出一个用土地债券收买地主土地分给农民的方案（土地债券由政府向地主发放，债券的本息由得田佃户分期偿还）。经济学家马寅初把耕者有其田主要归结为"永佃权"，提出改良租田制度，实行永佃权。马寅初的永佃权，实际上是"耕者有其耕"，而不废除地主阶级的土地私有制。以上方案都是想通过"和平收买"的途径来解决中国的土地问题，并把解决问题的希望寄托在当权的国

---

① 《毛泽东著作选读》下册，826页。

民党身上。他们坐而论道，不切实际，结果一场空。当时，避开土地所有制而来研究解决中国农村问题的主张也很多。其中影响大的最有代表性的是梁漱溟的"乡村建设理论"。他说中国是一个"伦理本位"、"职业分立"的社会。在这个社会里"没有两面对立的阶级"。因为中国社会是没有阶级的，所以"中国没有革命的对象，只有建设的对象"。他还说"中国革命只有外来原因，没有内在原因"，中国的问题是"文化失调问题"。他的结论是"中国根本问题不是对谁革命，而是改造文化"。为此他提出解决中国问题的唯一出路是搞所谓"乡村建设"。1931年，他在山东邹平县开办了乡村建设研究院，后又在山东三个专区搞"乡村建设运动"。抗战后山东沦亡，所谓"乡村建设实验"也到此为止。1938年1月，梁漱溟只身赴延安，向毛泽东讨教。他后来回忆说：在讨论中国抗战前途时，毛泽东说得头头是道，入情入理，使我很佩服。我把乡村建设理论给毛泽东看。毛泽东说，改良主义解决不了中国的问题，中国的社会需要彻底革命。两人相持不下，谁也没有说服谁。

在抗日战争胜利后，共产党、国民党、民主党派提出三种不同的建国方针。1945年10月民主同盟在重庆召开临时全国代表大会，提出："把中国造成一个十足道地自由独立的民主国家"，要"拿苏联的经济民主来充实英美的政治民主"，"创造一种中国型的民主"。中间路线的基本主张是"调和国共"，"兼亲美苏"。他们中有的说："中国必须于内政上建立一个资本主义与共产主义中间的政治制度"，"这个中间性的政制在实际上就是调和他们两者"，"在政治方面比较上多采取英美式的自由主义与民主主义，同时在经济方面比较上多采取苏联式的计划经济与社会主义"。① 有的说："中间派的政治路线在政治上必须实现英美式的民主政治，但决不能为少数特权阶级(在今日中国是官僚资本家、买办资本家和大地主)所操纵，在经济上必须发展民族资本主义，奖励民生必需品的扩大再生产，但决不容许官僚买办资本的横行和发展，且须保护农工大众以及一切被雇佣者的利益，提高其购买力和生活水准。简单说，中间派在政治上反对任何形式的

北京师范大学史学探索丛书

---

① 张东荪：《一个中间性的政治路线》，载《再生》，第118期，1946-6-22。

一党独裁或阶级独裁，也不赞成依赖任何外国；在经济上反对殖民地化，也不赞成在客观条件尚未成熟的时候来实行社会主义。"①尽管民盟等一向主张"以民主的方式争取民主，以合法的行动争取合法地位"。但是，国民党当局对各民主党派和民主人士也充满敌意，不断地用暴力手段对他们施行迫害。1946 年 7 月 11 日、15 日，国民党特务先后暗杀民盟中央委员李公朴、闻一多。1947 年 10 月，国民党当局宣布民盟为"非法团体"，明令对该盟及其成员的一切活动"严加取缔"。当时新华社在评论中指出，"民主同盟只是一个赤手空拳的组织，他们连'一支手枪也没有'，并且不打算有，他们的凭借就是言论、出版，而这样的武器也早已被蒋介石没收了"。国民党当局取缔民盟，这就"使在蒋介石统治下进行任何和平运动、合法运动、改良运动的最后幻想归于破灭"。② 1948 年秋，人民解放战争进入夺取全国胜利的决定性阶段。1949 年 1 月 22 日，著名民主人士李济深、沈钧儒等 55 人发表对时局的意见。他们表示响应中共中央召开新政协会议，"以加速推翻南京统治，实现人民民主联合政府"的建议，"愿在中共领导下，献其绵薄，共策进行，以期中国人民民主革命之迅速成功，独立、自由、和平、幸福的新中国之早日实现。"他们还表示确信"全国真正为民主革命而努力的人士，必能一致努力，务使人民民主阵线之内，决无反对派立足之余地，亦决不容许有所谓中间路线之存在。"由此可见，中国共产党的领导地位是在 28 年的革命斗争中形成的，中国人民接受共产党的领导，走上由新民主主义到社会主义的道路，是他们郑重做出的历史性选择，具有历史的必然性。

三、从新民主主义到社会主义的转变

1949 年中国新民主主义革命的胜利，全世界都关注即将成立的新中国政权的性质。毛泽东发表《论人民民主专政》一文指出，中国革命的胜利，

---

① 施复亮：《何谓中间派？》，载上海《文汇报》，1946-7-14。
② 《蒋介石解散民盟》，新华社时评，1947-11-6。

使"西方资产阶级的文明，资产阶级的民主主义，资产阶级共和国的方案，在中国人民的心目中，一齐破了产。资产阶级的民主主义让位给工人阶级领导的人民民主主义，资产阶级共和国让位给人民共和国。这样就造成了一种可能性：经过人民共和国到达社会主义和共产主义，到达阶级的消灭和世界的大同"。① 新中国是工人阶级领导的以工农联盟为基础的人民民主专政的国家，也就是新民主主义国家。新中国成立初期(1949—1956)，中国的社会性质是新民主主义社会，它是向社会主义发展的过渡性质的社会。

在新民主主义革命将在全国取得胜利的前夜，中共中央于 1948 年 9 月和 1949 年 3 月在西柏坡召开了政治局扩大会议和七届二中全会。从当时的中国国情出发，分析了当时中国经济成分的状况，规定了建设新民主主义新中国的各项基本政策。对中国由农业国转变为工业国，由新民主主义社会转变为社会主义社会，提出了大框架的构想。中共中央认为在新民主主义革命胜利后，要经过一个相当长的以发展生产力为中心任务的新民主主义建设阶段，在各方面条件成熟后，再采取严重的社会主义步骤，一举实现工业国有化和农业集体化，进入社会主义社会。这是一个初步的大框架的构想，总的来说是符合当时中国国情的。我认为原先的构想中，新民主主义建设包含着采取社会主义改造的步骤，如在农业中开展互助合作运动和鼓励私人资本向国家资本主义方向发展等。当时党的领导人强调"将来""一举进入"社会主义的做法，并不是说在"一举进入"之前就不需要逐步增加国民经济中的社会主义成分，不需要对个体经济和私人资本主义经济进行改造。当时党的领导人强调"将来""一举进入"社会主义的做法也并不完全排斥"逐步过渡"。刘少奇曾说："社会主义怎样走法呢？就是对资本主义实行限制政策"，现在限制一下，"将来可以不流血经过很多步骤，慢慢地走到社会主义"②。他还说过"在可能的条件下，逐步增加国民经济中的社会主义成分，加强国民经济的计划性，以便逐步地稳当地过渡到社会主义。"③

---

① 《毛泽东选集》，第 4 卷，1471 页。

② 刘少奇：《在北京干部会议上的讲话》，1949-5-19。

③ 《刘少奇选集》上卷，428 页。

到 1952 年，经过了三年的实践，由于形势的发展，新的经验的积累，以及对社会主义改造步骤有了新的认识，使原来的那种构想发生了部分的变化。党中央认为，制定党在过渡时期的总路线，明确地提出向社会主义逐步过渡的任务是适时的和必要的。1952 年下半年，毛泽东、刘少奇、周恩来等中央同志开始酝酿和提出过渡时期总路线。提出过渡时期总路线的主要依据是：

第一，到 1952 年年底，国民经济恢复任务完成，为有计划地进行大规模的经济建设创造了必要条件。1953 年 2 月，毛泽东说：过去三年我们解决了恢复经济这个严重的问题，"这样就给了我们以开始进行第一个五年经济建设计划的可能，就给第一个五年计划奠定了基础。"①实现工业化的任务逐渐提上日程。

第二，我国已经有了相对强大和迅速发展的社会主义国营经济，这已经成为整个国民经济社会主义改造的重要开端和重要依靠力量。社会主义国营经济是在没收国民党官僚资本的基础上建立起来的。到 1950 年年初，合计接管官僚资本的工矿企业 2858 个，金融企业 2400 多家，铁路 2 万多公里，机车 4 千多台，客车 4 千辆，货车 4.7 万辆，船舶 20 万吨，铁路车辆及船舶修造厂 30 个，十几家垄断性质的商业贸易公司，等等。没收的全部财产约合人民币 150 亿元。它们是新中国成立初期国营经济的主要部分。由于国家的支持和社会主义经济的优越性。国营经济迅速发展。国营工业的产值由 1949 年占全国工业产值的 34.7%，到 1952 上升为 56%。国营批发商业 1949 年占全国批发商业总额的 23%，到 1952 年上升为 60%。银行基本上由国家经营。这是中国选择社会主义道路的经济基础。全国财政经济的统一，加强了国营经济的领导地位。财经工作的高度集中统一，很自然地逐步将国民经济引向社会主义计划经济的轨道。

第三，全国土地改革的任务已经完成。在农民分得土地以后，分散、脆弱的农业个体经济怎样才能适应工业化对粮食和工业原料作物迅速增长的需要？怎样才能避免两极分化？这些问题已摆在党的面前。党认为只有

---

① 《建国以来毛泽东文稿》，第 4 册，52 页。

组织起来互助合作，才能发展生产，共同富裕。在国民经济恢复时期，农村的互助合作运动已有初步开展，简单协作的互助组已较普遍地建立起来，全国已有40％的农民加入互助组，土地入股的初级合作社已有几百个，基本生产资料集体所有的高级合作社（集体农庄）也有了若干典型试验。党总结这些实践经验，认为这些互助合作形式，符合中国的国情，不仅是帮助贫苦农民克服困难、增加生产的有效形式，同时也是防止农村资本主义自发趋势，引导农业向社会主义方向发展的适当形式。国民经济恢复时期，农村互助合作的开展，实际上成为对个体农业进行社会主义改造的最初步骤。

第四，由于中国经济落后，利用私营工商业有利于国计民生的积极作用有重要意义。但是，私人资本主义经济同社会主义国营经济，同国家的管理，同人民的根本利益，也存在着一定的矛盾。私营工商业内部工人同资本家之间，也存在着一定的矛盾。因此，在新民主主义国家里限制和反限制斗争是不可避免的。1950年下半年，对工商业进行合理调整，又组织大规模的城乡物资交流。稍后，由于抗美援朝对各项物资的大量需要，全国城乡市场呈现出一派生机与繁荣。资本主义工商业得到恢复与发展。1951年是中国资本主义经济史上前所未有的"黄金时代"。1951年工厂和商业的户数都增加了10％以上。与1950年相比，1951年私营工商业总产值增加了9％。资产阶级所获得的利润，远远超过国民党统治时期的数字。随着私人资本主义经济的发展，资产阶级唯利是图、损人利己、投机取巧的本性和追逐非法高额利润的欲望恶性膨胀，许多资本家利用他们与国营经济的联系，违背《共同纲领》的规定，以各种方式抗拒国营经济的领导，大放"五毒"，向工人阶级发动猖狂进攻。1952年向违法的资本家开展了大规模的"五反"斗争。运动过后，党和政府又进一步采取措施调整工商业，使资本主义工商业继续有所发展。以1952年同1949年相比，资本主义工业总产值增长54％。在国民经济恢复时期，在同资本主义经济限制和反限制的斗争过程中，国家创造了加工订货、经销代销、统购包销、公私合营等一系列从低级到高级的国家资本主义形式。到1952年年底，一大批私营工商业被初步纳入国家资本主义轨道。明确国家资本主义是"我们利用和限制工业资本主义的主要形式，是我们将资本主义工业逐步纳入国家计划轨道的主要形式"。因为我们已经积累了利用和限制私营工商业的许多经验，这实际上成为对资本主义经济的社会主义改造的最初步骤。

第五，我国社会的阶级关系和主要矛盾发生了历史性的变化。经过三年的努力，我国已完成了民主革命遗留任务。全国大陆解放，肃清了帝国主义在华势力，没收了官僚资本归人民的国家所有，在大陆上较彻底地镇压了反革命，在新区基本上完成了土地改革、消灭了地主阶级，这使国内阶级关系发生了历史性的变化。1952年5月，毛泽东指出："在打倒地主阶级和官僚资产阶级以后，中国内部的主要矛盾即是工人阶级与民族资产阶级的矛盾，故不应再将民族资产阶级称为中间阶级。"①

第六，从国际环境看，当时，帝国主义对我国军事上侵略威胁，经济上严密封锁。在国民经济恢复时期，只有苏联援助中国。而当时资本主义国家危机重重很不景气。社会主义国家正充满向上发展的活力，显示出对于资本主义的优越性。全国人民从切身的体验中向往社会主义，这也是促使党认为应当提出开始向社会主义逐步过渡的一个因素。

正是在上述客观形势下，毛泽东和党中央及时顺应形势和人民的要求，把握有利时机，从1952年下半年起开始酝酿总路线，到1953年逐步形成了对总路线的完整表达。可见，总路线的提出是必要的和适时的，是一种顺理成章的事情。刘少奇和周恩来都说过当时提出党在过渡时期总路线是必要的和适时的。过渡时期总路线的主要内容、基本思想和党的七届二中全会的主要精神在总体上是一致的，并且是七届二中全会路线在实践上的发展和深化。这正如毛泽东所说："这条总路线的许多方针政策，在1949年3月的党的二中全会的决议里，就已提出，并已作了原则性的解决。"②1953年9月8日，周恩来在全国政协作《过渡时期的总路线》的报告。他指出："这个问题本来不是一个新的问题。从中华人民共和国成立时起，我们就认定新民主主义要过渡到社会主义"，"现在提出这个问题，

---

① 《建国以来毛泽东文稿》，第3册，458页。
② 《建国以来毛泽东文稿》，第4册，301页。

是为了把它更加明确起来，使它具体化"。周恩来还说过："过渡时期总路线就是共同纲领的路线，现在更把它明确起来。"①再有实现过渡时期总路线"一化三改"的任务需要"一个相当长的时间"，毛泽东一再说大约需要经过三个五年计划，就是说大约十五年的时间，加上经济恢复时期的三年，总共十八年。这与七届二中全会时，中央领导人对实现革命转变所需时间的估计大体上也是一致的。所不同的是过渡的具体做法。关于过渡时期与新民主主义建设时期的关系，周恩来曾说："集中地说，过渡时期就是新民主主义建设时期，就是逐步过渡到社会主义时期，也就是社会主义经济成分在国民经济比重中逐步增长的时期"。② 总之，过渡时期总路线是正确的，三大改造是必要的。1956年社会主义改造取得了伟大胜利，实现了新民主主义向社会主义的过渡，我国进入了社会主义的初级阶段。社会主义改造后期，改造工作过于急促和粗糙，遗留下许多问题，这里有深刻的教训应该吸取，需要实事求是地加以总结。但总的看来，党对社会主义改造的领导是成功的。否定过渡时期总路线和怀疑三大改造必要性的观点是脱离当时实际的想法。正确对待和总结党的历史和亿万人民群众的实践，有个立场和世界观问题。这是需要我们重视的问题。在新中国成立初期，用7年时间基本上完成了社会主义革命的任务，实现了从新民主主义到社会主义的过渡，这是一个了不起的成就。

新中国的历史，在前29年中，除开始7年比较顺利以外，可以说，走过的道路十分坎坷，我们党犯过两次大的错误，使社会主义事业遭到两次大的挫折。尽管有这些曲折和挫折，新中国社会主义建设的成就仍然是辉煌的巨大的。事实雄辩地证明只有走社会主义道路才能实现中国的现代化。党的十一届三中全会是新中国成立以来党的历史上具有深远意义的伟大转折，只要我们沿着有中国特色的社会主义道路胜利前进，社会主义现代化的宏伟目标就一定能达到，共产主义的美好理想一定能最终实现。

《北京师范大学学报》(历史研究专刊)，1992 年 6 月 20 日出版

---

① 见《党的文献》，1988(5)。

② 周恩来：《在中国人民政协全国委员会第四十九次扩大常务委员会议上的总结发言》，1953-9-11。

中国共产党对建设社会主义道路的探索

中国共产党已经走过了 70 年的路程。70 年来中国共产党领导中国人民干了两件大事，第一件事是完成了新民主主义革命，实现了民族独立、人民解放。旧中国是一个农民占人口绝大多数的半殖民地半封建的东方大国，在这样的国家如何领导人民革命，夺取胜利，这在马克思主义的著作中没有现成的答案。中国共产党进行了艰难的探索，遭到多次严重挫折，走了许多弯路，终于把马克思主义同中国革命的具体实际结合起来，形成了毛泽东思想，找到了中国革命自己的路，夺取了新民主主义革命的伟大胜利，建立了新民主主义的新中国，"中国人从此站立起来了"。第二件事是确立了社会主义基本制度和建设社会主义。在旧中国遗留的贫穷落后的经济和文化基础上怎样建设社会主义，在马克思主义的著作中同样没有现成的答案。几十年来，我们在建设社会主义道路上取得了伟大的成就，但也遭到过严重的挫折。主要教训是搞"以阶级斗争为纲"，忽视发展生产力。党的十一届三中全会开启了改革开放的伟大历程，在总结社会主义建设成就和错误的历史经验教训的基础上，恢复和发扬了毛泽东思想的精髓——实事求是，努力把马克思主义同中国社会主义建设的具体实际结合起来，提出了社会主义初级阶段党的基本路线，开始找到了建设有中国特色的社会主义道路，初步形成了建设有中国特色的社会主义理论。在党的七十周年生日之际，回顾新中国成立以来我党对建设社会主义道路的探索，扎扎实实地把经济建设搞上去，是件很有意义的事情。

一

在新民主主义革命将在全国取得胜利的前夕，中共中央于 1948 年 9 月和 1949 年 3 月在西柏坡召开了政治局扩大会议和七届二中全会。从当时中国的国情出发，分析了当时中国经济成分的状况，规定了建设新民主主义新中国的各项基本政策。对中国由农业国转变为工业国、由新民主主义社会转变为社会主义社会，提出了大框架的构想。从而丰富和发展了毛泽东新民主主义的理论。它的主要内容有：

（1）恢复和发展生产是中心任务。毛泽东在七届二中全会上的报告指出："从我们接管城市的第一天起，我们的眼睛就要向着这个城市的生产事业的恢复和发展"，城市中其他的工作，"都是围绕着生产建设这一个中心工作并为这个中心工作服务的"。1949年6月，刘少奇在《关于新中国的经济建设方针》的报告提纲中说，"今后的中心问题，是如何恢复与发展中国的经济。"同年8月，刘少奇在东北局干部会上说："只要第三次世界大战不爆发，经济建设的任务就不变。二十年甚至于三十年不爆发战争，我们的任务就一直是经济建设，要把中国工业化。"同年9月，他在北京高级干部会上又说：现在我们党的任务就是集中全力恢复和发展人民经济，这是人民最高利益。在开国的政协会议上，毛泽东又指出，"全国规模的经济建设工作业已摆在我们面前"。

（2）中国新民主主义经济主要由五种经济成分构成，这在七届二中全会决议和张闻天的《关于东北经济构成及经济建设基本方针的提纲》、刘少奇的《论新民主主义的经济与合作社》中有详细论述，新民主主义社会的五种经济成分，一般地说来，都应加以发展，"但是，这些发展必须是有轻有重，有大有小，而不能是平等看待及平均发展的。"①新民主主义经济建设中的路线是："以发展国营经济为主体，普遍地发展并紧紧地依靠群众的合作社经济，扶助与改造小商品经济，容许与鼓励有利于国计民生的私人资本主义经济，尤其是国家资本主义经济，防止与反对商品的资本主义经济所固有的投机性与破坏性，禁止与打击一切有害于国计民生的投机操纵的经营。"②这条路线是无产阶级在新民主主义的经济建设中所必须力争其实现的。只有实行这条路线，才能顺利地发展新民主主义社会的经济，加强新民主主义经济中的社会主义成分，并为整个国民经济的发展开辟道

北京师范大学史学探索丛书

---

① 《刘少奇论合作社经济》，5页。
② 《张闻天选集》，415页。

路，以便将来能够顺利地不流血地过渡到社会主义。

（3）新民主主义的国民经济应该是有组织、有计划的经济。

（4）新民主主义经济中的基本矛盾是资本主义与社会主义的矛盾。"五种经济成分所构成的新民主主义经济的内部，是存在着矛盾和斗争的，这就是社会主义的因素和趋势与资本主义的因素和趋势之间的斗争，就是无产阶级与资产阶级的斗争。这就是在消灭帝国主义势力及封建势力以后，新中国内部的基本矛盾。"①如何对待和处理这个矛盾呢？由于旧中国经济落后，生产力很低，绝大多数人民不得温饱。因此，在革命胜利以后一个相当长的时期内，还需要尽可能地利用城乡私人资本主义的积极性，以利于国民经济的恢复和发展。一切不是于国民经济有害而是于国民经济有利的城乡资本主义成分，都应当容许其存在和发展。"但是中国资本主义的存在及发展，自由竞争和自由贸易的存在及发展，不是如同资本主义国家那样不受限制，任其泛滥的，也不是如同东欧各人民民主国家那样被限制和缩小得非常大，而是中国型的。"②对于私人资本主义采取限制政策，是必然要受到资产阶级在各种程度和各种方式上的反抗的。限制和反限制，将是新民主主义国家内部阶级斗争的主要形式。新民主主义经济是一种过渡性质的经济。

（5）争取在将来和平地不流血地转变到社会主义。在当时刘少奇对这个问题论述较多。他强调转变的两个条件，一是只有"生产过剩"了，国家工业充分发展了，才能向社会主义转变；二是使资本家不害怕社会主义，愿意捐献资产给国家，实行和平转变。和平转变要多少时间，他说："这是几十年以后的事"，"时间总会很长不会很短，是十年或二十年，或二十年更多。"③他还说，"要在中国采取相当严重的社会主义步骤，还是相当长久的将来的事情。"毛泽东也说过："到底何时开始全线进攻，也许全国胜利后还要十五年。"刘少奇说的"相当严重的社会主义步骤"和毛泽东说的"全线进攻"都是指实现工业国有化和农业集体化。但在刘少奇的讲话中，

---

① 《刘少奇选集》上卷，427页。

② 《中国共产党第七届中央委员会第二次全体会议决议》。

③ 刘少奇：《在北京市干部会议上的讲话》，1949-5-19。

他也说过"社会主义怎样走法呢？就是对资本主义实行限制政策"，现在限制一下，"将来可以不流血经过很多步骤，慢慢地走到社会主义。"①他还说过："在可能的条件下，逐步地增加国民经济中的社会主义成分，加强国民经济的计划性，以便逐步地稳当地过渡到社会主义。"②

根据中共中央建设新民主主义新中国的构想，在中国人民政治协商会议第一届全体会议上通过了新中国的大宪章——《共同纲领》。1950年6月召开中共七届三中全会，毛泽东作《为争取国家财政经济状况的基本好转而斗争》的书面报告和《不要四面出击》的讲话。毛泽东的书面报告和讲话成为整个国民经济恢复时期争取国家财政经济状况根本好转的纲领性文件。在三中全会路线的指导下，党牢牢把握恢复国民经济，争取国家财政经济状况的根本好转这个中心任务，把它作为全党和全国人民的中心工作，使其他一切工作服从于和服务于这个中心任务。在国民经济恢复时期，还有繁重的社会改革任务要完成，政治运动比较频繁，又发生了抗美援朝战争，但这些都没有动摇和削弱恢复国民经济这项中心任务，而且极大地提高了人民群众的政治觉悟和政治热情，从而有力地推动和促进了国民经济的恢复和发展。马克思主义基本原理告诉我们，在无产阶级夺取和掌握政权以后，必须使一切工作围绕发展生产这个中心，不发展生产，不改善人民生活，政权将难以巩固甚至不能维持。三中全会路线正是很好地把握了这一点。三中全会从当时国情出发，准确地分析了诸方面的矛盾，抓住了诸方面矛盾中的主要矛盾，提出了"不要四面出击"的战略策略方针。毛泽东指出，"四面出击，全国紧张，很不好"，在统筹兼顾的方针下，使各种社会经济成分在具有社会主义性质的国营经济领导之下，分工合作，各得其所，以促进整个社会经济的恢复和发展。"有些人认为可以提早消灭资本主义实行社会主义，这种思想是错误的，是不适合我们国家的情况的"，"民族资产阶级将来是要消灭的，但是现在要把他们团结在我们身边，不要把他们推开"。这个方针是为了恢复当时的生产力服务的，从

①　刘少奇：《在北京市干部会议上的讲话》，1949-5-19。
②　《刘少奇选集》上卷，428页。

政治上保证了恢复国民经济任务的顺利完成。我们仅用了三年的时间就医治好了十二年战争造成的创伤，使工农业生产达到和超过了历史上的最高水平。正确处理政治与经济的关系，这是国民经济恢复时期一项非常宝贵的经验。

二

1952 年下半年，毛泽东、刘少奇、周恩来等中央同志开始酝酿和提出过渡时期总路线。提出过渡时期总路线的主要依据是：

第一，1952 年国民经济的恢复，为有计划地进行大规模的经济建设创造了必要条件。早在 1950 年 6 月党的七届三中全会上，毛泽东即已提出要用三年或者还要多一点的时间争取财政经济状况的根本好转，为有计划地进行经济建设准备条件。到 1951 年 2 月，毛泽东在政治局会议上进一步明确地提出"三年准备、十年计划经济建设"的设想。同年 12 月，毛泽东说，"1952 年是我们三年准备工作的最后一年。从 1953 年起，我们就要进入大规模的经济建设了，准备以二十年时间完成中国的工业化。"①中央于 1951 年即着手编制第一个五年计划草案。1952 年 8 月，为制定我国发展国民经济的第一个五年计划和确定苏联援建的项目，周恩来率代表团访苏。他向斯大林报送了一份《三年来中国国内主要情况及今后五年建设方针的报告》，其中谈到"毛泽东同志提出了边打、边稳、边建的方针，确定从 1953 年起开始进行以五年为一期的国家建设"。1953 年 2 月，毛泽东又说：过去三年我们解决了恢复经济这个严重的问题，"这样就给了我们以开始进行第一个五年经济建设计划的可能，就给第一个五年计划奠定了基础。"②

第二，毛泽东在 1951 年 12 月说，"为了完成国家工业化，必须发展农业，并逐步完成农业社会化。"③到 1952 年年底，新解放区的土地改革除新疆、西藏和边远少数民族地区外基本完成了。全国土地改革的完成，解放

---

① 《建国以来毛泽东文稿》，第 2 册，534 页。
② 《建国以来毛泽东文稿》，第 4 册，52 页。
③ 《建国以来毛泽东文稿》，第 2 册，534 页。

了农村生产力。生产力解放之后，又如何发展生产力呢？这个问题在老解放区首先提出，随着土改的完成，农村经济的恢复，农民的自发势力和阶级分化开始表现出来，出现了少量土地集中和雇工现象，初步拉开贫富差距，出现了新的富农，有些农村党员也开始雇长工，富裕的农民愿意单干，不愿参加互助合作，互助合作组织出现涣散现象。面对农村土改后出现的新情况、新问题，党内出现了不同看法。中共中央在1951年9月召开第一次农业互助合作会议，通过《中共中央关于农业生产互助合作的决议（草案）》，并于12月发给各级党委试行。决议指出，土改后农民中存在发展个体经济和实行互助合作的两种积极性。党一方面不能忽视和挫伤农民个体经济的积极性，根据我们国家现在的经济条件，农民个体经济在一个相当长的时期内，将还是大量存在的；另一方面要在农民中提倡"组织起来"，按照自愿和互利的原则，发展农民互助合作的积极性，要根据生产发展的需要与可能的条件而稳步前进的方针，在农村发展互助合作运动，引导农民走集体化道路。到1952年年底，全国已有近40％的农户走上了互助合作的道路。

第三，在新中国成立初，私人资本主义工商业在国民经济中占有较大的比重。1950年对私营工商业进行调整，人民政府不仅帮助私营工商业克服了困难，而且引导它开始走上国家资本主义道路。从解放初投机资本的猖獗活动和1950年调整工商业后资产阶级大施"五毒"的事实来看，资本主义经济和社会主义经济是不可能长期互不干扰平行发展的。有计划经济建设任务提出来后，迫切要求把资本主义工商业逐步纳入国家计划的轨道。到1952年年底，私人资本主义工业接受国家加工订货的产值已占其总产值的56％。

第四，在中华人民共和国成立后的最初二三年内，国内的主要阶级矛盾还没有立即转变。但是，到1952年下半年，国内的阶级关系发生了历史性的变化。1952年6月6日，毛泽东在《对〈关于民主党派工作的决定（草案）〉的批语》中说："在打倒地主阶级和官僚资产阶级以后，中国内部的主要矛盾即是工人阶级与民族资产阶级的矛盾，故不应再将民族资产阶级称为中间阶级。"①指出工人阶级与民族资产阶级的矛盾已经成为我国社会主要的阶级矛盾，并不是说就要立即消灭资产阶级，这是两件不同的事情。1952年9月5日，毛泽东致黄炎培的信说，"当作一个阶级，在现阶段，我们只应当责成他们接受工人阶级的领导，亦即接受共同纲领，而不宜过此限度。"

　　上述四点情况和条件的变化，说明提出党在过渡时期总路线的时机已经成熟，刘少奇和周恩来都说过现在提出党在过渡时期总路线是必要的和适时的。1953年6月15日，在中央政治局扩大会议上，毛泽东第一次对党在过渡时期总路线和总任务的内容作了比较完整的阐述。他说："总路线是照耀一切工作的灯塔"，"党的任务是在十年至十五年或者更多一些时间内，基本上完成国家工业化和社会主义的改造"。1953年12月，毛泽东在修改总路线学习和宣传提纲时，把过渡时期总路线表述为"从中华人民共和国成立，到社会主义改造基本完成，这是一个过渡时期。党在这个过渡时期的总路线和总任务，是要在一个相当长的时间内，逐步实现国家的社会主义工业化，并逐步实现国家对农业、对手工业和对资本主义工商业的社会主义改造。这条总路线是照耀我们各项工作的灯塔，各项工作离开它，就要犯右倾或'左'倾的错误"。这个表述是毛泽东最后确定的，并经党的七届四中全会批准通过。《关于建国以来党的若干历史问题的决议》指出："历史证明，党提出的过渡时期总路线是完全正确的。"

　　过渡时期总路线的主要内容、基本思想和党的七届二中全会的主要精神在总体上是一致的，并且是七届二中全会路线在实践上的发展和深化，这正如毛泽东所说："这条总路线的许多方针政策，在1949年3月的党的二中全会的决议里就已提出，并已作了原则性的解决。"②周恩来1953年9月8日在全国政协作《过渡时期的总路线》的报告。他指出："这个问题本来不是一个新的问题。从中华人民共和国成立时起，我们就认定新民主主义要过渡到社会主义"，"现在提出这个问题，是为了把它更加明确起来，使

---

① 《毛泽东文集》，第6卷，65页。
② 《建国以来毛泽东文稿》，第4册，301页。

它具体化"。《共同纲领》中虽然没有写社会主义的前途,但这是因为考虑到当时写上去还不成熟。总路线"一化三改"的总任务在《共同纲领》中已有明确规定,如第 34 条规定"在一切已彻底实现土地改革的地区,人民政府应组织农民及一切可以从事农业的劳动力以发展农业生产及其副业为中心任务,并应引导农民逐步地按照自愿和互利的原则,组织各种形式的劳动互助和生产合作",再如第 31 条规定"在必要和可能的条件下,应鼓励私人资本向国家资本主义方向发展"。所以,周恩来说,"过渡时期总路线就是共同纲领的路线,现在更把它明确起来。"①再有过渡时期总路线"一化三改"的任务需要"一个相当长的时间",毛泽东一再说大约需要经过三个五年计划,就是说大约十五年左右的时间,加上经济恢复时期的三年,则为十八年,这与七届二中全会时,中央领导人对实现革命转变所需时间的估计大体上也是一致的,所不同的,是过渡的具体做法。前者强调"一举转变"、"一举进入",后者强调"逐步过渡"。毛泽东说:"一步一步走到社会主义","一年一小步,五年一大步,三个大步就差不多了。"②这个变化是从何而来的呢? 看来是从农业互助合作运动的发展和对它的经验和意义的争论中来的,是从调整资本主义工商业的经验和三反、五反斗争的发展中来的。两个做法从理论上来探讨可能各有利弊,实践的结果往往与人们原先的想法会有很大的距离。今天需要解释的是,"一举进入"的做法,并不是说宣布"一举进入"之前不需要逐步地增加国民经济中的社会主义成分,不需要对个体经济和私人资本主义逐步进行改造。反之,"逐步过渡"的做法,如果不讲清楚,会很容易被误会为马上实行社会主义。周恩来说:"过渡时期的改造还不是最后的改造,因为还承认私有制。基本上实现社会主义还需要几个五年计划。"③关于过渡时期与新民主主义建设时期的关系,周恩来曾说:"集中地说,过渡时期就是新民主主义建设时期,就是逐步过渡到社会主义的时期,也就是社会主义经济成分在国民经济比重中

北京师范大学史学探索丛书

---

① 见《党的文献》,1988(5)。

② 《建国以来毛泽东文稿》,第 4 册,262 页。

③ 见周恩来:《在中国人民政协全国委员会第四十九次扩大常务委员会议上的总结发言》,1953-9-11。

逐步增长的时期。"①

　　总路线提出的总任务是"工业化"和"三大改造"同时并举，总路线宣传提纲也说两个任务"互相关联而不可分离"，这符合马克思主义生产力与生产关系之间辩证关系的思想，正确处理"一化"与"三改"之间的辩证关系，对过渡时期总任务的全面完成有重大的指导意义。但后来在宣传解释和实践中都存在偏差，即忽视工业化的主导地位和作用，而过分强调了社会主义改造的任务，把社会主义改造放到了一个突出的位置。如毛泽东说："总路线也可以说就是解决所有制问题。"这个提法容易让人片面理解总路线以改变生产关系为中心，从而人为地加快社会主义改造任务。总路线宣传提纲还说："党在过渡时期的总路线的实质，就是使生产资料的社会主义所有制成为我国国家和社会的唯一的经济基础。"这个提法与当时全党对什么是社会主义的认识有关，认为社会主义最基本的要求就是要取消生产资料的私人资本主义所有制归国家所有、改造个体所有制为集体所有制。而忽视了"社会主义的第一个任务是要发展生产力"，只有生产力的较快的发展才能比较充分地显示社会主义的优越性。指导思想上的偏差导致后来社会主义改造只追求数量和速度，不注意质量，15年规划4年完成，要求过急，工作过粗，改变过快，形式也过于简单划一，结果不但生产力没有顺利发展，反而受到阻碍。历史的经验告诉我们，片面强调我国生产力的落后，而否定建立和发展社会主义公有制的可能和必要，是完全错误的。同时，如果看不到我国生产力的水平和社会化程度不高，还存在大量小生产自然经济，过急地采取单一的社会主义公有制，拒绝采用那些能够调动群众积极性、有利于生产力发展的其他形式，同样也是错误的。

　　总之，过渡时期总路线是正确的，三大改造是必要的。但是三大改造发展过快，也就是改变生产关系的速度太快，结果与工业化的发展"脱节"，而改变生产关系是为了发展生产力，即三大改造的最终目的是为了发展生产力。但是生产关系的改变最后决定于生产力的发展，没有生产力

---

　　① 见周恩来：《在中国人民政协全国委员会第四十九次扩大常务委员会议上的总结发言》，1953-9-11。

的一定程度的发展，生产关系是不能任意变革的。过早过快甚至不断地变革生产关系，会阻碍和破坏生产力的发展。正确处理生产力与生产关系的辩证关系，是这个时期给我们的重要启示。我们应在肯定过渡时期总路线大方向的框架内，检查失误，总结经验。应把总路线本身与理解、宣传以及贯彻执行过程中的失误加以区别。

三

　　1956 年生产资料私有制社会主义改造的基本完成，中国进入了社会主义社会。国际上苏共二十大的召开，对斯大林的批判以及波匈事件，掀起世界范围的反共浪潮，社会主义遇到严重挑战，毛泽东等中央领导同志，抓住这个历史机遇，以马克思主义为指导，从中国实际出发，从政治、经济、文化等方面对中国社会主义建设道路问题，进行了多方面的思考和探索，提出了许多富有创见的设想。最重要的是 1956 年 4 月 25 日，毛泽东作《论十大关系》的报告，提出调动一切积极因素，为社会主义事业服务的基本方针，向全党和全国人民提出要走出一条适合我国国情的社会主义工业化道路，为把我国建设成为一个强大的社会主义国家而奋斗的伟大任务。在此基础上，1956 年 9 月召开了中国共产党第八次全国代表大会。大会正确地分析了中国社会主义改造基本完成以后国内阶级关系和主要矛盾的变化，认为国内的主要矛盾，已经不再是无产阶级和资产阶级的矛盾，而是人民对于经济文化迅速发展的需要同当前经济文化不能满足人民需要的状况之间的矛盾，全国人民的主要任务是集中力量发展社会生产力，实现国家工业化，满足人民的经济文化需要。虽然还有阶级斗争，还要加强人民民主专政，但其根本任务已经是在新的生产关系下面保护和发展生产力，这就明确规定把党和国家的工作重心转移到社会主义建设上来。八大的路线是正确的。八大是中共对社会主义建设规律认识的一个光辉的重要的历史标志。八大以后，我们党为贯彻八大路线，继续探索社会主义建设道路，并取得重大成果。在八大会议上陈云提出三个主体、三个补充的经济思想（既要以国家经营和集体经营为主体，又要有一定数量的个体经营作补充，既要以计划生产为主体，又要有自由生产作补充，既要以国家市场为主体，又要有自由市场作补充）。1956 年 12 月 7 日，毛泽东说，"可以消灭了资本主义，又搞资本主义"。"现在国营、合营企业不能满足社会需要。如果有原料，国家投资有困难，社会有需要，私人可以开厂"。"定息时间要相当长，急于国有化，不利于生产"。同年 12 月 29 日，刘少奇也说："有人要开私人工厂，可以不可以呢？毛主席说可以开。我们国家有百分之九十几的社会主义，有百分之几的资本主义，我看也不怕，它是社会主义经济的一个补充嘛！""有这么一点资本主义，一条是它可以作为社会主义经济的补充；另一条是它可以在某些方面同社会主义经济作比较"。1957 年 4 月 6 日，周恩来说："主流是社会主义，小的给些自由，这样可以帮助社会主义的发展"，"在社会主义建设中，搞一点私营的，活一点有好处"。1957 年 2 月 27 日，毛泽东又发表了《关于正确处理人民内部矛盾的问题》的重要讲话。但是，1957 年夏季，发生了反右派斗争，"八大"的路线和许多正确意见没有能够在实践中坚持下去。在同年 9 月召开的八届三中全会上，毛泽东又轻率地改变了"八大"关于国内主要矛盾的正确论述。1958 年 5 月召开的"八大"二次会议，接受了毛泽东关于两个阶级、两条道路的斗争是当前我国社会的主要矛盾的错误观点。探索社会主义建设道路的工程实际上中断了，社会主义建设在曲折中前进。从 1956 年 9 月到 1966 年 5 月的十年间，我们取得了很大的成就，积累了领导社会主义建设的重要经验，这是这十年历史的主导方面。但是这十年党的指导方针有过严重失误，主要的错误可以概括为两个方面，即经济建设上的急躁冒进和阶级斗争扩大化的错误。

经济建设上的急躁冒进，最突出的表现就是 1958 年发动了"大跃进"。"大跃进"是"左"倾错误的产物。正如邓小平所说："1957 年开始，我们犯了'左'的错误，政治上的'左'导致 1958 年经济上搞'大跃进'，使生产遭到很大破坏，人民生活很困难。1959、1960、1961 年三年非常困难，人民饭都吃不饱，更不要说别的了。"①由于中国长期落后挨打的历史和遭受包围

---

① 《十二大以来重要文献选编》（下），1393 页。

封锁的现实，中国人民在胜利恢复国民经济，又取得社会主义改造的伟大胜利，确立了社会主义制度之后，社会主义热情空前高涨，急于要改变中国一穷二白的面貌。这一强烈意愿在经济建设上的反映，就是对经济发展高速度的要求，这本无可厚非。党理应正确引导人民群众这一热情，将它与尊重经济发展的客观规律有机地结合起来，使国民经济有计划按比例的协调发展，使生产力得到持续稳定的增长。但是，毛泽东等中央领导人忽视中国长期贫穷落后、人口众多、生产力发展的水平很低这个国情，片面地夸大人的主观能动作用，机械理解社会主义生产关系对生产力发展的促进作用，以为在社会主义制度确立之后，只要充分发挥人的主观能动性就能使生产力以几倍甚至几十倍的速度发展，"一天等于二十年"，就能在短时间内赶英超美了。从而在指导思想上偏离了实事求是，一切从实际出发的马克思主义原则。这一指导思想上的失误，与当时党还缺乏领导大规模经济建设的经验，对客观的经济规律知之不多、研究不够有关，也与党的领导人在胜利面前，滋长了骄傲自满情绪，脱离了实际有密切的关系。在搞"大跃进"的同时，又发动了人民公社化运动，企图以大大超前的变革生产关系来保证生产力的跃进。事与愿违，结果是生产力遭到严重的破坏。"大跃进"运动所造成的恶果是多方面的，包括政治、经济、党风等诸多内容，但它最严重、最直接的后果是给国民经济造成严重破坏，给人民生活带来了灾难。"大跃进"失败的最深刻的教训是搞社会主义建设要从中国国情出发，根据客观经济规律办事。中国的社会主义经济建设有它自己的特殊规律，这个规律是客观存在不能违反的，但又是可以认识的。经济规律有一个特点，平常不违反它时，好像它并不存在，但一旦违背了就要受到惩罚。这就要求我们经常了解实际情况，注意调查研究，随时总结经验教训，在探索中逐步认识它掌握它，并运用它来搞好社会主义建设。

阶级斗争扩大化的错误，主要有三次。1957年反右派斗争，全国共划右派分子55万人；1959年庐山会议反右倾机会主义分子；1962年中共八届十中全会，提出阶级斗争"年年讲，月月讲"；1963年决定在农村搞"社会主义教育运动"（后统称"四清"运动），提出"现在农村还有近三分之一的生产队掌握在敌人及其同盟者的手里"，"我们这个国家有三分之一的权力不掌握在我们手里，掌握在敌人手里"。由抓"资产阶级右派"，到搞"资产阶级民主派"、"党的同路人"，再到挖"走资派"。阶级斗争扩大化的理论步步升级，造成了严重的后果。毛泽东在我国社会主义改造基本完成以后，用很大精力，根据中国的实践，并借鉴其他社会主义国家的经验，对社会主义社会的阶级斗争问题进行长期的探索。他认为社会主义改造完成之后，仍然存在着阶级斗争，这个斗争是长期的；这个斗争的内容主要是走社会主义道路，还是走资本主义道路的斗争，在社会主义社会仍然存在资本主义复辟的危险。历史的发展已经证明毛泽东的上述论断是正确的。毛泽东在社会主义社会阶级斗争问题上的主要失误是对国内阶级斗争形势估计得过分严重，仍然把阶级斗争和两条道路斗争看作是社会主义社会整个历史阶段的主要矛盾，从而提出"以阶级斗争为纲"的"左"倾错误理论。这一时期最重要的经验是要正确处理好经济建设和阶级斗争的关系。

阶级斗争扩大化的"左"倾错误，终于导致了"无产阶级文化大革命"的大灾难。1966年5月到1976年10月的"文化大革命"，是一场由领导者错误发动，被反革命集团利用，给党、国家和各族人民带来了严重灾难的内乱。它是全局性的长时间的"左"倾严重错误，使党、国家和人民遭到建国以来最严重的挫折和损失。所谓"无产阶级专政下继续革命"的理论也已被"文革"的实践证明是完全错误的，这已是全党和全国人民的共识，也已在《建国以来党的若干历史问题的决议》中做出了结论。本文不再阐述。

四

1978年12月，中国共产党召开十一届三中全会。全会总结了过去正反两方面的历史经验，坚持实践是检验真理的唯一标准这一原则，从"左"的思想中解放出来，恢复了党的实事求是的路线，果断地否定了"以阶级斗争为纲"，坚决把全党工作重点转移到发展社会生产力上来，搞社会主义的四个现代化。全会标志着重新确立了马克思主义的思想路线、政治路线和组织路线，这是新中国成立以来我党历史上具有深远意义的伟大转折。

三中全会确定了改革和开放的方针，在为三中全会作准备的中央工作会议上，邓小平即提出："以马列主义、毛泽东思想为指导，解决过去遗留的问题，解决新出现的一系列问题，正确地改革同生产力迅速发展不相适应的生产关系和上层建筑，根据我国的实际情况，确定实现四个现代化的具体道路、方针、方法和措施。"他还说，"如果现在再不实行改革，我们的现代化事业和社会主义事业就会被葬送。"①三中全会后，改革开放的浪潮在中国社会主义大地兴起。我国的改革是从农村开始的，经过三年，就见成效。1984年10月十二届三中全会通过《关于经济体制改革的决定》，全会以后，改革重点转移到城市。早在1979年3月8日陈云即指出，"六十年来无论苏联或中国的计划工作制度中出现的缺点：只有有计划按比例这一条，没有在社会主义制度下还必须有市场调节这一条"，"整个社会主义时期经济必须有计划经济、市场调节两个部分。"②1980年5月，中央决定在广东的深圳、珠海、汕头和福建的厦门试办经济特区，作为对外开放的窗口。

三中全会后，出现了一种资产阶级自由化思潮，针对资产阶级自由化思潮，1979年3月30日，邓小平在党的理论工作务虚会上，重申我们党历来坚持的四项基本原则，指出"这是实现四个现代化的根本前提"，"如果动摇了这四项基本原则中的任何一项，那就动摇了整个社会主义事业、整个现代化建设事业。"③1983年10月12日，在党的十二届二中全会上，邓小平提出反对精神污染的观点。1986年9月28日在党的十二届六中全会上，他又重申反对资产阶级自由化。

在贯彻三中全会的过程中，在总结历史经验和对国情的调查研究以及亿万人民实践的基础上，党对科学社会主义的认识更加全面更加深化。1981年6月27日党的十一届六中全会通过的《关于建国以来党的若干历史问题的决议》首次提出，"我们的社会主义制度还是处于初级的阶段"，"我们的社会主义制度由比较不完善到比较完善，必然要经历一个长久的过

---

① 《邓小平文选》，第2卷，141、150页。
② 《三中全会以来重要文献选编》(上)，65页。
③ 《邓小平文选》，第2卷，164、173页。

程。"这个结论的提出非常重要，是对我国社会发展阶段和生产力发展水平的科学概括，这是我们所以必须采取现在这样的方针政策而不能采取别的方针政策的基本根据。1982年9月1日，党的十二大报告指出："我国社会主义社会现在还处在初级发展阶段"，并以"物质文明还不发达"作为社会主义社会初级阶段的根本特征。据此十二大提出从1981年到20世纪末，我国经济建设总的奋斗目标是力争全国工农业的年总产值翻两番，全面开创社会主义现代化建设的新局面。后来邓小平又提出我国经济发展战略的"三部曲"。1986年9月28日党的十二届六中全会通过的《关于社会主义精神文明建设指导方针的决议》再次指出："我国还处在社会主义的初级阶段，不但必须实行按劳分配，发展社会主义商品经济和竞争，而且在相当长的历史时期内，还要在公有制为主体的前提下发展多种经济成分，在共同富裕的目标下鼓励一部分人先富裕起来。"1987年1月22日中共中央政治局通过的《把农村改革引向深入》又进一步明确指出："在社会主义社会的初级阶段，在商品经济的发展中，在一个较长的时期内，个体经济和少量私人企业的存在是不可避免的。"

在党的十三大准备过程中，全面地展开对社会主义初级阶段的讨论。1987年10月召开党的十三大，"十三大"的报告第一次系统地阐发了社会主义初级阶段的内涵。报告指出：正确认识我国社会现在所处的历史阶段，是建设有中国特色的社会主义的首要问题，是我们制定和执行正确的路线和政策的根本依据。我国正处在社会主义的初级阶段。这个论断，包括两层含义。第一，我国社会已经是社会主义社会。我们必须坚持而不能离开社会主义。第二，我国的社会主义社会还处在初级阶段，我们必须从这个实际出发，而不能超越这个阶段。我国社会主义的初级阶段，不是泛指任何国家进入社会主义都会经历的起始阶段，而是特指我国在生产力落后、商品经济不发达条件下建设社会主义必然要经历的特定阶段。我们在社会主义初级阶段所面临的主要矛盾，是人民日益增长的物质文化需要同落后的社会生产之间的矛盾。由此可见，社会主义初级阶段的提出，是一个逐步探索的过程，也是对科学社会主义再认识的过程，它是党运用马克思主义的科学社会主义原理探索中国国情结出的硕果。邓小平曾说："什么叫社会主义，什么叫马克思主义？我们过去对这个问题的认识不是完全清醒的。马克思主义最注重发展生产力"，"社会主义阶段的最根本任务就是发展生产力。社会主义的优越性就是体现在它的生产力要比资本主义发展得更高一些、更快一些"，"社会主义要消灭贫困。贫困不是社会主义，更不是共产主义。"①他还说："现在虽说我们也在搞社会主义，但事实上不够格。"②什么叫不够格，就是现在我国的生产力还很低，大大落后于发达的资本主义国家。

党的十三大提出在社会主义初级阶段，我们党的建设有中国特色的社会主义社会的基本路线是：领导和团结全国各族人民，以经济建设为中心，坚持四项基本原则，坚持改革开放，自力更生，艰苦创业，为把我国建设成为富强、民主、文明的社会主义现代化国家而奋斗。以经济建设为中心也就是说我们要"一心一意搞建设"，"把经济搞上去"，任何时候都不要削弱和动摇这个中心。两个基本点，这是三中全会以来我们各项方针政策的概括。一是必须坚持四项基本原则；二是必须坚持改革开放。二者是"不可分的"，"是统一的"，是"互相贯通、互相依存"的。四项基本原则是改革开放的政治保证。放弃四项基本原则的任何一项，改革开放就会走上邪路。改革开放赋予四项基本原则以新的内容和活力，也只有改革开放，大大发展生产力，才能坚持四项基本原则。富强、民主、文明（即经济建设、民主建设、精神文明建设）是我们的三大目标，三大目标的实现才是社会主义现代化的国家。

从党的十一届三中全会以来，我党对建设社会主义道路的探索和全国亿万人民的实践，概括起来"就叫建设有中国特色的社会主义道路"，建设有中国特色的社会主义道路是邓小平在 1982 年 9 月 1 日，党的十二大开幕词中提出来的。它的根本指导思想就是"把马克思主义的普遍真理同我国的具体实际结合起来，走自己的道路"，这就要求我们加深对马克思主义基本原理的理解和加深对中国国情的科学认识。把马克思主义普遍真理同

北京师范大学史学探索丛书

---

① 《十二大以来重要文献选编》（中），512 页。

② 《十二大以来重要文献选编》（下），1390 页。

中国具体实际结合起来，是一件具有根本意义而又很不容易的事情。它的关键是实事求是。有中国特色的社会主义，也只有在这种结合的过程中才能形成和发展。这条道路需要依靠千百万群众在实践中不断去摸索、去创造。1985 年 9 月 23 日，邓小平在党的全国代表会议上讲话，总结从十一届三中全会以来的将近七年里我们所走的路，"表明我们已经开始找到了一条建设有中国特色的社会主义的路子。"1987 年李先念指出："有中国特色，就是要符合中国的实际情况"，"这条道路，从十一届三中全会以来，通过探索和实践，已开始逐步形成，但尚未完善。"①可以说，从党的十一届三中全会到十二大、十三大，我们已经开始找到了一条建设有中国特色的社会主义道路，已经构成了建设有中国特色的社会主义理论的基本框架。这是全党和全国人民在探索建设社会主义道路上的经验和智慧的结晶。邓小平是建设有中国特色社会主义理论的总设计师，为它确定了基本思路和基本原则，凝结了邓小平在新的历史条件下继承和发展毛泽东思想的卓越贡献。

建设有中国特色的社会主义是一项伟大的创造性工程，是一篇大文章。我们走建设有中国特色的社会主义道路，在实践中取得了举世瞩目的成就，在实际工作中，在某些时候和某种情况下也发生过偏离的现象和失误，造成了严重后果。以江泽民为核心的中共中央，从党的十三届四中全会以来总结经验，纠正失误，在七中全会上对建设有中国特色社会主义的基本理论和基本实践概括成十二条原则。这十二条原则是全党的共同认识。这些原则是我们党在社会主义建设时期，特别是从十一届三中全会以来十多年丰富经验的概括。实践证明，这些原则是完全正确的。现在主要的任务是把这些原则具体化、制度化，使它为广大干部和群众所理解所掌握，使它在建设有中国特色的社会主义的伟大实践中得到新的发展和丰富。

去年 12 月召开的党的十三届七中全会，通过了《中共中央关于制定国民经济和社会发展十年规划和"八五"计划的建议》（以下简称《建议》）。《建

---

① 《十二大以来重要文献选编》（下），1297 页。

议》提出了今后十年实现第二步战略目标的五项基本要求。《建议》指出："坚持走建设有中国特色的社会主义道路，是实现第二步战略目标的根本保证。"集中精力把国民经济搞上去，这是我们党和国家的工作中心，我们必须从各个方面采取各种有效的措施来保证这个中心，为实现宏伟的第二步战略目标而奋斗！

原载《北京师范大学学报》(哲学社会科学版)，1991年第3期。

从计划经济到市场经济探索的历程

一

中国的改革是从农村开始的，农村的改革是从安徽开始的。家庭联产承包责任制受到农民的普遍欢迎。1982年夏季，全国78％的生产队，实行了家庭联产承包责任制，到1983年春，已达到了95％。

农村经济体制改革取得历史性的突破，推动了城市经济体制改革的开展。经过3年经济调整，国民经济开始走上稳步发展的轨道，也为经济体制改革的起步创造了比较宽松的经济环境。计划与市场的关系，是经济体制改革的关键问题。长期以来，我们把计划经济和市场经济互相对立起来，认为社会主义经济是计划经济，资本主义经济是市场经济，两者是格格不入的。社会主义制度下计划和市场的关系是个极其复杂的问题。要正确认识它，必须边实践、边探索、边总结经验，需要经历一个逐步深入、逐步提高的过程。1979年春，陈云写出《计划与市场问题》的研究提纲。他提出"整个社会主义时期必须有两种经济"：计划经济部分，市场调节部分。"第一部分是基本的主要的；第二部分是从属的次要的，但又是必需的"。"问题的关键是，直到现在我们还不是有意识地认识到这两种经济同时并存的必然性和必要性，还没有弄清这两种经济在不同部门应占的不同比例。"他强调要改进计划工作，实现按比例发展，同时也强调要发挥市场调节的作用，也就是要按价值规律调节。这份提纲是党内最早的以文字形式论述要在计划经济体制下发挥市场调节作用的文献，在社会主义经济理论上是一个重大突破。1979年4月，李先念在中央工作会议上的讲话指出："在我们的整个国民经济中，以计划经济为主，同时充分重视市场调节的辅助作用。"1980年12月中央工作会议后，陈云在思考经济体制改革问题时，要求中央财经领导小组"用半年时间"，搞一个怎么"把计划调节和市场调节结合起来，把市场搞活"的设想。从 1981 年 11 月到 1982 年 1 月，陈云先后四次谈了"计划经济为主、市场调节为辅"的问题。陈云《计划与市场问题》的提纲于 1982 年 7 月在《文献和研究》上正式发表。中共十二大报告指出："正确贯彻计划经济为主、市场调节为辅的原则，是经济体制改革中的一个根本问题。"这表明中国共产党探索经济体制改革过程中在认识上跨进了一步。中共十二大后，陈云针对搞活经济中出现的某些摆脱国家总体计划的错误倾向，把市场与计划的关系形象地比喻为"鸟"与"笼子"的关系。这个比喻是黄克诚首先提出来的。1982 年 11 月至 12 月，陈云三次运用这个比喻来阐述计划与市场的关系。他说："搞活经济是对的，但是必须在计划的指导下搞活。这就像鸟一样，捏在手里会死，要让它飞，但是只能让它在合适的笼子里飞，没有笼子，它就飞跑了。笼子大小要适当，但是总要有个笼子，这就是计划经济。市场调节只能在计划许可的范围以内。"陈云说的"笼子大小要适当"，后来又增加了它"经常要调整"的内容。他继"不一定一个省就是一个笼子，笼子也可以大到跨省跨地区"的界定后，更进一步地提出"甚至不一定限于国内，也可以跨国跨洲"。他还说明"笼子"是动态的，"笼子"本身也要经常调整，该多大就多大，而不是一成不变的。总之，计划不是主观的僵死的框框，要符合实际，朝着适合"鸟"飞，适合搞活经济的方面调整。陈云运用"笼子"与"鸟"的比喻来阐述计划与市场的关系，是对"计划经济为主、市场调节为辅"原则认识的深化。①

关于计划经济和市场经济关系的探索，经过多年的实践和争论，在 1984 年有了重大突破。党的十二届三中全会文件，从 1984 年 6 月开始起草，用了一个多月时间提出了一个提纲，但这个提纲没有能超越原来"计划经济为主，市场调节为辅"的提法，胡耀邦对此很不满意，因此重新调整了文件起草班子。正在这个时候，中国社会科学院院长受命组织院内的几位专家撰写了《关于社会主义制度下我国商品经济的再探索》的文章，为

① 中共中央文献研究室编：《陈云传》下册，1627～1654 页，北京，中央文献出版社，2005。

商品经济翻案。文章提出，在肯定社会主义经济是计划经济时，不要"否定社会主义经济同时也具有商品经济的属性。商品经济的对立物不是计划经济，而是自然经济"，不能把计划经济同商品经济"对立起来"。文章重新肯定此前曾被否定过的"社会主义经济是有计划的商品经济"的提法。文章不但没有招来批评，还得到了一些老一辈革命家的称赞。9月9日赵紫阳给中央常委写了《关于经济体制改革中三个问题的意见》的信。信中论述了"社会主义经济是以公有制为基础的有计划的商品经济。计划要通过价值规律来实现，要运用价值规律为计划服务。""中国式的计划经济，应该是自觉依据并运用价值规律的计划经济。"①邓小平、陈云分别在9月11日和12日批示同意。

　　1984年10月，中共十二届三中全会在北京举行。全会一致通过了《中共中央关于经济体制改革的决定》（以下简称《决定》）。这个决定总结了新中国成立以来特别是十一届三中全会以来经济体制改革的经验，比较系统地提出和阐明了经济体制改革中的一系列重大理论和实践问题，是全面进行经济体制改革的纲领性文献。

　　《决定》在理论上的重大贡献是，突破了把计划经济同商品经济对立起来的传统观点，确认"我国社会主义经济是公有制基础上的有计划商品经济"。这是对马克思主义政治经济学的新发展，为全面经济体制改革提供了新的理论指导。

　　《决定》指出：马克思主义的创始人曾经预言，社会主义在消灭剥削制度的基础上，必须能够创造出更高的劳动生产率，使生产力以更高的速度向前发展。我国新中国成立35年来所发生的深刻变化，已经初步显示出社会主义制度的优越性。但是这种优越性还没有得到应有的发挥。其所以如此，除了历史的、政治的、思想的原因之外，就经济方面来说，一个重要的原因，就是"在经济体制上形成了一种同社会生产力发展要求不相适应的僵化的模式"。"这种模式的主要弊端是：政企职责不分，条块分割，国家对企业统得过多过死，忽视商品生产、价值规律和市场的作用，分配中

---

　　① 《十二大以来重要文献选编》（中），535～536页。

平均主义严重。"这就造成了企业缺乏应有的自主权，企业吃国家"大锅饭"、职工吃企业"大锅饭"的局面，严重压抑了企业和广大职工群众的积极性、主动性、创造性，使本来应该生机盎然的社会主义经济在很大程度上失去了活力。因此，我们这次改革的基本任务是"建立起具有中国特色的、充满生机和活力的社会主义经济体制，促进社会生产力的发展"。我们改革经济体制，是在坚持社会主义制度的前提下，改革生产关系和上层建筑中不适应生产力发展的一系列相互联系的环节和方面。这种改革，是在党和政府的领导下有计划、有步骤、有秩序地进行的，是社会主义制度的自我完善和发展。全党同志在进行改革的过程中，应"把是否有利于发展社会生产力作为检验一切改革得失成败的最主要标准"。

《决定》系统地阐明了建立充满生机的社会主义经济体制所需要解决的主要问题：第一，增强企业活力是经济体制改革的中心环节。《决定》指出，具有中国特色的社会主义，首先应该是企业有充分活力的社会主义。而现行经济体制的种种弊端，恰恰集中表现为企业缺乏应有的活力。所以，增强企业的活力，特别是增强全民所有制大、中型企业的活力，是以城市为重点的整个经济体制改革的中心环节。围绕这个中心环节，主要应该解决好两方面的关系问题，即确立国家和全民所有制企业之间的正确关系，扩大企业自主权；确立职工和企业之间的正确关系，保证劳动者在企业中的主人翁地位。这是以城市为重点的整个经济体制改革的本质内容和基本要求。第二，建立自觉运用价值规律的计划体制，发展社会主义商品经济。《决定》指出，改革计划体制，首先要突破把计划经济同商品经济对立起来的传统观念，明确认识社会主义计划经济必须自觉依据和运用价值规律，是在公有制基础上的有计划的商品经济。商品经济的充分发展，是社会经济发展的不可逾越的阶段，是实现我国经济现代化的必要条件。在商品经济和价值规律问题上，社会主义经济同资本主义经济的区别不在于商品经济是否存在和价值规律是否发挥作用，而在于所有制不同，在于剥削阶级是否存在，在于劳动人民是否当家做主，在于为什么样的生产目的服务，在于能否在全社会的规模上自觉地运用价值规律，还在于商品关系的范围不同。在我国社会主义条件下，劳动力不是商品，土地、矿山、银行、铁路等一切国有的企业和资源也都不是商品。总之，我国的计划经济是"有计划的商品经济"。① 第三，建立合理的价格体系，充分重视经济杠杆的作用。《决定》指出：我国现行的价格体系，由于过去长期忽视价值规律的作用和其他历史原因，存在着相当紊乱的现象，不少商品的价格既不反映价值，也不反映供求关系，必须改革这种不合理的价格体系。价格是最有效的调节手段，合理的价格是保证国民经济活而不乱的重要条件，价格体系的改革是整个经济体系改革成败的关键。改革价格体系关系国民经济的全局，涉及千家万户，一定要采取十分慎重的态度，有计划有步骤地进行。在改革价格体系的同时，还要进一步完善税收制度，改革财政体制和金融体制。我们要学会掌握经济杠杆对整个经济进行调节。第四，实行政企职责分开，正确发挥政府机构管理经济的职能。按照政企职责分开、简政放权的原则进行改革，是搞活企业和整个国民经济的迫切需要。实行政企职责分开、简政放权，是社会主义上层建筑的一次深刻改造。第五，建立多种形式的经济责任制，认真贯彻按劳分配原则。为了增强城市企业的活力，提高广大职工的责任心和充分发挥他们的主动性、积极性、创造性，必须在企业内部明确对每个岗位、每个职工的工作要求，建立以承包为主的多种形式的经济责任制。这种责任制的基本原则是：责、权、利相结合，国家、集体、个人利益相统一，职工劳动所得同劳动成果相联系。同时，在企业中实行厂长（经理）负责制。《决定》还指出，要认真贯彻按劳分配原则，反对平均主义。平均主义的泛滥必然破坏社会生产力。只有允许和鼓励一部分地区、一部分企业和一部分人依靠勤奋劳动先富起来，才能对大多数人产生强烈的吸引和鼓舞作用，并带动越来越多的人一浪接一浪地走向富裕。鼓励一部分人先富起来的政策，是符合社会主义发展规律

---

① 《决定》指出："根据历史的经验和十一届三中全会以来的实践，应该对我国计划体制的基本点进一步做出如下的概括：第一，就总体说，我国实行的是计划经济，即有计划的商品经济，而不是那种完全由市场调节的市场经济；第二，完全由市场调节的生产和交换，主要是部分农副产品、日用小商品和服务修理行业的劳务活动，它们在国民经济中起辅助的但不可缺少的作用；第三，实行计划经济不等于指令性计划为主，指令性计划和指导性计划都是计划经济的具体形式；第四，指导性计划，主要依靠运用经济杠杆的作用来实现，指令性计划则是必须执行的，但也必须运用价值规律。"

的，是整个社会走向富裕的必由之路。第六，积极发展多种经济形式，进一步扩大对外的和国内的经济技术交流。《决定》还强调，要起用一代新人，造就一支社会主义经济管理干部的宏大队伍；要加强党的领导，保证改革的顺利进行。当然《决定》也有不够完善的地方，但它毕竟实现了社会主义理论的重大突破，为中国经济体制改革规定了正确的方向。邓小平指出："党的十二届三中全会将在中国历史发展中写上很重要的一笔。"①这个决定，是马克思主义的基本原理和中国社会主义实践相结合的政治经济学。这次经济体制改革的文件好，就是解释了什么是社会主义，有些是我们老祖宗没有说过的话，有些新话。② 陈云在全会上的书面发言指出："系统进行经济体制的改革，是当前我国经济工作面临的首要问题。""这次全会审议的关于经济体制改革的决定中，对计划体制改革的基本点所做的四点概括，完全符合我国目前的实际情况。""总之我们要按照这个决定的精神去做，解放思想，实事求是，既要积极，又要稳妥。只要这样做了，这次改革就一定能成功。"③

党的十二届三中全会以后，我国的经济体制改革开始进入以城市为重点的全面改革阶段。通过改革，城市经济生活出现了前所未有的活跃局面。虽然在着重强调放开搞活和增强企业活力的时候，加强和改善国家的宏观管理的措施没有及时跟上，以致产生了一些混乱现象，但总的说来，是向公有制基础上有计划的商品经济新体制的积极的转变。

1987年10月，中国共产党第十三次全国代表大会在北京召开。党的十三大的中心任务是加快和深化改革。关于经济体制改革，大会报告提出，社会主义有计划商品经济的体制，应该是计划与市场内在统一的体制；必须把计划工作建立在商品交换和价值规律的基础上；计划和市场的作用范围都是覆盖全社会的。新的经济运行机制，总体上来说应该是"国家调节市场，市场引导企业"的机制。当前深化改革的任务主要是：围绕

---

① 《邓小平文选》，第3卷，78页。

② 中共中央文献研究室编：《邓小平年谱（1975—1997）》下册，1006、1008页。北京，中央文献出版社，2004。

③ 《十二大以来重要文献选编》（中），588～590页。

转变企业经营机制这个中心环节，分阶段地进行计划、投资、物资、财政、金融、外贸等方面体制的配套改革，逐步建立起有计划商品经济新体制的基本框架。

从党的十二大到十三大5年间，我国经济在改革开放中取得了巨大的成就，但同时也存在许多问题和困难。最突出的是出现了明显的通货膨胀，物价上涨幅度过大。到1988年，当时经济生活最突出的问题是物价大幅度上涨，稳定物价成为经济工作的当务之急。1988年上半年，全国物价总指数在1978年已上涨百分之七点三的基础上，又连日大幅度上涨，7月份已达到百分之十九点三，面对这种物价猛涨、人心极为不安的严重局面。赵紫阳提出要用主动涨价和提高工资的办法来进行价格、工资改革。他强调现在的形势，不进则退，没有别的路子，只能迎着困难前进。8月，中共中央政治局会议讨论并原则通过《关于价格、工资改革的初步方案》。虽然会议指出要采取强有力的措施综合治理通货膨胀，但仍然强调目前是进行价格、工资改革的有利时机。价格改革无疑是必要的，但在通货膨胀无法控制的情况下，没有充分考虑国家、企业和群众的承受能力，宣布大步进行价格改革。当价格改革方案一公布，立即引起城市居民的恐慌，出现了全国性抢购商品和大量提取储蓄存款的风潮。1988年9月，在北京召开了党的十三届三中全会，提出了治理经济环境、整顿经济秩序、全面深化改革的方针。全会决定把今后两年改革和建设的重点突出地放在治理经济环境和整顿经济秩序上来。

1989年后，邓小平重申："我们要继续坚持计划经济与市场调节相结合。"①党的十三届四中全会以后，又提出"建立适应有计划商品经济发展的计划经济与市场调节相结合的经济体制与运行机制"。②

二

1992年1月18日至2月21日，邓小平先后视察了武昌、深圳、珠

---

① 《邓小平文选》，第3卷，306页。
② 《江泽民文选》，第1卷，201页。

海、上海等地，并发表了重要谈话。在谈话中，邓小平精辟地分析了国际国内形势，科学地总结了十一届三中全会以来党的基本实践和基本经验，明确地回答了这些年来经常困扰人们思想的许多重大问题。

关于计划与市场的关系。邓小平指出："计划多一点还是市场多一点，不是社会主义与资本主义的本质区别。""计划经济不等于社会主义，资本主义也有计划，市场经济不等于资本主义，社会主义也有市场。计划和市场都是经济手段。""社会主义要赢得与资本主义相比较的优势，就必须大胆吸收和借鉴人类社会创造的一切文明成果，吸收和借鉴当今世界各国包括资本主义发达国家的一切反映现代社会化生产规律的先进经营方式、管理方法。""现在，有右的东西影响我们，也有'左'的东西影响我们，但根深蒂固的还是'左'的东西。""中国要警惕右，但主要是防止'左'。"

邓小平南方谈话发表后，在党内外、国内外引起强烈反响。1992年2月28日，中共中央将邓小平南方谈话在全党范围内下发和传达。3月9日至10日，中共中央召开政治局会议，认真讨论了我国改革和发展的若干重大问题，号召全党全面深刻地学习、领会邓小平谈话的精神实质，必须坚定不移地执行党的"一个中心、两个基本点"的基本路线，抓住有利时机，加快改革开放步伐，集中精力把经济建设搞上去，沿着有中国特色社会主义道路继续前进。

这次政治局会议之后，全国各地认真学习邓小平南方谈话精神，落实中央政治局会议的各项部署。3月至5月，中央政治局常委又多次召开会议，拟订落实邓小平谈话的初步方案。5月，中共中央制定了《关于加快改革，扩大开放，力争经济更好更快地上一个新台阶的意见》，作为"中央4号文件"下发。

6月9日，江泽民在中央党校省部级干部进修班上作《深刻领会和全面落实邓小平同志的重要谈话精神，把经济建设和改革开放搞得更快更好》的重要讲话，提出"要尽快建立社会主义的新经济体制"的问题。对于中国经济体制改革的取向，在计划和市场的问题上，长期以来一直有不同意见，争论非常激烈，各不相让。不仅学术界、理论界认识很不一致，党内领导干部中的认识也不一致。邓小平一直认为计划与市场都是手段，而不是区别社会主义和资本主义本质的东西。早在1979年11月26日，他即指出："说市场经济只存在于资本主义社会，只有资本主义的市场经济，这肯定是不正确的。社会主义为什么不可以搞市场经济，这个不能说是资本主义。我们是计划经济为主，也结合市场经济，但这是社会主义的市场经济。""市场经济不能说只是资本主义的。市场经济，在封建社会时期就有了萌芽。社会主义也可以搞市场经济。"这是社会主义利用市场经济这种方法来发展社会生产力。"把这当作方法，不会影响整个社会主义，不会重新回到资本主义。"①1982年7月26日，邓小平同国家计委负责人谈话时指出：社会主义同资本主义比较，它的优越性就在于能做到全国一盘棋，集中力量，保证重点。缺点在于市场运用得不好，经济搞得不活。计划与市场的关系问题如何解决？解决得好，对经济的发展就很有利，解决不好，就会糟。② 1985年10月23日，邓小平在会见美国高级企业家代表团时指出："社会主义和市场经济之间不存在根本矛盾。问题是用什么方法才能更有力地发展社会生产力。我们过去一直搞计划经济，但多年的实践证明，在某种意义上说，只搞计划经济会束缚生产力的发展。把计划经济和市场经济结合起来，就更能解放生产力，加速经济发展。"③在准备党的十三大的过程中，1987年2月6日，邓小平同几位中央领导人进行了谈话，他不无针对性地指出："为什么一谈市场就说是资本主义，只有计划才是社会主义呢？计划和市场都是方法嘛。只要对发展生产力有好处，就可以利用。它为社会主义服务，就是社会主义的；为资本主义服务，就是资本主义的。好像一谈计划就是社会主义，这也是不对的，日本就有一个企划厅嘛，美国也有计划嘛。我们以前是学苏联的，搞计划经济。后来又讲计划经济为主，现在不要讲这个了。"④根据邓小平这一谈话，中共十三大的报告没有再提计划经济为主。1988年治理整顿和1989年之后，理论界和学术界关于计划和市场的争论再起，姓"社"姓"资"搞得人心惶惶。

① 《邓小平文选》，第2版，第2卷，236页。

② 中共中央文献研究室编：《邓小平年谱(1975—1997)》下卷，832页。

③ 《邓小平文选》，第3卷，148~149页。

④ 《邓小平文选》，第3卷，203页。

1990 年 7 月 5 日，中共中央政治局常委会邀集一些经济学家座谈经济形势和对策。座谈会一开始，就在改革应当"计划取向"还是"市场取向"这个问题上发生了激烈的争论。一些经济学家纷纷上书阐述自己的意见。江泽民非常注意倾听各方面的意见，也作了大量的调查研究。国家体改委也整理了一个题为《外国关于计划与市场问题的争论和实践以及对中国的计划与市场的关系的评论》的材料报送中央。1990 年 12 月 24 日，邓小平在同江泽民、杨尚昆、李鹏谈话时指出："我们必须从理论上搞懂，资本主义与社会主义的区分不在于是计划还是市场这样的问题。社会主义也有市场经济，资本主义也有计划控制。""不要以为搞点市场经济就是资本主义道路，没有那么回事。计划和市场都得要。不搞市场，连世界上的信息都不知道，是自甘落后。"①1991 年 1 月 28 日至 2 月 18 日，邓小平视察上海时又说："不要以为，一说计划经济就是社会主义；一说市场经济就是资本主义，不是那么回事，两者都是手段，市场也可以为社会主义服务。"②邓小平关于计划和市场关系问题的观点和态度已经很清楚很明白了。但当时对经济体制改革取向的意见很不一致。这个问题的争论已有 10 多年了，大家都在等待，看中央是什么态度。这件事情不能老拖而不决。这件事情的决断主要是要在党内特别是领导干部中做提高认识和统一思想的工作。这就是江泽民 6 月 9 日在中央党校讲话的背景。

江泽民说："加快经济体制改革的根本任务，就是要尽快建立社会主义的新经济体制。而建立新经济体制的一个关键问题，是要正确认识计划和市场问题及其相互关系，就是要在国家宏观调控下，更加重视和发挥市场在资源配置中的作用。"他在论述党的十一届三中全会以来，我们对计划和市场问题及其相互关系的认识发展过程之后说：最近，经过学习邓小平同志的重要谈话，在对计划和市场、建立新经济体制问题的认识上又有了一些新的提法。大体上有这么几种：一是建立计划与市场相结合的社会主义商品经济体制；二是建立社会主义有计划的市场经济体制；三是建立社

---

① 《邓小平文选》，第 3 卷，364 页。
② 《邓小平文选》，第 3 卷，367 页。

会主义的市场经济体制。他说：上述这几种提法，究竟哪一种更切合我国的经济实际，更易于为大多数同志所接受，更有利于促进我国经济建设的发展，还可以继续研究，眼下不必忙于作出定论。不过，我想在党的十四大报告中，总得最后确定一种大多数同志都赞同的有关经济体制的比较科学的提法，以利于进一步统一全党同志的认识和行动，以利于加快我国社会主义的新经济体制的建立。我个人的看法，比较倾向于使用"社会主义市场经济体制"这个提法。①

在邓小平南方谈话精神鼓舞下和中共中央"4号文件"部署下，中国改革开放和经济建设出现了新的态势。改革的步伐加快，力度加大，对外开放的范围和领域进一步扩大，人们的思想也呈现空前活跃的局面。

三

1992年10月，中国共产党第十四次全国代表大会在北京召开。

"十四大"明确提出了我国经济体制改革的目标是建立社会主义市场经济体制。

报告指出，我国经济体制改革确定什么样的目标模式，是关系整个社会主义现代化建设全局的一个重大问题。实践的发展和认识的深化，要求我们明确提出，我国经济体制改革的目标是建立社会主义市场经济体制，以利于进一步解放和发展生产力。我们要建立的社会主义市场经济体制，就是要使市场在社会主义国家宏观调控下对资源配置起基础性作用，使经济活动遵循价值规律的要求，适应供求关系的变化；通过价格杠杆和竞争机制的功能，把资源配置到效益较好的环节中去，并给企业以压力和动力，实现优胜劣汰；运用市场对各种经济信号反应比较灵敏的优点，促进生产和需求的及时协调。同时也要看到，市场有其自身的弱点和消极方面，必须加强和改善国家对经济的宏观调控。我们要大力发展全国的统一市场，进一步扩大市场的作用，并依据客观规律的要求，运用好经济政

---

① 《江泽民文选》，第1卷，198～205页。

策、经济法规、计划指导和必要的行政管理，引导市场健康发展。社会主义市场经济体制是同社会主义基本制度结合在一起的。建立和完善社会主义市场经济体制，是一个长期发展的过程，是一项艰巨复杂的社会系统工程。① 大会确定建立社会主义市场经济体制为我国经济体制改革的目标模式，标志着我国的经济体制改革和经济的发展进入了一个新的历史阶段。

为了贯彻落实党的十四大提出的经济体制改革的任务，加快改革开放和社会主义现代化建设步伐，1993 年 11 月，中国共产党第十四届中央委员会第三次全体会议在北京举行。全会审议并通过了《中共中央关于建立社会主义市场经济体制若干问题的决定》（以下简称《决定》）。《决定》共 50 条，分为 10 个部分：①我国经济体制改革面临的新形势和新任务。②转换国有企业经营机制，建立现代企业制度。③培育和发展市场体系。④转变政府职能，建立健全宏观经济调控体系。⑤建立合理的个人收入分配和社会保障制度。⑥深化农村经济体制改革。⑦深化对外经济体制改革，进一步扩大对外开放。⑧进一步改革科技体制和教育体制。⑨加强法律制度建设。⑩加强和改善党的领导，为 20 世纪末初步建立社会主义市场经济体制而奋斗。

《决定》指出，社会主义市场经济体制是同社会主义基本制度结合在一起的。建立社会主义市场经济体制，就是要使市场在国家宏观调控下对资源配置起基础性作用。为实现这个目标，要抓住以下主要环节：①必须坚持以公有制为主体、多种经济成分共同发展的方针，进一步转换国有企业经营机制，建立适应市场经济要求，产权清晰、权责明确、政企分开、管理科学的现代企业制度。②建立全国统一开放的市场体系，实现城乡市场紧密结合，国内市场与国际市场相互衔接，促进资源的优化配置。③转变政府管理经济的职能，建立以间接手段为主的完善的宏观调控体系，保证国民经济的健康运行。④建立以按劳分配为主体，效率优先、兼顾公平的收入分配制度，鼓励一部分地区一部分人先富起来，走共同富裕的道路。

①　中共中央文献研究室编：《十四大以来重要文献选编》（上），1～47 页，北京，人民出版社，1996。

⑤建立多层次的社会保障制度，为城乡居民提供同我国国情相适应的社会保障，促进经济发展和社会稳定。《决定》指出，这些主要环节是相互联系又相互制约的有机整体，构成社会主义市场经济体制的基本框架。我们还必须围绕这些主要环节，建立相应的法律体系。同时正确处理加强宏观调控和发挥市场作用的关系。建立社会主义市场经济体制，必须从充分发挥市场机制作用和加强宏观调控这两方面共同努力。

《决定》强调，建立社会主义市场经济体制是一项开创性的伟大事业。必须从总体上处理好改革、发展和稳定的关系，处理好各方面的利益关系，调动一切积极因素，为国民经济健康发展创造有利条件。要紧紧抓住建立现代企业制度、市场体系和金融、财税、计划、投资、外贸等重点领域的改革，制订具体方案，采取实际步骤，取得新的突破。

中共十四届三中全会是在我国经济体制改革进入攻坚阶段召开的一次具有历史意义的重要会议。会议通过的《中共中央关于建立社会主义市场经济体制若干问题的决定》把党的十四大提出的建立社会主义市场经济体制的目标和原则具体化、系统化，勾画了社会主义市场经济体制的基本框架，阐明了社会主义市场经济的基本特征，设计了继续深化改革的总体蓝图，在理论和实践上有许多重大突破和发展，由此成为下一步进行经济体制改革的行动纲领。

摘自《中国当代史(1949—2007)》，第4、5章，北京，北京师范大学出版社，2011。

紧紧围绕党的基本路线加强党的建设

党的十三届四中全会以来，以江泽民同志为核心的党中央十分重视党的建设，如何围绕党的基本路线来全面加强和大力推进党的建设，这是一个需要全党勇敢探索、大胆实践的新课题。

一

密切联系党的政治路线建设党，是我们党的建设的一条基本经验。党的政治路线是党的最高目标和历史使命在一定历史阶段的具体体现，它同党的建设过程密切地联系着。中国共产党七十年来的发展史证明，党的政治路线正确，党的建设就前进，党就不断得到发展和巩固，并领导革命和建设事业走向胜利，反之，党的建设就倒退，党本身就受到削弱，党的事业也遭受损失。同时，党的正确的政治路线的贯彻和实现，也有赖于党的建设的加强，依靠党在思想上的成熟、政治上的坚定、组织上的巩固和纪律的严明。

党在新时期的政治路线，就是"一个中心，两个基本点"的基本路线。党在社会主义初级阶段的基本路线是在党的十一届三中全会上开始提出的。三中全会坚决地把全党工作重点转移到发展社会生产力上来，搞社会主义的四个现代化。同时，三中全会确定了改革和开放的方针。邓小平同志尖锐地指出："如果现在再不实行改革，我们的现代化事业和社会主义事业就会被葬送。"①三中全会以后，改革开放的浪潮在中国社会主义大地兴起。与此同时，党内外也出现了一种资产阶级自由化思潮。1979年3月30日，邓小平同志在党的理论工作务虚会上针对资产阶级自由化思潮，重申我们党历来坚持的四项基本原则。邓小平同志指出："这是实现四个现

---

① 《邓小平文选》，第2卷，150页。

代化的根本前提"，"如果动摇了这四项基本原则中的任何一项，那就动摇了整个社会主义事业，整个现代化建设事业"。^① 1986 年 9 月 28 日，在党的十二届六中全会上，他又重申反对资产阶级自由化。经过八九年的实践，到 1987 年 10 月党的十三大完整地提出了社会主义初级阶段的基本路线。这条基本路线是以邓小平同志关于建设有中国特色的社会主义理论为指导而做出的高度概括。这条基本路线是在既反"左"又反右的斗争实践中形成和确定的，是来之不易的。它是一条符合于现阶段中国具体国情的社会主义建设路线，是一条强国富民的路线，是实践已经证明了的马克思主义路线。1981—1990 年我国国民生产总值增长速度为 8.9%。十三年来我们取得的一切成就从根本上说都是由于贯彻执行了党的基本路线。这条基本路线顺乎民意，深入人心，必须长期坚持下去，一百年不动摇。只要今后更加坚定、准确、全面地贯彻这条基本路线，中国就大有希望，大有作为。

党的基本路线为新时期党的建设指明了政治方向。党的建设问题，从来是同党的政治路线密切地联系在一起的。新时期加强党的建设，必须密切地联系党的基本路线。新时期党的一切工作，都必须保证党的基本路线的贯彻执行。党的思想建设、组织建设、作风建设都应当密切联系党的基本路线。偏离了党的基本路线，党的建设就会走偏方向。党的建设必须紧密围绕着经济建设这个中心，服从于和服务于经济建设这个中心，偏离了经济建设这个中心，离开了经济建设，改革开放的伟大实践，关起门来是不可能把党建设好的。同时，党的基本路线的贯彻和实现有赖于加强党的建设。建设有中国特色的社会主义是一项伟大的创造性工程，是一篇大文章，关键是加强和改善党的领导，发挥党的领导核心和共产党员的先锋模范作用，努力提高全党的战斗力。在当今国际形势发生剧烈变化，国际共产主义运动跌入低谷和我国要求深化改革，扩大开放，加快经济建设步伐的新形势下，加强党的建设具有特殊的重大意义，它是今后更加坚定、准确、全面地贯彻党的基本路线的可靠保证。我们党能否经得住执政、改革

---

① 《邓小平文选》，第 2 卷，164、173 页。

开放、反对和平演变的三大考验，关键还在于能否自觉地围绕党的基本路线来全面地加强和大力推进党的建设。

二

为了把我们党建设好，在贯彻和实现党的基本路线过程中真正实现党的领导核心作用，我们必须紧紧抓住把党建设成为领导社会主义现代化事业的坚强核心这个主题。怎样才能把握好党的自身建设同党的基本路线的内在联系，并在工作中切实做到最好，这是党建的一个新课题，需要全党解放思想，在实践中勇敢探索和大胆试验，创造新经验。党的建设同其他工作一样，也必须进行改革。这就需要在指导思想、思想观念、组织形式、工作方法、活动方式等方面不断研究新情况新问题，总结新经验，探索新路子。应该说在这一方面我们的思想还大大落后于形势的需要。

1. 必须以邓小平同志关于建设有中国特色的社会主义思想作为全党理论学习的重要内容。"建设有中国特色的社会主义"是邓小平同志在党的十二大开幕词中正式提出来的。它的根本指导思想就是"把马克思主义的普遍真理同我国的具体实际结合起来，走自己的道路"。[①] 把马克思主义的普遍真理同中国具体实际结合起来，是一件具有根本意义而又很不容易的事情。它的关键是实事求是、一切从实际出发。这也是党建的根本指导思想。建设有中国特色的社会主义理论，它的内容十分丰富。从党的十一届三中全会到十二大、十三大已经构筑了建设有中国特色的社会主义理论的基本框架。它是对国际共产主义运动，特别是我国几十年社会主义建设正、反两方面经验的正确总结，是马克思列宁主义、毛泽东思想在新的历史条件下的运用和发展，是中国人民创造社会主义历史的伟大成果，是中国共产党人特别是以邓小平同志为代表的老一辈无产阶级革命家集体智慧的结晶。它还要在实践中不断充实和完备。在党的十三届七中全会上，江泽民同志对建设有中国特色的社会主义的基本理论和基本实践概括成十二

---

① 《邓小平文选》，第 2 卷，3 页。

条原则。这十二条原则是对基本路线主要内容的全面展开和系统化、条理化。在庆祝中国共产党成立七十周年大会上江泽民同志的讲话，又提出了建设有中国特色社会主义的经济、政治、文化三个方面的基本要求。邓小平同志1992年初视察南方的讲话，对十一届三中全会以来逐步形成的建设有中国特色的社会主义理论的核心内容，作了系统的概括，又有鲜明针对性地重申和发挥了他的许多一贯的思想，还提出了许多新的思想。这些都是科学社会主义理论的重大突破和飞跃，大大充实和丰富了建设有中国特色的社会主义的理论体系，标志着我们党对建设有中国特色的社会主义规律的认识更加深刻了。我们应该以邓小平倡导的建设有中国特色的社会主义理论和思想来统一全党的思想和行动，提高贯彻基本路线的自觉性、坚定性，这是党的根本建设。

2. 必须按照党的基本路线的要求来建设党和从严治党。这就要求根据建设有中国特色的社会主义理论体系，全面地理解基本路线的内容和实质以及"一个中心、两个基本点"的相互关系。其中十分重要的是坚持发展社会生产力这个中心。社会主义的根本任务是解放和发展生产力，各项工作都应当服从于和服务于经济建设这个中心。我们进行党的自身建设的一切工作，也都必须符合和服务于基本路线的要求，也都必须紧紧围绕经济建设这个中心。在新时期，共产党员在思想上、政治上同党中央保持一致，最重要的就是坚定、准确、全面地贯彻党的基本路线。这是新时期党性原则最集中的表现，也是检验共产党员党性如何的最重要尺度。

3. 必须密切联系党的基本路线的贯彻执行来进行党的建设。这就是说，党的各级组织应在建设有中国特色的社会主义理论和思想指导下，把党员组织起来，去发动和团结广大群众，调动一切积极因素，化消极因素为积极因素，在坚持四项基本原则的前提下，积极投身改革开放的洪流，一心一意去搞经济建设，发展社会生产力，实现"三部曲"的发展战略目标，并在这些实践活动中，充分发挥党的领导核心作用，加强党的建设，使党的各级组织和广大党员经受锻炼和考验。如同全党在民主革命时期从战争中学习战争，在革命斗争中学习领导人民革命，党自身也在革命和战争的实践中得到加强一样，在新时期党也必须从参加社会主义现代化建设的实践中学习建设，经受"三大考验"，抵制各种错误思潮和错误倾向，搞好党的思想建设、组织建设和作风建设。

4. 必须用执行党的基本路线的实际效果来检验党的建设工作的好坏。这是实践的标准。一般地讲，哪里的党组织在贯彻执行党的基本路线过程中自身建设工作做得扎实做得好，哪里发展生产力、坚持四项基本原则、坚持改革开放的效果就好，党群关系密切，党组织的威信也高，哪里也就体现了党的领导和党员的先锋模范作用。反过来，如果贯彻执行基本路线不自觉、不得力，效果不太好，或者在某个方面发生了重要的偏差，也总是首先因为党组织内存在这样那样的问题。因此，党的各级组织都要善于结合贯彻执行基本路线的实践，经常分析党员队伍的状况和党组织的活动情况，及时分析存在的问题，及时解决党内存在的矛盾，不断提高党员坚定、准确、全面地贯彻执行基本路线的自觉性，及时处置不合格党员，清除敌对分子和腐败分子，纯洁党的队伍，提高党员素质和党组织的战斗力，同时紧密围绕基本路线培养和考察积极分子，发展新党员。对党的基本路线的自觉性和坚定性以及在贯彻执行基本路线的实践活动中的表现，应是考核申请入党者是否符合党员标准的重要条件之一。选拔干部要按照"革命化、年轻化、知识化、专业化"的标准，但革命化是首要的标准。革命化的标准，最重要的是对基本路线的贯彻执行是不是坚定不移，毫不动摇，是不是全面执行，一以贯之。这样，党的自身建设就会不断得到加强，经济建设和改革开放也会取得更大的成就，基本路线也就能更好地更全面地得到贯彻执行。

总之，党的基本路线的贯彻执行，关键是改善和加强党的领导。而要把党建设好，又必须密切联系于党的基本路线的执行和实现的实践过程。密切联系党的基本路线加强党的建设，党的建设就会不断进步，党内的凝聚力、党在人民群众中的吸引力就会增强，党的威信就会提高，党的领导核心作用就能进一步发挥。这样，我们的国家才能长治久安，社会主义事业才能万古长青。

三

　　党的"一个中心、两个基本点"的基本路线，必须长期坚持下去，一百年不动摇。基本路线要管一百年，这是个极其重要的思想。它是同从新中国成立起要用一百年的时间把我国建设成中等水平的发达国家这个战略大目标紧密关联的。它正确反映了社会主义初级阶段的长期性和要完成任务的艰巨性，它体现了革命性与科学性的统一，既是头脑清醒的认识，也是雄心壮志的体现。它显示了以江泽民同志为核心的党中央领导全国人民沿着建设有中国特色的社会主义道路坚定不移前进的信心和决心。李鹏同志在全国七届五次人代会作的政府工作报告指出："我们今后一定要更加坚定、准确、全面地贯彻这条路线"。① 并提出了把握这条基本路线的六个要点。把握住了这六点，既可以防右，也可以防"左"，特别是防"左"。建设有中国特色的社会主义，是我们前人没有做过的事，搞改革开放更是一件新事物，我们缺少经验，难免会犯错误。走建设有中国特色的社会主义道路，是强国富民的正确选择。但是这条道路不可能是笔直的平坦大道，总会出现曲折，也总会出现阻力，出现"左"的或右的错误倾向。这已为十一届三中全会以来的历史所证明。因此，党在贯彻和实现基本路线的过程中始终要保持清醒的头脑，牢牢把握好方向，吸取历史经验，防止错误倾向，同背离党的基本路线的错误倾向作坚持不懈的斗争，并在斗争中把党建设得更加成熟。反对党内错误倾向要坚持两条战线的斗争，这是列宁首先提出和概括的。毛泽东同志在领导中国共产党的建设和进行党内斗争中，始终注意坚持两条战线的斗争，在反对错误倾向中，注意防止一种倾向掩盖另一种倾向，使我们党在两条战线的斗争中不断得到巩固和发展壮大。

　　党的建设的实践说明，在党内发生错误倾向时，一个时期总有一种错误倾向是主要的。当前，国内外形势对我们很有利。从国际上看，近几年

---

　　① 见《人民日报》，1992-4-5。

世界形势发生了第二次世界大战以来最深刻、最巨大的变化。世界旧格局已经终结，新的格局尚未形成，世界正朝着多极化的方向发展。世界各种力量重新分化组合，矛盾错综复杂。国际局势动荡不安，世界依然很不安宁，而亚太地区相对政治比较稳定，经济增长比较快。在这种情况下，对于我们中国来说，挑战和机遇、困难和希望并存，机遇和希望大于挑战和困难，我国在国际上仍然有着很大的回旋余地。从国内情况看，经过三年治理整顿，政治和经济形势都比较好，虽然还有困难，但正在继续朝着好的方向发展。因此，我们应该根据邓小平同志重要讲话的精神，抓住机遇，迎接挑战，进一步解放思想，冲破"左"的思想束缚，改革开放的胆子要大一些，大胆地闯，大胆试验，不能像小脚女人那样左顾右盼。这样才能抓住有利时机，深化改革，扩大开放，加快经济的发展，集中力量把整个经济提上一个新台阶。

1. 牢牢把握经济建设这个中心

以经济建设为中心，是党的基本路线的核心。马克思主义认为，"无产阶级取得国家政权以后，它的最主要最根本的利益就是增加产品数量，大大提高社会生产力"。① 共产党员和党的各级组织要牢牢地确立以经济建设为中心的思想，以极大的热情和努力，促进社会生产力的发展。我们共产党人干革命搞建设都是为了解放和发展生产力。我们之所以要把经济建设作为中心任务，是我国现阶段主要矛盾所决定的。只有把经济搞上去，增强了综合国力，提高了人民生活水平，才能使广大群众更加坚定社会主义信念，走建设有中国特色的社会主义道路。这些年，我国经济发展了，人民生活提高了，这是我们能够经受住国内外严峻考验的根本原因。社会主义中国要以更加雄健的姿态屹立于世界东方，必须集中力量把国内的事情办好，关键是更好更快把国民经济搞上去。只有把经济搞上去，努力做到持续稳定协调发展，力争每隔几年使我国经济上一个新的台阶，我们才能更好地坚持社会主义道路，巩固和完善社会主义制度，挫败敌对势力和平演变的图谋，才能从根本上防止和平演变。一些社会主义国家出问题，

---

① 《列宁选集》，第 4 卷，586 页。

从内因看，主要是由于经济没有搞好，人民生活得不到改善，群众对共产党的领导和社会主义制度失去了信心。

扭住经济建设这个中心不放，就是说我们的各项工作都必须服从和服务于这个中心，党的建设也必须如此。以经济建设为中心这是十一届三中全会确立的路线，是对以往"以阶级斗争为纲"路线的否定。1956年我国生产资料私有制的社会主义改造基本完成，我国大陆的主要矛盾已经发生变化。党的八大指出："我们国内的主要矛盾，已经是人民对于建立先进的工业国的要求同落后的农业国的现实之间的矛盾，已经是人民对于经济文化迅速发展的需要同当前经济文化不能满足人民需要的状况之间的矛盾。这一矛盾的实质，在我国社会主义制度已经建立的情况下，也就是先进的社会主义制度同落后的社会生产力之间的矛盾。党和全国人民当前的主要任务，就是要集中力量来解决这个矛盾，把我国尽快地从落后的农业国变为先进的工业国。"①这个论述在理论上有不完全准确的地方，但它明确指出国内主要矛盾的变化，突出我国生产力发展还很落后这一国情，全党要集中力量去发展生产力，历史证明是正确的。但"八大"的路线没能坚持下去，党的八届三中全会上改变了八大一次会议关于我国社会主要矛盾的判断。使之后在长达约二十年之久的时间中，我们党在处理社会主义经济建设和社会主义条件下阶级斗争这两大问题的关系上一再发生严重失误。这个教训是很深的。其要害是"以阶级斗争为纲"，背离了马克思主义注重发展生产力的原则。早在1945年党的七大上，毛泽东同志即指出："中国一切政党的政策及其实践在中国人民中所表现的作用的好坏、大小，归根到底，看它对于中国人民的生产力的发展是否有帮助及其帮助之大小，看它是束缚生产力的，还是解放生产力的。"②党的十一届三中全会后，邓小平同志一再强调一个真正的马克思主义政党在执政以后，一定要致力于发展生产力，"把四个现代化建设，努力发展社会生产力，作为压倒一切的中心任务"。③"坚持社会主义，首先要摆脱贫穷落后状态，大大发展生产

---

① 《中国共产党第八次全国代表大会关于政治报告的决议》。
② 《毛泽东选集》，第2版，第3卷，1079页。
③ 《邓小平文选》，第3卷，237页。

力"，"贫穷不是社会主义"。① 邓小平同志还反复强调，搞经济建设，发展社会生产力这件事，"一定要死扭住不放，一天也不能耽误"，"必须坚定不移地、一心一意地干下去"。"现在要横下心来，除了爆发大规模战争外，就要始终如一地、贯彻始终地搞这件事，一切围绕着这件事，不受任何干扰"。"我们全党全民要把这个雄心壮志牢固地树立起来，扭着不放，'顽固'一点，毫不动摇。"②当然，以发展生产力作为中心，不是说阶级斗争不存在了。"现阶段我国社会的主要矛盾，是人民群众日益增长的物质文化需要同落后的社会生产之间的矛盾"，"阶级斗争已经不是我国社会的主要矛盾，但是它在一定范围内还将长期存在，并且在一定条件下还可能激化。这种斗争集中表现为资产阶级自由化同四项基本原则的对立，斗争的核心依然是政权问题"。③ 1989 年"政治"风波证明了这点，即使在这样的情况下，党中央仍然坚定不移地贯彻"以经济建设为中心"的根本方针。6 月 9 日，邓小平同志在接见首都戒严部队军以上干部时的讲话，即明确指出：我们的发展战略"三部曲"和"一个中心，两个基本点"的基本路线都是对的，要"照样干下去，坚定不移地干下去"。6 月 24 日，江泽民同志在党的十三届四中全会上说："党的十一届三中全会以来的路线和基本政策没有变，必须继续贯彻执行"，"按照中央和小平同志确定的'三步走'的发展战略，积极稳步地发展国民经济，始终是我们现代化建设的中心任务。"④实践说明以江泽民同志为核心的党中央坚持三中全会的路线是完全正确的。我们在搞经济建设的时候，总会有这样那样的干扰，我们要排除各种干扰，牢牢把握经济建设这个中心，任何时候都不要削弱和动摇这个中心。同时，在政治上保持清醒的头脑，要善于从政治上观察和处理问题，"经济建设要搞上去，必须要有正确的政治方向，必须要有安定团结的环境，必须协调各方面的关系和调动各方面的积极性，必须及时而果断

北京师范大学史学探索丛书

---

① 《邓小平文选》，第 3 卷，223～225 页。

② 《邓小平文选》，第 2 卷，276、249 页。

③ 江泽民：《在庆祝中国共产党成立七十周年大会上的讲话》，单行本，12 页。

④ 江泽民：《在党的十三届四中全会上的讲话》，见《江泽民文选》，第 1 卷，57～63 页。

地清除不安定因素。没有政治条件和政治保证，社会不稳定，经济就搞不上去，古今中外概莫能外"。①

2. 全面贯彻"两个基本点"

基本路线是"一个中心、两个基本点"。两个基本点是三中全会以来我们各项方针政策的高度概括。一是必须坚持四项基本原则；二是必须坚持改革开放，二者是"不可分的"，"是统一的"，是"互相贯通、互相依存"的。四项基本原则是改革开放的政治保证。放弃四项基本原则的任何一项，改革开放就会走上邪路。改革开放赋于四项基本原则以新的内容和活力，也只有坚持改革开放，才能解放和发展生产力，才能最终坚持四项基本原则。二者共同服务于经济建设这个中心。党的建设也同样必须坚持"两个基本点"。

改革开放是解放和发展我国社会主义生产力的必由之路。不改革开放，生产力就不能解放，经济就搞不上去，人民生活不得改善，只能是死路一条。这是我国社会主义建设历史经验的总结。"改革也是解放生产力"，这是一个重要的理论突破。这个科学论断把人们对改革的认识提高到了一个新高度，对于我们坚持党的基本路线，大胆加快改革开放，具有极为重要的指导意义。把改革开放提高到解放生产力的高度，这就要求我们一定要有敢闯、敢干、敢于试验的精神。任何一种改革事业，都是前无古人的。这里没有现成的答案，也没有现成的模式。没有敢于实践的大无畏的革命精神，就走不出一条新路，就干不成新的事业。当前深化改革、扩大开放的主要思想障碍和精神束缚是"怕资本主义的东西多了"，担心"走了资本主义道路"。这里要害是姓"资"姓"社"问题。首先我们需要弄清社会主义和资本主义的关系。改革开放的实践已证明，社会主义和资本主义除了对立的关系以外，还有一种继承的关系。列宁在 1919 年俄共第八次全国代表大会上说："没有资本主义文化的遗产，我们建不成社会主义。除了用资本主义遗留给我们的东西以外，没有别的东西可以用来建设共产主

---

① 江泽民：《在中央工作会议上的讲话》，1991-9-27。

中国现代史探索

465

紧紧围绕党的基本路线加强党的建设

义。"①在1919年的另一次会议上列宁又说："如果你们不能利用资产阶级世界留给我们的材料来建设大厦，你们就根本建不成它，你们也就不是共产党人，而是空谈家。要进行社会主义建设，必须充分利用科学、技术和资本主义俄国给我们留下来的一切东西。"②同时，我们还需要弄清判断什么是社会主义、什么是资本主义的标准。长期以来，我们没有真正搞清楚什么是社会主义，也没有真正搞清楚什么是资本主义；在把社会主义教条化、理想化的同时，也在把资本主义简单化、扩大化，随意把许多不是资本主义的东西扣上资本主义的帽子而加以拒绝。我们头脑中关于什么是社会主义、什么是资本主义的观念，是否对，是否真正反映了事物的本质，必须拿到实践中去检验。我们只能在实践中去搞清楚社会主义是什么，怎样才能建设好社会主义的问题。在实践中不断深化、提高、丰富我们对社会主义的认识。姓"资"姓"社"问题应该允许探索，允许试验。结论要做在试验之后，不能做在试验之前，这才符合马克思主义的认识论。如果在实践之前先要争论清姓"资"姓"社"问题，这等于不允许探索，不允许试验，那改革开放就一步也走不了。邓小平同志提出的判断改革开放得失成败的三个"有利于"标准具有深远意义，它必将大大地促进思想的解放，改革的深入，开放的扩大。总之，社会主义要赢得与资本主义相比较的优势，就必须大胆吸收和借鉴人类社会创造的一切文明成果，吸收和借鉴当今世界各国包括资本主义发达国家的一切反映现代化生产规律的先进经营方式、管理方法。

我们要认真总结过去的经验，克服过去一手硬、一手软的失误，要坚持两手抓，一手抓改革开放，一手抓打击各种犯罪活动。两只手都要硬。"这应该成为我们领导现代化建设和改革开放的一个重要指导思想和领导方法、领导艺术"。③ 在整个改革开放过程中，加强政治思想教育和政治思想工作，加强和改善党的领导，加强党的建设，始终注意坚持四项基本原

---

① 《列宁全集》，第2版，第36卷，129页。

② 《列宁全集》，第2版，第36卷，6页。

③ 江泽民：《在中共中央党校省部级干部进修班上的讲话》(1992-6-9)，载《人民日报》，1992-6-15。

北京师范大学史学探索丛书

则，对资产阶级自由化思潮保持警惕，在苗头出现时就及时注意，决不能任其泛滥，否则后果极其严重。东欧的演变、苏联的解体，证明了社会主义建设起来很难，但垮起来却很容易。几十年的社会主义建设成果，可以垮于一夜之间。对这一点，我们仍然要提高警惕，保持清醒的头脑。但是进一步解放思想，坚持实事求是，克服"左"的思想束缚，是当前深化改革，扩大开放的首要任务，也是党建首先要解决的问题。

3. 中国要警惕右，但主要是防止"左"

这个结论很重要很精辟，符合中国的实际情况，也是十一届三中全会以来邓小平同志一贯的指导思想。这是因为在党的历史上"左"的错误泛滥时间很长，影响很深。在建设和改革中要开辟新道路，要改变妨碍生产力发展的原有模式和做法时，阻力常常主要来自"左"的方面。因此，邓小平同志曾多次指出："我们党的十一届三中全会以来，着重反对'左'，因为我们过去的错误就在于'左'。"[①]"搞现代化建设，搞改革、开放，存在'左'和右的干扰问题。'左'的干扰更多是来自习惯势力。旧的一套搞惯了，要改不容易。右的干扰就是搞资产阶级自由化，全盘西化，包括照搬西方民主。'左'的和右的干扰，最主要的是'左'的干扰"。[②] 为什么说"左"的干扰是最主要的呢？1987年7月邓小平同志分析说："建国后，从一九五七年到一九七八年，我们吃亏都是在'左'。我们国家大，党的历史很长，建国也已经有三十八年，因此好多习惯势力不能低估。"[③]1987年4月，邓小平同志在总结十一届三中全会以来防止错误倾向的情况时说："这八年多的经历证明，我们所做的事情是成功的，总的情况是好的，但不是说没有干扰。几十年的'左'的思想纠正过来不容易，我们主要是反'左'，'左'已经形成了一种习惯势力"，"同时也有右的干扰，概括起来就是全盘西化，打着拥护开放、改革的旗帜，想把中国引导到搞资本主义"，"我们既有'左'的干扰，也有右的干扰，但最大的危险还是'左'。习惯了，人们的思想不

---

① 《邓小平文选》，第3卷，225页。

② 《邓小平文选》，第3卷，248～249页。

③ 《邓小平文选》，第3卷，249页。

容易改变。"①正是从中国的实际情况出发，邓小平同志又深刻地指出：现在，有右的东西影响我们，也有"左"的东西影响我们，但根深蒂固的还是"左"的东西。中国要警惕右，但主要是防止"左"。右可以葬送社会主义，"左"也可以葬送社会主义。这是多么深刻的分析啊！它是邓小平同志一贯思想的发展，我们要深入学习，全面理解。

　　总之，在贯彻和实现党的基本路线的过程中，必须防止错误倾向，在党内与偏离基本路线的各种错误倾向做斗争，对右的倾向要警惕，但主要是防止"左"的倾向。这就需要我们在加强党的建设中努力学习有中国特色的社会主义理论，学习邓小平同志的著作，投身实践，深入实际，进一步解放思想，不断克服"左"的思想束缚，勇敢探索，大胆试验，大胆创新，同时在改革开放中，保持清醒的头脑，警惕右的思想，发扬党的"三大作风"，经受"三大考验"。在加强和大力推进党的建设中，我们要在党内生活中勇敢地拿起批评和自我批评的武器，正确处理党内矛盾和开展党内斗争，把我们党建设得更加团结、更加巩固、更加成熟、更加坚强，领导全国各族人民坚定、准确、全面地贯彻党的基本路线，抓住机遇，加快改革开放，把经济搞上去。同时从现在起要争取用三十年的时间，即到21世纪20年代末，在各方面形成一整套更加成熟、更加定型的有鲜明中国特色的社会主义制度。再继续奋斗三十年，基本实现社会主义现代化。

原载《加强高校党的建设，办好社会主义大学》，

北京，北京师范学院出版社，1992。

468

北京师范大学史学探索丛书

---

① 《邓小平文选》，第3卷，226～229页。

后 记

青少年时做过很多梦，现在大多忘却了。

我出生在旧中国，成长在新中国。1954 年考上了北京师范大学历史系，上师范吃饭不花钱，读了四年大学才回了一次家。1958 年大学本科毕业时，响应党的号召，到边疆去，到祖国最需要的地方去，当中学老师，没有想到留校当历史系中国现代史教研室助教。当时的教研室主任是王真先生，他主持《中国新民主主义革命时期通史》第三卷（抗日战争时期）的编著。他让我写《毛泽东在延安文艺座谈会上的讲话》这一节，这是我"学着走路"的第一步。1958 年是大跃进的头年，历史系扩招本科生 180 人，教研室安排我给他们讲中国现代革命史课，它是我在大学教的第一堂课，真是"初生之犊不怕虎"。从此就在师大历史系教中国现代史，一辈子没有离开过。系里的老先生常说，搞历史要耐得住清贫和寂寞，要有甘坐冷板凳的精神，但现实是政治运动不断，社会工作繁重，家务事也是不可能完全推脱掉的，很难坐下来认认真真地读几本书，"文化大革命"更是一搞就是十年，下厂下乡是经常的事。1978 年召开全国科学大会时，我还在农村参加学大寨工作队呢。从 1958 年到 1978 年整整二十年，那是一生中精力最充沛的二十年，没能挤出时间多读些书，写点文章，现在想起来内心觉得有些惋惜。

中国现代史是历史学一门新的学科，为教学需要，从 1976 年年初开始，在王桧林先生主持下编写中国现代史（1919—1949）教材。我记得讨论大纲是在房山东方红炼油厂工地，有工农兵学员参加。"文革"后桧林任教研室主任，他带领教研室教师经四年的齐心努力，在 1980 年年初出了内部铅印本。经白寿彝先生的推荐，1983 年由北师大出版社正式出版，受学界好评。1986 年应白先生的要求参加《中国通史纲要续编》的撰写，中国通史纲要续写到中华人民共和国成立。1989 年参加桧林任主编的《中国现代史》上、下册（高教版）的撰写，下册是写新中国成立后的历史。我还参加了桧林主编的《中国现代史研究入门》和《中国新民主主义理论研究》两部书稿的撰写。1995年我主编的《中华人民共和国史(1949—1993)》出版，2006年获教育部推荐列入普通高等学校"十一五"国家级规划教材。北京大学孔庆东教授认为："讲选修课易，讲基础课难，正如写专著易，写教材难。选修课讲得好，人皆见之，专著写得好，人皆仰之。而基础课讲得好，人多忽之，教材写得好，人多轻之。"这是高校客观存在的现象，呼喊出来是件好事。

编写教材是件很辛苦的事。编写出一部高质量的教材，也是我们当老师的应尽的责任。我们知道研究历史是要发现和说明人类历史发展规律，阐述历史发展的过程，用历史知识和历史经验提高学生的认识，丰富学生的思想，这就是历史教育的价值。科学的生命在创新。编写教材也要求教师有创新精神。我们面对的是过去的资料，整天跟故纸堆打交道，怎么能创新呢？记得20世纪50年代白先生跟青年教师说，史学工作者需要有一种"化腐朽为神奇"的见识和功夫，只要努力学习马克思主义的立场观点方法，充分占有材料，并把二者很好地结合起来，就可以逐步做到。对历史资料，史学创新只能给以新的解释，而不能加以抹杀或歪曲，并且这种解释只能是历史资料中所含有的，而不是史学工作者硬加的。史学研究上的创新只能如哥伦布的发现新大陆，不能如瓦特的发明蒸汽机。

历史学系的老教师常说，教给学生一杯水，自己得准备一桶水。在几十年的教学和科研实践中，我深感基础没有打好，读的书不多，功力有限。这个集子的文章只是在中国现代史这块园地里学习走路，或说是初浅的探索，都是20世纪八十年代、九十年代公开发表的。文章的编排，分上、下两篇，大体上以内容涉及的时间之先后为序，综合性的文章放在前面。宇宙间一切事物都是不断演变发展的，历史研究也不例外。但作为学术文章还是保持原样不作修改为好，并在每篇文章后面都注明发表的时间和刊物名称。《如何评价中共四届三次扩大会议》一文，是我与桧林合写的，为保持文章的完整，只好全文选上。《浴血八年树丰碑——受降与审判》一书，是我与吴广义同志合写的，全书十二章，第一至七、十至十二章由我执笔，第八、九章由广义执笔。因本书篇幅太大，只能选上受降的一部分内容，题目改为《抗日战争胜利后中国战区受降纪实》。新中国成立已有60多年了，研究这段历史困难很多、难度很大，要写信史首先要实事求是把历史真实搞清楚，只能边学习、边探索、边研究。《从计划经济到市场经济探索的历程》是从《中国当代史》的第四、五章中摘录的，题目是新加的。

改革开放三十多年来，中国现代史研究已取得很大进展，硕果累累，也出现了很多不同意见。中国现代史这块园地，还有很大很大的未开垦的土地，更需要深耕细作，需要有志者不懈努力，共同奋斗，让中国现代史这块园地百花齐放。最后还要感谢历史学院的关心，也感谢出版社编辑的热情帮助和辛勤劳动。

2015.5.26